W0190245

Kreuz-Feuer

Die Kritik an der Kirche

Herausgegeben von Beate Kuckertz

Originalausgabe

WILHELM HEYNE VERLAG
MÜNCHEN

HEYNE SACHBUCH
Nr. 19/170

Printed in Germany 1991
Umschlaggestaltung: Atelier Adolf Bachmann, Reischach
Herstellung: Dieter Lidl
Satz: Fotosatz Völkl, Puchheim
Druck und Verarbeitung: Ebner Ulm

ISBN 3-453-05115-7

Inhalt

Vorwort

*Ich sage mit vollster Überlegung, daß die in ihren
Kirchen organisierte christliche Religion der Hauptfeind des moralischen Fortschritts in der Welt
war und ist.*

BERTRAND RUSSELL

Religiöser Fundamentalismus – ein Reizwort, das insbesondere
durch den Golfkrieg fast schon zum Synonym für den Islam
geworden ist. Doch auch in unserer aufgeklärten, demokratisch-
westlichen Gesellschaft existieren religiös motivierte, fundamenta-
listische Bestrebungen: die vielfältigen Aktivitäten der katholischen
Kirche und ihres Oberhauptes Karol Wojtyla, die dem schon tot ge-
glaubten Katholizismus wieder zu größerem politischen und moralischen Einfluß verhelfen sollen, liefern beredte Beispiele.

In den westlichen Industrienationen beschränkt sich die Betrieb-
samkeit der Kirche zur Zeit fast ausschließlich darauf, überkom-
mene Moralvorstellungen gesellschaftsfähig zu machen und politisch abzusichern.

In den östlichen Ländern versucht die Kirche mit aller ihr zur Verfügung stehenden Macht, die Zeit des Interregnums zu nützen:
Während der Sozialismus zerfällt, die Macht des Staates immer stärker bröckelt und die Gesellschaft nach neuen Werten sucht, nimmt
die Kirche immer größeren Einfluß auf das Denken der Menschen.
Ihr Ziel ist dabei in erster Linie die Diffamierung der westlichen Lebensweise. Seine Polenreise im Juni 1991 nahm Papst Johannes
Paul II. beispielsweise zum Anlaß, seine Landsleute vor dem Hedo-
nismus des Westens, seiner sexuellen Freizügigkeit und schwin-
denden Achtung vor dem werdenden Leben zu warnen und für
eine »neue Evangelisierung Europas« zu werben. Die westliche Lebensweise, predigte er in Wloclawek, »beleidigt diese große Welt
der Kultur, der christlichen Kultur, die wir mitgeschaffen und für
die wir gelitten haben«.

Doch was ist die »große Welt der christlichen Kultur«? Wohl
kaum jemand – auch der Papst nicht – kann leugnen, daß sie jahrhundertelang Leid und Schrecken symbolisierte. Wie sonst lassen
sich die Praktiken der Inquisition erklären, die bis ins 18. Jahrhundert hinein in bester Kirchentradition Legionen von Frauen (als
Hexen denunziert), mißliebige Denker und sogar Kinder dem Hen-

ker und dem Scheiterhaufen überantwortete? Wie sonst läßt sich die mörderische Christianisierung Lateinamerikas denken, der sämtliche Hochkulturen Mittel- und Südamerikas zum Opfer fielen? Wie die fast 2000 Jahre während Ausgrenzung von Juden, Andersdenkenden und Homosexuellen, die – ohne ein Wort der Verdammung aus Rom – in den Krematorien der nationalsozialistischen Konzentrationslager ihren traurigen Höhepunkt fand? Wie, wenn nicht als Früchte eines vom religiösen Fundamentalismus vernebelten Denkens, das in seiner Normativität und seinem Rigorismus durchaus dem vergleichbar ist, was uns die Medien heute als das »Schrekkensbild« des Islam präsentieren.

Die unterschiedlichen Aspekte dieses christlichen Fundamentalismus und seine Einbindung in unsere Gesellschaft stehen im Mittelpunkt der Beiträge dieses Buches.

Karlheinz Deschners »Écrasez l'infâme oder Über die Notwendigkeit, aus der Kirche auszutreten« setzt den oft so salbungsvollen Reden der christlichen Nomenklatura seine Generalabrechnung mit dem Christentum entgegen.

Die Rolle der Kirche bei der Vernichtung der Juden, die Verdammung der Geburtenkontrolle, die Brandmarkung der Empfängnisverhütung als Sünde sowie die Entwicklung des moralischen Korsetts einer Lustfeindlichkeit sind Themen, die Nino LoBello, Peter de Rosa, Uta Ranke-Heinemann und Georg Denzler aufgreifen.

Der eklatanten Reformunwilligkeit der Amtskirche – insbesondere im Hinblick auf die Einbindung von Frauen in das Kultgeschehen – wenden sich Ruth Ahl, Lucie Stapenhorst und Siegfried Rudolf Dunde in ihren pessimistischen Resümees zu. Hans Küng attestiert sowohl Johannes Paul II. als auch seinem Chefideologen und Großinquisitor Joseph Ratzinger mangelndes Gespür für die Belange der Gläubigen und auf Angst vor Veränderung beruhende Dogmenverliebtheit.

Andere Beiträge dieser Anthologie beschäftigen sich mit den Idolen des christlichen Glaubens, exemplarisch dargestellt am Marienkult, an der Person des Teufels, der damit verbundenen Weltordnung und an den Auswahlkriterien, die eine Erhebung in den Heiligenstand möglich bzw. unmöglich machen. Daß sich die Kleriker selbst zum Idol für ihre Herde erhoben haben, zeigt Eugen Drewermanns psychologisches Profil.

Drei weitere Beiträge beschreiben die gesellschaftliche Machtposition, die die Kirche speziell in der Bundesrepublik einnimmt: Klaus Steigleder analysiert die Strukturen des deutschen »Opus

Dei«, einer kirchlichen Laienorganisation, die alle Eigenschaften eines Geheimbundes aufweist; Thomas M. Gauly widmet sich dem Verhältnis der katholischen Kirche zur christlich-liberalen Koalition in den achtziger Jahren und der Zeit der Vereinigung der beiden deutschen Staaten; und Horst Herrmanns Artikel beweist, daß es sehr wohl recht intime Verknüpfungen zwischen Staatsapparat und Kirche gibt, obwohl das Grundgesetz eine strikte Trennung vorschreibt.

Die einzelnen Artikel dieses Buches vermitteln damit in ihrer Gesamtheit ein von den üblichen kirchlichen Selbstdarstellungen abweichendes Bild der mächtigen Institution Kirche.

Sie lassen die Kirche als das erkennen, was sie ist: eine Institution zur körperlichen und geistigen Disziplinierung des Menschen mit dem Ziel, der Welt, die eigene Ordnung aufzuzwingen, und sie zeigen, daß die Kirche zu Recht im Kreuzfeuer der Kritik steht.

München, im Juli 1991   *Beate Kuckertz*

KARLHEINZ DESCHNER

Écrasez l'infâme
oder
Über die Notwendigkeit,
aus der Kirche auszutreten

»... nennen sich Christen, und unter ihrem
Schafspelz sind sie reißende Wölfe.«

GOETHE

Warum beachten wir noch eine Leiche? Den Riesenkadaver eines welthistorischen Untiers? Die Reste eines Monstrums, das ungezählte Menschen (Brüder, Nächste, Ebenbilder Gottes!) verfolgt, zerfetzt und gefressen hat, mit dem besten Gewissen und dem gesündesten Appetit, eineinhalb Jahrtausende lang, wie es ihm vor den Rachen kam, wie es ihm nützlich schien, alles zur höheren Ehre seines Molochs und zur immer größeren Mästung seiner selbst: Väter und Mütter, Kinder und Greise, Kranke und Krüppel, die Armen im Geiste und die Genies, Millionen Heiden, Millionen Juden, Millionen Hexen, Millionen Indianer (wenigstens 15 Millionen in einer Generation!), Millionen Afrikaner, Millionen Christen, alles verteufelt, getötet und verdaut – bis hin zu jenen 700 000 serbischen Orthodoxen, die man, noch in unseren Tagen, lebendig begraben, lebendig verbrannt, lebendig gekreuzigt, zu Tode geprügelt, ertränkt, erschossen, erstochen, erdrosselt, erhängt, geköpft, gekehlt hat, denen man die Augen ausgestochen, die Ohren abgeschnitten, die Nasen, und alles, nach altem Brauch, mit Hilfe einer hochaktiven, selber schießenden, selber stechenden, selber köpfenden Geistlichkeit – voran die Franziskaner! – und nicht ohne Segen und Billigung Eugenio Pacellis, Papst Pius' XII., dieses stets so seraphisch erscheinenden, so weithin verehrten, fast vergötterten Asketen, derart genügsam sonst, selbstlos, derart lebenslang dem Armutsideal des Evangeliums ergeben, daß er (ja, ich muß es unaufhörlich wiederholen) auf Erden schließlich nur einen Notgroschen hinterließ, einen Peters- oder sozusagen Eugeniopfennig, einen Pacellipfennig von 80 (achtzig) Millionen DM in Gold und Valuten – alles ganz privat, durch Fleiß und Sparsamkeit, sauer selbst verdient (denn eines nur ist not, nicht wahr), weshalb er nun auch für solch apostolischen Wandel, solch schöne Nachfolge Christi seiner

Kanonisation entgegengeht. Ah, welche Satire der Weltliteratur ist besser, so gut, halb so gut nur wie diese Vita des berühmtesten Papstes unserer Zeit!? Und indes Onkel Eugenio, heilig bis in die zarten, schmalen, langen Finger (ach, wie unvergeßlich verstand er doch immer mit ihnen zu segnen!), sich 80 Millionen in den Säckel steckte, stopften seine drei Neffen, alle bestbestallt zugleich beim Heiligen Stuhl und beim Big Business, sich 120 (einhundertzwanzig) Millionen DM in die Taschen – und wie viele Millionen Katholiken sind unterdessen im Elend verkommen, verhungert, verreckt?

Nun, wird unsere Eingangsfrage nicht schon verständlicher, unsere scheinbar so anachronistische Autopsie: Warum stehen wir noch immer bei diesem Scheusal mit den Engelszungen, das doch schon 200 Jahre tot ist, einwandfrei erlegt von einigen der besten Köpfe der Welt, im Grunde aber krepiert nur an sich selber: an einem fürchterlichen Blutdurst (während es die Frohe Botschaft lehrte, die Nächsten- und die Feindesliebe) und an seiner Falschheit ohnegleichen (während es sich als Hort alleinseligmachender Wahrheit pries)? Wir stehen noch bei ihm, weil es mit seinem wunderbaren Magen – dem einzig Wunderbaren an ihm! – noch immer überall herumliegt und öffentlich verwest, gehätschelt und gepäppelt mehr als die heiligen Kühe der Inder (die doch wenigstens lebendig und arglos sind), weil sein Geruch noch immer rings die Luft erfüllt, die Welt, weil er noch immer uns entgegenschlägt aus Kutten und Soutanen, Kathedralen und Kasernen, aus den Parlamenten, den Paragraphen, den Schulbüchern, den Schundblättern, den Sendern, überall noch Mittelalter, überall noch frommes Geplärr, Hallelujagejauchz und Auferstehungsgeschrei, und dann: Helm ab zum Gebet und hinein ins atomare Massengrab – denn selbst Atomkrieg ist nach den Catch-as-catch-can-Christen nicht unerlaubt, auch Atombomben, so verkünden sie, können in den Dienst der Nächstenliebe treten, können den Geist des heiligen Franziskus und der Theologie des Kreuzes kolportieren, und sei es bis zum globalen Untergang. »Denn«, so Pater Gundlach SJ, Professor und Rektor der Päpstlichen Universität unter Pius XII., dessen atomare Visionen (après nous le déluge) er beredt propagierte, »wir haben erstens sichere Gewißheit, daß die Welt nicht ewig dauert, und zweitens haben wir nicht die Verantwortung für das Ende der Welt. Wir können dann sagen, daß Gott der Herr ...«

Wirklich, noch nach dem Untergang der Welt? Wem sagen sie es da wohl? Aber egal, bei ihnen ist kein Unsinn unmöglich und kein Verbrechen. Hauptsache: mit Gott dem Herrn. Von Generation zu

Generation in seinem Namen gelogen, gefoltert und massakriert, mit seiner Hilfe die Bäche und Flüsse rot gefärbt von Blut und Berge von Leichen aufgetürmt durch die Geschichte, mit Gott gegen die Heiden, mit Gott gegen die Juden, mit Gott gegen die Langobarden, die Sachsen, die Sarazenen, die Ungarn, die Briten, die Polen; mit Gott gegen die Albigenser, mit Gott gegen die Waldenser, mit Gott gegen die Stedinger, die Hussiten, die Geusen, die Hugenotten, die Bauern; mit Gott gegen die Protestanten, mit Gott gegen die Katholiken, mit Gott vor allem auch gegeneinander, mit Gott in den Ersten Weltkrieg; mit Gott in den Zweiten, mit Gott gewiß auch noch in den dritten; ökumenische Schlachtfeste sondergleichen: denn überall noch im ausgehenden 20. Jahrhundert bei einem Maximum an Vernichtungsmitteln ein Minimum an Menschlichkeit, noch an der Schwelle des Atomzeitalters das reinste Kannibalenethos, noch überall – während man schon den Fuß auf den Mond setzt (freilich nur, um dort oder von dort aus einmal weiter zu morden) – die mittelalterliche Schindangergesinnung, noch überall der von Weihrauch, Palestrina und Pater-Leppich-Zungen durchsetzte christliche Ludergeruch, noch 400 Jahre nach Giordano Bruno, 300 Jahre nach Pierre Bayle, 200 nach Voltaire, 100 nach Nietzsche, 50 nach Freud nur so beschämend, so verhängnisvoll wenige, welche endlich eine Kirche verlassen, die ihre Vorfahren, Generation um Generation, nicht nur ständig den Staaten ans Messer geliefert oder gleich selber getötet, sondern die sie auch eineinhalb Jahrtausende lang aufs ungeheuerlichste ausgepowert hat, eine Kirche, die schon Karl Kautsky »die riesenhafteste Ausbeutungsmaschine« nannte, »die die Welt gesehen«.

Nicht ohne Grund haben ausgerechnet die Päpste, die Stellvertreter Christi, sich derart freilich das größte, das kompromittierendste Armutszeugnis der Weltgeschichte gebend, das Lesen der Bibel in der Volkssprache von Jahrhundert zu Jahrhundert streng verboten, ja bis 1897 abhängig gemacht von der Genehmigung der Römischen Inquisition! Denn wie all die Massaker, die Genozidkampagnen, die Heidenschlächtereien, Judenpogrome, Ketzerjagden, die Scheiterhaufen, Marterpfähle, Hexentürme, Folterkammern, Kreuzzüge, all die angeblich so gottgefälligen Gemetzel, all die ungezählten kleinen und großen Kriege, an denen die Kirche direkt oder indirekt beteiligt war (und an wie vielen Kriegen in Europa war sie es nicht!) – wie all dies Morden *absolut nichts mit dem zu tun hat, der doch den Frieden und die Feindesliebe wollte*, so widerspricht auch die seit der Antike unvorstellbares Elend verbreitende klerikale Ausbeutungspolitik kraß jenem Jesus, der in der Bibel in völliger Armut lebt, scharf den »ungerechten Mammon« und den »Betrug des Reichtums« geißelt, von seinen Jüngern den Verkauf des ganzen Besitzes fordert und eine Verkündigung des Evangeliums ohne Geld im Gürtel.

Doch schon im 3. Jahrhundert gestehen sich die Bischöfe das Recht zu, ihren gesamten Bedarf aus der Kirchenkasse zu decken. Im 4. Jahrhundert werden sie Bundesgenossen eines Staates, der seine Untertanen aussaugt bis aufs Blut. Und im 5. Jahrhundert bereits ist der Bischof von Rom der größte Grundbesitzer im Römischen Reich. Längst dämpft man allüberall das politische Aufbegehren, unterdrückt die christlichen Sozialunruhen in Afrika, Spanien und Gallien und verheißt beredt den Armen das Glück im Jenseits, nicht zuletzt um sie selber im Diesseits desto besser schröpfen zu können.

Schon im 6. Jahrhundert erhebt man – Anlaß unendlichen Jammers – den dann durch Karl den Sachsenschlächter legalisierten kirchlichen Zehnt und zieht diesen bis ins 19. Jahrhundert ein. Im 8. Jahrhundert ergaunert man sich den Kirchenstaat, läßt ihn durch fränkische und sächsische Herrscher immer wieder bestätigen und vergrößern und kämpft schließlich, selber bis an die Zähne gerüstet, mit eigenem Heer und eigener Marine fort. Man raubt alles, was zu rauben ist, Burgen, Schlösser, Städte, ganze Grafschaften und Herzogtümer. Man stiehlt alles, was zu stehlen ist: schon im 4. Jahrhundert das Vermögen der heidnischen Tempel, im 6. Jahrhundert das Vermögen aller Heiden überhaupt, dann den Besitz von Millionen vertriebener oder erschlagener Juden, das Hab und Gut der verheizten Ketzer und oft auch das der gleichfalls verheizten Hexer und Hexen. Und wie man alle Andersdenkenden ausnimmt, so auch die eigenen Gläubigen durch immer neue und höhere Steuern, durch Pacht, Zins, Erpressungen, Ablaß, Wunderschwindel, Reliquienbetrug, wobei das Geld häufig durch Exkommunikation, Interdikt und das Schwert eingetrieben, das italienische Volk begreiflicherweise am meisten ausplündert und Rom selbst zur aufrührerischsten und armseligsten aller abendländischen Städte wird: Seine Einwohnerzahl sinkt von zwei Millionen in heidnischer Zeit auf knapp 20 000 im 14. Jahrhundert.

Im Mittelalter besitzt die Kirche – nicht allein durch Raub und Krieg, gewiß, sondern auch durch die Dotationen jener, mit denen sie dabei verbündet war – ein Drittel des gesamten europäischen Bodens und läßt ihn durch hörige Bauern bearbeiten, die ihren Herren oft weniger gelten als das Vieh. Nicht zufällig kostet ein solcher Bauer in der Blütezeit des Christentums nicht einmal halb soviel wie ein Pferd! Nicht zufällig besitzt die Kirche, die schon im 4. Jahrhundert, billiger Arbeitskräfte für ihre immer größer werdenden Güter bedürfend, die Sklaverei verschärft und gefestigt hatte, zuletzt wohl am meisten Sklaven. Nicht zufällig macht sie, was es sonst nirgends gibt, auch deren Freilassung – als »Kirchengut« – unmöglich, ja sie verhängt von Jahrhundert zu Jahrhundert neue Versklavungen. Nicht zufällig nimmt das »Gottesgeschenk«, wie es Kirchenlehrer Ambrosius, das »Christliche Institut«, wie es nach Thomas von Aquin Aegidius von Rom nennt, im ausgehenden Mittelalter in Südeuropa noch einen Aufschwung. Nicht zufällig hält unter allen Großstädten Europas das päpstliche Rom am längsten daran fest. Und nicht zufällig wird noch die moderne amerikanische Negersklaverei, eine unmittelbare Fortsetzung der Sklaverei des Mittelalters, mit denselben theologischen Argumenten gestützt: der religiösen Gleichstellung und der Gottgewolltheit. Mit anderen Worten: Gehorchte der Sklave früher nur aus Ohnmacht, aus bloßer Furcht, machte ihm die christliche Kirche den Kadavergehorsam zu einer sittlichen Pflicht! (Und wie ihm, so im Grunde allen, allen Soldaten, allen Zivilisten, allen Christen überhaupt.)

Denn stets stand die Kirche auf seiten der Sklavenhalter, der Ausbeuter, die christliche Kirche jeder Konfession: die katholische, die schon in der Antike durch Augustin das Ideal der »arbeitsreichen Armut« pries, die Sklaven mit der Gottgewolltheit ihres Loses tröstete, ihren Herren aber den Nutzen vorstellte, der ihnen aus solcher Beeinflussung der Sklaven erwächst; die Kirche Luthers, der selber sogleich in der pfäffischsten Weise die fürchterlich geschundenen Bauern an die Fürsten verriet, deren Macht dadurch bis ins 20. Jahrhundert stärkend; die englische Hochkirche, die das entsetzliche Elend der englischen Land- und Fabrikarbeiter – in vielem schlimmer als die antike Sklaverei – noch während des ganzen 19. Jahrhunderts völlig kaltgelassen und die eher noch, wie Marx schreibt, »den Angriff auf 38 von ihren 39 Glaubensartikeln als auf ¹⁄₃₉ ihres Geldeinkommens« verziehen hat; und die orthodoxe Kirche Rußlands, die dort ein Drittel allen Bodens sogar bis 1917 besaß und das Volk nicht weniger auspreßte als der Zar, dessen oberster Macht sich unterzuordnen, wie es gleich im ersten Artikel des Russischen Reichskodex hieß, »Gott selbst befiehlt«. Immer, wie gesagt, in Gottes Namen. Die Kriege in Gottes Namen. Und die Armut in Gottes Namen. Und wie gestern, so heute, wo sich die Methoden zwar, wohlgemerkt: zwangsläufig, geändert haben, die Ausbeutung aber geblieben ist.

Denn woher das ungeheure Kapital, das die Kirchen heute horten? Allen voran die katholische, die noch immer über den größten Grundbesitz in der christlichen Welt verfügt, deren Aktien- und Kapitalbeteiligungen schon vor einem Jahrzehnt auf etwa 50 Milliarden Mark geschätzt worden sind, der allein in Rom fast ein Dutzend Banken unterstehen, der auch die größte Privatbank der Welt, die Bank of America, mit 51 Prozent faktisch gehört, die hohe Goldreserven in Fort Knox liegen und Kapitalien in allen möglichen Unternehmen investiert hat, in große spanische Firmen, in französische Erdölgesellschaften, argentinische Gas- und Kraftwerke, bolivianische Zinngruben, brasilianische Gummiwerke, in die nordamerikanische Stahlindustrie, die General Motors Corporation, die »Alitalia«, die größte italienische Luftfahrtgesellschaft, und die Autofirma Fiat, in eine lange Reihe führender italienischer Versicherungs- und Baugesellschaften, in deutsche Lebens- und Sachversicherungen, die Badischen Anilin- und Soda-Fabriken, die Farbenfabriken in Leverkusen, die Deutsche Erdöl Aktiengesellschaft, die Hamburger Elektrizitätswerke, die Essener Steinkohlenbergwerke, die Rheinischen Stahlwerke, die Vereinigten Deutschen Metallwerke, die Süddeutsche Zuckeraktiengesellschaft, die Gesellschaft für Lindes Eismaschinen, in die Siemens & Halske AG, die Mannesmann AG, bei BMW usw., usw., von den kircheneigenen Banken nicht zu reden ...

Kirche, Krieg und Kapital sind von Konstantin bis heute so miteinander verschmolzen, so offenkundig zu einer einzigen Geschichte des Grauens verquickt, daß ihre Verteidiger jetzt freilich selber bekennen, daß an ihnen nicht *alles ideal* und *göttlich* sei, daß gerade ihre irdische Geschichte manchmal recht menschlich, vielleicht allzu menschlich verlaufe. Nun heißt es aber doch den Begriff des Menschlichen und selbst Allzumenschlichen etwas arg strapazieren, wenn man ausgerechnet als dezidierte Religion der Nächsten- und der Feindesliebe nicht einmal, nicht zehnmal, nicht hundertmal, sondern eineinhalb Jahrtausende lang seine Nächsten und Feinde schlimmer abschlachtet und abschlachten läßt als das Vieh; wenn man, direkt und indirekt, mehr Menschen umgebracht hat als jede andere Religion der Welt, ja vermutlich mehr als alle anderen zusammengenommen! Und es heißt doch wohl den Begriff des Menschlichen und selbst Allzumenschlichen etwas arg strapazieren, wenn man ausgerechnet in der »Nachfolge« dessen, der den schroffen Antikapitalismus der jüdischen Propheten und der in Gütergemeinschaft lebenden Essener mit aller Rigorosität fortsetzte, der lehrte: »Sammelt nicht Schätze auf Erden … «, »Verkauft euren Besitz und gebt ihn den Armen«, »Keiner von euch kann mein Jünger sein, der nicht auf alles verzichtet, was er besitzt« und dergleichen – wenn man ausgerechnet in dieser »Nachfolge«, um es noch einmal mit Kautsky zu sagen, zur »riesenhaftesten Ausbeutungsmaschine der Welt« wird, ja, wenn man, nach großen Verlusten in aufgeklärten Zeiten, in unserem Jahrhundert im Verein mit Gott und allen Supergangstern des Faschismus – von Mussolini über Hitler bis zu Franco und Pavelić – wieder die kolossalsten Reichtümer erringt, sie durch Bettel, Spenden, Steuern und eine immense Beteiligung an der europäisch-amerikanischen Großindustrie, einschließlich der Kriegsindustrie, fortwährend steigert, steigern muß, wie man gern zugibt, weil – außer der Militärseelsorge und der menschlichen Dummheit – allein noch das Geld der Fels Petri ist, das Fundament, auf dem das Christentum (nicht nur) Roms heute ruht, worauf es verwest, bedeutend nur noch für die Schädel von Primitiven und Profiteuren.

Man räumt ja ein, daß die Ideale des Evangeliums sehr hoch gesteckt sind, daß man Christentum und Kirchen nicht schon deshalb verdammen darf, weil sie diese Ideale nicht ganz, nicht halb oder, wenn Sie wollen, noch weniger realisieren. Aber es faßt, um es zu wiederholen, den Begriff des Menschlichen und Allzumenschlichen doch etwas weit, wenn man von Jahrhundert zu Jahrhundert, von Jahrtausend zu Jahrtausend genau das Gegenteil realisiert, kurz, wenn man durch seine ganze Geschichte als Inbegriff und leibhaftige Verkörperung und absoluter Gipfel welthistorischen Verbrechertums ausgewiesen ist! Eines Verbrechertums, neben dem selbst ein hypertropher Bluthund wie Hitler noch fast wie ein Ehrenmann erscheint, weil er doch von Anfang an die Gewalt gepredigt und nicht, wie die Kirche, den Frieden!

Der grelle Kontrast zwischen Ideal und Wirklichkeit zeitigte übrigens bald ein untrügliches Hauptkennzeichen jedweden Kirchenchristentums: den seit der Antike in ihm herrschenden, die Existenz von 60 christlichen Generationen vergiftenden Faktor fortgesetzter Heuchelei; förderte eine buchstäblich unglaubliche Exegetenkunst im Drehen und Wenden aller ethisch wesentlichen Jesusworte; man log dazu und log hinweg, man log hinein und log heraus, stets wie man es gerade brauchte, weit mehr Zynismus und Charakterschwäche im Kopf als Redlichkeit und Humanität.

Sind die christlichen Kirchen doch überhaupt nicht nur pazifistisch und sozial gesehen tödlich diskreditiert, sondern auch unter einem dritten, noch zu betrachtenden Aspekt, ich meine unter dem der Wahrheit. *Denn es stimmt doch alles schon mit ihren Glaubensfundamenten nicht!* Unterstellt deshalb sogar, diese Kirchen könnten sich plötzlich, nach so vielen Jahrhunderten des Raubens und Mordens, zu ethisch intakten Gemeinschaften regenerieren, ja zum Inbegriff der Menschlichkeit (was faktisch, weil sie vom Blut, das sie den Staaten liefern, leben, ausgeschlossen ist): dann wären sie doch immer noch dogmatisch unglaubwürdig, da sie mit Jesus so gut wie nichts verbindet, dagegen fast alles von ihm trennt – was wir erfreulicherweise weniger von bösen Freigeistern wissen als von ganzen Generationen christlicher Theologen, deren eminente Arbeit und Akribie bei der kritischen Bibelforschung der Laie sich kaum vorstellen kann.

Wir wissen nicht sicher, ob die Gestalt des Jesus von Nazareth – über die alle außerchristlichen Geschichtsquellen seines Jahrhunderts (trotz der Blinden, die sahen, der Lahmen, die gingen, und der Toten, die wieder auferstanden) schweigen – historisch ist. Doch wir wissen sicher, daß der biblische Jesus – dessen radikalem Ethos, wie unrealisierbar durch die Massen auch immer, höchste Achtung gebührt – sich in seiner felsenfesten Überzeugung vom nahen Weltende und baldigen Kommen des Gerichtes getäuscht hat: wie alle anderen apokalyptischen Alarmschläger, die endzeitlichen jüdischen und iranischen Propheten vor ihm und die *ganze* Urchristenheit noch danach.

Wir wissen sicher, daß die Evangelien – von führenden Theologen unseres Jahrhunderts als an der Geschichte nicht interessierte, nur mit äußerster Vorsicht zu benutzende Anekdotensammlung charakterisiert – weder von einem Urapostel noch überhaupt von einem Augenzeugen stammen; daß sie erst Jahrzehnte nach Jesu mutmaßlichem Tod aus umlaufenden Erzählungen sowie eigenen Erfindungen der Evangelisten zusammengestellt worden sind und auch der Christenheit bis weit ins 2. Jahrhundert hinein nicht als heilig und inspiriert gegolten haben; daß kein Evangelium, wie überhaupt keine biblische Schrift, im Original, im ursprünglichen Wortlaut vorliegt, sondern nur in Abschriften von Abschriften von Abschriften; daß die Kopisten länger als zwei Jahrhunderte unabsichtliche und absichtliche Änderungen gemacht, Harmonisierungen, Ergänzungen, Verbesserungen, weshalb der originale Bibeltext oft nicht mit Sicherheit oder auch nur Wahrscheinlichkeit festzustellen, dafür aber die Zahl der verschiedenen Lesarten auf schätzungsweise 250 000 gewachsen ist.

Wir wissen sicher, daß im Christentum, wie in der gesamten Antike, frommer Betrug von Anfang an erlaubt gewesen, daß er gewissermaßen zu den literarischen Gepflogenheiten der Zeit gehörte; weshalb nicht nur Paulus, unter dessen Namen selber einige biblische Briefe ganz, andere zum Teil gefälscht sind, bekennt, es komme nur darauf an, Christus zu verkünden, »mit oder ohne Hintergedanken«, sondern Kirchenlehrer Johannes Chrysostomos, der Patron der Prediger, ganz offen und sogar unter Berufung auf Beispiele des Alten und Neuen Testaments für die Notwendigkeit der Lüge zum Zweck des Seelenheils eintritt; wie selbst Origenes, einer der größten und edelsten Christen, mit aller Entschiedenheit Betrug und Lüge als »Heilmittel« erlaubt. Nietzsches Definition des Christentums als Kunst heiligen Lügens wird denn auch durch die gesamte protestantische Bibelkritik bestätigt. »Die Fälschungen«, schreibt heute der Theologe Carl Schneider in seiner großen »Geistesgeschichte des antiken Christentums«, »beginnen in neutestamentlicher Zeit und haben nie aufgehört.«

Wir wissen sicher, daß Jesus vom ältesten Markustext über die jüngeren Evangelien des Matthäus und Lukas bis zum jüngsten Johannesevangelium mehr und mehr vergottet, aber noch bis ins 3. Jahrhundert hinein meist nicht mit Gott identifiziert, sondern diesem deutlich untergeordnet worden ist, was allgemeine Kirchenlehre war! Wir wissen sicher, daß die jüngeren Evangelien die älteren systematisch verbessert, daß sie nicht nur die Gestalt Jesu, sondern auch die seiner Jünger von Mal zu Mal mehr idealisiert und die Wunder fortwährend vermehrt und gesteigert haben.

Wir wissen sicher, daß auch die Urapostel Jesus nicht für Gott hielten, daß das sogenannte Apostolische Glaubensbekenntnis weder von den Aposteln stammt noch ihre Glaubensüberzeugung wiedergibt, daß es erst im späteren 2. Jahrhundert in *Rom* entstanden, sein Wortlaut aber noch im 3. Jahrhundert überall in Fluß gewesen und endgültig erst im Mittelalter festgelegt worden ist.

Wir wissen sicher, daß Paulus, der eigentliche Gründer des Christentums, Jesu Person weitgehend ignoriert und seine Lehre fundamental verändert hat, daß er nicht nur die Askese, die folgenschwere Verachtung der Frau und die Diffamierung der Ehe im Christentum eingeleitet, sondern auch eine Reihe ganz neuer, der jesuanischen Botschaft strikt widersprechender Dogmen aufgestellt, wie die Prädestinationslehre, die Erlösungslehre, die gesamte

Christologie; daß es zwischen ihm und den Jerusalemer Aposteln zu lebenslangen theologischen Kämpfen kam, wie es überhaupt im Christentum, selbst in der Urgemeinde, niemals einheitliche Glaubensvorstellungen gegeben, wohl aber im 3. Jahrhundert schon viele Dutzende, im 4. Jahrhundert schon Hunderte rivalisierender »Konfessionen«, unter denen schließlich der Katholizismus siegte, weil er alles, was ihm paßte, von den anderen großen »Häresien« übernahm, dabei aber geschickt gewisse Extreme vermied, weil er am besten organisiert und im Konkurrenzkampf am brutalsten war. Ist doch die ganze Dogmengeschichte eine einzige Kette von Intrigen und Gewaltsamkeiten, von Denunzierungen, Bestechungen, Dokumentenfälschungen, Exkommunikationen, Verbannungen und Mord.

Bei all dem aber – und auch dies wissen wir sicher, und es ist tragikomisch genug – gibt es im Christentum *absolut nichts,* was nur den geringsten Anspruch hätte auf geistes- oder religionsgeschichtliche Originalität. Denn von seinen zentralsten Gedanken bis zum periphersten Brauch wurde alles von »Heiden« oder Juden rezipiert: die Predigt vom nahen Reich, die Gotteskindschaft, die Nächsten- und die Feindesliebe, die Messias- und Heilandsidee, die Prophezeiungen des Erlösers, seine Herabkunft, wunderbare Geburt durch eine Jungfrau, Anbetung durch die Hirten, seine Verfolgung schon in der Wiege, seine Versuchung durch Satan, sein Lehren, Leiden, Sterben (auch am Kreuz), sein Wiederauferstehen (auch am dritten Tag oder nach drei Tagen, also am vierten Tag, denn selbst dieses Schwanken der Evangelien hat seine Ursache offenbar darin, daß man die Auferstehung des Gottes Osiris am dritten, die des Gottes Attis am vierten Tag nach seinem Tod beging), sein leibhaftiges Erscheinen vor Zeugen, seine Höllen- und Himmelfahrt, die Erbsündenlehre, die Prädestinationslehre, Trinität, Taufe, Beichte, Kommunion, die Siebenzahl der Sakramente, die Zwölfzahl der Apostel, das Apostelamt, das Amt des Bischofs, des Priesters, des Diakons, Sukzessionen, Traditionsketten, Gottesmutter, Madonnenkult, Wallfahrtsorte, Votivtafeln, Reliquienverehrung, Weissagung, Wunder, wie Wandel auf dem Wasser, Sturmbeschwörungen, Speisenvermehrungen, Totenerweckungen – wozu die Aufzählung: nichts ist neu! Und all dies kehrt im Christentum nicht etwa nur äußerlich wieder, nur als formale Analogie, als bloße Parallelität der Riten, sondern mit denselben Bedeutungsgehalten, es lebt nur unter anderem Namen fort, und oft nicht einmal dies.

Mit der mißlichen Glaubensgrundlage der Kirche hat sich die gegenwärtig so viel verhandelte Frage nach ihrer Reform eigentlich von selbst erledigt. Denn wollte man wirklich – und dies wäre doch die unerläßliche Bedingung jeder Reform! – auf Jesus zurückgehen, und das heißt heute selbstverständlich auf jenen Jesus, den eine fast 200jährige Evangelienforschung kritischer Theologen aus dem Legendenschutt herausgelöst hat, müßte man doch alles auf- und preisgeben, was man ist, woraus man besteht, Sakramente, Dogmen, Bischöfe und Papst! Jede christliche Reform könnte überhaupt nicht bloß Reform bleiben, sondern müßte zur Revolution werden, zu einem Umsturz aller menschlichen Verhältnisse. Das ergäbe sich – und ganz unabhängig noch von den Resultaten der kritischen Theologie – allein aus dem Gebot der Feindesliebe! Ja, es ergäbe sich bereits aus dem der Nächstenliebe, das einer der lautersten Christen der Antike, Kirchenvater Basilius (der sein ganzes Vermögen und seinen riesigen Besitz, so groß, daß ihn drei Fürsten besteuert hatten, sogleich und restlos den Armen schenkte), mit dem Satz kommentierte: »Wer den Nächsten liebt wie sich selbst, hat nicht mehr als der Nächste.« (Es ist leider lächerlich, diesen Gedanken auch nur einen Augenblick länger zu verfolgen; und lächerlich, zugegeben, angesichts der Christen- wie Kommunistenheit.)

Doch um abschließend noch etwas weniger utopische Reformvorstellungen zu streifen: Reformierte man denn nicht seit je? Reformierte nicht schon die zweite Christengeneration gegenüber der ersten, die nachkonstantinische Kirche gegenüber der vorkonstantinischen: Bonifatius reformierte und Hugo von Cluny; man reformierte in Gorze, Brogne, Hiersau, Siegburg, Einsiedeln; reformierte in Konstanz, Basel, in Trient. Man reformierte nicht zuletzt in Rom. Innozenz III., der nicht nur Hitlers Judenstern vorweg-, nicht nur eine Fülle scharfer antisemitischer Sanktionen ins Kirchenrecht aufnahm und die Christenheit gegen Albigenser und Waldenser aufhetzte – »... erhebe dich und umgürte dich mit dem Schwert«, die vertraute christliche Sprache, worauf man allein in Béziers 20000 Einwohner erschlug und einen 20jährigen (natürlich »heiligen«) Bürgerkrieg begann –, sondern der überhaupt so sehr in kriegerische und finanzielle Geschäfte verstrickt war, daß Bischof Jakob von Vitry klagte, ein Gespräch über geistliche Dinge sei kaum noch erlaubt gewesen, gilt als einer der größten päpstlichen Reformer. Und Luther reformierte in der allein entscheidenden Sicht bekanntlich noch päpstlicher als der Papst, ließ eher noch mehr Hexen verbrennen, wurde ein noch viel wütenderer Antisemit (auf den Streicher in Nürnberg sich mit Recht berief!), forderte im Hinblick auf die

Juden: »Daß man ihre Synagogen oder Schulen mit Feuer an-
stecke ... Daß man auch ihre Häuser desgleichen zerbreche und zer-
störe ... Daß man ihnen nehme alle ihre Betbüchlein und Talmudi-
sten ... Daß man ihnen verbiete, bei uns öffentlich Gott zu loben, zu
danken, zu beten, zu lehren, bei Verlust Leibes und Lebens«, und
rief auch den Adel auf, die ausgebeuteten Bauern »zu würgen, zu
stechen, heimlich und öffentlich, wer da kann, wie man einen tollen
Hund totschlagen muß«; ein Reformator so großen Stils, daß er
selbst gestand: »Prediger sind die größten Totschläger ... Ich,
M. Luther, hab im Aufruhr alle Bauern erschlagen, denn ich hab sie
heißen totschlagen; alle ihr Blut ist auf meinem Hals. Aber ich weise
es auf unsern Herrn und Gott, der hat mir das zu reden befohlen.«

Natürlich, wie immer: Mit Gott! Die ärgsten Gangstereien der Geschichte stets in seinem Namen. Und so, mit Gott, erneuerten und
vervollkommneten sie weiter, eine unaufhörliche Reformatio in ca-
pite et membris bis heute: ethisch gesehen ständig größere Massaker – bis zu den als »Kreuzzüge« (bei gleichzeitigen papalen Frie-
densappellen!) geführten zwei Weltkriegen. Und dogmatisch
immer größere Märchen – bis zur Dogmatisierung der (von Rom selber jahrhundertelang bestrittenen) leiblichen Himmelfahrt Mariens
durch den berüchtigten Pacelli, der freilich, wiewohl sonst Proleta-
riern sehr abgeneigt, zur Gattin des galiläischen Schreinermeisters
(wie zu den führenden faschistischen Mordbrennern und zum
Großkapital) derart wunderbare Beziehungen hatte, daß sie ihm
1950, im Jahre der Definition des Dogmas, gleich an drei aufeinan-
derfolgenden Tagen (um 16 Uhr) am Himmel erschien!

Gott, wirklich, ich muß ihn anrufen, und da kommen immer noch
Reformer? Ökumenische Beweger und Begegner? Una-sancta-Sire-
nen? Die Dialog-mit-der-Welt-Führer? Die Das-Evangelium-den-
Atheisten-Bringer? Die Sich-Öffnenden-nach-links-und-rechts? Ja,
als was kommen, als was fungieren sie denn? Doch als die Verlänge-
rer des Unglücks, die Helfershelfer der Hierarchie, die gerade ihret-
wegen – wie noch nach jeder Reform – im Grunde ganz und gar genauso fortexistieren wird: mit der alleinseligmachenden Pfründe
und der alleinseligmachenden Macht, mit Militärbischöfen und
Feldgeistlichen, mit einem Heer assistierender »Moral«-Theologen
und einem, wenn alles fällt, ganz ergreifend »Frieden! Frieden!« fle-
henden (und auf den Fahneneid pochenden!) Papst. Reformer? Ka-
daverkosmetiker bloß. Bestallte Konservierer einer Leiche, die
schon riecht und nicht mehr der Reform bedarf, sondern nur noch
des Abdeckers.

NINO LO BELLO

Der Vatikan und die Juden

Der 22jährige Medizinstudent trug die graue, schlotternde Kluft eines Straßenreinigers. In seiner Tasche hatte er zwei zerfledderte Gedichtbände. Er war keineswegs der Typ des Mörders, aber es war die Zeit des Zweiten Weltkriegs, in der Männer wie er zu Attentätern werden konnten. An diesem warmen Frühlingsnachmittag des 23. März 1944 schob er seinen Müllkarren über das abschüssige Katzenkopfsteinpflaster der Via Rasella hinauf, hielt vor dem Haus Nr. 156, blätterte in einem seiner Gedichtbändchen und wartete auf die Kompanie SS-Leute, die in Dreierreihen, im Rhythmus ihrer Marschtritte singend, immer näher kam.

Der Student entzündete die Tabakkrumen und das Papier in seiner Pfeife mit einem Zündholz, legte die Pfeife an eine zum Karren führende Zündschnur, entfernte sich mit schnellen Schritten. In dem Karren befanden sich 18 Kilogramm Sprengstoff, und als die deutschen Soldaten vorbeimarschierten, kam es zur Explosion. 32 SS-Männer starben auf der Via Rasella. Als Vergeltung befahl das deutsche Militärkommando in Rom die Hinrichtung von je zehn Italienern für jeden getöteten Soldaten. Am folgenden Tag durchkämmten die Gestapo und die italienische Polizei die Stadt Rom und trieben so viele Juden zusammen, wie sie finden konnten, insgesamt 70. Im ganzen wurden 335 Männer herbeigeschleppt, 15 mehr als vom Kommandanten befohlen; das Alter der Männer lag zwischen 15 und 74. Die Geiseln wurden in geschlossene Fleischtransportwagen gesteckt und hinausgeführt zu den Ardeatinischen Höhlen außerhalb Roms, wo sich in den Katakomben ein Höhlensystem befindet, das 1900 Jahre vorher von den Christen zur Bestattung ihrer Märtyrer benutzt wurde. Alle 335 männlichen Geiseln wurden der Reihe nach erschossen. Nach dem Krieg wurden die Opfer des Massakers in den Ardeatinischen Höhlen zu italienischen Nationalhelden und die Höhlen zum nationalen Mahnmal erklärt, das alljährlich von Hunderttausenden aufgesucht wird.

Der in Brooklyn geborene Schriftsteller *Robert Katz* verfaßte ein Buch über dieses Massaker mit dem Titel *Death in Rome*, das dann im Jahre 1973 unter dem Titel *Massacre in Rome* verfilmt wurde, wobei Katz auch das Drehbuch schrieb. Produzent des Streifens war *Carlo Ponti*, unter den Darstellern waren *Marcello Mastroianni* und *Richard*

Burton. Sowohl im Buch als auch im Film behauptete Katz, Papst *Pius XII.* habe verläßliche Informationen über die vom deutschen Stadtkommandanten geplante Vergeltung für den Überfall in der Via Rasella gehabt, aber nichts getan, um dies zu verhindern, obwohl er sehr wohl wußte, daß sein Eingreifen die Vergeltungsmaßnahmen hätte verhindern können. Weiter behauptete Katz in seinem Buch, der Papst habe geschwiegen, als die Juden Roms zusammengetrieben und in die Konzentrationslager gebracht wurden, wo sie den Tod fanden.

Obwohl das Buch bereits mehrere Jahre auf dem Markt war, fand es niemand im Vatikan der Erwähnung wert, aber am ersten Tag der Aufführung des Films empörte sich die Gräfin *Eleonora Rossignani*, eine Nichte des verstorbenen Papstes. Kurz darauf klagte sie gegen Katz, Ponti und den Regisseur *George Pan Cosmatos* wegen Verleumdung und erklärte, sowohl der Film als auch das Buch, nach dem der Film gedreht worden war, stellten »eine schändliche Herabsetzung unseres geliebten und heroischen Papstes Pius XII. dar«. Im Prozeß erklärte die Anklagevertretung, das Buch und der Film repräsentierten die »Kräfte des Bösen«, und das Buch von Katz »sollte auf dem Scheiterhaufen verbrannt werden«. Der Prozeß dauerte 21 Monate, und die drei Männer wurden verurteilt. 1975 wurde der amerikanische Autor zu einer Geldstrafe von 400 000 Lire und einer Gefängnisstrafe von 14 Monaten verurteilt, Ponti und Pan Cosmatos wurden zu je sieben Monaten verurteilt. Obwohl die Urteile bedingt ausgesprochen wurden, legte Katz Berufung ein, und im Juli 1978 hob das Appellationsgericht das Urteil auf und sprach ihn und die beiden anderen Männer frei.

Das ardeatinische Massaker war ein zutiefst tragisches Ereignis, von dem Italien im Krieg heimgesucht wurde. Aber man fragt sich, ob es im Zweiten Weltkrieg nicht Vorfälle gegeben hat, die noch unglaublicher waren, wie etwa die Entwicklungen nach dem Einmarsch der Deutschen in Jugoslawien im Frühjahr 1941. Nach der Kapitulation Jugoslawiens wurde der neue Staat Kroatien geschaffen, und dies führte zum Aufstieg einer Gruppe katholischer Fanatiker, der sogenannten *Ustascha*, die beschlossen, alle Nichtkatholiken in Kroatien auszumerzen. Und so wurden Tausende von Männern, Frauen und Kindern abgeschlachtet, weil sie Juden, Zigeuner oder orthodoxe Serben waren. Allein an einem Morgen ermordeten die *Ustascha* in der orthodoxen Kirche des Dorfes Glina mehr als 700 Serben auf brutale Weise. Die Mordtaten wurden nicht nur von den örtlichen römisch-katholischen Priestern unterstützt, sondern von zahlreichen Priestern und Mönchen begangen, die an der Spitze von Mordkommandos standen. Noch schrecklicher aber waren jene katholischen Priester, die Leiter von Konzentrationslagern wurden und die für die Folterung und Ermordung Tausender Menschen verantwortlich waren. Da waren, um nur einige wenige Namen zu nennen, ein Jesuit namens *Dragutin Kamber*, Pater *Braanimir Zupanic*, Pater *Zvonko Brekalo*, Pater *Zvonko Lipovac*, Pater *Srecko Peric* und der Franziskanermönch *Miroslav Filipovic*, der zum Kommandanten des Konzentrationslagers Jasenovac ernannt wurde, dessen Schrecken sich mit denen von Dachau und Auschwitz messen konnten, und der am Tod von 40 000 Menschen schuld war.

Ausgestattet mit einem Dossier gründlich dokumentierter Beweise für die Schuld der katholischen Kirche an den Verbrechen der *Ustascha*, entsandte das jugoslawische Rote Kreuz einen mehrere Sprachen sprechenden Mitarbeiter namens *Branko Bokun* nach Rom, um den Vatikan zu einer Einstellung der Greueltaten in Kroatien zu veranlassen. Das wäre möglich gewesen, wenn sich der Vatikan dagegen ausgesprochen hätte, denn man war beim Roten Kreuz der Auffassung, daß die *Ustascha* einem päpstlichen Befehl gehorcht hätten. Bokun verbrachte fast vier Jahre in Rom, in deren Verlauf es ihm gelang, einige vatikanische Würdenträger zu sprechen. Mit einem Empfehlungsbrief an Monsignore *Montini* (1947 Staatssekretär des Vatikans, später Papst Paul VI.) gelangte er wenigstens in den Apostolischen Palast, aber der einzige Würdenträger, den er zu sehen bekam, war ein junger Geistlicher, der ihn kühl behandelte und nicht zu Monsignore Montini vorließ. Der junge Kleriker erklärte sich bereit, Bokuns Dossier über die kroatische Katastrophe zu übernehmen und auf Monsignore Montinis Schreibtisch zu legen, und meinte, er solle eine Woche später wiederkommen. Das tat Bokun dann auch. Wieder gelang es ihm nicht, Montini zu sehen, aber der Geistliche versicherte ihm, der Staatssekretär habe die Angelegenheit sorgfältig studiert; er habe mit dem kroatischen Botschafter gesprochen, der ihm erklärt habe, die im Dossier aufgezählten Greueltaten seien das Werk von Kommunisten und seien den Katholiken angelastet worden. Bokun wurde mitgeteilt, der Vatikan habe keine diplomatischen Beziehungen zu Kroatien, könne daher nichts weiter tun. Als Bokun hinzuweisen versuchte, daß der Vatikan ja in täglichem Kontakt mit dem päpstlichen Legaten in Zagreb stehe und diesen beauftragen könnte, den Katholiken die Einstellung der Morde zu befehlen, teilte ihm der Geistliche ärgerlich mit, die Angelegenheit sei für ihn abgeschlossen.

Enttäuscht über die abweisende Haltung der vatikanischen Bürokratie, beschloß Bokun, sich an den Papst persönlich zu wenden, um ihm das Dokument zu zeigen. Er wollte sich zu einer der mittwochs stattfindenden halböffentlichen Audienzen begeben, die unter dem Namen *bacciamano* bekannt waren, zu denen immer nur etwa 30 Personen zugelassen wurden; beim Kuß auf den päpstlichen Ring wollte er dann sein Dossier überreichen. Nachdem er mit Hilfe von Freunden die entsprechenden Arrangements getroffen hatte, betrat er am 8. Oktober 1942 die majestätische Sala Regia. Der Papst trat mit ausgebreiteten Armen ein und schritt entlang der Reihe der Wartenden. Als Bokun an die Reihe kam, kniete er nieder, küßte den Ring und empfing den Segen. Dann hielt er dem Papst seine Unterlagen hin und sprach ihn auf italienisch an. Der Papst hörte zu, nickte mit dem Kopf, machte das Zeichen des Kreuzes und schritt weiter zur nächsten Person; er schenkte Bokun keinerlei Aufmerksamkeit, als der ihn mit zitternder Stimme bat, das Dossier anzusehen und dessen wichtigen Inhalt zu prüfen. Unter den darin enthaltenen Dokumenten befand sich auch ein Schreiben an Papst Pius, verfaßt vom ehemaligen Geschäftsträger des Königreichs Jugoslawien. Es lautete:

»Eure Heiligkeit: Ich schreibe Ihnen dies von Christ zu Christ. Seit dem ersten Tag des unabhängigen kroatischen Staats hat man die Serben massakriert, und diese Massaker dauern bis heute an ... Warum schreibe ich Ihnen dies? Hier ist der Grund: an all diesen beispiellosen Verbrechen, schlimmer als die der Heiden, war unsere katholische Kirche auf zweifache Weise beteiligt. Erstens, eine große Anzahl von Priestern, Klerikern, Mönchen sowie Angehöriger katholischer Jugendorganisationen waren aktiv an all diesen Verbrechen beteiligt, aber, was noch schrecklicher ist, katholische Priester wurden sogar Lager- und Gruppenkommandanten und befahlen oder tolerierten als solche die grausamen Folterungen, Morde und Massaker an einem getauften Volk. Nichts von all dem hätte ohne die Billigung ihrer Bischöfe begangen werden können, und wenn es schon geschah, dann hätte man gegen sie kirchenrechtliche Verfahren führen und sie des Priesteramtes entkleiden müssen. Da dies nicht geschehen ist, kann es nur bedeuten, daß die Bischöfe anscheinend ihr Placet gegeben haben, zumindest durch ihr Stillschweigen ... Es ist die Pflicht der Kirche, ihre Stimme zu erheben; erstens, weil sie die Kirche Christi ist; zweitens, weil sie mächtig ist. Ich schreibe Euch über diese schrecklichen Verbrechen, um meine Seele zu retten, und ich überlasse es Euch, Mittel und

Wege zur Rettung der Euren zu finden. Gezeichnet: Prvislav Grizogono, ehemaliger Minister des Königreiches Jugoslawien. In Zemum, am 8. Februar 1942.«

Spätere wiederholte Versuche Bokuns, in das bürokratische Labyrinth des Vatikans einzudringen, blieben fruchtlos. Im Lauf der Zeit erhielt er Informationen aus Jugoslawien, wonach mehr als 700 000 orthodoxe Serben sowie fast 90 000 Juden und Zigeuner ermordet worden waren. So unwahrscheinlich es klingt, Bokun traf einige vatikanische Funktionäre, mit denen er völlig apathisch sprach; er kam von diesen Gesprächen mit dem Eindruck zurück, daß die dort tätigen Priester die Menschheit vergessen hatten und mit ihren politischen Spielchen mitten im Krieg völlig wertlose Ziele verfolgten. Die Massenmorde und Greuel in Kroatien hörten nicht auf, und die meisten fanden statt, ohne daß die restliche Welt davon erfuhr. *Kein einziger der in der Ustascha tätig gewesenen Angehörigen des katholischen Klerus wurde zur Verantwortung gezogen, keiner vom Vatikan seines Priesteramtes entkleidet, keiner exkommuniziert.*

Nach dem Ende des Krieges zeigte niemand besonderes Interesse für diese furchtbaren Ereignisse, auch der Vatikan erwähnte das Chaos in Kroatien mit keinem Wort, nicht einmal nach der Vernichtung der Hitlerschen Legionen. Bokun hatte über seinen Aufenthalt in Rom sorgfältig Tagebuch geführt. Von den über 30 Verlagen, denen er es zur Veröffentlichung anbot, zeigte keiner ein Interesse, es zu publizieren. Erst 1973 wurde das Tagebuch in New York herausgegeben, aber es gab nur wenige Besprechungen, und es fand kaum Beachtung.

Dagegen stehen die Aussagen anderer Zeitgenossen, wie etwa vom langjährigen israelischen Konsul in Italien, *Pinchas E. Lapide*, in seinem Buch *The Last Three Popes and the Jews*, in dem er behauptete, die römisch-katholische Kirche »rettete im Krieg mehr Juden das Leben als alle anderen Kirchen, religiösen Institutionen und Rettungsorganisationen zusammengenommen. Ihre diesbezüglichen Erfolge stehen in erstaunlichem Gegensatz zu den Leistungen des Internationalen Roten Kreuzes und der westlichen Demokratien ... Der Heilige Stuhl, die Nuntien und die katholische Kirche insgesamt haben zusammengenommen an die vierhunderttausend Juden vor dem sicheren Tod gerettet«.

Ein anderer prominenter Autor, der britische Parlamentsabgeordnete *Maurice Edelman*, Präsident der *Anglo-Jewish Association*, erklärte vor dem Londoner Rat dieser Vereinigung, die Interventionen des Pius XII. hätten während des Krieges Zehntausenden von

Juden das Leben gerettet. *Golda Meir* dankte, als Premierminister Israels, Papst Pius in herzlicher Form dafür, daß er so oft seine
Stimme zugunsten der Juden erhoben habe. Aus Dankbarkeit
dafür, daß der Vatikan während der deutschen Besetzung Roms
etwa 5000 Juden Zuflucht geboten habe, schrieb der *American Jewish
Welfare Board* im Juli 1944 einen Brief an Papst Pius, in dem folgender
Satz stand: »Wir sind zutiefst bewegt über diesen einzigartigen Akt
christlicher Nächstenliebe, den Schutz, den die katholische Kirche
und der Vatikan den italienischen Juden während der deutschen
Besetzung Italiens gewährt haben, insbesondere angesichts der
enormen Risiken, die jene auf sich nahmen, die Unterschlupf ge-
währten.« Andere Würdigungen von jüdischer Seite, ausgelöst
durch das humanitäre Wirken des Papstes zugunsten der europäischen Juden, sollten dem Papst und dem Vatikan Anerkennung zol-
len für deren vorbildliches Verhalten im Einklang mit der karitati-
ven Tradition der katholischen Kirche.

Hinter diesen wohlwollenden öffentlichen Bekundungen der
Dankbarkeit von seiten der Juden steckt aber noch eine andere Geschichte, die im Gegensatz steht zum allgemeinen Bild von der Rolle
des Vatikans bei der Hilfe für die Juden. Während die Juden in vielen Teilen der Welt das Verhalten des Papstes in Kriegszeiten über-
schwenglich lobten, sehen die Juden Roms die Dinge etwas anders.
Wenn man hinter die vom Vatikan mit Erfolg aufgestellte Fassade
blickt, dann stellt man fest, daß dem Vatikan dieses Verdienst *nicht*
zukommt, das ihm viele Juden in Unkenntnis der ganzen Wahrheit
zugemessen haben. Der Vatikan ist im Besitz aller Dokumente, hat
sich aber bisher nicht zu ihrer Freigabe entschließen können, und es
sieht auch nicht so aus, als ob er es je tun würde.

Zunächst muß festgestellt werden, daß der Vatikan keine Gewissensbisse hatte, wenn er log, daß er keine Gewissensbisse hatte,
wenn er Informationen zurückhielt, die sein Image hätten beein-
trächtigen können, und auch dann keine Gewissensbisse hatte, als
er die Juden und alle anderen Menschen in aller Welt in dem Glauben ließ, daß alle individuellen Taten der Nächstenliebe, die von katholischen Priestern oder Nonnen in Kriegszeiten zugunsten von
Juden vollbracht wurden, vom Papst initiiert worden seien. Den
Propagandisten des Vatikans ist es durchaus gelungen, das Verhalten Papst Pius' XII. gegenüber den Juden im Krieg weißzuwaschen.

18 Tage, nachdem die Deutschen im September 1943 Rom über-
rannt hatten, informierte der neue Kommandeur der SS-Einheiten
in Rom, Major *Herbert Kappler*, sowohl *Ugo Foà*, den Vorsitzenden

der jüdischen Kultusgemeinde in Rom, als auch *Dante Almansi,* den Vorsitzenden der italienisch-hebräischen Vereinigung, die jüdische Gemeinde habe innerhalb von 36 Stunden insgesamt 50 Kilogramm Gold als Lösegeld für 200 Juden herbeizuschaffen, die ansonsten nach Deutschland abtransportiert würden. Major Kappler setzte eine Frist bis zum Dienstag, dem 28. September, elf Uhr. Die unter Zeitdruck stehenden Funktionäre Foà und Almansi wußten sehr wohl, daß kein Mitglied der jüdischen Gemeinde 50 Kilogramm Gold zu Hause versteckt hatte. Ihre einzige Hoffnung war, einzelne Juden (und vielleicht einige katholische Freunde) dazu zu bewegen, Eheringe, Ohrringe, Armbänder, Zigarettenetuis, Uhren, Goldmünzen und einige vergoldete Löffel zu spenden. Aber würde man genügend von diesen Gegenständen auftreiben können, um auf 50 Kilogramm zu kommen?

Vielleicht würde der Vatikan in diesem Fall mit einer Leihgabe aushelfen, die in besseren Zeiten zurückbezahlt würde? Man wandte sich an Pater *Borsarelli,* der noch am selben Morgen einen Audienztermin bei Papst Pius erwirkte. Pater Borsarelli kam mit einem substantiellen Angebot zurück: Sollte bis zur erwähnten Frist nicht genügend Geld zusammenkommen, dann würde der Vatikan Gold bis zu einer Höchstmenge von 15 Kilogramm als Kredit zur Verfügung stellen.

Die Kunde von den deutschen Forderungen hatte sich wie ein Lauffeuer über ganz Rom verbreitet, und nicht nur Juden, sondern auch Katholiken begaben sich zur Synagoge am Tiber, um dort ihre Goldspenden zu deponieren. Alles ging sehr schnell, aber trotzdem begab sich Foà am letzten Morgen nochmals zu Major Kappler, um eine Fristverschiebung bis 16 Uhr zu erwirken. Um 16 Uhr erschienen die beiden jüdischen Funktionäre mit genügend Gold, um die Forderungen des Kommandanten zu erfüllen. Da die beiden Funktionäre mehr Gold zusammengebracht hatten, als zur Erfüllung der Forderungen notwendig war, wollten sie sich absichern, und als sie Kappler die kostbare Ladung übergaben, waren es genau 50 Kilogramm und 31 Gramm. Es war nicht notwendig gewesen, etwas von den 15 Kilogramm Gold einzusetzen, die der Vatikan angeboten hatte.

Jahre später erschienen Artikel in der Presse, wonach der Vatikan der jüdischen Gemeinde in Rom 15 Kilogramm Gold übergeben habe. In dem wichtigen Werk des britischen Historikers *Anthony Rhodes, The Vatican in the Age of the Dictators,* wurde eine falsche Behauptung über das Gold als dokumentarisch belegte Tatsache veröffentlicht, nämlich daß der Vatikan sofort 15 Kilogramm Gold zur Gesamtmenge beigetragen habe. In Wirklichkeit war das nicht der Fall gewesen, und bei der letztlich übergebenen Goldmenge war kein einziges Gramm vatikanischen Goldes dabei gewesen.

Die Geschichte über die Juden und den Vatikan ist damit jedoch noch nicht zu Ende. Am 17. April 1955 versammelten sich anläßlich des zehnten Jahrestages der Befreiung Italiens vom Nazijoch Tausende italienischer Juden, um die Menschen zu ehren, die ihnen wirklich geholfen hatten – den »Judenpriester« Pater *Maria Benedetto* und 21 weitere Katholiken, die im Krieg ihr Leben riskiert hatten, um Juden zu retten. Auch wurden an diesem Tag Goldmedaillen verliehen. Jede Medaille wies das Symbol der Zehn Gebote auf sowie einen siebenarmigen Leuchter mit der Inschrift: »Von den Juden Italiens in Dankbarkeit.« Pater Benedetto erhielt eine Laudatio, in der es hieß: »Seine Rettungsaktionen waren ohne Beispiel, und es gelang ihm, diese große und schwierige Aufgabe erfolgreich zu Ende zu führen – ohne auf die Gefahren zu achten und voll starkem Willen und edler Begeisterung für die Hilfe an anderen – und sich damit ewige Dankbarkeit zu erwerben …« Die Tageszeitung der Christlich-Demokratischen Partei, *Il Popolo,* berichtete über dieses Ereignis unter der Schlagzeile: »Der Dank der Juden, die durch den christlichen Mut der Bevölkerung gerettet wurden.«

Der Vatikan wurde weder in der Zeitungsmeldung noch in einer der Reden und Ehrungen erwähnt. Ob dies absichtlich geschah, ist schwer zu sagen, aber eines ist gewiß: Die Vereinigung, die diese Goldmedaillen verlieh, sah keinen Grund, den Papst oder einem anderen Vertreter des Vatikans eine Auszeichnung zu verleihen. Es waren vielmehr die mit Medaillen ausgezeichneten katholischen Persönlichkeiten, wie Pater Benedetto, drei weitere Geistliche, der Polizeichef von Rom und mehrere Privatpersonen, denen von den italienischen, insbesondere den römischen Juden Anerkennung gezollt wurde.

Was Pater Benedetto betrifft, den sogenannten »Priester der Juden«, so möge die Feststellung genügen, daß er alles, was er tat, vor der Nase der Nazis und unter großen Gefahren für sein Leben vollbrachte. Daß der Vatikan nach dem Krieg versuchte, ihm dieses Verdienst zu nehmen, gehört nicht zu den Sternstunden dieser Organisation. Die Versuche des Vatikans, die Leistungen Pater Benedettos größtenteils dem stillen Wirken Pius' XII. zuzuschreiben, sind auch kein Ruhmesblatt in der Geschichte des Vatikans. Die italienischen Juden, praktisch bis zum letzten Mann und der letzten

Frau Überlebende des Holocaust, waren und sind fast einhellig der Auffassung, daß sich der Vatikan unmoralisch verhalten hat, als der Krieg zu Ende war und das Lob verteilt wurde. Der Vatikan ließ Pater Benedetto keinerlei Anerkennung zuteil werden, und er starb, der Welt ein Unbekannter, den Juden ein Held.

Pater Maria Benedetto war Franzose und wurde 1895 als Pierre Peteul geboren. Im Ersten Weltkrieg, an dem er im Unteroffiziers- rang teilnahm, wurde er verwundet, bei Kriegsende wurde er mehrfach ausgezeichnet. Dann wurde er Kapuziner, wirkte in der Kirche unter dem Namen Pater Maria-Benoit, den er später, als er in Italien tätig war, in Maria Benedetto umwandelte. Kurz nachdem Pater Benoit/Benedetto vom Generaloberen seines Ordens nach Rom versetzt worden war, erhielt er den Besuch eines alten Bekann- ten, eines italienischen Juden, dem langjährigen Direktor der fran- zösisch-italienischen Kreditbank in Nizza, der in einer wichtigen Mission zu ihm kam. Da den Deutschen das Kriegsglück nicht hold war, befürchteten führende Persönlichkeiten der zahlreichen jüdi- schen Flüchtlinge in Südfrankreich, daß die Nazis in die von den Ita- lienern besetzten französischen Gebiete einmarschieren könnten. Das hätte für die Masse der dort lebenden Juden eine völlige Kata- strophe bedeutet. Einige äußerst wichtige Informationen sowie vier lebenswichtige Vorschläge mußten dem Papst übermittelt werden; Pater Benedetto nahm es auf sich, sie Seiner Heiligkeit in einer Son- deraudienz zu präsentieren, obwohl Pater Benedetto und die ver- schiedenen in Lyon versteckten Organisationen der französischen Juden sehr wohl wußten, daß der Papst noch nie viel getan hatte, um Juden irgendwo zu helfen.

Pater Benedetto war über die Reaktion des Papstes wirklich ent- täuscht, trotzdem hinterließ er ihm ein Dokument der Rabbiner von Lyon mit geheimen Informationen über die bei Oberschlesien bzw. im Generalgouvernement gelegenen Konzentrationslager Au- schwitz und Treblinka sowie über die Einzelheiten des organisatori- schen Ablaufs der Deportationen der französischen Juden. *Dieser Bericht wurde Papst Pius XII. am 16. Juli 1943 übergeben.* In späteren Jahren sollte der Vatikan bekanntgeben, der Grund, warum er in bezug auf Auschwitz und Treblinka weder Maßnahmen ergriffen noch eine Verurteilung ausgesprochen habe – lang bevor der Rest der Welt von diesen zwei berüchtigten Todeslagern und ihrer Ver- nichtungsmaschinerie erfahren sollte –, sei der gewesen, daß die kirchlichen Behörden nicht in der Lage gewesen seien, »den Wahr- heitsgehalt dieser Berichte zu verifizieren«.

Folgende vier Überlegungen wurden dem Papst ebenfalls zur
Überprüfung und Erwägung vorgelegt: (1) Ob der Vatikan in der
Lage wäre, Informationen über das Schicksal der schätzungsweise
50 000 französischen und ausländischen Juden zu erhalten, die aus
Frankreich deportiert worden waren; (2) ob es möglich wäre, die
Unterstützung des Vatikans zu erhalten, um eine bessere Behandlung der in Konzentrationslagern in Frankreich befindlichen Juden
zu erwirken; (3) ob der Vatikan in der Lage wäre, durch seine diplomatischen Kontakte das neutrale Spanien zu bewegen, seinen
Schutz jenen Juden in Südfrankreich zu gewähren, die sephardi-
scher Abstammung waren (jene europäischen Juden, die sich ursprünglich in Spanien und Portugal niedergelassen hatten), und (4)
ob der Vatikan in der Lage wäre, den in den italienisch besetzten
französischen Gebieten gestrandeten Juden die Rückkehr nach Italien zu ermöglichen, wo sie sicherer wären.

Zu den Punkten eins, zwei und vier erfolgte von seiten des Vatikans überhaupt keine Reaktion.

Was die Möglichkeit betraf, Spanien zu veranlassen, die sephar-
dischen Juden unter seinen Schutz zu stellen, erließ die Regierung
Francos eine Verordnung, der zufolge jedem Juden, der seine spanische Herkunft nachweisen könne, ein Schutzbrief ausgestellt
werden sollte. Als die Verordnung herauskam, hatten die Deutschen bereits den Italienern die Besatzungsaufgaben abgenommen.
Die staatenlosen Juden in Frankreich, die die spanische Nationalität
beanspruchten, wurden nicht anerkannt, sondern von den Nazis
als staatenlose Juden behandelt, was für die meisten die Deportie-
rung bedeutete. Insgesamt saßen fast 50 000 Juden in Südfrankreich
fest; die meisten fielen Hitlers Endlösung zum Opfer.

Nachdem Pater Benedetto die Aussichtslosigkeit erkannt hatte,
vom Vatikan oder dem Papst Hilfe für die Juden zu erlangen, beschloß er, auch ohne päpstliche Hilfe auf eigene Faust alles in seinen
Kräften Stehende zu tun. Er schuf sich einen festen Stützpunkt im
Kapuzinerkloster in der Via Sicilia in Rom, einen Steinwurf entfernt
von der Via Veneto und praktisch vor der Nase der deutschen Kom-
mandantur in Rom. Von diesem Quartier aus befaßte sich der Frater
unermüdlich mit der Unterbringung einer enormen Anzahl von
Flüchtlingen. Da es zu viele waren, als daß man sie im Kloster selber
hätte unterbringen können, wurden viele in kleinen Pensionen
oder Hotels einquartiert. Häufig mußten große Bestechungssum-
men und Sonderzahlungen geleistet werden, damit Juden dort bleiben konnten, ohne sich entsprechend den gesetzlichen Vorschrif-

ten bei den römischen Polizeibehörden, der *Questura,* anzumelden. Ein noch größeres Problem war die Ernährung dieser Menschen, da Nahrungsmittel in Rom streng rationiert waren. Natürlich besaß keiner dieser Flüchtlinge Lebensmittelkarten, die man nur erhielt, wenn man bei der Questura gemeldet war. Indessen fand Pater Benedetto Mittel und Wege in einer Stadt, deren Bewohner seit Jahrhunderten mit Erfolg gelernt hatten, bürokratische Hemmnisse zu überwinden, ein in ganz Italien im Frieden wie im Krieg nicht unbekanntes Phänomen. Die Italiener verfügten über jahrhundertelange Erfahrungen, und es gelang ihnen immer wieder, die Deutschen zu verwirren, indem sie ihnen stets einen oder mehrere Schritte voraus waren. Pater Benedetto, zwar selbst kein Römer, war zu einem solchen geworden, zu einem Meister der bürokratischen Taschenspielerei.

Durch einen glücklichen Zufall entdeckte Pater Benedetto eines Tages in einem Abstellraum des Klosters zwischen alten Möbeln eine alte, abgenützte Druckpresse. Mit Hilfe eines geflüchteten Druckers stellte er nun für viele Juden gefälschte französische Identitätskarten her. Unter Verwendung eines »Gummistempels«, hergestellt aus dem Zifferblatt einer Taschenuhr, mit eingefügten Lettern aus einem Kinderdruckkasten und unter Beifügung französischer Finanzstempelmarken, die aus einem Philateliegeschäft in Rom stammten, produzierte der Kapuzinerpater Identitätskarten, die er selber frohgemut mit dem Namen der zuständigen französischen Behörde signierte. Mit diesen »amtlichen Dokumenten« gelang es, schweizerische, rumänische und ungarische Botschaftsangestellte zu täuschen und damit an die 200 Juden aus Italien hinaus und in jene Länder in Sicherheit zu bringen.

Was den Vatikan betrifft, der Benedetto keine Hilfe gab, zeigte 1963 der deutsche Dramatiker *Rolf Hochhuth* als einer der ersten auf, daß hier in der Kirche etwas »schiefgelaufen« war. In seinem umstrittenen Drama »*Der Stellvertreter*« behandelte er im Rahmen einer fiktiven Handlung das Schweigen des Papstes Pius über die Juden. In diesem Stück, dessen explosive Blankverse in etwa 20 Sprachen übersetzt wurden, wird der Papst der Kriegszeit als zynisch, geldgierig und hartherzig in bezug auf die Verfolgung der Juden durch die Nazis dargestellt. Als sein Stück als historisch unrichtig bezeichnet wurde, rechtfertigte sich Hochhuth nicht etwa mit dem Argument der dichterischen Freiheit, sondern mit der Behauptung, er habe von einem enttäuschten Angehörigen der Kurie, der seinen Namen nicht preisgeben wolle, bestimmte vertrauliche Mitteilungen erhalten. Rolf Hochhuth hatte seinen eigenen Informanten im Vatikan.

Erst im vierten Akt machte der Stellvertreter seine brisante Aussage. In dieser Szene erscheint der Papst auf der Bühne und spricht über die Aktien und Obligationen, in die der Vatikan investiert hat und deren Wert durch die Bombardements der Alliierten in Italien gemindert würde. Der Papst erklärt, er sei beunruhigt wegen der Zerstörung »Unserer Fabriken«, wobei er hinzufügt, die Deutschen seien »freundlicher gewesen als die Zerstörer von San Lorenzo«, womit die Alliierten gemeint waren. Der Papst spricht dann über den Verkauf von Aktienpaketen des Vatikans an »einflußreiche Männer um Roosevelt«, was zweifellos eine Verringerung der Luftangriffe auf Rom bewirken würde. Just in diesem Augenblick kommt ein Mitarbeiter in den Raum, um den Papst über die Vernichtungslager in Polen zu informieren, aber der Papst zeigt kein Interesse für diese Nachricht. Gleichzeitig kann man durch das Fenster des Papstes sehen, wie SS-Leute Juden zum Transport nach Auschwitz zusammentreiben.

Hochhuth bemerkt zu dieser Hartherzigkeit: »*Vielleicht haben nie zuvor in der Geschichte so viele Menschen ihr Leben wegen der Passivität eines einzigen Politikers lassen müssen.*«

Der Aufschrei und die Erregung über Hochhuths Stück übertrafen alles bisher im Theater Dagewesene, aber es war Papst *Paul VI.*, der das letzte Wort hatte. Im Juni 1963 schrieb er – er war noch Kardinal Montini in Mailand – einen Brief an die Zeitschrift *The Tablet* in London, der dort genau an jenem Tag eintraf, an dem Montini Papst wurde. Hätte Pius XII. das getan, wegen dessen Unterlassung Hochhuth ihn anklagte, schrieb Papst Paul, »dann hätte sein Vorgehen solche Vergeltungsmaßnahmen und Zerstörungen zur Folge gehabt, daß Hochhuth selber – nachdem der Krieg nun vorbei war und er jetzt eine bessere geschichtliche, politische und moralische Urteilsfähigkeit besitze – in der Lage gewesen wäre, ein anderes Stück zu schreiben, ein realistischeres und interessanteres als jenes, das er wohl sehr schlau, aber auch ungeschickt zusammengestoppelt habe. Was würden Kunst und Kultur gewinnen, wenn sich das Theater für Ungerechtigkeiten dieser Art hergebe?«

Dennoch hätte Pius XII. noch Gewichtigeres zu bewältigen gehabt. Daß er nicht gewußt haben soll, daß die Nazis in bestimmten Konzentrationslagern bereits mit der Judenvernichtung begonnen hatten, ist eine irrige Annahme, die den Anhängern der katholischen Religion nahegelegt wurde. Schon im Frühjahr 1943 hatte der

Papst einen Brief von *Wladislas Rackiewicz*, dem Präsidenten der polnischen Exilregierung in London, erhalten, in dem dieser erklärte: »Die Ausrottung der Juden und mit ihnen vieler Christen semitischer Abstammung war nur eine Probe für die systematische Durchführung eines wissenschaftlich organisierten Massenmords ... Hunderttausende Menschen werden ohne ordentliches Gerichtsverfahren getötet ...«

Im Vatikan gibt es zahllose Dokumente, die beweisen, daß der Papst von den Ausrottungen wußte und daß man ihm geraten hatte, sich dazu nicht zu äußern. So ist beispielsweise Präsident Roosevelts Abgesandter, *Myron Taylor*, im Jahr 1942 dreimal von Washington nach Rom gereist (beim dritten Mal blieb er volle elf Tage im Vatikanstaat), um Pius mündlich und schriftlich Informationen über die Nazis und ihre Judenpolitik zu überbringen. Dies galt auch für den britischen Geschäftsträger beim Heiligen Stuhl, Sir *D'Arcy Osborne*, der, nach einem dreimonatigen Aufenthalt in London, wo ihn seine Vorgesetzten unter anderem über Hitlers Judenprogramm informiert hatten, am 29. Juni 1943 nach Rom zurückkehrte. Sir *D'Arcy* fragte sogar einen Funktionär im Vatikan: »Warum interveniert der Vatikan nicht gegen das schreckliche Gemetzel an den Juden?« Auch Kardinal *Tisserant* gab in einem Brief an den Erzbischof von Paris zu, er habe den Papst gebeten, eine Enzyklika zu dieser Frage herauszugeben, wobei er hinzufügte, die Kirche sei insofern gefährdet, als die »Geschichte von morgen nicht in die Lage kommen dürfe, dem Heiligen Stuhl vorzuwerfen, er habe eine Linie der politischen Nützlichkeit verfolgt, die ausschließlich seinem eigenen Vorteil diente ...«

Außer seiner Überzeugung, daß ein Bruch seines Schweigens zur Ausrottung der Juden gleichermaßen gefährlich und nutzlos für die Juden wäre, hatte Pius XII. noch einen weiteren Grund für sein Schweigen. Dieser Grund ist damals nicht öffentlich bekannt geworden. Nachdem er vertrauliche Berichte aus Deutschland erhalten hatte, wonach Hitler ihn zu einem günstigen Zeitpunkt entführen lassen wollte, war Papst Pius ernstlich besorgt, daß Hitler jene Bestimmung des Konkordats von 1929 aufheben könnte, die den deutschen Staat verpflichtete, die Kirchensteuer von seinen Bürgern zu erheben. 50 Prozent dieser Summe wurden der katholischen Kirche in Deutschland übergeben, der Rest nach Rom überwiesen. So betrug beispielsweise die Gesamtsumme der 1943 erhobenen Kirchensteuer etwa 450 Millionen Mark, was damals mehr als 100 Millionen Dollar entsprach. Wegen der gewaltigen Summe Geldes, um die es hier ging, und wegen der verhängnisvollen Folgen, die ein Verlust dieser Gelder für die katholische Kirche in Deutschland gehabt hätte, waren vatikanische Funktionäre der Auffassung, daß man hier sehr vorsichtig sein müsse, denn Hitler war in der Tat jene Art von Führer, der, wenn er nur den Anlaß erhielte, sehr wohl den Anteil der Kirche zurückbehalten würde.

Nach dem Ende des Kriegs in Europa gab es zahlreiche Apologeten, die sich bemühten, die Haltung Papst Pius' gegenüber den Nazis und den Juden zu verteidigen. Fast alle Rechtfertigungsversuche verteidigten die Weigerung des Papstes, zugunsten der Juden zu sprechen.

Schließlich meldete sich Pius persönlich zu Wort. Am Ostersonntag 1945 sprach er vor nahezu einer halben Million Menschen, die sich auf dem Petersplatz versammelt hatten. Zum Thema der Behandlung der Juden durch die Deutschen erklärte er:»Jene, die sich verführen ließen durch die Anstifter der Gewalt und die so unklug waren, der Marschmusik zu folgen, begannen schließlich aus ihrer Illusion zu erwachen und waren verblüfft, als sie sahen, wie weit sie ihre dienstfertige Unterwürfigkeit geführt hatte. Für sie gibt es keinen anderen Weg zur Erlösung, als ein für allemal dem Götzendienst des totalen Nationalismus sowie des Stolzes auf die Überlegenheit von Rasse und Blut abzusagen.«

Vielen Juden, die diese Worte an jenem Tag hörten oder sie in der Zeitung lasen, mußte die Erklärung unecht klingen, denn es waren Worte, die zu spät und erst zu einem Zeitpunkt gesprochen wurden, an dem die Gefahr bereits vorbei war. Der Holocaust hatte stattgefunden, und nun erhob der Papst zum erstenmal seine Stimme gegen Hitlers Behandlung der Juden.

Es war Pater *Robert Leiber,* ein Jesuit und Professor für Kirchengeschichte an der Päpstlich Gregorianischen Universität und enger Vertrauter des Papstes Pius XII. während dessen ganzen Pontifikats, der zum führenden Sprecher und Apologeten des Vatikans werden sollte. Er war auch in seinen Veröffentlichungen unehrlich. Sein erster Artikel erschien im März 1961 in der Monatsschrift der Jesuiten *Civiltà Cattolica* unter dem Titel »Pius XII. und die Juden Roms 1943—1944«. In diesem Artikel wurde die Geschichte verdreht und ein Mythos geschaffen, der auf eine krasse Umgehung harter Tatsachen hinauslief. Seine Worte wurden immer wieder als die offizielle Meinung des Vatikans zitiert. Fünf Jahre später wiederholte Pater Leiber einige seiner Behauptungen in einem Interview mit der Zeitschrift *Look.* Im wesentlichen behauptete er darin, es habe während der deutschen Besetzung in Rom zwei päpstliche Organisationen zur Unterstützung der Juden gegeben – nämlich *Delasem* und *Opera di San Raffaele*. Indessen war keine dieser beiden Organisationen eine Einrichtung des Vatikans, und keine erhielt finanzielle Unterstützung von seiten des Papstes.

Pater Leiber behauptete, *Delasem* habe in Genua als »eine jüdische Organisation« begonnen und sei dann zu einer vatikanischen Institution geworden, als die Deutschen die Stadt besetzten. Außer einigen Geldspenden von Juden und anderen kirchlichen Institutionen in Rom sei »der Rest zur Gänze von Pius XII. gespendet worden«. Weiter erklärte Pater Leiber in dem Interview, »der Papst hat sein gesamtes Privatvermögen aufgewandt«, um den Juden zu helfen. Da nichts davon der Wahrheit entsprach, schrieben führende Mitglieder der jüdischen Gemeinden von Rom und Genua einen zur Veröffentlichung gedachten Protestbrief an die *Civiltà Cattolica*. In diesem Schreiben unterstrichen jüdische Funktionäre aus beiden Städten mit ihrer Unterschrift eindeutig, daß *Delasem* – von Pater Benedetto geleitet – niemals eine päpstliche Organisation gewesen und bis zum Schluß eine jüdische Organisation geblieben sei. Weiter wurde in dem Schreiben erklärt, *Delasem* habe nie Gelder von Papst Pius erhalten, sondern ausschließlich von italienischen Bürgern, sowohl jüdischen als auch katholischen Glaubens. *Civiltà Cattolica* hat diesen Brief nie veröffentlicht.

Die einzige Antwort, die die jüdischen Funktionäre erhielten, erfolgte von seiten Pater Leibers, der alle Richtigstellungen und Gegenbehauptungen ignorierte und in einem kurzen Schreiben erklärte, diese Ereignisse hätten vor so vielen Jahren stattgefunden, daß es sinnlos sei, die Angelegenheit noch zu diskutieren. Auch das Eingreifen Pater Benedettos blieb erfolglos: Er berichtete einem vatikanischen Funktionär, daß während der neun Monate der deutschen Besetzung, in denen er als Vorsitzender von *Delasem* tätig war, »keinerlei Geldmittel von seiten des Vatikans eingegangen sind«.

Über die zweite Organisation, die römischen Juden geholfen habe, die *Opera di San Raffaele,* erklärte Pater Leiber, etwa 2000 Personen, überwiegend Juden, seien über diese Organisation nach Brasilien gelangt, und zwar mit Hilfe von Geldern, die vom Vatikan gekommen seien. Diese Erklärung war irreführend: Der Leiter dieser Organisation, der deutsche Pallottinerpater *Anton Weber,* erklärte, die *Opera di San Raffaele* »betreute nur katholisch getaufte Juden nichtitalienischer Herkunft, aber niemals wirkliche Juden«. Bezüglich der Geldmittel, die angeblich aus dem Vatikan geflossen seien, um diese edle Aufgabe zu finanzieren, erklärte er, Leibers Aussage erwecke einen falschen Eindruck, denn das Geld sei nur über den Vatikan als Transferstelle gelaufen, ein Schritt, der durch die Kriegsverhältnisse notwendig geworden war. Die eigentlichen Mittel in der Höhe von 125 000 Dollar stammten von der Chicagoer Sektion des *United Jewish Appeal* und seien von Monsignore *Bernard Sheil* aus Chicago dem Vatikan überbracht worden. Pater Webers Richtigstellung wurde ebenfalls nicht in *Civiltà Cattolica* veröffentlicht.

In einer anderen Erklärung Pater Leibers hieß es, daß von den 4500 Juden, die in verschiedenen kirchlichen Verstecken untergebracht waren, viele innerhalb der Mauern des Vatikans versteckt gewesen seien. Auch diese Behauptung Leibers ist eine Übertreibung, denn weder der Oberrabbiner von Rom noch irgendein anderes Mitglied der dortigen jüdischen Gemeinde hat jemals von irgendeinem Juden gehört, der im Vatikan versteckt gewesen wäre. Ein Reporter in Rom, der dieses überprüfen wollte, wandte viel Zeit auf, um – wie er dachte – die einzige Familie aufzuspüren, insgesamt elf Juden, denen vier Monate lang Zuflucht im Vatikan gewährt wurde, doch erwies sich das als Sonderfall, da eine der Töchter dieser Familie mit einem Katholiken verlobt war, der seinerseits mit einem im Vatikan wohnenden Geistlichen befreundet war. Die andere Ausnahme war ein bekehrter Jude, der als Erzeuger von Konfektionskleidung sehr viel Geld verdient hatte und bei seinem Tod im Jahre 1949 aufgrund eines Versprechens all seinen Besitz Papst Pius XII. vermachte.

Ein weiterer Propagandatrick Pater Leibers war die ständige Hervorhebung der Bekehrung des Oberrabbiners *Italo Zolli* zum Katholizismus als eine Art stärkster Beweis dafür, was die Kirche für die Juden getan habe. Dadurch schuf und verewigte der Vatikan bewußt eine Reihe von Erfindungen, welche die Welt überzeugen sollten, daß er projüdisch sei.

Rabbi Zolli war am 8. September 1943 verschwunden, als die Nazitruppen ganz Rom übernahmen. Erst im Juni 1944, als die Armeen der Alliierten in Rom einmarschierten, kam Rabbi Zolli wieder zum Vorschein. Es hieß damals, und der Vatikan hielt es für wahr, daß Rabbi Zolli heimlich innerhalb des Vatikans verborgen war. In Wirklichkeit hatte sich Rabbi Zolli während der zehn Monate, in denen er nicht aufzufinden war, auf eigene Faust in verschiedenen Bezirken Roms versteckt, während die Deutschen vergeblich nach ihm fahndeten. Als sie wieder aus Rom abzogen, wollte der damals

68jährige Rabbi Zolli wieder seine Tätigkeit als Oberrabbiner von Rom aufnehmen, aber die jüdische Gemeinde Roms widersetzte sich dem, da man auf dem Standpunkt stand, der Rabbi habe sie zu einem Zeitpunkt im Stich gelassen, als sie ihn wirklich benötigte. Rabbi Zolli ließ sich daraufhin mitsamt seiner Ehefrau nach katholischem Ritus taufen. Der Vatikan behauptete, Rabbi Zolli habe durch seine Taufe einen Schwur erfüllt, nämlich zum Christentum überzutreten, wenn Gott ihn sicher durch den Holocaust führe. Er erwähnte nicht die Tatsache, daß sich Zolli schon in seiner Jugend zum Christentum hingezogen fühlte. Bald nach seiner Bekehrung wurde Zolli zum Professor für Hebräisch und Testamentsliteratur am Päpstlichen Bibelinstitut in Rom bestellt.

Nachdem Leiber die Affäre Zolli weidlich ausgeschlachtet hatte, setzte er seine Propaganda unablässig fort und erklärte, die Juden seien dem Papst dankbar »für die Hilfe, die sie während des Krieges von ihm erhalten haben«. Er berichtete, daß eine Gruppe Juden, die aus den Todeslagern gekommen war, im Jahr 1945 dem Papst im Rahmen einer Privataudienz für seine Hilfe gedankt hätte, daß das Israelische Philharmonische Orchester im Mai 1955 ein Konzert im Vatikan gegeben habe, und er erwähnte, daß der Oberrabbiner von Rom, *Elio Toaff*, in einem von der halbamtlichen vatikanischen Tageszeitung *L'Osservatore Romano* in Auftrag gegebenen Artikel geschrieben habe: »Mehr als sonst jemand hatten wir in diesen unglückseligen Jahren der Verfolgung und des Terrors, als es für uns kein Entkommen zu geben schien, Grund, die große, mitleidsvolle Güte und Großzügigkeit des Papstes zu schätzen …«

Pater Leiber vergaß zu erwähnen, daß die Zeitung »vergessen« hatte, die zweite Hälfte des Artikels von Dr. Toaff abzudrucken, in dem dieser auf diplomatische Art und Weise die von der jüdischen Gemeinde Roms einhellig vertretene Auffassung zum Ausdruck brachte, daß der Vatikan wesentlich mehr hätte tun können. Seine mit Bedacht gewählte Formulierung lautete: »Wir ziehen es vor, an das zu denken, was der Papst für die Juden *getan* hat, anstatt an das zu denken, was er *nicht* getan hat …«

Die Verteidiger des Papstes stiegen weiterhin für ihn auf die Barrikaden, und zwar noch bis zum Herbst 1981, als ein katholischer Geistlicher, Pater J. *Derek Holmes*, ein Buch veröffentlichte, in dem er behauptete, der Pontifex habe im Krieg sogar seinen Ruf gefährdet, um das Leben von Tausenden Juden zu retten, die damals vom Vatikan versteckt worden waren. Indem er klugerweise die Nazigreul nicht verurteilte, habe sich der Papst dem späteren Vorwurf man-

gelnden Mutes ausgesetzt, doch habe er dies aus einem tieferen
Grund getan. Der britische Historiker erklärte in seinem Buch *The
Papacy in the Modern World*, Papst Pius' »persönliches Wirken zugunsten der Juden hätte durch eine öffentliche Verurteilung der
Nazis gefährdet werden können, auch wenn eine solche Verurteilung seine moralische Haltung in den Augen der Menschheit gefestigt hätte«. Pater Holmes behauptete weiterhin, Pius habe vor
einer klaren Wahl gestanden: »War sein persönlicher moralischer
Ruf wichtiger als das Leben eines einzigen Juden?«

War also das Schweigen des Pius zur Judenverfolgung nur ein
entschuldbarer Makel an einem ansonsten eindrucksvollen Pontifikat? Als umsichtiger Diplomat war der Papst überzeugt, daß eine öffentliche Anklage gegen den deutschen Diktator für die Neutralität
des Vatikans verhängnisvolle Folgen haben würde und eine päpstliche Gewissensdeklaration gegen das »Dritte Reich« auch nichts an
den Umständen geändert hätte. Welche persönliche Einstellung der
Papst gegen Hitler auch gehabt haben mag, so betrachtete der Papst
bis zum Ende die Sowjetunion als die eigentliche Gefahr für Europa.
Aus diesem Grund vermied er einen Bruch mit Deutschland, das
seiner Meinung nach den Krieg ohnehin verlieren würde. Der Papst
befürchtete, daß die nach dem endgültigen Zusammenbruch der
Naziarmeen zu erwartende Besetzung Mitteleuropas durch die So-
wjets dann unwiderruflich sein würde.

Auch wenn Papst Pius XII. versagte, als er vor eine Entscheidung
gestellt wurde, die die Kraft eines einzelnen überstieg, so belasteten
ihn zusätzlich die ungeschickten Bemühungen des Vatikans nach
1945, die Wahrheit zu verbergen. Damals wäre eine offene Erklärung der Gründe, die seiner Haltung und seinem begreiflichen
menschlichen Versagen zugrunde lagen, von Juden und Christen
gleichermaßen sehr begrüßt worden. Aber der Pontifex gab weder
eine Erklärung ab, noch tat er sein Bedauern kund, sondern er verhielt sich so, als hätte es niemals irgendeine Art von stillschweigen-
der Kollaboration zwischen dem Vatikan und dem Naziregime gegeben. Wieweit sich die Kirche den Menschen gegenüber öffnen
sollte, insbesondere jenen Menschen, die sie unterstützen – ob sie
also in erster Linie eine Regierung und erst in zweiter Linie eine für
ihre Herde sorgende religiöse Institution ist –, ist ein Dilemma, mit
dem sich der Vatikan angesichts der überwältigenden, unvorher-
sehbaren Umwälzungen in der Welt von heute erst noch auseinan-
dersetzen muß.

PETER DE ROSA

Der stille Holocaust

Zwei Bilder machen ein Aufeinanderprallen zweier Denkweisen sichtbar. Ein katholischer Arzt stellt den entwickelten Fötus in einem Glas aus; der Fötus weist alle Züge eines winzigen, aber eindeutig erkennbaren Menschen auf. Dies ist es, sagt er leidenschaftlich, worum es bei der Abtreibung wirklich geht: die Ermordung dieses Babys.

Seine Gegnerin, eine Frau, nicht weniger leidenschaftlich, hält einen metallenen Kleiderbügel hoch. Dies, sagt sie, hat eine Frau umgebracht, als Abtreibung ein Verbrechen war. Wollen wir in die alten, finsteren Zeiten zurück, als Frauen zu Engelmachern gehen mußten? Und warum? Nur um der Frau das Grundrecht zu nehmen, nicht Mutter zu werden.

Abtreibung ist das Thema der polarisierendsten und qualvollsten Diskussion der Moderne. Die Päpste als Vertreter der katholischen Kirche lehren, Abtreibung könne unter keinen Umständen gerechtfertigt werden; sie ist immer die direkte Tötung eines unschuldigen Kindes im Mutterleib. Das andere Extrem ist die Meinung, Abtreibung sei die freie Entscheidung der Mutter; es sei kein Kind im Mutterleib, nur ein potentielles Kind.

Die Päpste betonen, daß alles Leben von der Empfängnis an ein heiliges Geschenk Gottes ist; im ersten, wunderbaren Augenblick schon ist ein Mensch da, den Gott erschafft, liebt und zum ewigen Leben bestimmt. Die am Gegenpol erwidern, was in der Frau ist, sei nichts als fötales Gewebe; sie könne sich seiner so seelenruhig entledigen, wie sie sich die Nase operativ verschönern lassen würde. Schließlich ist es ihr Bauch. Wer hat das Recht, sie zu neun Monaten Schwerarbeit zu verurteilen? Wie Stella Brown schon 1915 sagte: »Das Frauenrecht auf Abtreibung ist ein absolutes Recht. Abtreibung sollte jeder Frau ohne unverschämte Inquisitionen und ruinöse finanzielle Belastungen zugänglich sein, denn unser Körper gehört uns.«

Jüngsten Umfragen zufolge scheinen die meisten Menschen, die über dieses Thema nachdenken, einen Mittelweg zu vertreten. Sie lehnen Absolutes ab, sie haben etwas gegen Extreme. Abtreibung ist nicht immer Unrecht, denn es gibt eindeutige Indikationen, die einer Frau die Abtreibung erlauben. Andererseits ist der Inhalt des

Mutterleibes nicht nur Gewebe; er ist in gewisser Weise heilig. Er sollte deshalb nicht ohne sehr viel Nachdenken und moralische Qual weggeworfen werden.

Ein neues Gefühl für das Leben

Von Anfang an hat das Christentum eine neue Achtung und Ehrfurcht vor dem Leben in allen Phasen in die Welt gebracht. Das Neue Testament trägt dazu bei, etwa mit dem Text, in dem das Kind in Elisabeths Leib vor Freude hüpft, als Maria kommt, um sie zu besuchen. Für Griechen und Römer waren Abtreibung und Kindermord etwas Alltägliches. Die Alten hatten generell kein tiefes Gefühl für die frühen Phasen der Schwangerschaft. Dies erklärt sich zum Teil durch die Tatsache, daß viele glaubten, ein Wesen sei erst ein Mensch, wenn es seinen ersten Atemzug tat. Aristoteles sah Abtreibung als Notwendigkeit an, wenn die Bevölkerung über das vernünftige Maß hinausging.

Abtreibungshandbücher waren zahlreich, und es gab spezielle Fachleute dafür. Der Embryo konnte durch Leerung des Darms zerstört werden, durch heftigen Sport, durch Baden in verschiedenen Gebräuen, durch Aderlaß bei der Frau, durch Anwendung von Zäpfchen, tödliche Drogen, scharfe Gegenstände. Frauen unterzogen sich dem aus vielerlei Gründen: weil ihr Leben in Gefahr war, um ihren Ehebruch geheimzuhalten, weil sie ihre Figur nicht verlieren wollten. Abtreibung war nie etwas wirklich Schlimmes.

Das Christentum hat der Menschheit einen großen Dienst erwiesen, schreibt Lecky, als es »definitiv und dogmatisch aussagte, daß jede Zerstörung menschlichen Lebens als Amüsement oder schlichte Bequemlichkeit Sünde sei, und dadurch einen neuen Maßstab bildete, der höher war als jeder andere auf der Welt«.

»Du sollst deinen Nächsten lieben wie dich selbst« galt als erstes für den kleinen Nächsten am Herzen der Mutter.

Das kirchliche Abtreibungsverbot wurde von der Lehre der Erbsünde verstärkt, aber nicht verursacht. Wenn das Seelenheil von der Taufe abhing, war es offensichtlich mehr als Mord, ein Kind im Mutterleib zu töten; es bedeutete in gewissem Sinn, es für immer zu töten. Deshalb galt Abtreibung als fast unverzeihliche Sünde. Die Bußen, die dafür auferlegt wurden, waren streng, in manchen Fällen lebenslänglicher Ausschluß von den Sakramenten. Es galt als böser, einen Fötus abzutreiben, als ein schon geborenes und getauftes Kind zu töten.

Moderne Päpste sehen sich als Bewahrer dieser großartigen Tradition. In *Casti connubii* sagte Pius XI.:

Wir mögen die Mutter bedauern, deren Gesundheit und sogar deren Leben in der Ausübung der Pflicht, die die Natur ihr auferlegt hat, in großer Gefahr ist, jedoch was könnte je ein ausreichender Grund sein, in irgendeiner Weise den direkten Mord an einem Unschuldigen zu entschuldigen?

21 Jahre später, 1951, schrieb Pius XII.:

Unschuldiges menschliches Leben, gleich in welchen Umständen es ist, muß vom ersten Augenblick seiner Existenz an vor jedem direkten, willentlichen Angriff geschützt werden. Dies ist ein Grundrecht der menschlichen Person, von allgemeinem Wert im christlichen Verständnis des Lebens; es gilt sowohl für das noch verborgene Leben im Mutterleib als auch für das schon geborene Leben; auch gilt es gegen die Abtreibung und die direkte Tötung des Kindes vor, während und nach der Geburt.

Bei seinen Auslandsbesuchen läßt sich Johannes Paul nie die Gelegenheit entgehen, dieselbe Botschaft zu wiederholen. In den USA, wo Abtreibung zum verfassungsmäßigen Recht jeder Frau erklärt worden ist, betonte er die Heiligkeit des Lebens im Mutterleib; das ungeborene Kind hat ebensoviel Recht auf Leben wie die Mutter oder ein schon geborenes Kind. Bei seiner ersten USA-Reise 1979 stellte er vor der Mall in Washington eins der Hauptthemen seines Pontifikats in den Vordergrund: die Heiligkeit des Lebens »vom ersten Augenblick der Empfängnis an und durch alle darauffolgenden Phasen«. Durch Christus ist alles menschliche Leben erlöst. Deshalb sind »alle Menschen (auch die im Mutterleib) ... berufen, aufgrund der Inkarnation und der universalen Erlösung Bruder und Schwester Christi zu sein«.

Seit 1979 hat Johannes Paul jedesmal, wenn er über Abtreibung sprach, ein verzehrendes Feuer spüren lassen. Er glaubt mit jeder Faser seines Wesens, daß dies die Frage ist, die entscheiden wird, ob unsere Generation das Recht hat, sich zivilisiert zu nennen, oder nicht. Er wiederholt beständig eine Idee, die er entwickelt hat, lange bevor er Papst wurde. Abtreibungsgegner sind in der Frontlinie der Schlacht gegen das Neuheidentum; sie kämpfen für die Würde des Menschen und die Heiligkeit allen Lebens vom ersten Pünktchen im Uterus bis zum letzten, flackernden Atemzug eines alten, sterbenden Menschen. Wo immer die Achtung vor dem Leben verletzt wird, ist die christliche Botschaft in ihrer Ganzheit bedroht. Diese

Botschaft ist Gottes Liebe zu jedem Menschen, wie schwach, krank und unbedeutend er auch scheinen mag. Deshalb zeigt er eine besondere Liebe zu Kindern und Alten und Kranken. Dies ist die Dominotheorie, angewandt auf die heiligste Ebene des Lebens: Empfängnisverhütung führt zu Abtreibung, führt zu Kindsmord, führt zur Euthanasie. Es ist alles aus einem Guß: Die Vergeudung von Samen beim Geschlechtsverkehr muß in einer grausamen Logik dazu führen, daß, gleich mit welcher barmherzigen Absicht, die Behinderten und Alten getötet werden, die nichts »beitragen« können und nur Mittel verbrauchen. Er denkt an seine frühere Zeit in Krakau zurück, so nah bei Auschwitz. Er kann es nicht anders sehen, als daß Abtreibungskliniken in New York und London, Paris und Amsterdam mehr oder weniger kleine Todeslager sind, hygienisch betrieben – aber war nicht auch Auschwitz ein Muster an Effizienz?

Ein radikaler Sinneswandel

Zweifellos weisen die heutigen Meinungen zur Abtreibung auf eine der erstaunlichsten ethischen Umwälzungen in der Geschichte der Moral hin. Noch 1939 gab es kein einziges Land auf der Welt, wo eine Frau frei entscheiden konnte abzutreiben, obwohl es gewisse Ausnahmen wohl gab. Im katholischen Polen erlaubte zum Beispiel ein Gesetz von 1932 Abtreibung zum Schutz der Gesundheit der Frau nach Vergewaltigung oder Inzest. Lecky und andere Moraltheologen des späten 19. Jahrhunderts hätten den gegenwärtigen Wandel nie für möglich gehalten. Selbst vor 1960 hätten Moraltheologen die heutige Szene wie eine Erinnerung an die griechisch-römische Welt vor dem Einfluß des Christentums empfunden. 20 Jahrhunderte nach Christus treiben Frauen wieder ab, weil es ihre Ferien oder ihre Figur verdirbt. Die Päpste sind nicht die einzigen, die dies für den großen Skandal des Zeitalters halten.

Früher ein strafbares Vergehen, ist Abtreibung jetzt ein Recht, von Gesetzen und Verfassungen garantiert. In einigen Ländern wird sie von Steuergeldern subventioniert. Fort ist das Stigma. Frauen, die abtreiben, tun der Gemeinschaft einen Gefallen, besonders wenn sie sich weigern, ein behindertes Kind zur Welt zu bringen. Die Gemeinschaft spart Milliarden pro Jahr an medizinischen Dienstleistungen, Schulen, Behindertenrenten. Die Armen profitieren am meisten davon; sie werden nicht geboren. Hunger wird eliminiert, indem man die potentiell Hungrigen abtötet. Die, die für Abtreibung auf Verlangen arbeiten, posieren als Menschenfreunde.

Viele in unserer Gesellschaft sind besorgt, daß ein Kind, das früher als Segnung Gottes galt, zu oft als Bedrohung, als Trübung des Familienglücks gesehen wird. Vor nicht allzu langer Zeit war der Staat willens, das Ungeborene um fast jeden Preis zu schützen; heute darf man das Ungeborene frei beseitigen. »Wenn dir deine Leibesfrucht Ärgernis gibt, reiß sie heraus.« Der großartige Archetyp der Fürsorge, die Liebe einer Mutter zu ihrem Kind, ist untergraben und entwertet. Ehrfurcht ist kaltschnäuzigen Berechnungen gewichen. Es gibt eine Todesseuche, einen stillen Holocaust, ein Massaker an Unschuldigen, das Herodes' wüsteste Träume übertrifft. In Japan und Amerika zusammen gibt es jedes Jahr zwei Millionen Abtreibungen, und in Italien vielleicht 800000. Laut Colin Francome in *Abortion Freedom* gibt es weltweit schätzungsweise 55 Millionen Abtreibungen pro Jahr.

Abtreibung wird oft als Mittel der Familienplanung benutzt. Riesige Mengen von Frauen aller Altersgruppen gehen ins Krankenhaus, um kein Kind zu bekommen. Der Mutterleib ist gefährlicher geworden als ein Kriegsgebiet. In den USA sterben jährlich mehr Kinder im Mutterleib, als im Vietnamkrieg Soldaten starben oder als Menschen bei Unfällen umkommen. Jedes Jahr vollzieht sich in den stillen Operationsräumen teurer Kliniken ein Massaker, das der Schlacht an der Somme oder den acht Jahren des ersten Golfkrieges gleichkommt. [...]

Zur Rechtfertigung dieser Einstellung wird oft vorgebracht, das, was im Uterus ist, sei in keinem Sinne ein Mensch, nur ein potentieller Mensch. Es existiert keine Person, bis nach der Geburt eine tatsächliche, unabhängige Existenz da ist. Neue Ausdrücke sind geprägt worden, um diese neue Erscheinung auszudrücken.

Abtreibende Ärzte töten niemals Babys; sie unterbrechen Schwangerschaften oder entfernen fötales Material. Abtreibungen werden als therapeutisch eingestuft, freilich nicht für das Ungeborene, für das sie tödlich sind. Die Betonung liegt ausschließlich auf der Frau und ihrem »Zustand«. Sie soll in diesem Zusammenhang nicht einmal »Mutter« genannt werden; sie ist eine Nichtmutter in spe. Der Schein muß gewahrt werden, sie sei körperlich oder seelisch krank, selbst in Fällen, wo sie das eindeutig nicht ist. Selbst die Sprache wird sterilisiert. Ausgemerzt sind negative Wörter, die nach Tod und Zerstörung klingen. Abtreibung ist immer positiv, und da Ärzte beteiligt sind, muß sie als Wohltat für die Menschheit, medizinischer Fortschritt, öffentliche Annehmlichkeit dargestellt werden. [...]

Die moderne Wissenschaft offenbart die strikte Kontinuität zwischen der befruchteten Eizelle und allen späteren Entwicklungsstufen. Das Kind ist durchaus nicht Teil der Mutter, sondern ein einzigartiges Individuum von Anfang an. Die befruchtete Eizelle hat ihren eigenen genetischen Code, der sich entwickeln, aber nie wesentlich ändern wird. Aus der Verbindung von Samen- und Eizelle resultiert das Einzelwesen mit 46 Chromosomen, die den menschlichen Karotyp bezeichnen. Was die Frau trägt, ist nicht ein lebloses Stück Materie, kein pflanzliches Leben, keine Kaulquappe – nichts anderes als ein ganz bestimmter männlicher oder weiblicher Mensch im Embryostadium. Dieser Embryo ist kein potentieller Mensch, sondern ein Mensch mit Potential. Eines Tages könnte er oder sie denken, träumen, lieben wie jeder andere Mensch. Es ist nur eine Frage der Zeit. So zeigt der Ultraschall im Lauf der Tage und Wochen ein menschliches Herz (40 Tage), ein menschliches Gehirn (70 Tage), einen Menschen, der auf Stimuli reagiert, vor Schmerz und Kälte zurückschreckt, am Daumen lutscht, atmet, seine eigenen Tränen weint. Dieser Mensch, männlich oder weiblich, ist es, der im Mutterleib zerstückelt, vergiftet, mit Säure verätzt, vielleicht enthauptet wird und der nach der Geburt, wenn der Arzt sich verrechnet haben sollte, einer feindlichen Umgebung ausgesetzt wird, den man ersticken oder erfrieren läßt, weil seine Mutter ihn nicht will. Und wie es scheint, billigt die Gesellschaft diese Entscheidung oder duldet sie zumindest.

Extreme Befürworter der Abtreibung haben die Wissenschaft nicht auf ihrer Seite. Nie war die Wissenschaft mehr gegen die Meinung, der Fötus sei Teil der Mutter, und deshalb habe sie das Recht, ihn als »Teil ihrer selbst« zu entfernen. Der Fötus schafft in gewisser Weise seine eigene Umgebung innerhalb der Gebärmutter; der Mutterkuchen wird nicht von der Mutter gebildet, sondern vom Kind. Das Kind hat sein eigenes Blut, das sich manchmal nicht mit dem der Mutter verträgt. Mit etwa vier Monaten kann der Arzt durch eine Untersuchung des Fruchtwassers (dazu wird die Fruchtblase punktiert) das Geschlecht des Kindes feststellen. Es ist ein kleiner Junge oder ein kleines Mädchen, das stirbt, wenn ein Ungeborenes getötet wird oder, wie man sagt, die Schwangerschaft abgebrochen wird. Heute kann man, wie jeder weiß, ein Kind im Mutterleib am Leben halten, lange nachdem die Mutter tot ist. Es ist nicht die Geburt oder der erste Atemzug, wie moderne Stoiker behaupten, was einen Fötus zum Menschen macht. Er war von Anfang an Mensch.

Änderungen im Gesetz

Angesichts dieser Erkenntnisse sind die Änderungen aus den 1960er Jahren überraschend. Das Gesetz scheint wenig oder keine Kenntnis von der Tatsache zu nehmen, daß der Embryo seine getrennte genetische Konstitution hat, seine eigenen, unabhängigen Systeme von Kreislauf, Hormonen und Nerven.

1967 verabschiedete man in England ein Abtreibungsgesetz, das Schwangerschaftsabbruch legalisierte, vorausgesetzt, er wurde von einem Arzt vorgenommen und guten Glaubens von zwei approbierten praktischen Ärzten gebilligt, die glaubten

(a) *daß die Fortsetzung der Schwangerschaft das Leben der Schwangeren gefährden würde oder daß sie die Schwangere und ihre Familie körperlich und seelisch mehr schädigen würde als der Abbruch der Schwangerschaft oder*

(b) *daß ein erhebliches Risiko vorliegt, daß das Kind, wenn es geboren würde, an so ernsten körperlichen oder geistigen Mißbildungen leiden würde, daß es erheblich behindert wäre.*

Dies Gesetz wurde von fast allen Engländern begrüßt und ist immer noch beliebt, obwohl spätere Ereignisse zeigten, daß es mißbrauchbar war. Vor 1967 wurden jedes Jahr 3000 Frauen mit septischem oder durchstoßenem Uterus ins Krankenhaus eingeliefert, weil sie bei Engelmachern gewesen waren. Die Todesrate war unmöglich festzustellen. Das neue Gesetz sollte diesem Verstümmeln und Töten ein Ende bereiten und die Anwendung moderner Absaugtechniken ermöglichen. Der Abbruch, der unter Berücksichtigung der gegenwärtigen und voraussehbaren Umstände der Frau geschah, mußte in zugelassenen Kliniken oder Krankenhäusern vorgenommen werden. Dies war sicher nicht Abtreibung auf Verlangen; es setzte klare medizinische Indikationen und eine moralische Entscheidung voraus. Vom amerikanischen Recht mochten die Kommentatoren dies nicht sagen.

Am 22. Januar 1973 schien der Supreme Court (Oberste Gerichtshof/Verfassungsgericht) auf vorchristliche Zeiten zurückzugehen, als er entschied, menschliches Leben beginne bei der Geburt. Dies unqualifizierte Urteil war nicht von öffentlichem Aufsehen provoziert und nicht durch öffentliche Diskussion vorbereitet. Dem Gericht zufolge ist der Fötus in keinem Sinn eine Person, er hat keine Rechte. Er ist nicht Subjekt, sondern Objekt. Er ist kein Bürger und hat deshalb keinen Anspruch auf Schutz durch das Gesetz. Er ist ein

Nichts, dem der Staat vollkommen gleichgültig gegenübersteht. Eine Mutter darf völlig frei zwischen Geburt oder Tod des Kindes entscheiden. Laut *A Private Choice* von John T. Noonan jun. »war die Freiheit einer Schwangeren oder Graviden die Verfügungsfreiheit eines Autors über sein Buch, eines Bauern über seine Ernte, eines Mädchens über seine Puppe ... Die Gravide war vor Kurpfuschern geschützt, aber dem Ungeborenen konnte nicht der geringste Schutz gegeben werden.«

Wie ein schwarzer Sklave in der Kolonialzeit und kurz danach, wie Juden unter den Nazis hatte das Ungeborene keine rechtliche Existenz.

Selbst kommunistische Staaten waren erstaunt über eine solche Liberalisierung in einem Land, das sich so christlich gebärdet. Der Vatikan war natürlich entsetzt. Es kann gut sein, daß ein großer Teil von Johannes Pauls Angst um den amerikanischen Katholizismus von den amerikanischen Abtreibungsgesetzen kommt. Welchen besseren Beweis könnte es geben, daß die berühmte amerikanische Freiheit in einer barbarischen, lebensfeindlichen Mentalität endet?

Noch erschreckender ist die Erkenntnis, daß schon 1969 eine Harris-Umfrage für das Magazin *Time* zeigte, daß 60 % der amerikanischen Katholiken glaubten, Abtreibung sollte man den Eltern und ihren Ärzten überlassen. Seither ist die Zustimmung amerikanischer Katholiken zu dieser Haltung um 20 % gestiegen.

Kein Wunder, daß Seine Heiligkeit meint, er müsse Amerika eine Lektion erteilen. Er denkt, daß jede Abtreibung Unrecht ist und daß er das zu entscheiden hat.

Um die Balance wiederherzustellen, muß eine weitere Frage gestellt werden: Ist es möglich, daß Päpste selbst zum Abrutschen in eine Abtreibungsmentalität beigetragen haben? Es klingt grotesk, und doch gibt es Katholiken, die bereit sind zu argumentieren, der Extremismus des Papsttums habe dazu geführt, daß die Katholiken an einem entscheidenden Punkt der Nachkriegsjahre die ideologische Mitte aufgegeben haben. Nur in der Mitte kann diese Schlacht mit der geringsten Hoffnung auf Erfolg ausgefochten werden.

Das Denken Johannes Pauls

Man könnte meinen, daß Johannes Pauls Opposition gegen die Abtreibung mit seinem polnisch-rechtsgerichteten Hintergrund zu tun hat. Polen, nimmt man an, ist wie Irland mit Krallen und Zähnen gegen die Abtreibung.

Erstaunlicherweise stellt sich das als falsch heraus. Wie Daniel Callaghan in seinem Buch *Abortion: Law, Choice and Morality* schreibt: »Trotz Polens stark katholischem Charakter (konservativ, sehr viele praktizierende Katholiken) und der wiederholten Brandmarkung der Abtreibung durch die polnische Hierarchie ist die legale Abtreibungsrate hoch und die Geburtenrate niedrig.«

Beispielsweise war 1962, als der Papst Bischof in Polen war, die Abtreibungsrate weit höher als in Amerika. Sie war sogar höher, als sie in Amerika heute ist, nach dem Verfassungsurteil des Supreme Court! Es gab 200000 registrierte Abtreibungen in einer Bevölkerung von rund 30 Millionen. Außerdem war ein wunderbar finanziertes und organisiertes Programm zur Geburtenkontrolle eingerichtet, das Katholiken auch wahrnahmen. Eine bemerkenswerte Tatsache ergibt sich daraus: Polen war nicht etwa ein Land, in dem keine empfängnisverhütenden Mittel genommen wurden, sondern das erste Land der Welt, in dem vernünftige Empfängnisverhütung tatsächlich die Abtreibungsrate reduzierte. 1968 fiel die Zahl der Abtreibungen auf 121700. Dennoch blieb die Abtreibungsrate im Verhältnis zur Geburtenrate sehr hoch.

Es ist klar, daß Johannes Paul kein Trauma erlitt, als er von Krakau in den Vatikan zog. In seinem Heimatland gab es reichlich Empfängnisverhütung und Abtreibung. Seine Opposition gegen beide Praktiken kommt nicht aus seinem behüteten Katholizismus, sondern aus seinen Überzeugungen, die die Polen verraten haben.

Wie wir festgestellt haben, bestätigt die Geschichte nicht die Sicht des Vatikans, seine gegenwärtige Opposition gegen die Empfängnisverhütung sei »beständig«. Ist seine Haltung zur Abtreibung denn so beständig, wie er sie sehen möchte?

In seinen Reden setzt Johannes Paul gewisse Dinge voraus: (1) Das Ungeborene ist ein Mensch, (2) es ist vom Augenblick der Befruchtung an ein Mensch, (3) es hat daher genau die gleichen Rechte wie jeder andere Mensch – etwa die Mutter oder die schon geborenen Kinder, (4) das Ungeborene direkt zu töten ist immer Mord.

Selbst wenn er in jedem Punkt recht hat, wieviel davon ist beständige katholische Lehre? Die Antwort lautet: nichts davon. Jedes Stadium seiner Argumentation ist untraditionell, und dies macht es notwendig, seine Argumentation zur Abtreibung wie die Pauls VI. zur Empfängnisverhütung einer sorgfältigen Analyse zu unterziehen.

Wird die Seele bei der Empfängnis eingegeben?

Die meisten Katholiken nehmen an, daß die Seele bei der Empfängnis eingegeben wird. Sie mögen es für einen Glaubensartikel halten. Doch das ist es tatsächlich nicht. Vaticanum II ließ die Frage absichtlich beiseite, und dies aus einem sehr guten Grund. 1400 Jahre lang, bis ins späte neunzehnte Jahrhundert, hielten alle Katholiken einschließlich der Päpste es für selbstverständlich, daß die Seele nicht bei der Empfängnis eingegeben wird. Die Kirche war wohl gänzlich gegen Abtreibung, nicht aber, weil das Ungeborene von Anfang an Mensch war.

Seit dem 5. Jahrhundert akzeptierte die Kirche fraglos die primitive aristotelische Embryologie. Der Embryo begann als nichtmenschliches Pünktchen, das nach und nach beseelt wurde. Dieses Pünktchen mußte sich aus einem vegetativen über ein animalisches bis zum geistigen Wesen entwickeln. Erst in seiner Endphase war es ein Mensch. Deshalb konnte Gratian sagen:»Wer eine Abtreibung vornimmt, bevor die Seele im Leib ist, ist kein Mörder.«

Die Merkmale des Fötus wurden allein dem Vater zugeschrieben. Er bzw. korrekterweise »es« wurde mit 40 Tagen beim männlichen und mit 80 Tagen beim weiblichen Geschlecht ein Mensch. Ein Mädchen war, schrieb Thomas von Aquin, auf schadhaften Samen oder feuchte Winde bei der Zeugung zurückzuführen. Daraus folgte, daß Abtreibung im Frühstadium der Schwangerschaft Unrecht war, weil dabei ein potentieller Mensch vernichtet wurde. Es war nicht Mord, weil kein tatsächlicher Mensch getötet wurde.

Im 15. Jahrhundert begannen Moraltheologen zu fragen, ob es unter bestimmten Umständen nicht möglich sei, ohne Schuld den Fötus loszuwerden. Etwa, wenn er das Ergebnis von Vergewaltigung, Inzest oder gar Ehebruch war und so die Rechte des Ehemanns und die Ehe selbst bedrohte. Das gleiche Dilemma ergab sich im Fall einer Mutter, deren Gesundheit in Gefahr wäre, wenn sie ein Kind austrüge. War es nicht eine moralische Pflicht, ein menschliches Leben auf Kosten eines nichtmenschlichen, wenn auch potentiell menschlichen Lebens zu retten? Einige der besten Theologen antworteten mit ja.

Einige gingen noch weiter. Sie sagten, es sei zulässig, das Leben einer Mutter zu retten, selbst nachdem der Fötus menschlich geworden war, d. h., nachdem die Seele ihm eingegeben war. Mit welcher Begründung? Weil das Leben des Fötus keinen absoluten Wert hatte; sein Wert mußte gegen andere aufgewogen werden.

Was war dann in dem klassischen Fall, wenn es zu einer klaren Entscheidung zwischen dem Leben der Mutter und dem des Kindes kam? War das Leben der Mutter nicht wertvoller als das des Kindes? Viele zögerten. Sie sagten, es sei immer böse, einen beseelten Fötus direkt zu töten. Sie begnügten sich mit der Aussage, es sei zulässig, ihn indirekt zu töten, d. h., wenn medizinische Behandlung zur Rettung der Mutter zufällig und unbeabsichtigt auch den Fötus tötete oder abtrieb. Das Ziel war nur die Rettung der Mutter; der Tod des Fötus war ein trauriger Nebeneffekt einer tugendhaften Handlung.

Die Geschichte zeigt, daß die Päpste durchaus nicht imstande waren, diese schwierigen moralischen Zwangslagen ein für allemal zu lösen, sondern vielmehr so ratlos waren wie alle anderen auch. Sie hatten keinen Zugang zu privilegierter Information. Sie mußten Argumente vortragen, die man widerlegen konnte. So sagte zum Beispiel Gregor XIII. (1572–1585), es sei kein Mord, einen Embryo von weniger als vierzig Tagen zu töten, denn er sei nicht menschlich. Selbst nach vierzig Tagen war es zwar Mord, aber nicht so schlimm wie der Mord an einem schon Geborenen, denn es wurde nicht aus Haß oder Rache getan. Sein Nachfolger, der ungestüme Sixtus V., der die Bibel umschrieb, war ganz anderer Meinung. In seiner Bulle *Effrenatum* von 1588 sagte er, jede Abtreibung aus jedem Grund sei Mord und werde mit Exkommunikation bestraft, die dem Heiligen Stuhl vorbehalten sei. Unmittelbar nach dem Tod Sixtus' V. sah Gregor XIV. ein, daß Sixtus' Auffassung im gegenwärtigen Stand der theologischen Lehrmeinung zu streng war. In einer fast einzigartigen Entscheidung sagte er, Sixtus' Verurteilungen seien zu behandeln, als hätte er sie nie ausgesprochen. Päpste können voreilig sein. Sie hatten nie Antworten zu aktuellen moralischen Problemen in petto. Moralische Urteile hingen von Tatsachen und Umständen ab, die alle berücksichtigt werden mußten. Das Papsttum des 19. Jahrhunderts vergaß dies Grundprinzip in allen Fragen, die mit Freiheit zu tun hatten. Die Päpste des 20. Jahrhunderts haben es in allen Fragen vergessen, die mit Sexualität zu tun haben. Paul VI. war nicht allein mit dem Ausgraben veralteter Lehren ohne Rücksicht auf völlig veränderte Umstände und die Entdeckungen der Wissenschaft. Besonders die Moral der Abtreibung hängt von biologischen Tatsachen ab.

1621 schrieb der römische Arzt Paolo Zacchia, es gebe keine biologische Grundlage für die aristotelische Auffassung, die Beseelung finde erst einige Zeit nach der Empfängnis statt. Zacchia war der angesehenste Arzt am päpstlichen Hof, doch seine Meinung hatte keine Wirkung auf päpstliche oder theologische Lehre. Der Vatikan veröffentlichte eine Pastoraldirektive, die die Taufe von Föten unter 40 Tagen erlaubte, aber nicht vorschrieb. Noch im 18. Jahrhundert verneinte der größte Moraltheologe der Kirche, der hl. Alfons Liguori, daß die Seele bei der Empfängnis eingegeben werde. Wie Thomas von Aquin vor ihm, sagte er nicht, direkte Abtreibung sei richtig, doch seine Ansicht ermöglichte eine Flexibilität im Umgang mit der Abtreibung, besonders wenn das Leben der Mutter in Gefahr war. Nach 1750 verschwand diese Flexibilität. Zum erstenmal in Jahrhunderten begann die Kirche, zu der unbeugsamen Haltung der Kirchenväter zurückzukehren.

Roms zunehmende Unnachgiebigkeit

Pius XI. wiederholte durchaus nicht *die* Tradition, sondern stellte sich gegen etliche Jahrhunderte beständiger Lehre, als er 1869 sagte, jede Zerstörung jedes Embryos sei eine Abtreibung, die Exkommunikation verdiene. Mit anderen Worten, er übernahm die Sichtweise Sixtus' V., die von Gregor XIV. sofort widerrufen worden war. Die Begründung für Pius' Lehre war zweifach. Erstens: Die Beseelung findet bei der Empfängnis statt. Zweitens: Der Embryo und die Mutter sind immer gleichwertig. Keine dieser Aussagen konnte auch nur im entferntesten als traditionell bezeichnet werden. Tatsächlich waren die meisten zeitgenössischen Theologen in Punkt eins anderer Meinung, und das führte zu einer ebenfalls anderen Meinung in Punkt zwei. Denn wenn die Seele nicht sofort eingegeben wird, ist es außerordentlich schwer einzusehen, warum der Embryo immer gleichwertig mit der Mutter ist.

Im folgenden Jahr stimmte Vaticanum I der Unfehlbarkeit des Papstes zu. Von nun an erwarteten die Bischöfe, daß Rom alle Probleme für sie beantwortete. Nun begann Zacchias Meinung, daß die Beseelung bei der Empfängnis geschieht, verstärkt durch Pius' Definition der Unbefleckten Empfängnis Mariens, Theologen – und besonders römische Theologen – zu überzeugen, daß von der Empfängnis an ein Mensch vorhanden ist. Da der Embryo ein Mensch ist, hat er alle absoluten Rechte des Menschen. Inzwischen hatte Karl Ernst von Baer 1827 die Eizelle entdeckt. 1875 wurde bewiesen, daß das Zusammenwirken von Samen- und Eizelle sofort einen neuen Organismus hervorbrachte, der sich dann kontinuierlich zu einem Kind entwickelte.

Die vatikanische Pastorallehre verfestigte sich in Übereinstimmung mit diesem neuen Denken. Das Heilige Offizium versperrte jeden möglichen Weg zur Abtreibung. Nichts war erlaubt, was den Embryo auf irgendeine Weise gefährdete. Es galt als unsicher, zu lehren, daß Kraniotomie (Zerschneiden des Schädels) zulässig sei, selbst um der Mutter das Leben zu retten. Im Jahr 1895 billigte Leo XIII. eine noch reaktionärere Entscheidung des Heiligen Offiziums. Der Fall, um den es ging, lag so: Eine Mutter sah ihrem sicheren Tod entgegen. Wenn der Fötus nicht entfernt wurde, würden beide sterben. Die Antwort lautete: Die Ärzte durften den Fötus nicht entfernen, obwohl dies zur Folge hatte, daß sowohl die Mutter als auch der Fötus sterben würden.

Weitere reaktionäre Entscheidungen folgten. Den Ärzten wurde die Erlaubnis verweigert, etwas gegen Bauchhöhlen- und Eileiterschwangerschaften zu unternehmen. Dies war Fatalismus einer zerstörerischen Art. Was die Natur getan hat, darf der Mensch nicht rückgängig machen. Würde dies Prinzip logisch durchgehalten, wäre es in jedem Zweig der Medizin katastrophal. Es ist klar, was in Rom geschah. Je mehr die Gesellschaft Abtreibungen aus ernsten medizinischen Gründen billigte, desto mehr mißbilligte sie der Vatikan. Im kirchenrechtlichen Kodex von 1917 wurde zum erstenmal die Mutter in die Verurteilung der Abtreibung mit einbezogen.

Schließlich lehrte *Casti connubii,* wie wir sahen, 13 Jahre später, daß »Du sollst nicht töten« sich auf den Fötus in jeder Entwicklungsstufe bezog. Nicht einmal extreme Notwendigkeit konnte die direkte Tötung des Unschuldigen im Mutterleib rechtfertigen, denn dieser Unschuldige hatte ein absolutes Recht auf Leben. »Beider Leben ist gleich heilig«, sagte der Papst, anscheinend ohne sich die moralischen Sackgassen klarzumachen, die aus der extremen Sicht Sixtus' V. folgten. Zum Unglück der Kirche wurde diese extreme Position gerade in dem Moment zur neuen Orthodoxie, als sie aufgrund fortgeschrittener medizinischer Techniken weniger akzeptabel war denn je. Operationen wurden sicherer, und die Ärzte begannen, die Gefahren einer ausgetragenen Schwangerschaft genau vorauszusagen.

Pius XI. beanspruchte für *Casti connubii* keine Unfehlbarkeit, doch sie steckte katholischen Moraltheologen enge Grenzen. Der Papst schien sogar indirekte Abtreibungen zu verurteilen. Dies ist zum Beispiel die Entfernung eines verkrebsten Uterus, wenn die Frau schwanger ist, oder das Ausschneiden eines Eileiters, wenn der Embryo dort eingenistet ist statt im Uterus. Dies war so extrem, daß einige Moraltheologen sich weigerten, es zu akzeptieren, und dadurch ihre Stellung in Gefahr brachten. Ihr Mut wurde belohnt, denn der Vatikan machte eine Konzession: Er verurteilte keine indirekten Abtreibungen mehr, wenn die Absicht nicht die Tötung des Embryos war, sondern die Rettung der Mutter. Pius XII. bestätigte dies endlich 1951. Dann war es offiziell: »Indirekte Tötung« war in bestimmten Fällen zulässig.

Dennoch führt diese immer noch strenge Lehre zu inakzeptablen Folgen in der Medizin. Wenn der Arzt zum Beispiel beschließt, den Embryo aus dem Eileiter zu entfernen, ohne den Eileiter selbst herauszuschneiden, sündigt er. In den Augen des Vatikans ist das eine direkte, keine indirekte Tötung des Embryos. Deshalb fühlen fast alle unsere Moraltheologen sich bemüßigt zu sagen, es sei besser, den Eileiter mit dem Embryo zu entfernen, als den Embryo zu entfernen und den Eileiter intakt zu lassen – obwohl die erste Vorgehensweise künftige Schwangerschaften unmöglich macht. Dies ist wieder ein Bereich, wo Frauen männlichen katholischen Moraltheologen auf den rechten Weg helfen könnten.

Ein weiteres bizarres Resultat der strikten Haltung Roms: Die Kirche sagt, es sei eine schwere Sünde, wenn ein zwölfjähriges Mädchen eine Abtreibung bekommt, nachdem sie vergewaltigt wurde, selbst wenn der Schuldige ihr Vater ist. Ein führender katholischer Moraltheologe, Pater Bernhard Häring, schreibt in *The Morality of Abortion* so von einem tragischen Vergewaltigungsfall:

Wenn sie der gewaltigen Versuchung, sich so vollständig wie möglich der Wirkung ihres Erlebnisses zu entledigen, schon nachgegeben hat, können wir das Urteil über das Maß ihrer Sünde dem barmherzigen Gott überlassen und versuchen, in ihr die Bereitschaft zu wecken, ihr Leid wie auch ihre Schuld mit den Leiden und Sünden der Welt zu verbinden, die Christus am Kreuz auf sich genommen hat ... Ich würde nie so weit gehen, einem Menschen zur Abtreibung zu raten. Auch würde ich der Betroffenen nicht sagen, dies sei die richtige Entscheidung, wenn sie sich entschieden hat.

Wenn der mildeste und weiseste katholische Lehrer mit solcher Gefühllosigkeit schreibt und die Moraltheologen versuchen, den päpstlichen Standpunkt zur Abtreibung zu rechtfertigen, kann man sich über den gegenwärtigen Stand der katholischen Ethik nur wundern. Pater Häring spricht von dem Opfer mit Ausdrücken, die für eine Verbrecherin besser passen würden.

Die Weigerung der Kirche, vergewaltigten Mädchen die Abtreibung zu erlauben, und ihr Zögern in der Zulassung indirekter Abtreibungen bei Bauchhöhlen- und Eileiterschwangerschaften sind auf ihre Angst zurückzuführen, daß bald jeder Fall als Ausnahme betrachtet wird. Diese Unnachgiebigkeit ist zwar verständlich, kann aber nicht verteidigt werden. Denn wenn die Umstände eine moralische Neubewertung erfordern, ist die Weigerung, diese Umstände zu berücksichtigen, unrecht, gleichgültig, wie sie motiviert ist.

Deshalb gibt es nicht wenige, die der Kirche Unmoral vorwerfen, während sie selbst sich als den moralischen Vorkämpfer des Zeitalters sieht. Es wäre tatsächlich recht leicht, zu zeigen, daß Roms Extremismus sein Spiegelbild geschaffen hat, die Lobby der Permissivität. Die Weigerung des Vatikans, in den Dialog einzutreten, bedeutete, daß die Stimme der Kirche in dem kritischen Moment nicht gehört wurde, als die neuen Abtreibungsgesetze vor die Gerichte kamen. Wegen ihrer Starrheit wurde die Kirche eine leichte Zielscheibe; ihre offiziellen Ansichten waren leicht zu diskreditieren, denn Umfragen zeigten, daß sogar die meisten Katholiken sie nicht richtig fanden. In keinem Land war dies so deutlich wie in den USA. Die Abtreibungslobby konnte den entschiedensten Abtreibungsgegner als Obskuranten bezeichnen. Schließlich hatte der Papst 1968 Empfängnisverhütung verboten, sagten sie – eine Haltung, die Abtreibung nötig macht, wie jeder weiß.

Die nachfolgenden Ereignisse haben bewiesen, was viele Theologen damals sagten: Papst Paul kämpfte mit *Humanae vitae* an der falschen Front. Er hätte seine beträchtliche Energie dazu nutzen sollen, die permissive Einstellung zur Abtreibung anzugreifen. Freilich ist hier ein Vorbehalt angebracht. Es gibt keinen Zweifel, daß er auch bei der Abtreibung keinen Fortschritt gemacht hätte.

Pius XII. sagte in seiner Ansprache vor Hebammen im Oktober 1951: »Ein noch ungeborenes Baby ist ein Mensch, im selben Maß und aus demselben Grund wie die Mutter.« Vaticanum II zog daraus in seinem Dekret *Gaudium et spes* die Konsequenz, indem es Abtreibung verbot; dies hatte ein Konzil noch nie getan. Es sagte: »Leben ist von der Empfängnis an mit größter Sorgfalt zu schützen. Abtreibung und Kindesmord sind abscheuliche Verbrechen.« Das Konzil war weise, nicht Empfängnisverhütung und Abtreibung zusammen zu nennen; es war weniger weise, Abtreibung und Kindesmord zusammen zu nennen. Sie sind oft sehr verschieden, wie Jahrhunderte der Moraltheologie gezeigt haben. Von beidem mit uneingeschränkter Mißbilligung zu sprechen, zeugte von einem schwachen Verständnis für katholische Geschichte. Johannes Paul ist zu

einer vorkonziliaren Haltung zurückgekehrt: Er nennt Empfängnisverhütung und Abtreibung immer zusammen.

Johannes Pauls Haltung

Selbst die Bewunderer des gegenwärtigen Papstes sind nicht blind
für die Risiken, die er eingeht, indem er weiterhin Empfängnisverhütung und Abtreibung in einem Atemzug verdammt. Eine Lektüre seiner Ansprachen zeigt, daß er mit fast Pawlowscher Zuver-
lässigkeit einer Attacke auf das eine die Attacke auf das andere folgen läßt. Er ignoriert die Tatsache, daß, wie jüngste embryologische
Untersuchungen zeigen, bei der Empfängnis eine ungeheure genetische Veränderung eintritt: Die befruchtete Eizelle ist ein eigenes
Individuum mit eigenem genetischem Code. Wie George Hunston
Williams schreibt: »Diese genetische Tatsache versetzt künstliche
Empfängnisverhütung und absichtliche Abtreibung auf völlig verschiedene moralische Ebenen.« Johannes Paul sieht dies entweder
nicht, oder er möchte es nicht sehen. Doch aus welchem Grund
auch immer: Er ermutigt die Abtreibungslobby. »Klar verdammt er
Abtreibung«, sagen sie. »Verdammt er Empfängnisverhütung nicht
auch? Selbst seine eigene Herde folgt ihm in der Empfängnisverhütung nicht; und wenn Umfragen irgendeine Aussagekraft haben, ist
sie über Abtreibung auch nicht seiner Meinung.«
    Viele Katholiken argwöhnen jetzt, daß Johannes Paul nicht nur
zwei medizinisch und ethisch verschiedene Dinge durcheinander-
gebracht hat; er kämpft weiterhin auf unkluge Weise an der Abtrei-
bungsfront. Seine Haltung ist zu extrem. Kann er erwarten, daß
mehr als eine Handvoll Katholiken ihm beistimmen, daß ein verge-
waltigtes Mädchen sündigt, wenn es abtreibt? Wer ist bereit, ihr zusätzlich zu der erlittenen Schändung und körperlichen Mißhand-
lung noch dadurch Gewalt anzutun, daß er sie zwingt, das Kind des
Vergewaltigers auszutragen? Bischöfe antworten auf diese Frage:
»Sie muß sein Kind austragen; sie muß es nicht aufziehen.« Dies ist
selbst nach katholischen Prinzipien unannehmbar. Wenn eine Frau
kein Kind aufziehen kann, sollte sie keines bekommen. Mutterschaft ist nicht nur eine biologische Tatsache, sondern eine mora-
lisch-geistige Verpflichtung auf Dauer.
    Die offizielle katholische Position ist auch in bestimmten schwe-
ren medizinischen Fällen kaum zu verteidigen. Sollte eine Frau ein
Kind austragen müssen, das, wie die Ärzte ihr versichern und mit
Ultraschall sogar zeigen, hirngeschädigt ist oder kein Zentralner-

vensystem hat? Der Papst sagt immer ja. Dies erscheint vielen als einseitige Betonung des biologischen Aspekts, als sei der biologische identisch mit dem moralischen. Es ist der gleiche Fehler, den Paul VI. in der Empfängnisverhütung machte. Es bedeutet, ein Ideal der Mutterschaft zu einem unerbittlichen Gesetz zu machen, selbst wenn man weiß, daß Mutterschaft im eigentlichen Sinn unmöglich ist.

Der Papst wird schwerlich Frauen zu seiner Sichtweise bekehren können. Er mag sagen, die Abtreibungsfrage sei einfach; sie sagen, sie sei komplex und vielschichtig. Durch sein Abtreibungsverbot will der Papst wichtige Entscheidungen selbst in die Hand nehmen. Doch die Frauen sind entschlossen, diese Fragen selbständig für sich zu entscheiden. Sie allein wollen sagen, ob sie sich imstande fühlen, die Mutter dieses Kindes zu sein, das sie erwarten, denn sie wissen, daß Mutterschaft mehr bedeutet als Gebären. Sie wissen auch, daß sie mehr als Gebärerinnen dieses Kindes sind; sie sind auch Ehefrauen und Mütter bereits geborener Kinder. Ihre Entscheidung wird nicht auf Biologie allein beruhen, sondern auf einer ganzen Reihe moralischer Werte; einer davon, und in Normalfällen der entscheidende, ist das Austragen eines Fötus. Die Katholiken wollen sich nicht der Herausforderung des Evangeliums entziehen; sie wollen einfach ihre moralische Verantwortlichkeit nicht abgeben, indem sie sich einem starren, lieblosen und grundsätzlich biologischen Gesetz völlig unterwerfen.

Viele Katholiken halten die Sicht des Papstes für extrem und beginnen, mit tiefer Achtung zu fragen: Wo hat er sich geirrt? Welche seiner Annahmen sind richtig und welche fragwürdig?

Entgegen einer langen katholischen Tradition geht der Papst davon aus, daß das Ungeborene vom Augenblick der Befruchtung an ein vollständiger Mensch ist. Die moderne Genetik legt in der Tat nahe, daß eine befruchtete Eizelle menschlich ist. Sie hat einen individuellen genetischen Code. Folgt daraus, daß sie ein Mensch im vollen Sinn ist, daß sie genau die gleichen Rechte hat wie die Mutter? Daß sie mit genau der gleichen Achtung behandelt werden muß wie ein schon geborenes Kind? Daß auch sie einen absoluten Wert hat, der alle anderen Werte aufwiegt? Wenn diese Fragen mit Ja beantwortet werden können, hat der Papst recht, und Abtreibung ist immer Sünde.

Allerdings macht die medizinische Wissenschaft selbst es außerordentlich schwierig, die Empfängnis als den Moment zu identifizieren, in dem ein Mensch mit allen Rechten einer Person zu existieren beginnt. Fachleute schätzen, daß von drei befruchteten Eizellen mindestens eine spontan abgeht, ohne daß die Frau es merkt. Muß man daraus schließen, daß buchstäblich ein Drittel der Menschen oder mehr in den Abfluß gespült werden? (Die Kirche hat dann ein zusätzliches Problem, denn aufgrund ihrer Lehre müssen Massen ungetaufter Embryos die Hölle oder Vorhölle bevölkern.)

Wenn außerdem bei einer Befruchtung *in vitro* zum Beispiel ein halbes Dutzend Eizellen von männlichem Sperma befruchtet werden, sind Katholiken dann wirklich verpflichtet zu glauben, daß in dieser Schale sechs Menschen sind, mit den gleichen Rechten wie ein halbes Dutzend Babys in ihren Bettchen? Eine weitere Komplikation: Wenn die Seele bei der Empfängnis eingegeben wird, wie kann sich eine Zelle dann in einem späteren Stadium teilen, wie es bei Zwillingen geschieht? Ist die Seele – eine nichtstoffliche Realität – geteilt worden?

Es gibt heute viele katholische Philosophen, die nicht einsehen, warum eine befruchtete Eizelle ein beseeltes Wesen genannt werden kann, da nach der thomistischen Tradition die Beseelung erst stattfinden kann, wenn ein Körper da ist, der genug entwickelt ist, um von der Seele Form anzunehmen. Zwar hat die befruchtete Eizelle ihren eigenen, spezifisch menschlichen genetischen Code, doch das macht sie noch nicht zu einem Menschen oder einer Person. Dazu muß sie Glieder und ein menschliches Hirn entwickeln. In ihren Augen bleibt die große Tradition der Beseelung in einer späteren Entwicklungsstufe intellektuell respektabler.

Auf einer niedrigeren Ebene hat eine Eichel alles Informationsmaterial, das zur Entwicklung einer Eiche gehört. Doch obwohl sich eine Eichel von jeder anderen Form des Lebens unterscheidet, ist sie keine Eiche. Die Menschen zertreten Eicheln unbesorgt mit den Füßen oder verfüttern sie an Schweine, während sie dazu neigen, Eichen, sogar Eichensetzlinge, mit Achtung zu behandeln.

Einigen katholischen Philosophen zufolge ist die Menschwerdung für das Individuum wie für die ganze Menschheit ein gradueller Prozeß. Daraus folgt, daß die traditionellen Argumente für eine begrenzte Zulassung der Abtreibung noch gelten. Die Mutter ist Person im vollsten Sinn des Wortes; der Embryo entwickelt sich erst zur Person. Das bedeutet nicht, daß man den Embryo nicht achten sollte. Im Gegenteil, die gesamte christliche Tradition ehrt den Embryo in jeder Entwicklungsstufe als Geschenk Gottes. Die Grundeinstellung ist immer für den Schutz des entstehenden Lebens. Die Extreme der Abtreibungslobby widersprechen den grundsätzlichen

Empfindungen der Christen, und Abtreibung als Mittel der Familienplanung wie in Japan ist ihnen gänzlich zuwider. Unter normalen Umständen muß der Embryo genährt, gehegt und ausgetragen werden. Doch nicht alle Umstände sind normal. Manchmal muß die sehr traurige Entscheidung zur Abtreibung getroffen werden. Es ist eine moralische Entscheidung. Es ist unfair, so zu tun, als seien alle Befürworter der Abtreibung in bestimmten Fällen Hedonisten, Wirrköpfe oder Bösewichte. Wie wir gesehen haben, lehnen die Menschen den Standpunkt des Papstes zumeist aus moralischen Gründen ab. Es kommt ihnen unethisch vor, ein Wesen im Werden gleich wie eine vollentwickelte Person zu behandeln, die in einem Netz von Beziehungen und Verantwortungen lebt. Zwar ist die Abtreibungspraxis zu weit gegangen und hat zu einer Trivialisierung von Leben und Mutterschaft geführt, doch das Papsttum war mit der Verkündung eines kaum weniger akzeptablen Extremismus nicht hilfreich.

Selbst wenn Johannes Paul recht hat und der Embryo im ersten Augenblick der Befruchtung ein Mensch ist – folgt daraus, daß er genau die gleichen Rechte hat wie die Mutter und schon geborene Kinder?

Der Papst wendet immer wieder ein: Das Recht auf Leben ist das grundlegendste Menschenrecht, und kein anderes Recht kann Vorrang vor ihm haben – etwa das Recht der Mutter auf Gesundheit. Doch es ist mehrdeutig, zu sagen, Leben sei das grundlegendste Recht. Wenn es bedeutet, es ist das erste Recht, ohne das eine Person keine anderen Rechte haben kann, etwa das Recht auf Bildung oder Ehe, hat der Papst recht, aber er hat nur gesagt, was ohnehin klar ist. Er scheint mehr zu meinen als dies. Er glaubt, es sei das einzige Recht, das man überhaupt berücksichtigen sollte; es ist ein Wert, der immer und unter allen Umständen alle anderen Werte aufwiegt. Das aber ist mit Sicherheit falsch.

Wenn das Recht auf Leben immer der höchste Wert wäre, würde der Krieg verboten, weil er unvermeidlich zum Verlust von Leben führt. Doch es gibt einen anderen Wert, der den Verlust von Leben oft aufwiegt, nämlich Gerechtigkeit. Wenn der Papst recht hätte, dürfte auch niemand Berge besteigen, Rennfahrer werden, in den Weltraum fliegen; bei all diesen Dingen wird Leben für Werte riskiert, die in seinen Augen weit geringer sind. Das Recht auf Leben ist jedoch offenbar auf dieser Ebene ein Wert, der gegen andere abgewogen werden muß: Leben gegen Wissen, Leben gegen die Freude, Gipfel zu stürmen, neue Welten im Raum zu eröffnen. Die

Aussage, daß Leben das grundlegende Menschenrecht ist, kann unmöglich bedeuten, daß es ein Wert ist, der nie anderen Werten weichen darf, eigenen oder denen anderer Menschen.

Während der Papst von einem Grundprinzip ausgeht und folgert, daß alle Abtreibungen böse sind, geht der Mann oder die Frau auf der Straße vom entgegengesetzten Ende aus. Sie wissen, es gibt Fälle – etwa wenn es um Vergewaltigung, Inzest, hirngeschädigte Föten geht –, in denen Abtreibung eine wirklich moralische Möglichkeit ist. Dann müssen sie fragen: Was stimmt nicht am Argument des Papstes? Hat er etwas ganz Offensichtliches übersehen?

Hat er vielleicht nicht berücksichtigt, daß der Fötus, ob menschlich oder nicht, ob Person oder nicht, in der Mutter ist? Er ist nicht Teil der Mutter, aber er kann ohne sie nicht überleben. Dies zeigt, daß der Embryo, das Kind im Werden, nicht die absoluten Rechte hat, die der Papst für es beansprucht, sondern nur eingeschränkte Rechte. Sie sind wie alle Rechte von den Umständen abhängig, in denen sie wahrgenommen werden.

Die Meinung des Papstes beruht darauf, daß das Kind im Mutterleib nicht anders ist als das Kind in der Krippe. Dies kann wohl kaum aufrechterhalten werden. Das Kind im Mutterleib hat Rechte, aber sie hängen von den Rechten der Mutter als vollentwickelter Person ab und unterstehen ihnen. Im Konfliktfall halten die meisten Menschen es für selbstverständlich, daß die Mutter Vorrang hat. Sie ist die Wirtin, und rein medizinisch gesprochen ist das Kind parasitär. Sollten die Rechte in Konflikt geraten, darf sie ihre Rechte einfordern, um ihrer selbst willen und auch um ihres Mannes und ihrer Kinder willen. Viele sagen, es sei unmoralisch, darauf zu bestehen, daß sie ihr Leben und das Wohl ihrer Familie für das Leben des Ungeborenen aufs Spiel setzt. Ihre Entscheidung zur Abtreibung ist besonders wichtig, wenn das Kind eindeutig schwer geschädigt ist. Die Natur treibt diese Föten ohnehin oft ab. Sie meint vielleicht, daß es in dieser Lage gut ist, die mildtätige Mutter Natur nachzuahmen. Die Päpste sprechen von der Biologie als Schicksal, weil sie, so ist zu vermuten, trotz aller Güte als zölibatäre Männer sprechen, abstrakt und ohne Erfahrung. Familienväter und besonders -mütter denken anders als sie.

Ein katholischer Priester hat bei seinem Einsatz für die päpstliche Sicht unbeabsichtigt deren seltsame Logik zum Vorschein gebracht: Es ist besser, daß Mutter und Kind sterben, als daß ein Arzt einen Fötus abtreibt. »Zwei natürliche Tode«, schreibt David Granfield, »sind ein geringeres Übel als ein Mord.« Weil Mutter und Kind ein gleiches Recht auf Leben haben, müssen beide sterben. Wenn je eine Aussage den ethischen Bankrott einer biologischen Moral entlarvte, dann diese.

Leben nehmen ist nicht immer Folge einer Mißachtung von Leben. Die Kirche sollte das wissen. In der Vergangenheit hat sie die Todesstrafe befürwortet, und noch heute sanktioniert sie »gerechte Kriege«, in denen mit Sicherheit Unschuldige sterben. In dem von Granfield erwähnten Fall ist eine Leibesfrucht dabei, das Leben der Mutter zu zerstören und in anderer Weise das Leben ihrer Familie. Die Entscheidung, die Schwangerschaft abzubrechen, ist eine Entscheidung für das Leben, nicht für den Tod. Wenn nur solche furchtbaren Entscheidungen nicht von Menschen getroffen werden müßten.

Ein Beispiel schafft vielleicht noch mehr Klarheit. Eine Frau ist schiffbrüchig. Es gelingt ihr, auf ein Floß zu kommen, das nur eine Person tragen kann. Jemand anderes im Wasser versucht hinaufzukommen. Sie hat das Floß; sie weiß, wenn der andere hinaufkommt, werden beide ertrinken. Sie ist in ihrer tragischen Situation berechtigt, den anderen nicht auf das Floß zu lassen, sogar wenn sie Gewalt anwenden muß. Der Fall des Kindes im Mutterleib, das das Leben der Mutter gefährdet, scheint noch leichter zu lösen. Wie die Person im Wasser hat das Kind ein Recht auf Leben. Aber Rechte sind nie absolut; sie sind Umständen unterworfen. Traurigerweise – denn dies ist ein trauriges moralisches Dilemma – kann das Ungeborene dies Recht nicht wahrnehmen.

Die Reduktion der Moral auf ein starres biologisches Gesetz, das allen Frauen unter allen Umständen auferlegt ist, hat ihre Nachteile. Wie Callahan in *Abortion: Law, Choice and Morality* schreibt:

Das Gute, das es bewirken würde, geht zu Lasten anderer Güter; der Preis für den Schutz fötalen Lebens ist ein zu hoher. Ein Verständnis der »Heiligkeit des Lebens«, das fixierte moralische Konsequenzen, starre Hierarchien von Werten und Rechten und einen rigiden Ausschluß von Erfahrung und sozialen Gegebenheiten bewirkt, ist eine unhaltbare Position.

Sollte Abtreibung strafbar sein?

Selbst die, die mit dem Papst sympathisieren und wie er glauben, daß die Gesellschaft in die Permissivität abgleitet, würden nicht unbedingt zustimmen, daß jede Abtreibung als Verbrechen gelten sollte.

Es ist sogar möglich, die modernen Abtreibungsgesetze so auszulegen, daß sie schlicht den Frauen eine Entscheidung überlassen, die in erster Linie sie betrifft.

In den USA war der Jesuit Robert Drinan einflußreicher Dekan des Boston Law College und Kongreßabgeordneter. Er war völlig gegen Abtreibung und zu Anfang auch gegen die Reform des Abtreibungsgesetzes. Dann kam er 1967 zu dem Schluß, es gebe gute Gründe, das Abtreibungsgesetz völlig außer Kraft zu setzen. Auf diese Weise, argumentierte er, würde das Gesetz keinen Unterschied machen zwischen denen, die ein Recht darauf hatten, geboren zu werden, und denen, die dies Recht nicht hatten. Er als Jurist hielt dies für eine gefährliche Form der Diskriminierung. In einer Rede mit dem Titel »Das Recht des Fötus, geboren zu werden« sagte er im September 1967 vor der Internationalen Konferenz zur Abtreibung in Washington, DC, er halte es für besser, allen Föten in den ersten 26 Wochen ihres Daseins den rechtlichen Schutz zu entziehen. Sein Meinungsumschwung spaltete die katholische Opposition, und schließlich forderte Rom ihn auf, sein Kongreßmandat niederzulegen. Doch Dinan bewies, daß es selbst Abtreibungsgegnern vernünftig erschien, die Aufhebung der Abtreibungsgesetze zu akzeptieren.

Tatsächlich verträgt sich eine solche Liberalisierung mit der heutigen Auffassung von Bürgerrechten. Abtreibung erlauben heißt nicht, sie gutheißen oder sie in jedem Fall für moralisch richtig erklären. Es ist nur klüger, daß die Gesellschaft sie zuläßt, als daß sie sie nicht zuläßt. Verbote haben die Abtreibung nie verhindert und werden sie nie verhindern; sie können sie nur in den Untergrund drängen. Die Folge wären Hunderttausende gefährlicher Abtreibungen. Die Alkoholprohibition war schlimm genug; ein Verbot der Abtreibung wäre eine Katastrophe, besonders im gegenwärtigen sozialen Klima. Wer will schon, daß Staaten Gesetze verabschieden, deren Einhaltung nicht durchgesetzt werden kann? Wer will schon, daß Frauen wieder zu Kleiderbügeln, scharfen Messern, Fleischspießen, Abführmitteln und Giften greifen? Natürlich würde der Papst nichts davon wollen, doch er scheint bereit, es zu riskieren. Hierin ist er wahrscheinlich eine kleine Minderheit. Die meisten Menschen würden heute sagen, es ist zwar schlecht, wenn eine Frau ein Kind abtreibt, aber noch schlechter, wenn die Gesellschaft sie zur Fortsetzung einer unerwünschten Schwangerschaft zwingt.

Wenn Johannes Paul weiter fordert, daß Regierungen immer schärfere Abtreibungsgesetze verabschieden, zeigt das, wie wenig er vom demokratischen Prozeß versteht. Das ist kaum verwunderlich. Im Polen seiner Jugend und seines frühen Mannesalters war er totalitären Regimen unterworfen. Deshalb sieht er nicht ein, daß in einer Demokratie die Regierenden den Wünschen der Wähler entgegenkommen müssen, weil sie sonst bald nicht mehr regieren werden. Was Abtreibung betrifft, so würde jede Regierung, die ihre Gesetze aufzuheben versuchte, beim nächstenmal nicht wiedergewählt.

Die päpstliche Haltung zur Abtreibung paßt nicht in unsere Zeit. Schelte in feierlichen Ansprachen, selbst vor riesigen, ekstatischen Versammlungen von Gläubigen, ist kontraproduktiv. Sie beeindruckt auf die Dauer niemanden.

Wie Maximos IV. Saigh in den frühen Tagen von Vaticanum II sagte, ist die katholische Morallehre viel zu legalistisch. Seine Worte treffen besonders im Bereich der Sexualmoral zu. Die Morallehre leidet oft an einer Oberflächlichkeit, einem Gefühl der Unwirklichkeit. Es ist eine euklidische Ethik, die einfach von den realen Situationen zurücktritt, in denen sich die Menschen befinden. Die sogenannte naturrechtliche Moral ist oft äußerst unnatürlich. Sie nimmt keine Rücksicht auf die spezifischen Situationen und persönlichen Unterschiede, durch die der einzelne zu seinen eigenen Entscheidungen kommt, was für ihn gut und böse ist. Es ist eine imperative Moral. Sie bietet keine Wahlmöglichkeiten, nur eine festgelegte Ordnung von Rechten und Pflichten, ohne Rücksicht auf veränderte Umstände und neue moralische Einsichten. Die Leute spüren instinktiv, daß mit dieser Art der Verpflichtung von oben her etwas nicht stimmt. Die Kirche geht weiter mit Personen auf unpersönliche Weise um. Dieselbe Willkür, die den Benutzern empfängnisverhütender Mittel zuteil wird, denen, die sich scheiden lassen und die aus ernsten medizinischen Gründen abtreiben, wird auch Homosexuellen zuteil. Es ist bezeichnend, daß der einzige moderne Papst, der zugab, ein Sexualleben zu haben, Paul VI. war, der zur Bestürzung seiner Berater in einer öffentlichen Audienz sagte, er sei nicht homosexuell. Die italienische Presse war voller »skandalöser Gerüchte«, die er ein für allemal zum Schweigen bringen wollte.

Homosexuelle passen offensichtlich nicht in das starre, biologische Muster sexuellen Verhaltens, das allein Rom billigt. Deshalb fühlt Johannes Paul sich bemüßigt, obwohl er fraglos ein gütiger Mensch ist, alle als Sünder zu verurteilen, die etwas »Unnatürliches« tun.

Wie G. H. Williams mit Bedauern berichtet:

*Mit einer Gruppe von Erwachsenen, den Homosexuellen, ist er [Johannes
Paul] durchgehend streng gewesen, was die offene Bekundung dieser Neigung betrifft, obwohl man annehmen kann, daß er in der Pastoral Milde
gegen alle die üben würde, die ihre »unnatürliche« Neigung unterdrücken.*

Homosexuelle sind keine homogene Gruppe. Es gibt viele Unterschiede. Die einen sind bisexuell, die anderen fühlen sich nur von
ihrem eigenen Geschlecht angezogen; manche sind homosexuell
geboren, andere werden es durch ihre Lebensumstände. Ein Homosexueller hat gewiß das Recht auf die Frage:»Wer sagt mir, was
›natürlich‹ ist? Das Gesetz meiner Natur ist nicht das gleiche wie
eures. Ich habe mir nicht ausgesucht, so zu sein. Ich habe meine
Natur nicht systematisch ›pervertiert‹. Gott hat mich so geschaffen.
Und er hat weder mir noch irgendeinem anderen Schwulen die
Gabe des Zölibats verliehen.«
  Im Evangelium zeigte Jesus eine besondere Liebe zu Außensei-
tern. Er stellte sie nicht an den Pranger. Im Gegenteil, er war gern
mit ihnen zusammen, selbst wenn man ihn dafür verachtete. Er war
Tag und Nacht von Zöllnern und Dirnen umgeben, von Lahmen,
Kranken, Aussätzigen; und er berührte sie alle mit seinen heilenden
Händen. Seine Nähe zu diesen Randexistenzen war das große
Gleichnis seiner Mission. Er war der Erlöser.
  Die katholische Kirche dagegen distanziert sich als Teil ihrer offiziellen Politik von allen Randexistenzen, etwa Geschiedenen und
Homosexuellen, und läßt sie nicht an Christus heran. Der Kreuzzug
gegen Homosexuelle verdunkelt die Botschaft Christi, der alle zu
sich ruft, besonders die Außenseiter der Gesellschaft von damals
und heute. Die katholische Kirche scheint hier Respektierlichkeit
wichtiger zu nehmen als die Verkündigung der Frohbotschaft Christi an den Sünder.
  Prinzipiell ist es sicher ein Fehler, daß der Papst einem Homosexuellen oder irgend jemandem sonst sagt, wie er sein Leben zu
leben hat. Seine Aufgabe ist es, das Evangelium zu predigen, die
Prinzipien der Liebe zu erklären, die Ideale, die aus Jesu Leben, Tod
und Auferstehung entspringen. Es ist dem einzelnen überlassen,
diese Ideale umzusetzen, so gut er es in seinen Lebensumständen
vermag. Es scheint keine Rechtfertigung dafür zu geben, daß der
Papst oder irgend jemand, der den Betroffenen und seine Lebensumstände nicht kennt, ihm in Einzelheiten vorschreibt, wie er leben
soll. Leider bedeutet naturrechtliche Moral im Katholizismus inzwischen genau das: Vorschriften für alle, wie sie sich verhalten sollen,

dazu die Strafen, die sie sich zuziehen, wenn sie etwa nicht gehorchen. Traurigerweise ist der römische Katholizismus die straffreudigste Religion geworden, die die Menschheit je gekannt hat: Wer die Regeln, genannt das Naturrecht, bricht, wird als Sünder gebrandmarkt; er lebt in Todsünde, und seine Uneinsichtigkeit führt zum Ausschluß vom Himmel, in die ewigen Flammen. Millionen aufrichtiger Katholiken überall auf der Welt werden so beurteilt. Sie benutzen vielleicht empfängnisverhütende Mittel – jeder Sexualakt ist eine Todsünde; oder sie sind nach der Scheidung wieder verheiratet – sie »leben in Sünde«; oder sie haben in größtem Glauben und moralischer Qual eine Abtreibung gehabt – sie werden für eine »böse Tat« exkommuniziert; oder sie sind Homosexuelle, die sich danach sehnen, ihrem innersten Wesen gemäß Liebe zu geben und zu empfangen – sie führen ein »unnatürliches und perverses Leben«. Alle sind von den Sakramenten ausgeschlossen. Sie sind im tiefsten Sinn exkommuniziert, ausgeschlossen vom Gastmahl des Leibes und Blutes Christi. Im Namen Christi wird ihnen der Zugang zu ihm verwehrt.

In anderen modernen Problembereichen verhält sich der Papst entsprechend. Im Frühling 1987 unterschrieb er zum Beispiel persönlich ein Dokument des Heiligen Offiziums zum Thema Leihmutterschaft und Retortenbabys. Die meisten Menschen heute sind beunruhigt über Aspekte der Leihmutterschaft wie im Fall einer Südafrikanerin mittleren Alters, die die Leihmutter für die Drillinge ihrer Tochter und ihres Schwiegersohns wurde. Sie gebar buchstäblich ihre eigenen Enkel. Auch sorgt sich die Öffentlichkeit über die Folgen der *In-vitro*-Befruchtung. Ein pauschales Nein vom Vatikan, wenn die Szene sich von Monat zu Monat verändert, ist kaum ein *aggiornamento*. In ihrer Neujahrsliste der Geehrten von 1988 hat Königin Elizabeth Edwards und Steptoe ausgezeichnet, die Pioniere der Retortenbaby-Technik, die bisher 5000 Kindern auf die Welt geholfen hat. Der Vatikan dagegen hat diese Technik als schwere Sünde verurteilt.

Schluß

[…] Heute gibt es Zweifel, ob die päpstliche Morallehre ganz katholisch ist. Was wäre, wenn vieles davon einfach Papismus oder Vatikanismus wäre? Um katholisch zu sein, muß die Lehre aus dem *sensus fidelium* entspringen und ihn reflektieren. Bevor Umfragen üblich wurden, konnte der Vatikan immer behaupten, die Zahl der Andersdenkenden sei minimal. Das ist nicht mehr aufrechtzuerhalten. Die Umfragen offenbaren nicht nur, daß die meisten Katholiken anders denken als der Papst; jede neue Umfrage weist eine größere Zahl Andersdenkender aus. Sie stellen fest, daß sie mit dem, was sie früher für Rebellion hielten, nicht allein sind.

Was sind die Ursachen des gegenwärtigen, enormen Unbehagens in der Kirche?

Die erste ist das Papsttum selbst, oder vielmehr die Art, wie Päpste seit Gregor VII. und Pius IX. ihre Rolle verstehen. Sie glauben sich berufen, Fragen zu entscheiden, für die sie nicht kompetent sind. Das Ergebnis ist, daß sie meinen, für jeden detaillierte Vorschriften erlassen zu müssen, besonders was sexuelle Sitten und medizinische Ethik betrifft, wo die Grenzen sich ständig verschieben. Ein Papst nach dem anderen tappt in die gleiche Falle und wird Opfer seines Titels. Sie sind »unfehlbare Stellvertreter Christi«; sie und nur sie sollten die Antworten auf die komplexesten Probleme wissen. In Wirklichkeit wissen sie nicht mehr als jeder andere. Im Licht der alten wie der modernen Geschichte täten die Katholiken gut daran, jede Vorschrift, die vom Vatikan kommt und sich als *die* Antwort in ihrem Dilemma ausgibt, zu analysieren. Genauso feierlich hat das Papsttum erklärt, Ketzer und Hexen seien zu Tode zu hetzen und Juden im Namen Christi barbarisch zu behandeln. Das Papsttum hat Katholiken in der langen Nacht der Inquisition die Grundrechte des Menschen einfach verweigert und die Folter wieder eingeführt, um sie bei ihrem Vorgehen zu unterstützen. Das Papsttum verwehrte allen Untertanen des Kirchenstaates alle Bürgerrechte, einschließlich der Religionsfreiheit und der Pressefreiheit. Es heißt nicht den Aufstand schüren, wenn man nahelegt, daß angesichts dieser Geschichte sofortiger Gehorsam der Laien gegenüber einer Institution von Ehelosen in Fragen der Sexualität unvorsichtig wäre.

Seit Vaticanum I scheint der Hauptfehler des Papsttums zu sein, daß es Naturrecht predigt statt der Bergpredigt. Oder vielmehr, daß die Päpste die Bergpredigt im Licht ihrer eigenen Theorie vom Naturrecht ausgelegt haben. Dies Naturrecht erweist sich in der Sexualität und verwandten Bereichen als rein biologisch. Die Päpste haben durchaus untraditionell ein einziges biologisches Kriterium für die Richtigkeit sexuellen Tuns akzeptiert. Im Geschlechtsverkehr muß Penetration und Insemination der Ehefrau durch ihren Mann geschehen. Jede Handlung gegen dieses Kriterium ist »unnatürlich« und Todsünde. Wenn eine Eizelle von männlichem Samen befruchtet ist, ist sie ein Mensch mit allen absoluten und unveräußerlichen Rechten eines Menschen.

Von diesen simplen biologischen Prinzipien, verstanden als »das moralische Gesetz« der Sexualität, wird eine ganze Reihe »natürlicher Gesetze« abgeleitet. Diese Gesetze werden unerbittlich jedem aufgezwungen. Umstände, individuelle Verschiedenheiten, all jene Dinge, die in die Überlegung eines Menschen hineinspielen, wenn er zu entscheiden versucht, was für ihn gut und böse ist, zählen nicht. Der Papst hat durch seine Auslegung des Naturrechts für jeden einzelnen entschieden, was er oder sie tun muß oder nicht tun darf, jetzt und in Ewigkeit. Der einzelne hat kein Recht, sich selbst eine Meinung zu bilden; der Papst hat sich für ihn eine Meinung gebildet. Die große Herausforderung der Bergpredigt ist institutionalisiert worden; ethische Bürokraten, Moraltheologen genannt, deuten den Willen Christi für den einzelnen. Diese Bürokraten setzen die Einzelheiten des Verhaltens mit rabbinischer Komplexität fest, doch immer in Übereinstimmung mit den großen biologischen Mustern, die das Papsttum vorgegeben hat.

Auf der Grundlage sehr weniger Prinzipien wird den Katholiken eine ganze Gesetzgebung aufgezwungen. Jedesmal, wenn es eine medizinische Neuentdeckung gibt, schauen die Päpste schlicht noch einmal ihre biologischen Kriterien für moralische Richtigkeit nach und entscheiden unverzüglich, was gut und böse ist. Dies sind keine Bagatellen; Zuwiderhandlung gegen päpstliche Anordnungen ist Todsünde. Ihren eigenen Kriterien zufolge werfen die Päpste den meisten Katholiken Todsünde vor, weil sie empfängnisverhütende Mittel benutzen, und weiteren Millionen, weil sie durch Wiederheirat nach einer Scheidung in Sünde leben. Todsünde heißt Trennung von Christus. Die Katholiken dürfen sich Christus nicht in der Kommunion nähern, bis sie sich vornehmen, ihr Leben zu ändern. Sie müssen aufhören, die Pille oder Kondome zu nehmen, aufhören, mit ihrem zweiten Ehepartner zu schlafen, und Versöhnung mit der Kirche suchen. Erst dann wird die Kirche ihnen erlauben, in der heiligen Kommunion zu Christus, ihrem Erlöser, zu kommen. Dies ist eine kuriose Folge katholischer Moral: Ein Mensch darf nicht mit Christus Gemeinschaft haben, solange er Sünder ist, erst nachdem er bereit ist, die Regeln der Kirche einzuhalten. Die Kirche sagt natürlich, die Regeln habe nicht sie gemacht, sondern Gott. Sie hat genau das gleiche gesagt, um in der Vergangenheit ihre Verfolgungen zu rechtfertigen. Die Verfolgungen der Gegenwart sind zwar unblutig, aber kaum weniger tragisch. Ganze

Gruppen von Menschen zu zwingen, mit dem Gefühl der Sünde und der Bedrohung ewiger Verdammnis zu leben, ist sehr grausam. Die entscheidende Frage muß lauten: Hat das Papsttum Jesus in seiner Bergpredigt richtig verstanden? Kann zum Beispiel sein Ideal der Ehe die harte Behandlung der Geschiedenen durch die Kirche rechtfertigen? Sind die Seligpreisungen reduzierbar auf starre Befehle, welche Päpste von biologischen Gesetzen abgeleitet haben? Alle Umfragen legen nahe, daß die Katholiken nicht mehr glauben, selbst wenn sie es früher geglaubt haben, daß der Papst weiß, was für sie gut und böse ist.

Was ist dann die Rolle der Päpste? Eine bedenkenswerte Antwort ist diese: Wenn sie wirklich dem Titel Stellvertreter Christi gerecht werden wollen, sollten sie wie Christus die Herausforderung des Evangeliums darlegen, ohne Zusätze oder Mehrdeutigkeiten. Das Gesetz des Evangeliums ist ein Gesetz der Liebe, und Liebe ist absolut. Sie ist hart und sie ist sanft. Sie ist allumfassend, und ihre Forderungen sind unberechenbar, weil sie sich jedem Nachfolger Christi anders stellen. Denn solange die Päpste denken, ihre Rolle sei Gesetzgebung für jeden und in allen denkbaren Umständen, wird ihre Lehre auf taube Ohren stoßen.

Die Sakramente gehören der Kirche, nicht den Päpsten. Die Sakramente sind sozusagen spezielle Mittel, mit denen Christus heute den Menschen begegnet. Sie sind keine Belohnung für Wohlverhalten; niemand, nicht einmal der Papst, darf einem Menschen diese Gemeinschaft mit Christus versperren. Was einen Menschen hindern kann, ist sein eigenes Gewissen. Wie Paulus den Korinthern schrieb: »Wer nun unwürdig von dem Brot ißt oder aus dem Kelch des Herrn trinkt, der wird schuldig sein am Leib und Blut des Herrn. Der Mensch prüfe aber sich selbst, und so esse er von diesem Brot und trinke aus diesem Kelch ... Wenn wir uns selber richteten, so würden wir nicht gerichtet« (1. Kor 11,27.28.31). Der Mensch prüfe sich selbst; die Kirche in der Person des Papstes oder der Bischöfe soll ihn nicht prüfen. Wir müssen uns selbst richten. Und im Licht des Evangeliums könnte die Prüfung und das Urteil viel strenger sein als von irgendeinem anderen Menschen.

Nur der einzelne kann sagen, ob er unchristlich handelt, wenn er mehr Kinder oder nicht mehr Kinder bekommt. Er wird nicht nach der Richtigkeit eines biologischen Musters der Sexualität beurteilt werden, sondern nach allen Ansprüchen des Evangeliums an ihn im Licht seiner Gesamtsituation.

Nur die einzelne Frau weiß, ob ihre Entscheidung, ein Kind auszutragen oder nicht, durch ihre Selbstsucht motiviert ist oder durch Gottes in Christus sichtbar gewordene Liebe.

Nur ein einzelner Homosexueller kann sagen, ob er (oder sie) in Übereinstimmung mit dem Evangelium handelt oder nicht, wenn er einen bestimmten Lebensstil beibehält.

Nur ein einzelnes Paar kann sagen, ob sein sehnlicher Wunsch nach einem Kind den Rückgriff auf die Befruchtung *in vitro* oder eine andere Methode rechtfertigen kann, oder ob es vielmehr die Kinderlosigkeit als Gottes Willen für es annehmen soll.

Das Papsttum hat sich, weil es sich für den moralischen Schiedsrichter der Welt, den Instant-Gesetzgeber für jeden Aspekt der Sexualität hält, in einen fürchterlichen Schlamassel manövriert. Die meisten vatikanischen Dekrete sind rabbinisch in des Wortes schlimmster Bedeutung: negativ und aburteilend. Der Papst kann, wenn er möchte, die katholische Opposition der Permissivität zuschreiben. Doch könnte es nicht sein, daß das Hauptproblem nicht bei den Laien liegt, sondern beim Klerus, der alle Regeln für die Laien macht? Viele Katholiken kommen zu der Ansicht, daß Margaret Sanger recht hatte, als sie die Eignung keuscher, unfruchtbarer Kleriker bezweifelte, Frauen Vorschriften über Dinge wie Empfängnisverhütung zu machen. Es könnte ja wirklich sein, daß der Zölibat Klerikern nicht etwa eine klare Einsicht in Ehefragen gibt, sondern sie blind macht für das, was Ehe bedeutet. Kurz, es könnte sein, daß der Zölibat entgegen dem Glauben des Vatikans nicht die Lösung ist, sondern ein sehr großer Teil des Problems.

UTA RANKE-HEINEMANN

Zur Moraltheologie des 20. Jahrhunderts

Die Sexualität ist ein Bereich des menschlichen Lebens, der in besonderer Weise ein Opfer einer ganz speziellen Form theologischer Wissenschaft geworden ist, man kann schon sagen: eines besonderen Auswuchses der Theologie, nämlich der Moraltheologie. Deren biblische Grundlagen sind recht dürftig in dem Sinne, daß es im Neuen Testament ihresgleichen nicht gibt. Das, was sie neben anderem sein will, nämlich »christliche Dienstanweisung für alle vorausschaubaren casus (Fälle) des Lebens«[1], mußte sie im wesentlichen aus eigener Kraft leisten. Von Christus selbst mußte sich solches Bemühen deswegen mehr oder minder verlassen fühlen, weil die Predigt Jesu den »Charakter einer weder vollständigen noch systematischen Darlegung oder Ethik der Anwartschaft auf das Reich Gottes« besaß.[2]

Dem Mangel der Predigt Jesu half die Kirche ab, indem sie die Botschaft Jesu moraltheologisch vervollständigte, systematisierte und konkretisierte, womit dann wesentliche Charakteristika der Moraltheologie vorhanden waren, nämlich die Systematik und ihre Kasuistik bis ins Detail. Die Kasuistik wurde im Lauf der Zeit ihr auffallendstes Merkmal. Aus einem Christentum des Tageslichts wurde ein abgedunkeltes Beichtstuhlgeflüster, das sich immer mehr auf die sogenannten Sünden des Fleisches konzentrierte und indiskretisierte, weil man glaubte, daß es sich hier nie um einen Bagatellgegenstand handeln kann, gemäß der römischen Entscheidung vom 4. Februar 1611. Das Konzil von Trient (1545–1563) forderte im Gegenschlag gegen Luthers Auflösung der genau bemessenen Unterschiede zwischen Sünde und Sünde, daß Sünden mit Angabe von Art, Zahl und Umständen zu beichten seien. Damit wurde das moraltheologische Interesse für möglichst detaillierte Sittennormen und -regeln gehoben und zugleich die Beichtstuhlinquisition nach Sündeneinzelheiten aktiviert. Ziemlich alle Orden gaben ab dem 16. Jahrhundert kasuistische Fallsammlungen heraus, und was damals von einer Heerschar von Kasuisten ausgebrütet wurde, ist zum großen Teil auch heute noch gültig.

Insbesondere ein großer Name in der Moraltheologie ist hier hervorzuheben, nämlich der Alfons Maria von Liguoris (1696–1787). Er war der Gründer des Ordens der Redemptoristen, 30 Jahre lang

Volksmissionar und Bußprediger, dann Bischof und schließlich wieder Klosterinsasse. Sein umfangreiches Werk der Theologia moralis war maßgebend für die weitere Entwicklung der katholischen Moraltheologie. Alfons von Liguori wurde mit allen Ehren versehen, mit denen die Kirche ihn ehren konnte: 1816 selig-, 1839 heiliggesprochen. 1871 wurde er von Pius IX. zum Kirchenlehrer erhoben, und es wurde ihm von Pius IX. bescheinigt, daß sich nichts in seinen Werken finde, was nicht mit der von der Kirche gelehrten Wahrheit übereinstimme. 1950 wurde er von Pius XII. zum Patron aller Beichtväter und Moralisten ernannt.

Von Alfons, dessen »Wirklichkeitssinn« von seinem Ordensgenossen, dem Moraltheologen Häring, in unserem Jahrhundert mit Nachdruck betont wird, berichtet die offizielle Ordensbiographie: »Als Bischof gab er Frauen nur in Gegenwart eines Dieners Audienz, einer ganz alten Frau einmal in der Weise, daß sie auf dem einen Ende einer langen Bank saß, er, ihr den Rücken kehrend, auf dem anderen Ende. Bei der Firmung von Frauen berührte er, wenn er den kirchlich vorgeschriebenen Backenstreich geben mußte, nie die bloße Wange, sondern die Kopfbedeckung der Firmlinge.«[3]

Sein Werk hat mehr als 70 Auflagen erreicht. Hunderte von Moraltheologen haben ihn abgeschrieben, und sie haben alle miteinander das Elend einer Moraltheologie festgeschrieben, die die Unmündigkeit des Menschen nicht nur voraussetzte, sondern die Erziehung dazu systematisch betrieb. Diese Theologie hat nicht die Entfaltung und Vertiefung, sondern die Skrupulösität des Gewissens bewirkt. Sexualmoral ist eine Spezialwissenschaft für Zölibatäre geworden. Der Moraltheologe Göpfert schreibt 1906, daß »die gewöhnlichen, ungebildeten Leute nicht zwischen Unkeuschheit, Sinnlichkeit, Unehrbarkeit unterscheiden« können.[4] Solche Unterscheidung ist nur noch den ehelosen Beichtstuhlrichtern möglich. Der einzelne, ob ungebildet oder gebildet, ist mit seinem Normalwissen überfordert. Das gleiche unverständliche Moraltheologen-Kauderwelsch finden wir auch bei Häring: »Die schuldbar, durch unschamhafte Akte verursachte, jedoch nicht direkt willentlich bejahte Geschlechtslust ist der Art nach schwer sündhaft.«[5] Daß die Beichtenden überfordert sind, ist den Beichtvätern klar: »Der Beichtvater muß sich hüten, auf diesem Gebiet die materielle Vollständigkeit des Bekenntnisses entsprechend den wissenschaftlichen Unterscheidungen zu verlangen.«[6] Wenn der Beichtstuhlvater sich nicht hüten würde, auf eine materiell vollständige Wissenschaftlichkeit zu pochen bzw. auf das, was er dafür hält, dann müßte er sich für längere Zeit Lebensmittelvorräte im Beichtstuhl lagern, weil er so schnell nicht wieder nach Hause käme.

Alfons läßt die Beichtväter schon die Kinder, die natürlich erst recht alles falsch verstehen, nach sexuellen Vergehen ausforschen, wie wir bereits sahen. Kinder bieten ein besonderes Problem. Göpfert schreibt: »Bei Kindern ist dieses nicht zu leugnen, daß sie vieles für Spielerei und Unart ansehen, ohne eine schwere Sünde darin zu erkennen, z. B. wenn sie einander berühren, andere *unrein* ansehen oder sich ansehen lassen.«[7]

Alfons ist es auch, der die Geschlechtlichkeit weiter dämonisiert. Der *incubus* und der *succubus*, der Mann-Teufel, der oben liegt, und der Frau-Teufel, der unten liegt, betreten dank Alfons die Beichtstühle auch des 20. Jahrhunderts. Immer noch klagen sich Menschen des Geschlechtsverkehrs mit dem Teufel an. Zwar warnt Göpfert die Beichtväter davor, solche Bekenntnisse »leicht zu glauben«[8], und er redet in diesem Zusammenhang von »Wahnsinnigen oder Phantasien von Hysterischen«. Aber es ist zu billig, die Opfer einer abstrusen Theologie zu diffamieren und nicht Wahnsinn oder Hysterie zunächst bei den Urhebern einer solchen Vorstellung zu suchen. Auch der Theologe Göpfert hält Verkehr mit dem Teufel zwar nicht für »leicht glaubhaft«, aber immerhin doch für glaubhaft. Erst jetzt, am Ende unseres Jahrhunderts, verschwindet das theologische Bemühen um solchen Spuk und damit der Glaube an ihn. Die Theologie ist damit unter dem Druck eines aufgeklärteren Zeitalters um ein ehemals umfangreiches Sach- und Wissensgebiet ärmer geworden.

Auf der Grundlage der von Alfons entwickelten Sexualkasuistik gab es auch im 20. Jahrhundert insbesondere für den Bereich außerhalb der Ehe (hinsichtlich der Ehe konzentrierte man sich auf den »Ehemißbrauch« = Verhütung) für die Sexualpessimisten ein weites Betätigungsfeld. Die moraltheologischen Lustverächter fanden hier noch manchen Stein, den sie umzudrehen und unter dem sie manches unkeusche oder unschamhafte Gewürm zu entdecken vermochten, denn »unter Unkeuschheit versteht man jede Art der geschlechtlichen Lustbefriedigung, welche dem gottgewollten Zwecke des Geschlechtstriebes zuwider ist. Sie sucht allein die Lust außerhalb der Pflicht, welche doch nach dem Willen Gottes an die Ausübung des geschlechtlichen Verkehrs in der Ehe gebunden ist«.[9] Die Lust war das rote Tuch ihrer eigenen lustfeindlichen Lust. Dabei muß man bei »Lust« nicht gleich an das Schlimmste denken. »Auf dem Wege zur vollendeten äußeren Tat liegen unreine Blicke,

Berührungen, Umarmungen und Küsse, denen die starke Neigung innewohnt, bis zum Äußersten vorwärts zu schreiten.«[10]

Für dieses weite Feld zwischen Blicken und Küssen, das mit dem Begriff der »Unschamhaftigkeit« umschrieben wird, hatte sich schon im 16. Jahrhundert eine praktikable Methode für eine moraltheologische Qualifizierung herausgebildet. So, wie man Schlachttiere in höherwertiges und minderwertiges Fleisch teilt und klassifiziert, hat man auch den Menschen in höherstehende, niedrigerwertige und verwerfliche Körperteile zerlegt. Dem Menschen in seinem Verhältnis bzw. Verhalten zu seinen Teilen bzw. in seinem Verhalten zu eines anderen Menschen Teilen entsprach das Verhältnis des Menschen zu Gott und umgekehrt. »Wegen ihres verschiedenen Einflusses auf die Erregung der geschlechtlichen Lust werden die Körperteile eingeteilt in ehrbare (Gesicht, Hände, Füße), weniger ehrbare (Brust, Rücken, Arme, Schenkel), unehrbare (Geschlechtsteile und Partien, die ihnen sehr nahe sind).«[11] Der Moraltheologe Göpfert nennt die »unehrbaren« Körperteile, wie schon die Tradition vor ihm, auch »schändliche« und »obszöne« Körperteile.[12]

Die Folgen kirchlich definierter Unmoral können manchmal schlimm sein: »So kann die leise Berührung der Hand einer Frauensperson Todsünde sein, wenn sie aus unreiner Absicht geschieht.« Sie »kann« eine Todsünde sein, Küsse auf den Arm jedoch sind »regelmäßig Todsünde; denn eine gerechte Ursache dazu ist nicht denkbar; wenn aber keine gerechte Ursache vorhanden ist, so geschehen sie entweder aus Lust oder reizen wenigstens sehr stark«. Übrigens sollte man auch die Berührung einer Hand nicht auf die leichte Schulter nehmen, denn läßliche Sünde ist sie allemal: »Berührungen an den ehrbaren ... Teilen, wenn sie aus Leichtfertigkeit, Scherz, Neugierde vorübergehend geschehen, sind läßliche Sünde. Es ist also läßliche Sünde, leicht und vorübergehend die Finger, Hände, das Gesicht einer Person des anderen Geschlechts zu berühren ohne verkehrte Intention und geschlechtliche Begierde und Gefahr der Einwilligung in sinnliche Lust, unter der Bedingung, daß man, wenn geschlechtliche Lust sich regt, dieselbe zurückweist und dann sich dieser Akte enthält.«[13] Und er verweist auf eine Reihe von Moraltheologen, die es ebenso gelehrt haben, z. B. eben Alfons von Liguori. Auf der anderen Seite erklärte Göpfert in einer früheren Auflage: »Bei den Tänzen leicht die Hand einer Frauensperson anfassen, ist entweder keine Sünde oder nur eine läßliche Sünde.«[14] So ganz genau schien er das also selbst nicht zu wissen und ließ darum diesen Satz 1906 aus Sicherheitsgründen weg.

Neben den sündhaften Berührungen gibt es die sündhaften Blicke. Da unterscheidet man die unehrbaren und die sehr unehrbaren. Auf die unehrbaren Blicke, die auch unehrbar sein können, wenn das Blickobjekt selbst ehrbar ist, soll hier nicht ausführlicher eingegangen werden. Festzuhalten wäre allenfalls, um einmal ein Beispiel moraltheologischer Systematik zu geben, daß die Gefahr solcher Blicke zu beurteilen ist 1. nach dem Objekt, 2. nach der Intention des Anblickenden, 3. nach der Disposition des Anblickenden und 4. nach der Weise des Anblickens. Die Disposition der angeblickten Person begründet nach der überwiegenden Meinung der Moraltheologen keinen spezifischen Unterschied. Zu unterscheiden von unehrbaren Blicken sind die sehr unehrbaren Blicke. Man kann sich schon denken, um was es da geht, nämlich um die Ansicht »unehrbarer« Körperteile, und zwar nicht nur nackter: »Ebenso ist es eine schwere Sünde, solche Dinge durch ein Netz oder eine sehr dünne, durchsichtige Hülle zu sehen; denn dies reizt die Lust eher, als daß es sie auslöscht.«[15]

Der gleiche moralische Geist findet sich bei Häring 1967. Er unterteilt die »Sünden der Unschamhaftigkeit« nach a) Blicken, b) Berührungen (»Eine Menge von Gefahren des anonymen Flirts bieten die heutzutage oft übervoll besetzten Verkehrsmittel«), c) Reden, d) Lektüre (»Wie ernst die Achtsamkeit auf diesem Gebiet sein muß, zeigt die mütterliche Sorge der Kirche im Verbot schlechter Bücher«).[16] Der Einleitungssatz heißt: »Alles, was an Unschamhaftem getan wird mit der ausgesprochenen Absicht, die Wollust hervorzurufen, wird durch ebendiese Absicht unkeusch und ist schwere Sünde.«[17] Im Zusammenhang mit b) Berührungen findet Häring jedoch beruhigende Worte für die Normalen unter den Christen: »Aber wo wirklich christliche Liebe und Hilfsbereitschaft (Krankenpflege usw.) die Berührung verlangt und veranlaßt, ist erfahrungsgemäß bei normalen Menschen keine Gefahr zu fürchten.«

Brautleuten ist, was Berührungen, Küsse, Umarmungen betrifft, nicht mehr erlaubt als Nichtverlobten, und das heißt grundsätzlich: nichts dergleichen, »denn durch die Verlobung erlangen die Brautleute keinerlei Recht auf den Körper des andern Teiles«, schreibt Göpfert.[18] Bekanntschaften zwischen Mädchen und jungen Männern dürfen nur geschlossen werden »zu einem guten Zwecke, mit andern Worten, die Ehe *bald* einzugehen«. »Der Verkehr (nicht Geschlechtsverkehr ist gemeint, sondern Besuchsverkehr) soll nur in beschränkter Weise stattfinden, das heißt nicht zu häufig und nicht zu lange. Eine größere Häufigkeit kann geduldet werden, wenn in

kurzer Zeit, etwa nach einem oder zwei Monaten die Ehe abgeschlossen wird, eine geringere, je weiter die Ehe noch hinausge-
schoben ist. Eine größere Häufigkeit kann geduldet werden, wenn
das Mädchen nie allein ist, sondern immer unter wachsamer Aufsicht, eine geringere, wenn die Brautleute immer unter sich allein
sind.«[19] Häring meint 1967: »Obwohl in der heutigen dynamischen
offenen Gesellschaft eine Überwachung durch die Eltern in der
alten Form, die einer geschlossenen Gesellschaft entsprach, kaum
mehr möglich ist, so müssen doch auch heute sinnentsprechende
Regeln des Verhaltens entfaltet werden. Dabei müssen sich Christen klar darüber sein, daß die sozial üblichen Verhaltensweisen der
heutigen Gesellschaft Ideologien entsprungen sind, die mit dem
Christentum unvereinbar sind.«[20]

Eine solche Unvereinbarkeit haben die Moraltheologen unter
dem Nationalsozialismus nicht konstatiert. Im Gegenteil: Für manche der katholischen Moraltheologie wichtigen Punkte schien der
Nationalsozialismus eine Hilfe zu versprechen, und die Kirche war
eifrig bemüht, diese Chance wahrzunehmen. Das erste persönliche
Zusammentreffen Hitlers mit einem katholischen Bischof, nämlich
Bischof Berning von Osnabrück, und dem Vertreter des erkrankten
Bischofs Schreiber von Berlin, Generalvikar Steinmann, fand am
26. April 1933 statt. In Bernings Protokoll heißt es: »Die Unterre-
dung (1¼ Stunde) war herzlich und sachlich. Die Bischöfe aner-
kannten freudig, daß durch den neuen Staat das Christentum gefördert, die Sittlichkeit gehoben und der Kampf gegen Bolschewismus
und Gottlosigkeit mit Energie und Erfolg geführt werde.«[21] Am
30. Mai/1. Juni 1933 erging der große Hirtenbrief der Fuldaer Bischofskonferenz mit dem »Dank an Hitler«, weil von nun an »Unsittlichkeit ... die deutsche Volksseele« nicht mehr »bedrohen und
verwüsten« soll. Kampf gegen Unsittlichkeit, das hieß für die deutschen Bischöfe, zu kämpfen »für keusche Jugenderziehung« und
gegen »Ausschreitungen im Badeleben«.[22] Als Monsignore Steinmann im August 1933 bei der Ausstellung des Heiligen Rocks in
Trier die Menge mit »Heil Hitler« grüßte und daraufhin in New York
kritisiert wurde, sagte er: Die deutschen Bischöfe sehen in Hitler ein
Bollwerk gegen »die Pest der schmutzigen Literatur«.[23]

In der Zeit des Nationalsozialismus wurden die Marienvereh-
rung, das katholische Keuschheitsideal und die Zölibatsidee bräun-
lich gefärbt. In einem 1936 in Kevelaer erschienenen Buch, »Jungfrau sein« (kirchliche Druckerlaubnis des Bistums Münster unter Bischof von Galen), des Pfarrers E. Breit wird mit Maria der national-

sozialistische Rassegedanke gestützt: »So blühte um das Marienbild
ein gesundes, reines, gütiges Frauentum, das in höchster Achtung
und Wertung stand. Was damit auch im Hinblick auf *Rassengesund-
heit* und *Rassenveredelung* gegeben war, braucht wohl nicht weiter
ausgeführt zu werden« (S. 34 f.). Was Maria »pflegen, hüten und
vollenden will«, das ist die »urdeutsche Frauenart« (S. 35). Über
Keuschheit bzw. Unkeuschheit hieß es damals: »Unter dem Ge-
sichtspunkt der Verbundenheit des einzelnen Menschen mit seinem Volk und der Menschheit überhaupt bedeutet alle Unkeuschheit eine Vergeudung der heiligen Lebensquelle. Darum ist sie ein
Verbrechen an der Volksgemeinschaft.«[24]

Die katholische Phobie der Vergeudung des heiligen Samens und
der nationalsozialistische Rassenreinheitswahn fanden zueinander. Bischof Wilhelm Berning von Osnabrück, der in einem Artikel
»Katholische Kirche und Deutsches Volkstum« die »Rückkehr zu
den Bindungen des Blutes, das heißt der erbbiologischen Zusam-
menhänge« propagierte[25], sah die nationalsozialistischen Blutphan-
tasien zugleich als besten Nährboden für den kirchlichen Zölibat:
»Immer wieder infolge des Zusammenwirkens von einem guten
biologischen Erbe und einer entsprechenden Umwelt, die auch die
Übernatur umgreift, entwickeln sich aus diesen Familien Kinder zu
Priestern und Ordensleuten. Sie bilden ein leuchtendes Gegenstück
zu jenen Verbrecherfamilien, deren Nachwuchs die Irrenhäuser
und die Gefängnisse füllt.«[26]

So war man sich denn auch mit den Nationalsozialisten einig, daß
man staatlicherseits etwas gegen die erbbiologische Gefahr unternehmen müsse. Der Moraltheologe Tillmann schrieb 1940: »Die Ergebnisse der erbbiologischen Forschung haben angesichts der star-
ken Vermehrung der erblich Belasteten zu Überlegungen geführt,
auf welche Weise die Entstehung erbkranken Nachwuchses verhindert werden kann. Daß Aufklärung oder Eheverbote unzulänglich
sind, leuchtet bei der geistigen Minderwertigkeit und Unempfäng-
lichkeit wie bei der Hemmungslosigkeit des Trieblebens der meisten Belasteten ein. Wohl aber könnte das Ziel erreicht werden
durch eine Anstaltsbewahrung, die sich dann allerdings über die
ganze Dauer der Fortpflanzungsfähigkeit erstrecken müßte.«[27] Der
Autor wendet sich damit gegen die Sterilisation, aber die Gründe,
die er nennt, sind haarsträubend:
»In der Tat liegt das schwerste sittliche Bedenken gegen die Unfruchtbarmachung in der Trennung der Lustbefriedigung von der
Verantwortlichkeit, was sich bei Minderwertigen, bei denen sich

sehr oft ein hemmungsloser Geschlechtstrieb zeigt, verhängnisvoll auswirken kann.«[28]

Die zölibatäre Lustfeindlichkeit zieht das KZ der Sterilisation vor. Kardinal Faulhaber berichtet über ein Gespräch mit Hitler im Jahre 1936, in dem dieser für eine Sterilisation sogenannter Erbkranker zur Verhinderung kranken Nachwuchses plädiert habe. Hitler habe erklärt:»Die Operation ist ja einfach und macht für den Beruf und die Ehe nicht unfähig, und nun fällt uns die Kirche in den Arm.« Er, Faulhaber, habe daraufhin Hitler gesagt:»Von kirchlicher Seite, Herr Reichskanzler, wird dem Staat nicht verwehrt, im Rahmen des Sittengesetzes in gerechter Notwehr diese Schädlinge von der Volksgemeinschaft fernzuhalten. Aber statt der körperlichen Verstümmelung müssen andere Abwehrmittel versucht werden, und es gibt ein solches Mittel: die erbkranken Menschen internieren.«[29]

Internierungslager bedeuteten Konzentrationslager, und solche lagen offenbar im»Rahmen des Sittengesetzes«, aber Sterilisation lag niemals darin, gleich ob gewollt oder nicht gewollt, denn Sterilisation bedeutet Lustfähigkeit ohne Zeugungsfähigkeit. Den»geilen Eunuchen« Papst Sixtus' V. von 1587 wurde erst 1977 das Recht auf Ehe zugebilligt.

Erbgutgesichtspunkte und kirchliche Lustfeindlichkeit vereinigen sich in Bernhard Härings Kapitel»Verantwortete Gattenwahl« aufs beängstigendste. Häring schreibt 1967:»Echte Dienstbereitschaft gegenüber dem Schöpfer und Erlöser wird den Ehegatten suchen, von dem man unter den gegebenen Möglichkeiten die besten Kinder und ihre beste Erziehung zu Kindern Gottes ... erwarten darf. Die Eugenik entwickelt sich mehr und mehr zu einer bedeutsamen Wissenschaft, die darüber Auskunft geben will, welche Gattenwahl dem Ehegut der Nachkommenschaft natürlicherweise am besten dienen kann. Die Verantwortung gegenüber der Ehe, gegenüber dem Dienst am Leben verbietet es schlechterdings, einen Partner zu wählen, von dem man aller Voraussicht nach nur schwerbelastete ... Kinder zu erwarten hat. Eine gewisse erbliche Belastung ..., die zwar eine mit Krankheit und Gebrechen behaftete, aber doch geistig normale Nachkommenschaft (z. B. *Bluter, Kurzsichtige, vielleicht sogar Blinde und Taube*) befürchten läßt, schließt grundsätzlich nicht von der Ehe aus, wenn sie auch in *ernsten Fällen dringend abzuraten sein mag.* Ein erfahrener katholischer Eugeniker hält eine Verehelichung von erbgesundheitlich sehr schwer Belasteten aus triftigen Gründen für sittlich absolut unverantwortlich ... Es ist wünschenswert, daß die Brautleute vor der Verlobung ein Ge-

sundheits- und Erbgesundheitszeugnis austauschen, das von
einem in Psychologie und Eugenik fachkundigen Arzt ausgestellt
ist ... Das kirchliche Verbot der Verwandtenehe (nach dem heute
geltenden Recht nur mehr bis zum 3. Grad der Seitenlinie einschließlich) erfüllt eine segensreiche eugenische Funktion.«[30]

Niemand hat etwas gegen gesunde Nachkommen, jeder erstrebt
sie. Schon die Antike sah die Euteknia (= schöne und gute Nachkommenschaft) als ein wichtiges Thema an. Aber Blinden und Tau-
ben und Blutern die Ehe zu verbieten bzw. sie ihnen »dringend abzuraten«, statt es ihnen selbst zu überlassen, ob sie trotzdem Kinder
wollen oder auf welche Weise sie in ihrer Ehe, wenn sie sie nicht
wollen, Kinder zu verhüten für richtig halten, ist eine menschenfeindliche Einstellung. Die Zuchtmenschensicht mit entsprechenden Gesundheits- und Erbgesundheitszeugnissen à la Häring stellt
die Kirche an die Seite totalitärer Systeme. Daß übrigens laut Häring
das Verbot der Verwandtenehe wegen »segensreicher eugenischer
Funktion« von der Kirche erlassen wurde, ist erst den Theologen ab
dem 19. Jahrhundert eingefallen. In Wirklichkeit ging es um nichts
anderes als um eine Variante des ewigen klerikalen Motivs der Lust-
und Ehefeindlichkeit.

In der jüngsten Vergangenheit hat die katholische Moraltheologie viel an Ansehen verloren. Praktisch steht sie mit ihrem ausge-
klügelten Sexualkunstwerk heute vor einem Scherbenhaufen. Sie
ist eine sich religiös gebende und sich auf Gott berufende Narrheit,
die viele menschliche Gewissen verbog. Sie hat die Menschen mit
spitzfindigem Unsinn belastet und zu Moralakrobaten zu dressie-
ren getrachtet, statt sie menschlicher und menschenfreundlicher zu
machen. Sie hat im Namen einer menschenfremden und men-
schenfeindlichen Übernatur die Natur und die Natürlichkeit des
Menschen zu sehr unterdrückt, als daß der von ihr überspannte
Bogen nicht einmal reißen müßte. Ihre Theologie ist keine Theologie, und ihre Moral ist keine Moral. Es ist ihre anmaßende Torheit,
an der sie scheiterte. Sie glaubte, sie könne dem Menschen die je
persönliche Erfahrung des Willens Gottes abnehmen und die Fin-
dung dieses Willens durch ein auswucherndes kasuistisches System ersetzen. Es ist ihre eigene Unbarmherzigkeit, an der sie versagte, indem sie den Menschen ihren eigenen kettenden Gesetzen
zu unterwerfen suchte, statt ihn den zur Freiheit rufenden Geboten
Gottes gehorsam sein zu lassen.

Mit Recht sagt Karl Rahner in bezug auf die Moraltheologie:
»Aber es gehört eben doch auch zu der tragischen und nicht aufhell-

baren Geschichtlichkeit der Kirche, daß sie in Praxis und Theorie mit schlechten Argumenten moralische Maximen verteidigte aus problematischen, geschichtlich bedingten Vorüberzeugungen, ›Vorurteilen‹ heraus … Diese dunkle Tragik der kirchlichen Geistesgeschichte ist darum so lastend, weil es sich dabei, immer oder oft, um Fragen handelt, die tief in das konkrete Leben der Menschen eingreifen, weil solche falsche Maximen, die objektiv nie gültig waren, … den Menschen Lasten auferlegten … die von der Freiheit des Evangeliums her gar nicht legitim waren.«[31]

Der Rat, zu schweigen, wäre für die Sexualmoraltheologie der beste Rat. Statt dessen aber läßt sich 1983 z. B. der Moraltheologe H. J. Müller vernehmen in einem Artikel »Ehe ohne Trauschein«: »Es gab Zeiten, in denen in einer uns heute unvorstellbaren Weise objektive Normen übertreten wurden, ohne daß sich die Menschen dabei einer Schuld bewußt waren. Man denke an die Hexenprozesse … Ähnliches darf von der Einstellung vieler junger Menschen heute zum Sexualverhalten gesagt werden. Auch kirchlich Engagierte unter ihnen vermögen, wie sie sagen, nicht einzusehen, warum ihr aus ernsten Gründen gefaßter Entschluß, zunächst ohne Heirat zusammenzuleben, Sünde sein soll.« Müller meint, es müsse »alles getan werden«, die Wertverdunklung dieser Leute »aufzuhellen«.[32] Was die Hexenprozesse für vergangene Jahrhunderte, das sind für die Moraltheologen die Ehen ohne Trauschein im jetzigen Jahrhundert. Aber Ehen ohne Trauschein in die Nähe der Hexenverbrennungen zu rücken, dürfte wohl eine größere Wertverdunklung sein, als alle Paare ohne alle Trauscheine je im Dunklen zu sitzen in der Lage sind.

Viele Leute betrachten sich heute als verheiratet, denen andere (Kirche oder Staat z. B.) die Ehe bestreiten. Wiederum andere wollen nicht heiraten, weil für sie das Zusammenleben von Mann und Frau Privatsache sei und nicht staatlich-kirchlichen Formalitäten unterliege. Sie lehnen Bescheinigungen ab. Offenbar befinden wir uns heute in einer Umschichtung der bisherigen Formen und Normen der Eheschließung. Trotzdem ist das Jammern mancher Leute, die Ehe sei in Gefahr, unberechtigt. In Gefahr sind allenfalls die Trauscheine, und die sind ohnehin erst neueren Datums.

Wie kamen bei uns früher Ehen zustande? Viele heirateten zwar in der Kirche mit Priestersegen, Kranz und Schleier, aber manche auch etwa so: Sie gingen spazieren, und er sagte zu ihr: Ich liebe dich, du bist meine Frau, und sie sagte: Ja. Damit war gemäß dem römischen Recht, das auch dem kirchlichen zugrunde lag (»der Ehewille macht die Ehe«) die Ehe geschlossen. Nur der Mond war Zeuge oder auch nicht. Man nannte solche Ehen klandestine (= heimliche) Ehen, bestritt aber nicht, daß es sich um richtige Ehen handelte. Zwar verlangte die Kirche seit 1215 ein öffentliches Aufgebot, aber viele hielten sich nicht daran.

Die heimlichen Ehen brachten Rechtsunsicherheit. Manche Frau schwor, der Bräutigam der anderen, der sich kirchlich trauen zu lassen beabsichtigte, sei in Wahrheit ihr Ehemann. Mancher kirchlich getraute Mann behauptete, wenn er die Verbindung leid war, er sei früher heimlich verheiratet gewesen, die jetzige Ehe sei also ungültig. Im Jahre 1349 z. B. lagen in Augsburg 111 Klagen vor, daß der Ehegatte, der fortgelaufen war, dem verlassenen Partner zuerkannt werden möge. In 101 Fällen ging die Klage von der verlassenen Frau aus. 80 Klägerinnen mußten jedoch abgewiesen werden, weil die Ehe nicht zu belegen war.

Man versuchte immer wieder, dieser Rechtsunsicherheit Herr zu werden. Luther z. B. vertrat die Ansicht, wenn eine Ehe ohne Zustimmung der Eltern (konkret: des Vaters) geschlossen sei, habe der Vater die Macht, sie für nichtig zu erklären, selbst dann, wenn Kinder aus ihr hervorgegangen seien.[33] Sein Freund und Mitreformator Melanchthon meinte dagegen, wenn die heimliche Ehe vollzogen sei, könne der Vater sie nicht mehr für nichtig erklären.[34] Streng auf das Elternrecht pochten die reformierten Protestanten. Der anglikanische Bischof Thomas Barlow († 1691) sagte: »Sicher hat ein Vater durch göttliches und natürliches Recht die gerechte Gewalt, ... auch Züchtigungen und Peitschenhiebe anzuwenden, um seine Kinder zur Pflicht und zum Gehorsam gegen seine gerechten Befehle (bezüglich Eheschließung) zu veranlassen.«[35]

Anders als die Protestanten suchte im 16. Jahrhundert die katholische Kirche das Problem der heimlichen Ehen zu entschärfen. 1563 führte sie durch das Dekret »Tametsi« (= obgleich) die sogenannte Formpflicht ein: Obgleich nicht zu bezweifeln sei, daß die heimlichen Ehen gültig seien, solle von nun an zur Eheschließung eine bestimmte Form eingehalten werden, nämlich die Trauung vor dem eigenen Pfarrer und mindestens zwei Zeugen, andernfalls sei die Ehe nichtig.

Diese Priesterlösung paßte den Protestanten nicht. Sie plädierten für den Elternwillen: »Nach päpstlichem Brauch heiraten viele Kinder hinter dem Rücken ihrer Eltern«, schreibt z. B. die Reutlinger Kirchenordnung, die von Luther inspiriert war, schon 1526. Eine kirchlich geschlossene Ehe, die hinter dem Rücken des Vaters stattgefunden hat, sei ungültig, »denn Gottes Gebot, daß man Vater und Mutter gehorsam sein soll, hebt solch ein Eheversprechen auf«. Im Laufe der nächsten Jahrhunderte (z. B. 1741 in der Benedictina) machte die katholische Kirche ihrerseits klar, daß sie für nichtkatholische, z. B. protestantische Paare nicht die katholische Eheschließungsform verlange. Die Ehen der Protestanten seien gültig ohne Einhaltung einer Form, wie vor 1563.

1975 klagte Papst Paul VI.: »Indessen greift zunehmend ein Sittenverfall um sich, bei dem die maßlose Verherrlichung des Geschlechtlichen zu den ernstesten Anzeichen zu rechnen ist.« Für die Zölibatäre ist das Geschlechtliche immer das Ernsteste. Der Papst fährt fort: »Manche fordern heute das Recht zum vorehelichen Verkehr, wenigstens in den Fällen, wo eine ernste Heiratsabsicht und eine in gewisser Weise schon eheliche Zuneigung in den Herzen der beiden Partner diese Erfüllung fordern, die sie als naturgemäß erachten. Dies vor allem dann, wenn die Feier der Hochzeit durch äußere Umstände verhindert wird.« Der Papst bezeichnet ein solches Verhältnis als »Unzucht«. Er meint, daß solche Beziehungen »keineswegs die Aufrichtigkeit und Treue der zwischenmenschlichen Beziehungen von Mann und Frau gewährleisten« (Erklärung zu einigen Fragen der Sexualethik 1975). Diese vatikanische Erklärung ist weithin lieblos, ungerecht und theologisch schludrig. Unterschiedslos werden in ihr die vorehelichen Beziehungen der katholischen und nichtkatholischen Paare als »Unzucht« abgeurteilt. Soweit es sich um nichtkatholische Paare handelt, verstößt damit der Papst gegen sein eigenes Kirchenrecht, gemäß dem nichtkatholische Paare keinerlei Formpflicht bezüglich der Eheschließung unterliegen, d. h., sie müssen nach katholischem Kirchenrecht weder standesamtlich noch kirchlich getraut sein, es genügt allein der Wille der beiden, für immer als Mann und Frau zusammenzubleiben, damit sie gültig verheiratet sind. Es genügt also der Ehewille, »die eheliche Zuneigung«, die der Papst bei diesen trauscheinlosen Paaren als vorhanden anerkennt.

Aber auch bei den katholischen Paaren sollte der Papst das Wort »Unzucht« vermeiden. Sie sind zwar seit 1563 formpflichtig, aber es gibt im Kirchenrecht auch eine außerordentliche Form (= Äußerung des Ehewillens vor zwei Zeugen), die sogenannte Noteheschließung (Can. 1116), und zwar dann, wenn »schwere Nachteile« mit der normalen für Katholiken vorgeschriebenen Eheschließungsform verbunden sind. Diese Nachteile können durchaus materieller Art sein. Deswegen könnte der Canon 1116 auch z. B. auf Studentenpaare, Rentnerpaare usw. angewandt werden, die wegen äußerer Umstände nicht in der üblichen Form heiraten.

Aber selbst wenn man sich katholischerseits nicht dazu durchringen kann, die katholischen Paare als »Notehen« im Sinne des Canon 1116 anzuerkennen, sollte es möglich sein, ihnen Respekt zu erweisen, statt sie als unzüchtig zu bezeichnen und zu diskriminieren. Es ist wirklichkeitsfremd, zu glauben, daß eine in aller Förmlichkeit geschlossene Ehe »Aufrichtigkeit und Treue« gewährleiste. Solche Verbindungen, denen sogar der Vatikan »eheliche Zuneigung« zuerkennt, als Unzucht zu bezeichnen, ist eine emotionale Unsachlichkeit, die der Tatsache nicht Rechnung zu tragen bereit ist, daß die Ehe auf dem Ehewillen zweier Menschen gründet und daß alle äußeren Formen historisch bedingt und zweitrangig sind.

Seit geraumer Zeit hat sich – 1580 wurde in den Niederlanden die erste Zivilehe geschlossen – der Staat eingemischt, seit 1875 in Deutschland sogar vor die kirchliche Trauung geschoben. Ein staatlicher Trauschein ist für die katholische Kirche bei katholischen Paaren nicht von Belang, und umgekehrt: Was kirchlich als Ehe angesehen wird (z. B. gemäß Can. 1116), ist für den Staat keine Ehe. Durch die wechselseitige Nichtanerkennung von staatlicher und kirchlicher Trauung relativieren Staat und Kirche gemeinsam den Wert eines Trauscheins.

Die Form, wie eine Ehe zustande kommt, hat sich also im Laufe der Zeit ständig gewandelt. Da die alten Formen heute von vielen abgelehnt werden, sollte man neue Formen und Normen suchen, die dem Willen der Paare besser Rechnung tragen.

Unter der Tatsache, daß die Kirche ihr eigenes Kirchenrecht mißachtet, haben nicht nur trauscheinlose Paare zu leiden, wenn sie von Papst Paul VI. unterschiedslos als unzüchtig bezeichnet werden, sondern auch manche wiederverheiratete Geschiedene. Die katholische Kirche kann sich mit ihrer Unerbittlichkeit, wiederverheiratete Geschiedene besonders zu bestrafen, weder auf Jesus noch auf ihr eigenes Kirchenrecht berufen. Nach Schätzung von katholischen Kirchenrechtlern sind etwa 30 % der Geschiedenen gar nicht kirchenrechtlich gültig verheiratet gewesen, ihre Ehe könnte also kirchlicherseits annulliert, d. h. für nichtig erklärt werden. Sie würden dann nach ihrer Scheidung nicht *wieder*, sondern zum erstenmal heiraten. Der deutsche Episkopat allerdings wirkt hier nicht aufklärend und tut nichts dazu, diesen 30 % gegebenenfalls zu ihrem Recht zu verhelfen. Er beläßt die Betroffenen lieber in dem Irrtum: wer geschieden ist, ist auch kirchenrechtlich gültig verheiratet gewesen. Und er straft auch dort, wo es gar nichts zu strafen gibt. In jüngerer Zeit las man immer wieder etwa von Kindergärtnerinnen in kirchlichem Dienst, die ihren Beruf deswegen durch Kündigung verloren, weil sie einen Geschiedenen geheiratet hatten. Und staatliche Gerichte gaben der Kirche in solchen Fällen recht. Aber daran ist nichts Recht, sondern alles Unrecht, solange nämlich nicht mindestens geprüft wurde, ob der von der Kirche so hart verfolgte Sachverhalt überhaupt vorliegt.

Anders ist das alles z. B. in Spanien. Jeder spanische Illustriertenleser kennt Isabel Preysler, die eleganteste Frau Spaniens, die nach der Nichtigkeitserklärung ihrer kirchlich geschlossenen Ehe mit dem Sänger Julio Iglesias (mit dem sie drei Kinder hat) den Marquis von Grinón kirchlich heiratete, von dem sie übrigens inzwischen wieder geschieden ist, um sich mit dem Bankier Miguel Boyer – dieses Mal nur zivilrechtlich – ehelich zu verbinden, oder Carmen, die älteste Franco-Enkelin, die nach Nichtigkeitserklärung ihrer kirchlich geschlossenen Ehe mit Alfons von Bourbón, Herzog von Cádiz, mit dem sie zwei Kinder hatte, jetzt kirchlich gültig mit Jean-Marie Rossi verheiratet ist, oder die Sängerin Isabel Pantoja, die mit dem geschiedenen, inzwischen beim Stierkampf verunglückten Star-Torero Paquirri verheiratet war, nachdem des Toreros erste Ehe für nichtig erklärt wurde.

Der Begriff »nulidad del matrimonio« (= Nichtigkeitserklärung der Ehe), häufig und in großen Balkenüberschriften in den spanischen Illustrierten zu lesen, ist in Deutschland nicht den Illustriertenlesern, sondern nur einer kleinen Gruppe von Kirchenrechtsgelehrten geläufig und wird den Betroffenen möglichst verschwiegen.

Im folgenden zur Aufklärung der wiederverheirateten Geschiedenen ein Blitzkurs in katholischem Eherecht: Es gibt eine ganze Reihe von Nichtigkeitsgründen. Der wichtigste Grund, warum eine Ehe erst gar nicht zustande kommt, ist mangelnder Ehewille. Z. B. wenn jemand die Ehe unter dem Vorbehalt oder mit der erklärten oder auch nur geheimen Bedingung eingeht: »Wenn es schiefgeht, lasse ich mich scheiden«, wenn er sozusagen eine Probeehe schließt, dann hat er das Moment der Unauflöslichkeit der Ehe aus seinem Ehewillen ausgeklammert. Die Ehe ist ungültig. Oder wenn einer denkt: »Ich will dich heiraten, aber nur mit dem Vorbehalt, daß ich noch mit anderen Frauen oder einer anderen Frau intim werden kann«, dann ist das Moment der Einheit aus dem Ehewillen ausgeklammert. Die Ehe ist ungültig. Oder wenn einer sagt: »Ich will dich heiraten, aber nur, wenn wir uns einig sind, daß keine Kinder kommen, daß wir also eine Pillen- oder Kondom- oder Kalenderehe führen«, dann ist die Ehe ungültig. In all diesen Fällen kann die Ehe für nichtig erklärt werden.

Die katholische Kirche, unter dem jetzigen Papst besonders bemüht, diese Wahrnehmung des katholischen Kirchenrechts zu unterbinden, macht das auf die Weise, daß sie die Nichtigkeitserklärung an der mangelnden Beweisbarkeit des mangelnden Ehewillens scheitern läßt.

Aber ob bewiesen oder unbewiesen, bei mangelndem Ehewillen kommt keine Ehe zustande, denn: consensus facit matrimonium, der Ehewille macht die Ehe. Recht haben und recht bekommen ist allerdings vor allem in Deutschland zweierlei.

Johannes Paul II. und der Verkehr aus Lust

Daß die theologische Wissenschaft in puncto Sexualmoral für die nächsten Jahrhunderte in Gang gehalten würde, dafür hatte Papst Innozenz XI. gesorgt, indem er 1679 erklärte, der »Eheverkehr aus Lust allein« sei nicht sündlos. Während die Jansenisten jegliche Lustmotivierung für den ehelichen Akt ablehnten und sich damit in Übereinstimmung mit Augustinus und dem Römischen Katechismus (1566) befanden, suchten die gemäßigten Theologen ein wenig Lust zu gestatten und fragten nach dem Unterschied zwischen dem Eheverkehr aus Lust und dem Eheverkehr aus Lust *allein*, da ja nur letzterer von dem päpstlichen Dekret betroffen sei.

Maßgeblich für das 19. Jahrhundert und weitgehend auch für unser 20. Jahrhundert ist Alfons von Liguori († 1787). Alfons löst das Problem noch recht umständlich. Er meint, der Verkehr aus Lust allein sei deswegen nach allgemeiner Ansicht nicht sündenlos, sondern läßliche Sünde – Todsünde sei er nur unter bestimmten Voraussetzungen –, weil die Lust, die von der Natur als Mittel zur Fortpflanzung vorgesehen ist, zum Zweck des ehelichen Aktes gemacht werde. Keine Sünde dagegen sei es, wenn der Gatte vorwiegend die Zeugung wolle und die Lust benutze, indem er sie auf maßvolle Weise anstrebe, um sich auf diese Weise für den ehelichen Akt anzureizen. Die Lust darf also gesucht werden, aber nicht hauptsächlich und allein. Das 19. Jahrhundert bringt das Problem schließlich auf die Kurzformel: Verkehr aus Lust allein ist der Verkehr, der andere sittliche Ehezwecke *ausschließt*. So z. B. der Jesuit Ballerini († 1881). Gemeint ist das Ausschließen in der *Motivierung* zum Eheverkehr, nicht etwa Ausschluß der Nachkommenschaft durch Anwendung von Verhütungsmethoden, denn das wäre nicht läßliche, sondern Todsünde.

Der seit dem 17. Jahrhundert andauernde moraltheologische Streit, ob etwas Geschlechtsgenuß ein sittlich erlaubtes Motiv für den ehelichen Verkehr bildet, wurde damit im bejahenden Sinn entschieden, obwohl Augustinus und der Römische Katechismus (die Ehe darf nicht der Lust wegen vollzogen werden) dagegen standen.

Wie es allerdings einem Autor geht, der für größere Lustfindung durch Abwechslung von der Standardposition beim ehelichen Akt plädiert, sollte auch in unserem Jahrhundert unmißverständlich höheren Orts klargestellt werden: Als die deutschen Bischöfe fast ausnahmslos in Hitler »das Bollwerk gegen den Bolschewismus und die Pest der schmutzigen Literatur« sahen, meinten sie nicht zuletzt ein ganz bestimmtes schmutziges Buch, das 1930 schon die 51. Auflage erreicht hatte, das sowohl von der Kirche auf den Index der verbotenen Bücher gesetzt als auch von der Naziregierung beschlagnahmt wurde und dessen sich Papst Pius XI. (der das Konkordat mit Hitler schloß) in seiner Enzyklika »Casti connubii« annahm, in welcher er den Titel besagten Buches umbenannte in »Das vollkommene Dirnentum«. Auf diese Weise schuf der Papst einen neuen vollkommenen Stand und trug wesentlich zu einer noch größeren Verbreitung des Buches bei. Gemeint ist das 1926 erschienene Buch des holländischen Frauenarztes und ehemaligen Direktors der Frauenklinik in Haarlem, Theodor Hendrik van de Velde, »Die vollkommene Ehe«, Verkürzung für den umständlichen Titel: »Die in physiologisch-technischer Hinsicht zu größerer Vollkommenheit gebrachte Ehe« (Vorwort des Autors).

Der zweite große Schlag traf dieses Buch 30 Jahre nach dem Tod des Autors, als es 1967 durch Erweiterungen um Konfusion bereichert wurde, nachdem es schon vorher durch Kürzung um einige Substanz ärmer gemacht worden war.

Für viele Eheleute bzw. für das eheliche Dirnentum, zumal im christlichen Abendland, in dem die sexuelle Lust suspekt und darum die Kultur des Geschlechtsaktes unterentwickelt ist, wurde van de Velde eine Art Galilei des Ehebetts. Er enttabuisierte die körperlichen Beziehungen der Gatten dadurch, daß er über sie sprach, wenn auch vorzugsweise in lateinischen Ausdrücken, »weil sie in der ärztlichen Sprache die geläufigsten sind und bei der Besprechung mancher Dinge das Gefühl am meisten schonen«[36], und hob sie so aus der animalischen Stummheit in den personalen Bereich.

Van de Velde wollte Abwechslung in die ehelichen Schlafzimmer

bringen, eine Abwechslung, die bisher dem Mann »nur im Objekt
möglich« schien. Es geht ihm letztlich um Treue und Liebe der Gatten, und so ist er, zumal er auch bezüglich Ehescheidung, Empfängnisverhütung und Coitus interruptus die katholischen Moralvorstellungen teilt, der Meinung, »der katholischen Moral widersprechen meine Ansichten nicht«.[37] Da hatte er sich gründlich geirrt. Se-
xualpessimismus und Lustfeindlichkeit der katholischen Sexualmoral verbieten ein solches Werk über den intimen Freiheitsraum der
Ehegatten, den total zu verwalten und zu verplanen zölibatäre Auf-
passer für die wesentliche Aufgabe der Kirche halten.

Nicht mehr ganz so lustfeindlich wie Augustinus, aber nur
scheinbar lustfreundlich, hatte sich 1911 der bedeutendste Moraltheologe seiner Zeit, der Jesuit Hieronymus Noldin († 1922), ausgedrückt: »Der Schöpfer hat die Lust und das Verlangen nach ihr in
die Natur hineingelegt, um den Menschen zu einer Sache anzulok-
ken, die in sich schmutzig und in den Folgen lästig ist.«[38]

Auf solche Theologie paßte van de Velde wie die Faust aufs Auge.
Er hat das schmutzige Geschäft nicht nur zum Zweck der lästigen
Kinder toleriert, sondern im Schmutz selber einen Sinn und Zweck
gesehen. Kein Wunder, daß ihn die ganze Wucht des kirchlichen
Lehramtes zu zerschmettern trachtete. In der Enzyklika »Casti connubii« 1930, die vor allem gegen die Eheleute gerichtet ist, die »aus
Widerwillen gegen den Kindersegen die Last vermeiden, aber trotzdem die Lust genießen wollen«, wird auch van de Velde, auf den
das gar nicht zutrifft – meint er doch ganz im alten Stil, daß die Mutterschaft »für die gesund denkende Frau den Gipfel der Wünsche«[39]
bedeute –, vernichtend geschlagen. Denn er konzentriert den Blick
auf die Lust als solche und beläßt sie nicht in ihrem Schattendasein
eines Mittels zum Zweck der Erzeugung, auf die allein sich zu konzentrieren christlicher Ehemoral entspricht. Und mit diesem »Götzendienst des Fleisches«, mit dieser »unrühmlichen Knechtschaft
der Begierde«, mit diesen »gottlosen Gedanken« trägt er bei zur
»Schmach der Menschenwürde« (Casti connubii).

Van de Velde macht aus dem Giftschrank der Beichtväter eine
Apotheke für Eheleute. Was jahrtausendelang schon in kleinsten
Dosen den ewigen Tod nach sich ziehen konnte, setzt er konzen-
triert auf sein Rezept, in der Meinung, daß das Perverse nicht eine
Frage der Position der Körper, sondern der Haltung des Geistes ist.
Heute haben die Wogen um van de Velde sich geglättet. Die Kirche
konzentriert sich seit seinem Buch verstärkt auf ihr Empfängnisver-
hütungsverbot, in welchem sie mit ihrer alten Lustfeindlichkeit un-

beirrbar und unbelehrbar die eigentlichen Fragen und Leiden der Menschheit übertönt.

Bernhard Häring schickt in seiner Moraltheologie »Das Gesetz Christi« (1967) van de Veldes Buch noch seine persönliche Verdammung hinterher. Er lehnt das Buch als »widerlich ins einzelne gehende Anweisung« ab. Statt Einzelheiten hat er ein Universalrezept. In seinem Kapitel »Liebestechnik« empfiehlt er »das gemeinsame liebevolle Hören auf Gottes Willen« und »das gemeinsame Gebet«.[40] Wieviel Lust sein darf, darüber gibt Häring Auskunft. Er schreibt über den »Verkehr aus bloßem Verlangen nach Sinnenlust«: »Wenn jedoch in diesem Fall der eheliche Vollzug seine Gestalt als Dienst am Leben bewahrt (soll heißen: wenn nicht verhütet wird), so liegt die Schuld lediglich im Mangel der ganzheitlichen Motivierung und dürfte darum – was den einzelnen Akt betrifft – ›nur‹ läßlich sündhaft sein.«[41] Schon das von Häring in Anführungsstriche gesetzte »nur« soll wohl darauf hinweisen, daß man die Sache nicht leichtnehmen soll. Und wirklich, Häring fährt dann fort: »Handelt es sich aber nicht um die Beurteilung des einzelnen Aktes als solchen, sondern um eine Gesamteinstellung zum ehelichen Verkehr, die nur mehr die Lust sieht und zum Ziel hat, so ist gerade in diesem Herausfallen des bloßen Triebes aus der echten Liebe und der ehrfürchtigen Dienstbereitschaft am Leben eine der gefährlichsten Wurzeln der Unkeuschheit, eine ganz und gar unkeusche Einstellung bloßgelegt.« Häring wird noch deutlicher: »Die Gesinnung des Tobias muß das gesamte eheliche Tun tragen, wenn sie auch nicht jeden einzelnen Akt auszulösen braucht: ›Du weißt, o Herr, daß ich meine Schwester nicht aus Wollust zur Frau nahm, sondern aus Liebe zu Nachkommen‹ (Tob. 8,9).« Der Blick auf das Kind darf also nicht abhanden kommen beim Verkehr, und etwas Lust darf auch intendiert sein, sie darf nach Häring nämlich »Anlaß zu dem in der richtigen Ordnung der Motive stehenden Tun« sein. »Dann liegt … keine Sünde vor.«[42]

Auch Papst Johannes Paul II. hat etwas Lustverlangen der Eheleute akzeptiert, indem er in »Familiaris consortio« 1981 die periodische Enthaltsamkeit als Methode der Geburtenregelung gestattet. Die augustinische Zeugungsmotivation als wichtigstes Motiv jedes einzelnen ehelichen Aktes ist damit aufgegeben, und der Papst steht mit dieser Lustkonzession in offenem Gegensatz zu des Augustinus Verdammung der Zeitwahlmethode als »Zuhältermethode«. Trotzdem ist Johannes Paul II. immer noch auf dem rechten Augustinuskurs. Das Zeugungsmotiv für jeden ehelichen Akt blieb zwar auf der Strecke, die Lustfeindlichkeit aber nicht. Und da Augustinus im Grunde die Lust mehr verabscheut hat, als er die Zeugung wollte, ist die katholische Tradition gewahrt. Die Zeugung darf auf lustlose Weise vermieden werden: durch Enthaltsamkeit. Man hat ohnehin den Eindruck, daß das ständige Betonen des Kindes als des ersten Ehezwecks nicht so sehr das Kind im Sinn hat, sondern vielmehr das Lieblingskind der Zölibatäre kultivieren soll, das nichts anderes ist als die Enthaltsamkeit der Eheleute vom ehelichen Akt.

Johannes Paul II. hat also trotz seines Methodengegensatzes zu Augustinus die eigentliche und hintergründige Triebkraft der augustinischen Sexualmoral, nämlich die Lustfeindlichkeit, auf den Punkt gebracht. Es geht auch ihm nicht primär um die Kinder. Diese werden gegebenenfalls so oder so, auf katholisch oder auf nichtkatholisch, verhütet. Es geht auch ihm vor allem um die Lustbeschneidung. Hier sucht die Kirche zu retten, was zu retten ist. Glücklicherweise ist die Zeitwahlmethode immer noch recht kompliziert und die Enthaltsamkeitsspanne noch einigermaßen umfangreich. Und mit großer Befriedigung zitiert Johannes Paul II. aus der Pillenenzyklika Pauls VI. von 1968: »Die Beherrschung des Trieblebens durch die Vernunft und den freien Willen verlangt zweifelsohne eine gewisse Askese, damit sich die Bekundung ehelicher Liebe bei den Gatten in der rechten Ordnung vollzieht, besonders bei Einhaltung der periodischen Enthaltsamkeit.« Wie gut, daß nicht zu befürchten ist, daß die Wissenschaft so schnell die Empfängnisfähigkeit auf einen Tag oder sogar auf einige genau vorher zu fixierende Stunden errechnen wird, wo bliebe sonst die rechte Ordnung für die Bekundung ehelicher Liebe und die Askese. Ja, auch vieles andere bliebe auf der Strecke. Der Papst zitiert weiter aus der Pillenenzyklika seines Vorgängers: »Diese zur ehelichen Keuschheit gehörende Zucht und Ordnung tut der ehelichen Liebe in keiner Weise Abbruch, sondern verleiht ihr vielmehr einen höheren menschlichen Wert. Sie verlangt zwar ständige Anstrengung, aber dank ihres segensreichen Einflusses entfalten die Eheleute ihre Persönlichkeit voll und ganz, indem sie an geistigen Werten reicher werden. Als Früchte bringt sie in das Leben der Familie Frieden und Glück und erleichtert die Lösung der übrigen Probleme. Sie fördert die Aufmerksamkeit gegenüber dem Ehepartner, hilft den Eheleuten, die Selbstsucht, die Feindin wahrer Liebe, zu überwinden, und vertieft das Gefühl der Verantwortung. Die Eltern werden durch sie fähig, einen noch tieferen und wirksameren Einfluß auf die Erziehung der

Kinder zu nehmen.« Kurz: Die Enthaltsamkeit ist ein geistiger Volltreffer. Sie bringt für Vater, Mutter und Kinder (und sicher mindestens indirekt auch für Großvater und Großmutter) alles, was man sich nur wünschen kann. Sie ist das Mittel, das alle Ehe- und Erziehungs- und überhaupt Lebensprobleme löst.

Angesichts solcher Wunderwirkungen der periodischen Enthaltsamkeit hat Johannes Paul II. die Theologen der Zukunft mit der Beantwortung einer Frage beauftragt. Er richtet einen »dringenden Anruf an die Theologen, dem kirchlichen Lehramt mit gemeinsamer Kraft zur Seite zu stehen«. Die Theologen sollen nämlich »den anthropologischen und gleichzeitig moralischen Unterschied erarbeiten und vertiefen, der zwischen der Empfängnisverhütung und dem Rückgriff auf die Zeitwahl besteht«. Da Augustinus einen moralisch-theologischen Unterschied bestritten hat, handelt es sich um eine schwierige Aufgabe. Strenggenommen um eine Aufgabe, die nicht zu lösen ist, denn wo kein moralischer Unterschied ist, kann man auch keinen entdecken. Tatsächlich gibt es einen Unterschied, aber das ist kein theologischer, sondern ein päpstlicher: Bei der Zeitwahlmethode gelingt es nämlich dem Papst, die Eheleute für mehrere Tage unter sein päpstliches Enthaltsamkeitsjoch zu zwingen, bei anderen Methoden mißlingt ihm das.

Auch die Moraltheologen werden nicht streiken, sondern einen Unterschied herausfinden. Schließlich deutet ja Johannes Paul II. die Lösung des Rätsels schon an. Er fährt fort: »Es handelt sich um einen Unterschied, der größer und tiefer ist, als man gewöhnlich meint, und der letzten Endes mit zwei sich gegenseitig ausschließenden Vorstellungen von Person und menschlicher Sexualität verknüpft ist.« Man wäre zwar nicht selbst darauf gekommen, aber nun weiß man wenigstens, in welcher Richtung man suchen muß. Papst Johannes Paul II. fährt fort: »Die Entscheidung für die natürlichen Rhythmen beinhaltet ein Annehmen der Zeiten der Person, der Frau, und damit auch ein Annehmen des Dialogs, der gegenseitigen Achtung, der gemeinsamen Verantwortung, der Selbstbeherrschung.«

Wenn da nicht die Selbstbeherrschung wäre, um die es dem Papst einzig und allein geht, könnte jeder nur zustimmen, daß der Papst sich sogar um die Person, die Frau, sorgt. Und wer findet schließlich nicht auch den Dialog mit seiner Frau und die Achtung vor ihr gut, wenn da nicht der päpstliche Pferdefuß wäre, daß ausgerechnet die fruchtbaren Zeiten der Frau und damit die periodische Enthaltsamkeit als Möglichkeit einer moralisch höheren Periode des Ehelebens und als Bedingung zu diesem allen Guten und Schönen gesetzt würden.

Dieser päpstliche Hymnus auf die eheliche Enthaltsamkeit steht unter der Überschrift »Der Dienst am Leben« innerhalb des apostolischen Schreibens »Familiaris consortio« von 1981. Die Überschrift »Dienst am Leben« scheint im Zusammenhang mit Verhütung widersprüchlich, aber der Papst meint hier ja auch einen anderen, einen höheren Dienst am Leben, etwa so: Dadurch, daß die Eheleute sich enthalten, geraten sie wenigstens für einige Tage in die Nähe des jungfräulichen Standes und qualifizieren sich, wenn auch nur periodisch, in ein höheres Dasein hinein. Ihr »Dienst am Leben« besteht dann nicht mehr darin, daß sie zeugen, sondern darin, daß sie sich enthalten. Den Gedanken der Kinderverhütung bei dieser Gelegenheit hat der Papst modifiziert und umqualifiziert. Er hält die periodische Enthaltsamkeit für eine Art Eheexerzitien. Daß die Eheleute mit der periodischen Enthaltsamkeit die empfängnisgünstigen Zeiten umgehen wollen, also das Kind verhüten, will er mit seinem Kapitel »Dienst am Leben« einfach nicht wahrhaben. Darum nennt der Papst die periodische Enthaltsamkeit auch nicht mehr »Verhütung«, das Wort kommt überhaupt nicht vor in diesem Zusammenhang, sondern »Geburtenregelung«, und damit ist für ihn alles in Ordnung. Es geht eben um Geburten, wenn auch nur irgendwie.

Die Theologen, nie in Verlegenheit zu bringen, werden sicher bei der Suche nach dem großen Unterschied zwischen Verhütung und Geburtenregelung behilflich sein. Kardinal Ratzinger ist dem Papst schon hilfreich zur Seite getreten. Im Anschluß an die römische Bischofssynode 1980 schrieb er einen 27seitigen Brief an die Priester, Diakone und an alle im pastoralen Dienst Stehenden der Erzdiözese München-Freising, der die Ergebnisse der Synode zum Thema »Ehe und Familie« ausführlich würdigt. Zur Enzyklika »Humanae vitae« (Pillenenzyklika) schreibt er darin: »Gerade bei diesem Ausgangspunkt (aus der fraulichen Erfahrung), rein von der Erfahrung her, wird auf überzeugende Weise sichtbar, was theologische Argumentation bisher bei uns nicht einsichtig machen konnte: daß es sich bei der Alternative zwischen natürlichen Methoden und Kontrazeption nicht um eine moralisch bedeutungslose Frage unterschiedlicher Mittel zum selben Zweck handelt, sondern daß dazwischen eine anthropologische Kluft liegt, die eben deshalb auch eine moralische Kluft ist. Aber wie soll ich das in ganz wenigen Zeilen andeuten, wo uns das Allgemeinbewußtsein den Zugang dazu einfach versperrt?« In der Tat, mit ein paar Zeilen ist der Ignoranz der Eheleute nicht beizukommen, die Theologen werden noch auf Generationen hin arbeiten müssen, dem blinden Allgemeinbewußtsein, das einfach keinen Unterschied erkennen kann oder will, Erleuchtung beizubringen und ein Licht für die Eheleute zu werden, die allesamt im Dunkel tappen. Glücklicherweise gibt der Kardinal schon einen Hinweis, wie man sich mehr in diese schwierigen Gedanken hineinarbeiten kann: »Daß mit der Pille der Frau ihre eigene Weise von Zeit und so ihre Weise zu sein genommen und sie, wie es die technische Welt will, allzeit ›benutzbar‹ gemacht wird, hat kürzlich auch Christa Meves eindrucksvoll herausgestellt, die auf den Sinn und die Schönheit der Enthaltsamkeit in diesem Zusammenhang hinweist, von der unsere kranke Zivilisation kaum noch zu sprechen wagt. – All dies und manches andere hat bekanntlich inzwischen zu einer Pillenmüdigkeit geführt, die wir als eine Chance neuen Nachdenkens ansehen sollen.«

Bedeutet also die Pille in den Augen von Kardinal Ratzinger eine Belastung der Frau, so soll hier ausgleichshalber eine Belastung des Mannes zitiert werden, wie Christa Meves sie in einem Aufsatz »Hat die christliche (katholische) Ehe noch Zukunft?« im »Pastoralblatt für die Diözesen Aachen – Berlin – Essen – Köln – Osnabrück« 1976 sieht: »Durch die gesteigerte Lebenserwartung der Frau, die im vorigen Jahrhundert nur ein Durchschnittsalter von 35 Jahren hatte – dann starb sie, oft durch die vielen Geburten geschwächt, oft direkt im Kindbett –, stieg auch die Zahl der Menschen, die dreißig, fünfzig, ja sechzig Jahre lang gemeinsam leben. Diese Länge bedeutet speziell für den Mann eine zusätzliche Bewährungsprobe. Denn während er früher durch den Tod der oft noch jungen Ehefrau eine neue Ehe mit einer meist jüngeren Frau legitim eingehen konnte, ist er heute genötigt, mit einer oft rascher als er selbst alternden Ehefrau vorliebzunehmen.« Man sieht, so hat jeder sein Päckchen zu tragen: Die Frau ist durch die Pille in ihrer Freiheit beschränkt und »benutzbar« geworden, und der Mann ist unfrei durch das zunehmende Alter seiner Frau. Wobei die Pille außerdem noch ihren Teil zu solcher männlichen Belastung beigetragen haben mag, wenn heute nicht so viele Frauen durch die vielen Geburten geschwächt oder durch einen Tod im Kindbett das Ehebett für die jüngere frei machen. Aber glücklicherweise gibt es ja Hilfe in diesen Belastungen, nämlich die päpstlich empfohlene Enthaltsamkeit der Eheleute. Christa Meves fährt fort: »Haben die Weisungen des Papstes für die Frauen nicht doch vielleicht auch eine praktische Berechtigung? Schützen sie nicht die Frauen davor, zu neuem Freiwild männlicher Sexualität zu werden; geben sie dem Mann durch das Gebot der Keuschheit, der Rücksicht auf die Frau nicht mehr Möglichkeit zu einer notwendigen geistigen Kompensation seiner Triebhaftigkeit?«

Nur der Papst mit seinem Enthaltsamkeitsevangelium schützt die Ehefrauen vor der Freibeuter-Mentalität ihrer triebhaften Ehemänner. Einnahme der Pille seitens der Frau würde beim Ehemann derartig das Triebleben entfesseln, daß ihm die Frau schutzlos ausgeliefert wäre. Schutz findet sie nur beim Papst, der ihr in ihrem eigenen Interesse die Pille verbietet, um sie so vor dem Dasein als Freiwild zu bewahren. Die triebhaften Ehemänner berechtigen den Papst zu diesem Schritt der Triebbremsung. Der Papst tut nichts anderes, als sich schützend vor die Ehefrau zu stellen und ihr zu helfen, die Pille zu verweigern. Mit Pille wäre sie nämlich verloren bei ihrem triebhaften Ehemann. Der Papst ist die feste Burg der Frauen und der Vatikan ein Quasi-Frauenhaus. Und mit dem heiligen Ort verbindet sich prompt ein frommes Wunder. Während die Einnahme der Pille seitens seiner Frau den Ehemann sich als Wüstling gebärden läßt, bewirkt die Nichteinnahme der Pille seitens der Frau, daß sich der Mann keusch und enthaltsam benimmt. Offenbar verbindet laut Christa Meves der Papst mit der Pille eine Art Dr.-Jekyll-und-Mr.-Hyde-Vorstellung: Je nachdem, ob seine Frau die Pille nimmt oder nicht, ist der Mann mal ein Tier und mal ein Engel.

Von solchen mirakulösen Verwandlungen einmal abgesehen ist auch noch etwas anderes zu bedenken: Alle Verherrlicher der ehelichen Enthaltsamkeit von Johannes Paul II. bis Christa Meves wollen nicht sehen, daß nicht nur der schrankenlos Sinnliche den anderen zum Objekt seines bloßen Triebes degradiert, sondern daß es eine sublimere Art der Degradierung sein kann, den anderen zum Objekt der Triebenthaltung zu machen. Damit soll nichts für die Pille (Christa Meves: »Es gibt einen neuen Hypophysentumor, der nur bei Frauen auftritt, die lange Zeit die ›Pille‹ nehmen«) und gegen die Zeitwahl, nichts für das Kondom und gegen den Coitus interruptus gesagt werden oder umgekehrt, sondern es soll nur dies behauptet werden: All diese Fragen sind nicht Fragen an die Theologen und Päpste, sondern an die Medizin und an die Eheleute selbst, an deren Verantwortung und Rücksicht auf den Partner. Papst Johannes Paul II. wehrt sich in »Familiaris consortio« gegen die »schwere Beleidigung der menschlichen Würde«, wenn Regierungen »die Freiheit der Ehegatten, über Nachkommenschaft zu entscheiden, zu beschränken versuchen«. Er vergißt zu sagen, daß viele katholische Eheleute in der päpstlichen Art und Weise, die Freiheit der Ehegatten in diesem Punkt zu beschränken, eine ebenso »schwere Beleidigung der menschlichen Würde« sehen. Sie empfinden es zudem als Heuchelei, wenn die Kirche die Freiheit der Eheleute *gegen* die Verhütung einschärft, aber die Freiheit der Eheleute *für* die Verhütung ächtet, weil die Kirche im Grunde keines einzigen Ehepaares Freiheit wirklich vertritt, sondern nur ihr eigenes moralisches Diktat ohne Rücksicht auf das Wohl der Eheleute durchzusetzen trachtet, ein Diktat aus lustfeindlicher, zölibatärer Eheverachtung und Jungfräulichkeitsmanie.

GEORG DENZLER

»Abnormitäten«

Von »Abnormitäten« oder Abirrungen kann hier nur im Hinblick auf das Sexualitäts- und Eheverständnis der Kirche die Rede sein.

1. Onanie

Zur Beurteilung der Onanie konnte die Kirche nur auf Aussagen des Alten Testaments zurückgreifen, da im Neuen Testament keinerlei Auskünfte zu finden sind. Onan, ein Sohn des Juda, wurde zum Verbrecher, weil er sich weigerte, mit der Witwe seines Bruders Kinder zu zeugen, die dann freilich nicht als seine eigenen, sondern als die seines verstorbenen Bruders gegolten hätten. Die Bibelstelle lautet: »Sooft er zur Frau seines Bruders ging, ließ er den Samen zur Erde fallen und verderben, um seinem Bruder Nachkommen vorzuenthalten. Was er tat, mißfiel dem Herrn, und so ließ er auch ihn sterben« (Gen 38,9 f.). Wie die kirchliche Tradition in Auslegung dieser Worte lehrte, sündigte Onan deshalb schwer, weil er den Samen vergeudete, statt ihn seiner Zweckbestimmung zuzuführen. Deshalb nannte man die Selbstbefriedigung häufig Onanie, freilich nicht zutreffend, denn Onans Vergehen bestand in erster Linie nicht darin, daß er den Samen verschwendete, sondern daß er die Sorgepflicht für seinen toten Bruder vernachlässigte. Auch trieb er nicht »Selbstbefleckung« im eigentlichen Sinn, sondern praktizierte den Coitus interruptus, um die Zeugung eines Kindes zu vereiteln. Folglich läßt sich dieser Bibelabschnitt auch nicht als eine Aussage über Masturbation gebrauchen.

Der Sexualakt muß nach jahrhundertelanger Tradition der Kirche stets für die Zeugung neuen Lebens offenbleiben. Jedes Zuwiderhandeln, ob allein oder mit anderen, gilt als Sünde. Obwohl die alttestamentliche Bewertung dieses Tuns vorrangig ethnologisch zu verstehen ist, bedient sich das Lehramt der Kirche bis in unsere Zeit einer sexualbiologischen Interpretation, um so jede sexuelle Funktion allein für den Bereich der Ehe reservieren zu können.

Verstoß gegen das Naturrecht

Die Verurteilung der Masturbation durch Päpste reicht zurück bis in das 11. Jahrhundert. In einem Schreiben an den sittenstrengen

Mönch Petrus Damiani (1054) erklärte Papst *Leo IX.*: Wer sich der Masturbation schuldig gemacht hat, darf nicht in den Klerus aufgenommen werden oder muß, wenn er bereits Kleriker ist, in den Stand des Laien zurückversetzt werden.[1] Diese Maßnahmen richteten sich bezeichnenderweise an Geistliche, weil von ihnen ein sexuell enthaltsames Leben erwartet wurde.

Während die Masturbation in den Bußbüchern zu den geringfügigen Sünden zählte, betrachteten die Theologen der Scholastik dieses Tun, für das jetzt der Ausdruck »mollities« (Verweichlichung) aufkam, als einen schweren Verstoß gegen das Naturrecht und deshalb auch als eine schwere Sünde. Nach dem Pariser Theologen *Jean Gerson* wog dieses Vergehen, wenn es ganz freiwillig und der Lust wegen begangen wurde, schwerer noch als Unzucht, weshalb die Absolution dem Bischof vorbehalten blieb. Als Berater von Studenten verfaßte er sogar eine spezielle Abhandlung über die Pollution in der Nacht und am Tage. Darin verknüpfte er moraltheologische und medizinische Erwägungen geschickt miteinander.

Auf die Spitze trieb der an der Universität Salamanca ausgebildete und in Rom dozierende Bibelgelehrte *Benedicti* († 1600) die Differenzierung, als er für die Beichte eine genaue Angabe der näheren Umstände forderte: »Wenn jemand diese Sünde begeht und dabei denkt, mit einer verheirateten Frau zu verkehren, oder dieses begehrt, so ist das außer der Sünde der Verweichlichung Ehebruch; wenn er eine Jungfrau begehrt, ist es eine Schändung; wenn er seine Verwandte begehrt, ist es Inzest; wenn er eine Nonne begehrt, ist es Sakrileg; wenn er einen Mann begehrt, ist es Analverkehr; so auch für Frauen bezüglich der Männer.« Benedicti war es auch, der eine direkte Verbindung zu der erwähnten Sünde Onans herstellte und die onanistische Praxis als Sünde gegen Gottes Willen wertete. »Es ist eine sehr schwere Sünde, und sie ist wider die Natur«, urteilte auch der Jesuit und Kardinal *Francisco Tolet* († 1596) in seinem Kommentar zur Summa Theologiae des Thomas von Aquino, »es ist weder für die Gesundheit noch für das Leben noch für irgendwelche andere Zwecke erlaubt. Daher versündigen sich die Ärzte schwer, die zu diesem Akt aus Gründen der Gesundheit raten, und wer ihrem Rat folgt, ist von der Todsünde nicht ausgenommen.«[2]

Das beste Mittel zur Überwindung dieser weitverbreiteten Sünde, derentwegen die Hölle am meisten bevölkert sei, sah Benedicti in der häufigen Beichte bei demselben Beichtvater. Wenn er wünschte, daß dies »nach Möglichkeit dreimal in der Woche« geschehe, deutete er damit die Häufigkeit dieser Sünde an.[3]

Auch für Papst *Alexander VII.* († 1655) bedeutete die Masturbation einen schweren Verstoß gegen das Naturgesetz. Einer alten Tradition folgend, behauptete er, die Aktivierung der geschlechtlichen Kraft sei nur in der Ehe und hier wieder nur zur Zeugung von Kindern naturgemäß.

Den spanischen Zisterziensermönch Caramuel von Lobkowitz († 1682), den der Redemptorist Alfons von Liguori als »princeps laxistarum« schmähte, traf 1679 die Verurteilung durch das Hl. Offizium, weil er die naturrechtlich begründete Sündhaftigkeit der Selbstbefriedigung leugnete.

Im 18. Jahrhundert erhielt die Theologie willkommene Schützenhilfe von Ärzten, die aus gesundheitlichen Gründen gegen die Masturbation kämpften. Hier ist neben Bekker, der mit seinem Buch »Onania« (1700) die Verwerflichkeit der Onanie propagierte, vor allem der französische Arzt Tissot zu nennen, weil er mit seinem zuerst in lateinischer und erst dann in seiner Muttersprache veröffentlichten Buch »De l'onanisme« (1760) die Meinung weiter Volkskreise bestimmte. Die Selbstbefriedigung war hier nicht als ein sittliches Vergehen, sondern als eine körperliche Krankheit ausgegeben. Dementsprechend lauteten bald auch die Empfehlungen von Pädagogen und die Weisungen von Moraltheologen. Bei der Bekämpfung dieses »gefährlichen Lasters«, wie man die Onanie oft bezeichnete, wirkten nun kirchliche und weltliche Instanzen einträchtig zusammen.

Eine perverse Gewohnheit?

Bis zum Beginn unseres Jahrhunderts waren sich die Vertreter der Theologie und des kirchlichen Lehramtes über die Verwerflichkeit der Masturbation einig. Allerdings dachte man dabei meist an empfängnisverhütendes Verhalten.

In diesem Sinn wurde der Begriff Onanismus schon um die Mitte des 18. Jahrhunderts gebraucht. Weil die Geschlechtskraft nur zur Zeugung neuen Lebens in Anspruch genommen werden und die Zeugung wiederum nur innerhalb der Ehe erfolgen durfte, galt der onanistische Akt eines Unverheirateten als ebenso sündhaft wie der ebenfalls als Onanie eingeschätzte Coitus interruptus beim ehelichen Verkehr.

Der belgische Jesuit *Eduard Génicot* († 1900) erörterte in seinem weitverbreiteten Lehrbuch »Institutiones theologiae moralis«[4] den ehelichen Onanismus bis in alle Einzelheiten. Den Hauptgrund für die Ablehnung sah er darin, daß der Zeugungszweck absichtlich ausgeschlossen werde. Die Absolution in der Beichte wollte er von dem Versprechen abhängig machen, ob der Pönitent gewillt war, seine »perverse Gewohnheit« aufzugeben. Onanisten, die diese »ruchlose Gewohnheit« als Empfängnisverhütung praktizierten, weil irgendwelche Nöte oder Gefahren sie dazu zwangen, sollten vom Beichtvater zum Vertrauen auf die göttliche Vorsehung bewogen werden. Auch auf die physischen und psychischen Schäden, die mit der Onanie verbunden seien, müßte aufmerksam gemacht werden. Als ein Heilmittel gegen dieses Übel empfahl Génicot Eheleuten, getrennt zu schlafen; denn zeitweise Enthaltsamkeit sei auch in der Ehe weder unnatürlich noch unmöglich.[5] Ähnlichen Auffassungen begegnen wir in anderen Lehrbüchern dieser Zeit.

Ebenso lauteten die Entscheidungen der höchsten Kirchenautorität. In einem Urteil vom Jahre 1909 wertete die päpstliche Pönitentiarie die Onanie beim Mann sowie bei der Frau als sündhaftes Geschehen. Beichtväter, die hier Nachsicht üben wollten, mußten sich folgendermaßen belehren lassen: »Da der eheliche Akt seiner Natur nach zur Weckung neuen Lebens bestimmt ist, so handeln jene, die ihn bei seiner Tätigkeit absichtlich seiner natürlichen Kraft berauben, naturwidrig und tun etwas Schimpfliches und innerlich Unsittliches.«[6]

Noch *Pius XII.* († 1958) hielt in diesem Punkt ohne jeden Kompromiß an der Tradition fest. Gemäß einer Entscheidung des Hl. Offiziums vom Jahre 1920 bezeichnete er jeden onanistischen Akt als einen schweren Verstoß gegen das allgemeine Sittengesetz. In einer Ansprache vor Neuvermählten am 29. Oktober 1951 betonte der Papst, daß die natürliche Geschlechtsanlage nur in der Ehe und selbst da nur im Dienst der Ehe sittlich erlaubt beansprucht werden dürfe. Und in einer Rundfunkansprache zum Familiensonntag am 24. März 1952 wies Pius XII. den Irrtum jener zurück, »die Verfehlungen in den Jahren der Reifezeit als unvermeidlich erachten, von denen man nicht viel Aufhebens machen sollte, so, als seien sie keine schwere Schuld, weil, wie sie hinzufügen, gewöhnlich die Leidenschaft die Freiheit aufhebe, die nötig sei, damit jemand für seine Handlung sittlich verantwortlich sei«.[7] Gewiß wollte das Oberhaupt der katholischen Kirche auch jene Mediziner und Moraltheologen zurechtweisen, welche die unter Jugendlichen weitverbreitete Onanie als eine natürliche Durchgangsphase im Reifungsprozeß ansahen und es deshalb für richtig hielten, dieses Tun nicht grundsätzlich und in jedem Fall mit dem Makel der Sündhaftigkeit zu versehen.

Auch heute keine Kursänderung

Daß der Standpunkt der Kirche Jahrhunderte hindurch unverändert blieb, bewies die Kongregation für die Glaubenslehre mit ihrer Erklärung zu einigen Fragen der Sexualität vom 29. Dezember 1975. Dieses Dokument aus dem Vatikan ließ nicht nur jedes Verständnis für die von Psychologie und Soziologie erbrachten Resultate über die Masturbation vermissen; es wollte gerade als Protest gegen diese neuesten Erkenntnisse verstanden werden, da sie der offiziellen Doktrin und Praxis der Kirche widersprächen. Bekräftigt wurde zunächst die traditionelle Lehre, daß jeder freiwillige Gebrauch der Geschlechtskraft außerhalb der Ehe gegen die sittliche Ordnung verstoße. Weil aber die weite Verbreitung der Onanie, besonders bei Jugendlichen in den Jahren der Pubertät, nicht zu leugnen ist, machte die Kongregation für diese Tatsache auch negative Zeiterscheinungen verantwortlich: »Die Häufigkeit des Auftretens der betreffenden Handlungen muß sicherlich im Zusammenhang mit der dem Menschen als Folge der Erbsünde innewohnenden Schwäche gesehen werden, aber auch im Zusammenhang mit dem Verlust der Gottbezogenheit und mit der Verwilderung der Sitten.« Um diese These zu illustrieren, wurde eine Reihe von Ursachen aufgezählt: »Kommerzialisierung des Lasters und die schrankenlose Freizügigkeit in vielen Bereichen des Schaugeschäfts sowie des Bücher- und Zeitschriftenmarktes. Aber auch der Verlust des Schamgefühls, das die Wächteraufgabe über die Keuschheit hat, muß in diesem Zusammenhang genannt werden.« Trotzdem oder vielleicht deswegen riskierte die Kongregation unter ihrem Präfekten Kardinal Šeper am Ende die nach einer Konzession klingende Aussage, aufgrund individueller Gegebenheiten liege »nicht immer eine schwere Schuld« vor, fügte aber sofort hinzu: »Im allgemeinen darf jedoch nicht von vornherein das Fehlen einer schweren Verantwortung angenommen werden.«[8] Bleibt als Fazit, was bei der Andernacher Springprozession alljährlich neu vorgeführt wird: ein Schritt vor und zwei Schritte zurück.

Heftige Kritik an der starren Haltung der Kirche ist nicht erst in unserer Zeit zu vernehmen. Schon *Sigmund Freud* († 1939) hatte sich in dem Aufsatz »Die kulturelle Sexualmoral und die moderne Nervosität« (1908) mit der Problematik der Masturbation auseinandergesetzt und wenigstens indirekt ein negatives Urteil über die Haltung der Kirche zur Sexualität gefällt. Er hielt es für falsch, daß die Kirche völlige Enthaltsamkeit vor der Heirat und lebenslange Abstinenz im Ledigenstand fordert. »Die Aufgabe der Bewältigung einer so mächtigen Regung wie des Sexualtriebes anders als auf dem Wege der Befriedigung«, argumentierte Freud, »ist eine, die alle Kräfte eines Menschen in Anspruch nehmen kann. Die Bewältigung durch Sublimierung, durch Ablenkung der sexuellen Triebkräfte vom sexuellen Ziele weg auf höhere kulturelle Ziele gelingt einer Minderzahl, und wohl auch dieser nur zeitweilig, am wenigsten leicht in der Lebenszeit feuriger Jugendkraft. Die meisten anderen werden neurotisch oder kommen sonst zu Schaden. Die Erfahrung zeigt, daß die Mehrzahl der unsere Gesellschaft zusammensetzenden Personen der Aufgabe der Abstinenz konstitutionell nicht gewachsen ist.«[9]

Wie richtig der berühmte Psychoanalytiker hier urteilte, beweisen neueste Umfrageergebnisse. Inzwischen bestätigten auch Psychologen und Pastoraltheologen die Richtigkeit der Freudschen Einschätzung dieses speziellen Moralproblems. Doch ungeachtet dessen verteidigt die katholische Kirche ihren auch von vielen Gläubigen abgelehnten Standpunkt vornehmlich deshalb, weil sonst das Fundament ihres auf die Ehe eingeschränkten Sexualkonzepts grundsätzlich in Frage gestellt würde.

2. Kastration

Die Praxis der Entmannung (Kastration) reicht in der Geschichte der Menschheit weit zurück. Solche Eingriffe wurden ursprünglich sogar aus kultisch-religiösen Motiven vorgenommen. Die Priester sollten auf sexuelle Aktivitäten ganz oder wenigstens vor der Kultfeier verzichten, um als würdige und segensreiche Mittler zwischen Göttern und Menschen fungieren zu können. Die ältesten Zeugnisse von freiwilliger oder erzwungener Kastrierung beziehen sich auf die Hethiter. Diese Bräuche waren auch in semitischen, asiatischen und europäischen Religionen beheimatet. Entmannte Priester dienten der Artemis in Ephesus, der Kybele in Kleinasien und der Magna Mater auf dem römischen Palatin.

In der frühen Kirche, vornehmlich im Osten, gab es nicht wenige Kleriker, die sich voll Stolz als Eunuchen bezeichneten. Sie beriefen sich mit Vorliebe auf das Jesuswort: »Manche haben sich selbst dazu gemacht um des Himmelreiches willen« (Mt 19,12). Nach *Justin dem Martyrer* verdiente es hohes Lob, wenn ein junger Christ durch Entmannung die Ernsthaftigkeit seines enthaltsamen Lebens unter Beweis stellte. Der priesterliche Schriftsteller *Origenes*, selbst ein Kastrat, berichtete von jungen Christen, die sich entmannten, um nicht gegen die hochgerühmte Keuschheit sündigen zu können.

Zwei Jahrhunderte später wußte *Epiphanius von Salamis* († 403) von »nicht wenigen, die sich in jugendlichem Leichtsinn entgegen den Gesetzen selbst entmannten«.[10] Sie wollten auf diese Weise Verdächtigungen oder gar Anklagen wegen unzüchtigen Lebenswandels entgehen. Diese Vorwürfe trafen meist Mönche und Kleriker, die mit Frauen in einer Art geistlicher Ehe enthaltsam leben wollten, jedoch oftmals zu Fall kamen.

Um der Kastrationspraxis Einhalt zu gebieten, erließen Diözesan- und Provinzialsynoden schon in früher Zeit Verbote, freilich ohne großen Erfolg, wie die päpstlichen Dispensen wegen Irregularität für Ordens- und Weltpriester bis in das 15. Jahrhundert beweisen. An den Klerus richtete sich das I. Ökumenische Konzil von Nizäa (325) mit Kanon 1: »Ist jemand im Verlauf einer Krankheit von den Ärzten verschnitten worden oder auch durch die Hand der Barbaren, dann soll er im Klerus verbleiben. Wenn aber jemand, der bei guter Gesundheit war, sich selbst verschnitten hat, dann soll er aus dem Klerus, dessen Mitglied er bis dahin war, ausgeschlossen sein; ebenso soll für die Zukunft jeder, der so gehandelt hat, nicht mehr ordiniert werden.«[11] Freiwilligen Eunuchen blieb der Zugang zum Stand des Klerus grundsätzlich versperrt. Allerdings erwarteten die Konzilsväter, daß Kleriker, die nicht verheiratet waren, dank der Gnade Gottes sexuelle Abstinenz wahrten.

In den Augen der Theologen stellte die Kastration eine schwere Sünde dar. Wer sich der Zeugungsfähigkeit beraubt, handelt nach *Johannes Chrysostomus* »wie ein Mörder, würdigt die Schöpfung Gottes herab, hilft den Einwänden der Manichäer und begeht dieselbe Untat wie die Heiden, die sich verstümmeln«.[12] Diese Apologie wandte sich in erster Linie gegen den asketischen Gnostizismus.

Im Hohen Mittelalter nahm *Thomas von Aquino* die Argumentation der Kirchenväter auf und gelangte zu der grundsätzlichen Ansicht: »Um des körperlichen Wohles willen darf man ein Glied nur dann amputieren, wenn dem Menschen sonst nicht geholfen werden kann. Das Seelenheil aber läßt sich immer anders sichern als durch Selbstverstümmelung, weil die Sünde vom freien Willen abhängt. Und deshalb ist es in keinem Fall erlaubt, ein Glied wegzuschneiden, um irgendeine Sünde zu verhüten.«[13] Als Ausnahme ließ er die Operation aus medizinischen Gründen gelten. Ein einzelnes Glied dürfe zum Wohl des ganzen Organismus geopfert werden, selbst dann, wenn ein solcher Eingriff Sterilität zur Folge haben sollte.

Kastration aus Rache

Aus der Geschichte der Kirche kennen wir nur wenige Beispiele einer Entmannung als Strafe oder aus Rache. Besonders tragisch endete die Liebesaffäre des Priesters und Theologen *Peter Abaelard* († 1142). Er hatte sich in das junge Mädchen *Héloise* verliebt und wollte mit ihr in einem eheähnlichen Verhältnis zusammenleben. Als dies aber Héloises Onkel Fulbert, einem Domherrn an der Kathedrale zu Paris, zu Ohren kam, riet dieser beiden zu einer heimlichen Eheschließung. Seine Nichte hatte ernste Bedenken gegen diesen Schritt, weil die Verbindung eines Tages doch publik werden, dem hohen Ansehen ihres Geliebten schweren Schaden zufügen und die Kirche eines berühmten Theologen berauben würde. Am Ende entschloß sich Héloise doch zu einer heimlichen Hochzeit, bei der Fulbert sogar als Trauzeuge fungierte. Als aber der Domkanoniker von der bald darauf eintretenden Schwangerschaft seiner Nichte hörte, ergriff ihn ein derart heftiger Zorn, daß er den 38jährigen Abaelard auf listige Weise gefangennehmen ließ. Welch trauriges Schicksal Abaelard erleiden mußte, berichtete er später in einem Brief an Héloise: »Nun nahmen sie an mir eine Rache, grausam und so beschämend, daß die Welt erstarrte: sie schnitten mir von meinem Leib die Organe ab, mit denen ich sie gekränkt hatte. Auf der Flucht erwischte man zwei der Gesellen; sie wurden geblendet und außerdem entmannt; der eine war mein Diener. Statt mir treu zu dienen, hatte er sich vom Habsuchtsteufel zum Verrat verführen lassen.«[14] Die Tragödie endete damit, daß beide in ein Kloster eintraten: Abaelard in St. Denis und Héloise in Argenteuil.

Fulberts Racheakt erfolgte gewiß nicht im Auftrag der Kirche, es war seine eigene böse Tat. Kirchliche Obrigkeiten ahndeten solche Vergehen mit schweren Strafen. So mußte ein Kreuzfahrer, der einen Priester entmannt hatte, auf Weisung des Bischofs Ivo von Chartres († 1116) die Waffen niederlegen, 14 Jahre lang an bestimmten Tagen fasten, auf bessere Speisen ganz verzichten und Almosen spenden.

Kastration zum Lob Gottes

Schlimm war auch die Kastration von Sängerknaben, um ihre kindliche Stimme für den Kirchengesang zu erhalten. Selbst Thomas von Aquino fand nichts Anstößiges daran, wenn die kastrierten Kinder auf diese Weise bei der Liturgie länger »zur Ehre Gottes« mitwirken könnten. Noch Jahrhunderte später dachte der Moral-

theologe *Alfons von Liguori* nicht anders, wenn er schrieb: »Die Kastraten nützten dem allgemeinen Wohl, indem sie göttliche Loblie-
der in den Kirchen süßer sangen.«[15]

Seit *Sixtus V.* (1585–1590) billigten Päpste die an kirchlichen Sängerknaben vorgenommene Kastration, weil sie um eines frommen
Zweckes willen mit dem Naturrecht vereinbar sei; zumindest aber
tolerierten sie diese Praxis stillschweigend. Dies galt nicht nur für
die berühmte Capella Sixtina, den Kirchenchor von St. Peter in
Rom, sondern für sämtliche Kirchen im Bereich des Kirchenstaates,
der erst 1870 endgültig untergehen sollte. Interessant ist, daß die
überwiegende Zahl der Moraltheologen in Spanien, Frankreich,
Deutschland und Italien vom Ende des 16. bis in die Mitte des
18. Jahrhunderts diese euphonische Kastration ablehnte, wobei die
wenigen Befürworter allein unter den Spaniern und Italienern zu
finden waren.[16]

Die bösen Folgen dieses Einverständnisses reichten sogar über
den Kirchenraum hinaus. Indem Sixtus V. in einer Bulle von 1588
den Frauen das Auftreten auf Bühnen in Rom und im Kirchenstaat
ausnahmslos untersagte, förderte er indirekt den Gesang kastrierter
Knaben in öffentlichen Theatern und Opernhäusern. Die Sitte, daß
hohe Knabenstimmen als Ersatz für Frauenstimmen verwendet
wurden, fand auch in Ländern außerhalb Italiens Nachahmung.

Benedikt XIV. († 1758) war der erste Papst, der zum Problem der
Kastration ausdrücklich Stellung nahm. Wenn er auch die Kastration ohne medizinische Notwendigkeit als Sünde bezeichnete, billigte er doch die Verwendung von Eunuchen im Kirchenchor von
St. Peter aus zeitbedingten Gründen, namentlich aus Angst vor den
möglichen Folgen, wenn er in eine seit langer Zeit bestehende Gewohnheit eingreifen würde.

Erst *Leo XIII.* († 1903) verbot die Aufnahme kastrierter Sänger in
den Kirchenchor. Wer aber noch nach alter Sitte entmannt war,
durfte weiterhin mitsingen. Deshalb waren im Chor des Papstes
Sängerkastraten noch bis zum Jahr 1920 anzutreffen.

Heutige Moraltheologen werten die Entmannung von Sängerknaben als »einen schweren Verstoß gegen die Natur und ein großes Unrecht gegen die Knaben, die auf diese Weise in ihrer leibsee-
lischen Entwicklung verkrüppelt und zur Ehe untauglich gemacht
wurden«.[17]

Der Jesuit Peter Browe, dem wir eine aufschlußreiche Studie über
die Geschichte der Entmannung verdanken, kleidete seine Kritik an
der höchsten Kirchenautorität in folgende Fragen: »Warum hat

weder einer der 32 Päpste, die während der Zeit des Kastratenge-
sangs regierten, noch irgendein Provinzial- oder Diözesankonzil
den alten Kanon des Konzils von Nizäa ins Gedächtnis zurückgeru-
fen oder einen neuen aufgestellt? Warum haben sie Kastraten in den
Kirchen singen lassen und so die Entmannung vieler Knaben mit-
verschuldet? Warum haben sie in den zahlreichen Verordnungen,
die sie über den verweltlichten und manierierten Kirchengesang erlassen haben, die Kastraten, die doch mitschuldig waren, mit keinem Worte erwähnt?«[18]
   Auch gegen weltliche Kastrationsaktionen trat die Kirche nicht
immer entschieden genug auf. Papst *Pius XI.* lehnte in seiner Enzyklika »Casti connubii« von 1930 die Sterilisation zwar grundsätzlich
ab, tolerierte aber die als Strafe verfügte Entmannung.
   Anders reagierten die deutschen Bischöfe, nachdem die Regierung unter Adolf Hitler das »Gesetz zur Verhütung erbkranken
Nachwuchses« (14. Juli 1933) in Kraft gesetzt hatte. In einem Schreiben an Reichsinnenminister Frick vom 12. September 1933 lehnte
der Episkopat die gesetzliche Sterilisation »als schwere Verletzung
des naturgegebenen Rechtes fruchtbarer Ehebetätigung, als Verstoß gegen das unabänderliche natürliche Sittengesetz« strikte ab.[19]
Nur der Paderborner Moraltheologe *Joseph Mayer* fiel den Bischöfen
in den Rücken, als er Jahre später in einem Gutachten für Regie-
rungsbehörden in Berlin unter Berufung auf Thomas von Aquino
den Standpunkt vertrat, der Staat dürfe erblich belastete Geistes-
kranke der Zeugungskraft berauben, weil sie »auf der Stufe unver-
nünftiger Tiere« stünden.[20] Derselbe Professor Mayer verriet später
die kirchliche Doktrin noch mehr, als er in der Euthanasiefrage
(1939) den verbrecherischen Plänen des Naziregimes Vorschub
leistete.

3. Homosexualität

Die Moraltheologie kennt im Anschluß an das Alte Testament vier
»himmelschreiende Sünden«, nämlich Mord (Gn 4,10), Sodomie
(Gn 18,20), Unterdrückung der Armen, Witwen und Waisen
(Ex 22,21 ff.) sowie Verweigerung des verdienten Lohnes (Lev
19,13). Der Begriff Sodomie stammt aus dem Buch Genesis: »Das
Klagegeschrei über Sodom und Gomorra, ja, das ist laut geworden,
und ihre Sünde, ja, die ist schwer« (18,20). Was war geschehen?
Jahwe hatte zwei Engel in Gestalt junger Männer nach Sodom ge-
sandt, mit denen andere Männer, die vor Lots Haus versammelt

waren, Geschlechtsverkehr treiben wollten (Gn 19). Deshalb lautete der kirchliche Terminus für den sexuellen Verkehr unter Männern Jahrhunderte hindurch fast immer nur Sodomie. Im weltlichen Bereich ist dafür seit dem 19. Jahrhundert das Wort Homosexualität – neuestens auch Homotropie – üblich. Sodomie war nach Lev 20,13 mit dem Tode zu bestrafen. Die Kirche richtete sich bei ihrer Beurteilung der Sodomie hauptsächlich nach Aussagen des Apostels *Paulus*. In seinen Appellen zu einem tadellosen Leben stellte er die Szene von Sodom als abschreckendes Beispiel vor Augen. Im Brief an die Römer rechnete Paulus die Sodomie zu jenen Greueltaten, welche sich als Folge der Leugnung des Schöpfergottes ergaben: »Darum lieferte Gott sie entehrenden Leidenschaften aus: Ihre Frauen vertauschten den natürlichen Verkehr mit dem widernatürlichen; ebenso gaben die Männer den natürlichen Verkehr mit der Frau auf und entbrannten in Begierde zueinander. Männer trieben mit Männern Unzucht und erhielten den ihnen gebührenden Lohn für ihre Verirrung« (Röm 1,26 f.). Zum richtigen Verständnis muß man wissen, daß Paulus in erster Linie an der richtigen Gotteserkenntnis gelegen war und nicht an einem speziellen Urteil zum Problem der Homosexualität. Da ihm deren konstitutionelle Form überhaupt nicht bekannt war, konnte er leicht von einem naturwidrigen Vergehen reden. Das Argument der Widernatürlichkeit bildete auch in theologischen Texten der folgenden Jahrhunderte die Kernaussage.

Wenn die frühe Kirche der Sodomie ablehnend gegenüberstand, wirkten dabei kulturelle und gesellschaftliche Faktoren stark mit. Nach Römischem Recht mußte der gleichgeschlechtliche Sexualverkehr bestraft werden. Dasselbe gilt für die Gesetze einiger germanischer Stämme. Im Fränkischen Reich drohte Homosexuellen sogar der Verbrennungstod. Hätte da die christliche Kirche einen anderen Standpunkt einnehmen können? Im Interesse einer erfolgreichen Missionierung mußte sie vielmehr darauf bedacht sein, daß ihre Gläubigen bei der Verachtung des sodomitischen Lasters nicht hinter ihren heidnischen Nachbarn zurückstanden. Es geschah übrigens nicht selten, daß kirchliche Lehren von außerchristlichen Wertvorstellungen mitgeprägt wurden.

Der Kirchenvater *Augustinus* knüpfte bei seiner Einschätzung der Sodomie an jüdische Traditionen an. Im Handbüchlein über Glaube, Hoffnung und Liebe zählte er dieses Übel zu jenen Sünden, die besonders zum Himmel schreien. Wie Paulus sah auch er das Charakteristische der Sodomie in einem schweren Verstoß gegen die Natur des Menschen. In den »Bekenntnissen« finden wir seine Auffassung am klarsten ausgesprochen: »Genauso sind auch die Sünden wider die Natur, wie etwa die Sünde der Sodomiter, an allen Orten und zu allen Zeiten verabscheuungswürdig und strafbar. Auch wenn alle Völker dieser Sünde verfallen würden, sie würden alle in gleicher Weise vor Gottes Gesetz sündigen, jenem Gesetz, das nun einmal die Menschen nicht so schuf, daß sie in dieser Weise miteinander verkehren könnten. Denn es geht hier ja um nichts Geringeres als um das Band, das uns mit Gott verbindet und das verletzt wird, wenn sich die Natur, seine eigene Schöpfung, durch verkehrte Lust verunreinigt.«[21]

Gestützt auf Paulus und Augustinus als Kronzeugen qualifizierte *Thomas von Aquino* die Homosexualität als ein »Laster gegen die Natur«, weil die Geschlechtskraft allein für die Fortpflanzung bestimmt sei. Obwohl er keine Bibelstellen zum Beweis anführte, wurde er auch in diesem Punkt zum Wegbereiter einer langen christlichen Tradition.

Ein Problem des Klerus

In welchem Umfang die Sodomie im christlichen Abendland verbreitet war, läßt sich schon deshalb nicht genau feststellen, weil es sich um heimliche Aktivitäten handelte, bei deren Bekanntwerden kirchliche und weltliche Behörden mit schweren Strafen einschritten. Hinzu kam die gesellschaftliche Diskriminierung, der die betroffenen Personen ausgesetzt waren. Allein die Tatsache, daß die Verbote und Sanktionen im Hohen Mittelalter häufig erneuert werden mußten, läßt den Schluß zu, daß sich die Verhältnisse im Laufe der Zeit nicht besserten, sondern eher verschlimmerten.

Die Homosexualität scheint bei Priestern, die seit dem II. Laterankonzil (1139) unverheiratet bleiben mußten, nicht selten gewesen zu sein. Der sittenstrenge Mönch und Kardinal *Petrus Damiani* drang auf zusätzliche Strafen für schuldige Geistliche, mußte sich aber in seinem Übereifer von dem aus dem Elsaß stammenden Papst Leo IX. (1049–1054) dämpfen lassen. Vielleicht war das »Laster« damals unter dem Klerus so stark verbreitet, daß ein energisches Durchgreifen, wie Damiani es für notwendig hielt, zu einer spürbaren Dezimierung des Klerus geführt hätte.

Auffallend ist, daß das III. Laterankonzil (1179) das Thema Sodomie im Zusammenhang mit Maßnahmen gegen konkubinarische Priester beriet. Wenn von einem Kleriker bekannt sei, hieß es in Kanon 11, »daß er der Unzucht wider die Natur verfallen ist, um derentwillen Gottes Zorn über die Kinder des Ungehorsams kommt (Eph 5,6) und der Herr Feuer herabließ und fünf Städte vernichtete (Gen 19,24 f.), der soll, wenn er Kleriker ist, aus dem Klerus ausgestoßen und in ein Kloster verbannt werden, um dort Buße zu tun«. Ein Laie mußte sogar mit dem Ausschluß von den Sakramenten und der Gemeinschaft der Gläubigen rechnen.[22]

Daß das Konzil die Sündhaftigkeit der Sodomie mit der bekannten Erzählung in der Genesis begründen wollten, kann man noch verstehen; daß es aber auch den Epheserbrief zu Hilfe nahm, obwohl dort nur ganz allgemein von einem »unzüchtigen, schamlosen oder habgierigen Menschen« die Rede ist, verrät jedoch eine sehr willkürliche Bibelinterpretation. Dasselbe gilt für das IV. Laterankonzil (1215), das die Sodomie zwar nicht beim Namen nannte, sich aber gegen sie richtete, wenn es am meisten vor jener sexuellen Ausschweifung warnte, derentwegen Gottes Zorn über die Kinder des Ungehorsams komme. Zum Beweis zitierte es wiederum die keineswegs beweiskräftige Bibelstelle Eph 5,6.

Jahrhunderte später drohte Papst *Pius V.* († 1572), als Dominikaner auf dem Papstthron ansonsten ein tatkräftiger Kirchenreformer, in der Bulle »Horrendum illud scelus« vom 30. August 1568 Priestern und Mönchen, die sich der »sodomia perfecta« schuldig machten, schwere Strafen an. Über die Maßnahmen des III. Laterankonzils hinausgehend, sollten die schuldigen Geistlichen nicht nur ihr kirchliches Amt und Benefizium verlieren, sondern auch noch wie ein Laie von der weltlichen Obrigkeit verurteilt und bestraft werden.

Bei der Homosexualität handelte es sich, mehr noch als beim ebenfalls verbotenen außerehelichen Geschlechtsverkehr zwischen Personen verschiedenen Geschlechts, um ein heimliches Geschehen, von dem gewöhnlich nur die Beichtväter Kenntnis erlangten. Welche Buße sie den Sündern auferlegen mußten, konnten sie detaillierten Anweisungen in den Bußbüchern entnehmen. Von entscheidender Bedeutung für das Strafmaß war, ob zwei Erwachsene oder zwei Jugendliche oder ein Erwachsener und ein Jugendlicher miteinander gesündigt hatten. Eine besonders strenge Strafe stand auf den Analverkehr.

Jean Gerson ermahnte in seinem »Confessional« die Beichtväter bei der Befragung junger unverheirateter Männer und Frauen zu großer Umsicht und Zurückhaltung, um die »Unwissenden« unter ihnen nicht erst neugierig zu machen. Daß die Sünde der Homosexualität häufig vorkam, wußte er nur zu genau: »Es gibt kaum

welche, die im entsprechenden Alter nicht schreckliche und entsetzliche Sünden begehen, wenn sie nicht jung verheiratet sind.«[23]

Ein verfluchtes Laster

Große Volksprediger nahmen sich kein Blatt vor den Mund, wenn
es galt, allgemeine Mißstände bei Klerus und Laien anzuprangern.
Der Franziskaner *Bernhardin von Siena* verurteilte die Homosexualität entsprechend der traditionellen Ehelehre. Die Geschlechtskraft
dürfe nur der Zeugung von Nachkommen dienen; jede andere Aktivierung müsse als Verstoß gegen das Leben geahndet werden. »Wie
machst es aber du, verteufelter Sodomit?« fragte der Prediger in
aller Öffentlichkeit, um sogleich das Verdammungsurteil zu sprechen:»Rache! rufen die Kinder, die nicht zur Welt kommen durften.
Gerechter Gott, übe Vergeltung an unseren Vätern auf Erden, für
uns, die wir wären geboren worden und durch ihre Schuld nicht zur
Welt gekommen sind.«[24]

Am Ende des Mittelalters errichtete der fanatische Dominikaner
Girolamo Savonarola († 1499) in Florenz eine Schreckensherrschaft,
nachdem ihm die Vertreibung der bis dahin so glorreich regierenden Medici gelungen war. Fast täglich stand er auf der Kanzel des
Domes und suchte die leichtlebigen Florentiner zu einem sittenrei-
nen Lebenswandel zu bewegen. Für »das verfluchte Laster der Sodomie« erschien dem Mönch keine Strafe zu hart. Im Dezember
1494 war es ihm gelungen, die Verabschiedung eines strengen Ge-
setzes gegen jene »unaussprechlichen Laster« zu erreichen. Jetzt
trafen die Schuldigen noch empfindlichere Strafen: vom Stellen an
den Pranger über den Verlust öffentlicher Ämter und Ehrungen bis
zum Feuertod. Mit glühenden Worten trieb Savonarola die weltliche Obrigkeit zu immer härteren Maßnahmen, stets nur dieses eine
Ziel vor Augen, wie das ihm verhaßte Laster der Sodomie aus der
Republik Florenz verbannt werden könnte: »Schafft Gerechtigkeit
gegen dieses verfluchte Laster wider die Natur; straft nicht mit
Geldbußen und auch nicht hinter verschlossenen Türen, sondern
macht ein Feuer, von dem ganz Italien spricht!«[25] Rasch entstanden
neue Behörden, welche die Ausrottung der Sodomie mit Rück-
sichtslosigkeit betrieben, allen voran die Hauptbehörde mit dem
Namen »Beamte der Nacht und der Klöster«.

Für die Theologen bedeutete die Homosexualität lange Zeit kein
besonders dringendes Problem. Doch der für die ganze katholische
Kirche geltende Catechismus Romanus (1566) wie auch der im deutschen Sprachraum viel gebrauchte Katechismus des Jesuiten *Petrus*

Canisius († 1597) reihten die sodomitische Praxis unter die »himmel-schreienden Sünden« ein, wobei sie sich, wenn überhaupt Gründe angeführt sind, vorrangig einer naturrechtlichen Argumentation bedienten. Auf dieser Linie bewegten sich auch noch die Moraltheologen in neuester Zeit.

Der Tübinger Professor für Moraltheologie *Johann Baptist Hirscher*, der in vielen anderen Fragen eine neue Bewertung vornahm, weil er die christliche Moral nicht mehr als eine reine Gesetzesmoral, sondern als »Lehre von der Verwirklichung des göttlichen Reiches in der Menschheit« auffaßte, bildet hier keine Ausnahme. Wie schon der einflußreiche Moral- und Pastoraltheologe Johann Michael Sailer (1751–1832), der in seinem »Handbuch der christlichen Moral« keine Entschuldigungsgründe für homosexuelles Verhalten gelten ließ, rechnete auch Hirscher die Homosexualität zusammen mit Onanie und Bestialität zu den »Versündigungen wider die naturgemäße Gemeinschaft des Leibes«.[26]

Genauso führte *Bernhard Häring* in seinem dreibändigen Lehrbuch »Das Gesetz Christi« die Homosexualität unter den sexuellen Perversitäten auf. Nach seiner Meinung ist sie »vielfach die Folge der Verführung und völliger sexueller Verwilderung: sie kann aber auch eine schlimme, krankhafte Anlage sein. Ihr Tun ist die Sodomie«. Er sprach sich in diesem Punkt gegen generelle Straffreiheit aus, weil in den meisten Fällen »keine wesentliche Herabminderung der Verantwortlichkeit durch verkehrte Veranlagung« vorliege.[27]

Solange von seiten der theologischen Forschung keine andere Einschätzung der Homosexualität vorlag – neue Erkenntnisse profaner Wissenschaften wie Medizin und Psychologie hätten freilich schon im 19. Jahrhundert hinreichend Anlaß dazu geben können –, war es nicht verwunderlich, wenn das kirchliche Lehramt traditionsgemäß an der allgemeinen Verurteilung festhielt.

Eine rechtliche Fixierung erlangten die theologischen Anschauungen und lehramtlichen Äußerungen über Homosexualität 1918 im Rechtsbuch der Kirche. Wegen Sodomie – so lautet der Terminus weiterhin – verurteilte Laien und niedere Kleriker (Minoristen) traf als Strafe die Ehrlosigkeit (Can. 2357–2358), höheren Klerikern (Maioristen) drohte darüber hinaus der Verlust des kirchlichen Amtes (Can. 2359).

Im Strafrecht des seit 1983 geltenden revidierten Kirchenrechts ist die Homosexualität zwar nicht mehr ausdrücklich unter den Straftatbeständen registriert, sie dürfte aber bei den Sünden eines Klerikers gegen das sechste Gebot eingeschlossen sein (Can. 1395), vor allem wenn das Delikt öffentlich oder mit einem Minderjährigen unter 16 Jahren begangen wird. Als Strafe kann jetzt sogar der Ausschluß vom Priesterstand verhängt werden.

Nach dem heutigen Eherecht gilt Homosexualität als ein Tatbestand, der das Eingehen einer ehelichen Verbindung unmöglich macht, da aufgrund der vorliegenden schweren physischen Schädigung (Can. 1095) eine dauerhafte Lebensgemeinschaft zwischen Mann und Frau nicht zu verwirklichen sei.

Alte Verurteilungen trotz neuer Erkenntnisse

Während kirchliche Autoritäten früher der Meinung sein konnten, daß homosexuelle Veranlagung nur in seltenen Ausnahmefällen auftritt – womit auch schon die verächtliche Wertung als Perversität gerechtfertigt schien –, vermitteln uns heutige Umfragen und Statistiken ein anderes Bild. Demnach liegt die Zahl der Homosexuellen zwischen fünf und zehn Prozent – Grund genug für die Kirche, ihre pastorale Sorge diesem Personenkreis stärker zuzuwenden und frühere Verdikte zu überprüfen.

Die Gemeinsame Synode der Bistümer in der Bundesrepublik Deutschland (1972–1975) schenkte in dem Arbeitspapier »Menschliche Sexualität«, das allerdings nicht als offizieller Beschluß gilt, dem Problem der Homosexualität verhältnismäßig viel Aufmerksamkeit. Obwohl gleichgeschlechtliche Zuneigung und Lebensweise im Rahmen der allgemeinen Erlösungsbedürftigkeit des Menschen gesehen werden, findet sich doch nirgends eine persönliche Schuldzuweisung; allerdings werden die davon Betroffenen gewarnt, andere Menschen, insbesondere Kinder und Jugendliche, in ihr Schicksal hineinzuziehen.

Noch im Abschlußjahr dieser Synode – vermutlich sogar als direkte Reaktion darauf – publizierte die Kongregation für die Glaubenslehre unter ihrem Präfekten Šeper eine »Erklärung zu einigen Fragen der Sexualethik« (29. Dezember 1975). Heikle Punkte, bei denen die deutsche Synode eine differenzierende Betrachtung vornahm, kamen darin zwar ausführlich zur Sprache, jedoch mit dem Ergebnis, daß die bisherigen Lehraussagen der Kirche weiterhin Gültigkeit besitzen. Kennzeichnend für die Stimme aus dem Vatikan ist zunächst ganz allgemein, daß die von Psychologie und Soziologie erbrachten Daten und Fakten zur Homosexualität unberücksichtigt blieben, ja, ausdrücklich abgelehnt wurden. Statt dessen hieß es im Stil herkömmlicher Argumentation: »Nach der objektiven sittlichen Ordnung sind homosexuelle Beziehungen Handlungen, die ihrer wesentlichen und unerläßlichen Zuordnung beraubt sind. Sie werden in der Heiligen Schrift als schwere Verirrungen verurteilt und im Letzten als die traurige Folge einer Verleugnung Gottes dargestellt.«[28]

Konkreter äußerte sich die Kongregation für das Bildungswesen am 1. November 1983 mit einer »Orientierung zur Erziehung in der menschlichen Liebe«, wenn sie Eltern und Erziehern zur richtigen Einschätzung der Homosexualität auf folgende Aspekte aufmerksam machte: »Gefühlsmangel, Unreife, Triebbesessenheit, Verführung, gesellschaftliche Isolierung, Sittenverfall, Freizügigkeit im Schaugeschäft und im Schrifttum.«[29]

Mit diesen und ähnlichen Hinweisen und Begründungen meinen kirchliche Behörden die allgemeine Verwerflichkeit einer homosexuellen Haltung bereits bewiesen zu haben. Die Betroffenen reagierten auf solche offiziellen Verlautbarungen mit heftigem Widerspruch, in mehreren Fällen sogar mit Kirchenaustritt, weil sie sich von der Kirche im Stich gelassen sahen. »Einem päpstlichen Dokument, das weite Bevölkerungsgruppen gleichsam zur Verfolgung freigibt und mühsam erkämpfte Menschenrechte wieder zu beseitigen sucht«, steht in einem von süddeutschen homosexuellen Aktionsgruppen herausgegebenen Informationsblatt zu lesen, »ist mit verbalem Protest allein nicht zu begegnen. Wer sich an der Kriminalisierung und gesellschaftlichen Ächtung der Homosexuellen nicht mitschuldig machen will, muß jetzt handeln.« Auf dieses harte Urteil folgt der Appell: »Es ist unverantwortlich, die menschenfeindliche Propaganda auch noch durch die Kirchensteuer zu unterstützen! Wer künftig die katholische Kirchensteuer entrichtet, liefert seinen eigenen Henkern den Strick. Darum: Keine Kirchensteuer für Organisationen, die Schwulenhetze betreiben! Katholiken bleibt nur eine Wahl, sich gegen die päpstliche Diskriminierung zu wehren: Der Austritt aus der Kirche!«[30]

Angesichts der unverändert ablehnenden Haltung der obersten Kirchenleitung war kaum zu erwarten, daß eine ganze Bischofskonferenz oder auch nur ein einzelner Bischof mit anderslautenden Ansichten hervortreten würde. Doch die Schweizer Bischöfe publizierten im Frühjahr 1979 einige Richtlinien, die ein größeres Verständnis für dieses immer dringlichere pastorale Problem verrieten. Beim gegenwärtigen Stand der Humanwissenschaften wollten die Bischöfe nicht entscheiden, ob es sich bei der Homosexualität um »eine anlagemäßige oder um eine erworbene sexuelle Abweichung«

handle, da nach jüngsten statistischen Erhebungen immerhin vier Prozent der männlichen und eineinhalb Prozent der weiblichen Bevölkerung davon betroffen seien. Sie gaben ferner zu bedenken, daß Homophilie verschiedene Erscheinungsformen (Entwicklungshomosexualität, Pseudohomosexualität, Hemmungshomosexualität, genuine oder Neigungssexualität) aufweise. Dennoch erklärten sie unmißverständlich, daß homosexuelle Handlungen, besonders unter Männern und Knaben, gemäß christlicher Tradition, die sich auf biblische Texte (Lev 20,13; Röm 1,26 f.; 1 Kor 6,9) stütze, als schwere Sünde einzustufen seien, und konstatierten deutlich, daß »die volle (genitale) Aktivierung menschlicher Sexualität ihren berechtigten Ort nur in der Ehe hat«. Auch wenn die Bischöfe mit dieser Stellungnahme die offizielle Lehre der Kirche nicht preisgaben und somit eine fragwürdige Tradition der Kirche unterstützten, gaben sie doch für die pastorale Praxis hilfreiche Empfehlungen: »Eine kluge pastorale Behandlung und Führung homosexueller Menschen bedeutet nicht, daß man homosexuelle Verhaltensweisen und Tendenzen idealisiert, wohl aber, daß man die davon Betroffenen nicht mehr gesellschaftlich einfach disqualifiziert, sondern ihnen – je nach Möglichkeit und ernsthaftem Bemühen – auch eine Teilnahme am aktiven religiösen und kirchlichen Leben ermöglicht ... Das religiöse und kirchliche Leben findet seine größte Dichte in der Feier der Sakramente. Als pastorales Kriterium für die Möglichkeit der Mitfeier des homophilen Menschen gilt grundsätzlich sein ernsthaftes Bemühen um eine ihm mögliche christliche Lebensgestaltung. Entscheidend sind nicht die erreichten Erfolge, sondern der gute Wille und das ernsthafte Bemühen.«[31] Auch wenn dieses Bischofswort nicht jeden Homosexuellen zufriedenstellt, sprechen aus ihm doch wenigstens echte Anteilnahme und Hilfsbereitschaft, wie sie diesem Personenkreis früher nicht zuteil geworden sind.

Die Kongregation für die Glaubenslehre veröffentlichte am 1. Oktober 1986 erstmals in der Geschichte der Kirche ein Dokument, das allein dem Thema Homosexualität gewidmet ist. Das Problem der Homosexualität sei, so lautete die Begründung, »in zunehmendem Maße zu einem Thema der öffentlichen Debatte geworden, auch in katholischen Kreisen«. Um den traditionellen Standpunkt der Kirche nicht in Zweifel ziehen zu lassen, fühlte sich die Kongregation zehn Jahre nach jener allgemeinen Erklärung zu Sexualfragen zu einer ausführlicheren Stellungnahme aufgerufen. Die entscheidende Aussage lautete: »Die spezifische Neigung der homosexuellen Person ist zwar in sich nicht sündhaft, begründet aber eine mehr oder weniger starke Tendenz, die auf ein sittlich betrachtet schlechtes Verhalten ausgerichtet ist. Aus diesem Grund muß die Neigung selbst als objektiv ungeordnet angesehen werden.«[32] Für diese Unterscheidung erntete die Kongregation energische Kritik. Wenn die homoerotische Tendenz an sich nichts Böses sei, fragte man, wie könne dann deren Aktivierung sündhaft sein? Daß die im Dokument angeführten Bibelzitate nicht überzeugen können, stellte sich bald heraus. Unverkennbar ist, daß die Kirchenobrigkeit das christliche Eheverständnis bei einer wohlwollenden Einschätzung der Homosexualität bedroht sieht. Deshalb verwies sie mit Nachdruck darauf, daß jeder Gebrauch der Geschlechtskraft außerhalb der »Vereinigung von Mann und Frau im Sakrament der Ehe« als unmoralisch zu gelten habe. Andererseits sollten sich die homosexuellen Personen aber in keiner Weise diskriminiert oder verurteilt fühlen. Aus diesem Grund wurden Bischöfe und Priester angehalten, alle mit diesem Schicksal belasteten Gläubigen besonders zu unterstützen, ohne aber die Lehre der Kirche zu verraten.

Unvermeidliche Konflikte

Solange die Kirche an ihrer gewohnten Einstellung festhält, sind im täglichen Leben harte Maßnahmen die Folgen. *Johann R. Braehler* verlor seine Stelle als Verwalter eines kirchlichen Hauses in Köln, nachdem er sich in einer Fernsehsendung zu seiner Homosexualität bekannt hatte. Schon in jungen Jahren war er Zögling eines Klosters, weil er hoffte, seine Schwierigkeiten mit dem sechsten Gebot dort am ehesten überwinden zu können. Doch nach Jahren mußte er erkennen, daß auch das Klosterleben, »welches gerade in dieser Hinsicht vielfältige Gefahren aufweist«, die ersehnte Lösung nicht zu bringen vermochte. An die Adresse der Kirche richtete Braehler die vorwurfsvolle Frage: »Ist die Abwendung von der Kirche und das Verfallen in die absolute Glaubenslosigkeit nicht oftmals die Antwort Betroffener?« Was seine persönliche Situation anging, gestand er offen: »Ich sehe selbst die Homosexualität als eine zwischenmenschliche Bindung an, in der es darauf ankommt, daß man den ganzen anderen Menschen annimmt und daß die körperliche Liebe in einer solchen Verbindung niemals die Hauptsache sein kann.«[33]

Es ist kein Geheimnis, daß es viele gleichgeschlechtlich orientierte Priester gibt. Die 1977 von *Wunibald Müller* durchgeführte Umfrage bei 235 in der Seelsorge tätigen Priestern in der Bundesrepu-

blik Deutschland, von denen allerdings nur 111 den Fragebogen be-
antworteten, erbrachte sozusagen als ein Nebenergebnis, daß 15 bis
20 Prozent der Antwortgeber ausschließlich bzw. vorrangig homosexuell ausgerichtet sind.[34] Dieses Resultat erlaubt gewiß keinen
Schluß auf den gesamten Klerus, wirft aber doch ein bezeichnendes
Schlaglicht auf ein von kirchlichen Obrigkeiten gern verheimlichtes
Problem. Vor der juristischen Liberalisierung des homosexuellen
Vergehens in der Bundesrepublik Deutschland im Jahre 1973 waren
bischöfliche Behörden darauf bedacht, im Sinn des § 175 StGB
schuldige Priester rechtzeitig ins Ausland zu schicken, um sie auf
diesem Weg der drohenden Verurteilung vor Gericht zu entziehen.
Jetzt werden homosexuelle Delikte strafrechtlich nur dann verfolgt,
wenn Minderjährige beteiligt sind.

Private Hilfsaktionen

Homosexuelle Menschen, ob Männer oder Frauen, fühlen sich
heute noch von der Gesellschaft als Außenseiter diskriminiert und
von der Kirche als schwere Sünder diffamiert. Um den von allen Seiten im Stich gelassenen Menschen zu helfen, entstand während des
Berliner Kirchentags im Jahre 1977 die ökumenische Arbeitsgruppe
»Homosexuelle und Kirche« (HuK). Sie umfaßt derzeit in der Bundesrepublik ungefähr 20 Regionalgruppen, deren Mitglieder ihre
Hauptaufgabe darin sehen, bessere Kontakte zu den Kirchenleitun-
gen herzustellen und eine positive Einschätzung der Homosexualität zu erreichen.

Der evangelische Pastor *Hans Georg Wiedemann*, ein tatkräftiges
Mitglied dieser Gruppe seit ihrer Gründung, tadelte die katholische
Kirche wegen ihrer Haltung gegenüber homosexuell liebenden
Menschen. Er sieht keinerlei Hoffnung auf baldige Änderung, da
die katholische Moraltheologie nicht bereit sei, die ausschließliche
Koppelung der Sexualität an die Institution Ehe preiszugeben und
die Sexualität auf den Menschen auszurichten. Speziell an Katholiken richtete er diesen Appell:»Seid bewußte und mündige Christen! Lernt es, zu unterscheiden zwischen Gott, der jeden Menschen liebt, und dem Papst, der eine Auswahl trifft, bei der ihr nicht
dabei seid; zwischen dem Evangelium Jesu und der Kirche, die
seine Botschaft oft auch verdunkelt hat.«[35]

In den Niederlanden wurde ein neuartiges Experiment gestartet.
Dort wirkt seit Jahren im Auftrag des Ordens der Montfortaner
Pater *Anton van Heusden* als Seelsorger für Homosexuelle, unter-
stützt von Kollegen, die, in Gruppen über das ganze Land verteilt,

in ähnlichem Sinn arbeiten. Sie pflegen vor allem das Gespräch mit
den Eltern homosexueller Jungen und Mädchen, soweit erwünscht
auch nur telefonisch, um die Anonymität zu wahren. Der 75jährige
Ordensmann denkt nicht daran, den Betroffenen ein Leben in sexueller Enthaltsamkeit abzuverlangen, wie es die kirchliche Doktrin
streng vorschreibt. Er weiß auch, daß mit dem Abschluß einer Ehe
zwischen gleichgeschlechtlichen Paaren das Problem der Homosexualität in der Regel nicht gelöst ist. Ohne selbst Patentrezepte an-
bieten zu können, ist Heusden doch der Überzeugung, daß die
Maßnahmen und Verbote der Kirche gegen die Homosexualität unberechtigt sind.
Den Geistlichen in der praktischen Seelsorge wäre schon viel geholfen, wenn sie homosexuelle Gemeindemitglieder wegen ihrer
gleichgeschlechtlichen Fixierung offiziell nicht mehr verteufeln
müßten. Dann würde sich auch der Vorwurf erübrigen, den *Wunibald Müller* der katholischen wie der evangelischen Kirche machte:
»Die Kirchen haben zu lange auf die Randbemerkung der Bibel über
Homosexualität gestarrt. Sie haben zu sehr den Splitter in den
Augen des anderen gesehen, ohne zu merken, daß sie einen ganzen
Balken im Auge hatten, wo sie sich zum Richter über andere machten.«[36]

4. Prostitution

Die Unbefangenheit alter Völker gegenüber dem Geschlechtlichen
machte selbst vor dem Heiligtum des Tempels nicht halt.»Bei den
Tempelfeiern der Kanaaniter, Syrer und Phönizier standen jeweils
Tausende von Tempeldirnen bereit, um sich den Festpilgern mit
ihrem Leib zu schenken.«[37]
   Im palästinensischen Judentum dagegen begingen besonders
Ehefrauen, die sich der Prostitution hingaben, ein schweres Vergehen. Die Propheten redeten Ehebrechern und Huren scharf ins Gewissen und drohten ihnen mit schlimmsten Strafen. Obwohl die sa-
krale Prostitution in Israel streng untersagt war (Dt 23,18), blieb der
Tempelbezirk von Jerusalem nicht frei davon.
   In der griechischen Übersetzung (Septuaginta) des Alten Testaments ist Prostitution mit »porneia« wiedergegeben. »So wie porneia die käufliche Liebe bezeichnet, so ist pornos nicht einfach der
›Unzüchtige‹, sondern der, der mit der käuflichen Liebe zu tun
hat.«[38] Demgemäß zählte der Jude *Paulus* all jene, die das Geschäft
der Prostitution betrieben, die Hurerinnen ebenso wie ihre Zuhäl-

ter, zu den Übeltätern, die das Reich Gottes nicht erben würden. Seine eindringliche Warnung vor diesem Laster (1 Kor 5,9−11) ist wohl ein Beweis dafür, daß das Dirnengewerbe in der Hafenstadt Korinth besonders blühte.

Wie nicht anders zu erwarten, argumentierte Paulus streng christologisch, als er die Christen von Korinth vor dem Gang zur Prostituierten warnte:»Wißt ihr nicht, daß eure Leiber Glieder Christi sind? Darf ich nun die Glieder Christi nehmen und zu Gliedern einer Dirne machen? Auf keinen Fall! Oder wißt ihr nicht: Wer sich an eine Dirne bindet, ist *ein* Leib mit ihr? Denn es heißt: Die zwei werden *ein* Fleisch sein« (Kor 6,15 f.). Weil Paulus den sexuellen Verkehr nur auf Eheleute beschränkt wissen wollte, konnte es für ihn außerhalb der Ehe nur Unzucht (fornicatio) geben, und dies in den verschiedensten Formen.

Ein notwendiges Übel

Prostitution kann auch häufig Folge einer strengen, auf Monogamie ausgerichteten Sexualordnung sein. Wie wenig die Kirche ihre rigorose Geschlechtsmoral, bei der sexuelle Aktivitäten einzig und allein den Eheleuten gestattet sind, durchzuhalten vermochte, zeigt sich deutlich an ihrer Einstellung zur»erwerbsmäßigen Unzucht«, wie die Prostitution auch genannt wird.

Eigentlich müßte man erwarten, daß Theologie und kirchliches Lehramt die»freie Liebe« als Beziehung zwischen Unverheirateten kompromißlos ablehnen. Doch in den Augen der meisten Moraltheologen – kirchenoffizielle Stellungnahmen fehlen in den ersten Jahrhunderten fast ganz – handelt es sich bei der Prostitution um ein Übel, das im Interesse der gesellschaftlichen Ordnung nahezu unvermeidlich und damit auch, wenigstens zum Teil, entschuldigt ist.

Der zeitlebens vom Manichäismus geprägte Kirchenvater *Augustinus* fragte mit verächtlichem Ton:»Was kann schmutziger, unziemlicher, schamloser genannt werden als Prostituierte, Bordelle und jedes andere Übel dieser Art?« Doch die tatsächlichen Verhältnisse zwangen selbst ihn zu einer toleranteren Beurteilung:»Entfernt man die Prostituierten aus den menschlichen Angelegenheiten, werden alle Dinge mit Wollust befleckt.«[39]

Auch *Thomas von Aquino* wußte im 13. Jahrhundert keine andere Lösung, wenn er unter ausdrücklicher Berufung auf Augustinus feststellte:»Entferne die Prostituierten aus der Welt und du wirst sie mit Sodomie erfüllen. Weshalb Augustin sagt, daß die irdische Stadt die Benutzung von Huren zu einer rechtmäßigen Unmoral (li-

citam turpitudinem) gemacht hat.«[40] Dieses Zugeständnis zeigt übrigens, daß die Prostitution nach Jahrhunderten nicht geringer geworden war. Thomas machte sich sogar Gedanken darüber, welcher Lohn einer Dirne zustehe.

Zu manchen Zeiten galt es nicht unbedingt als verwerflich, sondern eher als rücksichtsvoll, wenn der Mann seine eigene Frau vor
dem nur aus Leidenschaft begehrten Sexualakt verschonte und statt
ihrer eine unverheiratete Frau – und warum dann nicht lieber eine
(ledige) Prostituierte? – zur Befriedigung seiner fleischlichen Begierde gebrauchte. So konnte aus sexueller Bedrängnis noch eine
»christliche« Tugend werden!

Im allgemeinen freilich setzten sich öffentliche Dirnen der Verfolgung durch die Kirche aus. Nach der Vorstellung des Bußpredigers
Berthold von Regensburg sollten sie ihren Frauennamen verlieren und
gelbe Bänder tragen, damit man sie von den ehrbaren Frauen unterscheiden konnte. Nicht minder scharf verurteilte er Zuhälter und
Kuppler, weil sie aus diesem Übel noch Gewinn zogen.

Erst in der Neuzeit suchte die Hierarchie der Kirche dem Dirnen-
wesen mit Verboten und Strafen Einhalt zu gebieten. Papst *Pius V.*
(† 1572) verwehrte Prostituierten ein christliches Begräbnis. Da
diese Frauen als öffentliche Sünderinnen eingestuft wurden, konnten sie auch keine Sakramente empfangen, außer sie änderten ihr
Leben grundlegend.

Dirnen zuhauf

Die Prostitution ist wohl so alt wie die Menschheit selbst. Es wäre
gewiß nicht richtig, in ihr nur ein Problem der Moral zu sehen, da sie
doch ebensosehr ein Indiz für gesellschaftliche Verhältnisse ist. Namentlich in einer monogamen Gesellschaft, die nur ungefähr einem
Drittel der Bevölkerung die Heirat ermöglichte, von der Braut un-
versehrte Jungfräulichkeit erwartete und noch dazu einen Über-
schuß an Frauen kannte, war der »freie Liebesverkehr« unerläßlich.

Prostituierte witterten überall dort, wo viele Menschen zusam-
menströmten, eine besondere Erfolgsgelegenheit. Deshalb traten
sie bei Reichstagen, Jahrmärkten, Kirchenweihen, Turnieren und
nicht zuletzt bei Konzilien und ähnlichen Massenveranstaltungen
in Scharen auf. Und selbstverständlich gehörten die von diesem
Beruf lebenden Mädchen und Frauen zum ständigen Begleitperso-
nal der Soldatenheere.

Solange in Konstanz das Allgemeine Konzil tagte (1414–1418),
war die Stadt am Bodensee voll von Prostituierten. Das Hurenhaus

der Stadt, schrieb *Ulrich Richenthal* in seiner Konzilschronik, habe sich in diesen Jahren so vergrößert, daß es vom Westen bis zum Osten reichte. Für Herzog Rudolf von Sachsen sollte er erkunden, wie viele öffentliche Dirnen sich in der Konzilsstadt aufhielten. Nach Richenthals Schätzung betrug ihre Zahl über 700; die heimlichen Dirnen dazugerechnet, waren es an die 1500. Ein anderer Berichterstatter, Johann Stumpf, notierte kurz und bündig: »Öffentliche, gemeine Frauen über die ganze Stadt verteilt, in Frauenhäusern, Ställen, abseits gelegenen Gegenden, waren über 700.«[41] Ähnlich hoch lagen die Zahlen beim Konzil in Basel (1431–1449) und beim Reichstag in Frankfurt (1394): jeweils 800 Dirnen.

Im Mittelalter machten selbst Fürsten kein Geheimnis aus dem Besuch von Dirnenhäusern. Kaiser *Sigismund* bedankte sich 1434 in einem offiziellen Schreiben an die Behörden der Stadt Bern dafür, daß man ihm und seinem Gefolge während eines Aufenthaltes das Freudenhaus der Stadt kostenlos zur Verfügung gestellt habe. Kaiser *Friedrich III.* ließ sich 1470 im Nürnberger Frauenhaus mit silbernen Ketten von Dirnen einfangen, um sich dann mit ein paar Gulden wieder loszukaufen. Zusammen mit seinem Sohn Maximilian folgte Friedrich 1474 einer Einladung zum Tanz auf den Kölner Gürzenich, wo die »besseren« Huren ihre Niederlassung hatten. Auch die Erzbischöfe von Mainz und Trier ließen sich von einem Tänzchen mit den adeligen Damen nicht abhalten. Selbst der betont fromme Kaiser *Karl V.*, der neben legitimen mehrere außereheliche Kinder gezeugt hat, bildete in dieser Hinsicht keine Ausnahme.

Frauenhäuser

Weltliche Behörden suchten die Prostitution durch Errichtung von Frauen- bzw. Freudenhäusern in geordnete und kontrollierbare Bahnen zu lenken. Am Ende des Mittelalters verfügten selbst kleinste Städte über solche Häuser, die sich in Deutschland bis in das 13. Jahrhundert zurückverfolgen lassen. Ganz abgesehen von der »natürlichen« Notwendigkeit dieser Einrichtungen, machten Behörden ein Profitunternehmen daraus, indem sie den von diesem Gewerbe lebenden Frauen nicht geringe Steuern abverlangten.

Diese Praxis machte sich sogar mancher Papst zu eigen. *Sixtus IV.* († 1484), dessen leibliche Söhne Peter und Hieronymus ein ausschweifendes Leben führten – trotzdem wurden beide unter dem Namen von Verwandten zu Kardinälen erhoben –, errichtete in Rom öffentliche Hurenhäuser, die jährlich die stolze Summe von 80.000 Dukaten Steuereinnahmen erbrachten.

In der Hausordnung für Nürnberger Frauenhäuser aus dem Jahr 1480 hieß es, daß »zur Vermeidung größeren Übels gemeine Weiber zu halten in der Christenheit durch die heilige Kirche gelitten und gestattet wird«. Der Leiter des Frauenhauses, Frauenwirt genannt, wurde angehalten, die Frauen zur Kirche und auf die Straße gehen zu lassen, da sie »freie Weiber« seien. Es war ihm aber nicht gestattet, Priester oder andere geweihte Personen oder Ehemänner »zu sündlichen Werken« aufzunehmen, zu beherbergen oder zu behalten. Die für diese Häuser geltenden Verordnungen sahen die Möglichkeit eines freiwilligen Ausscheidens aus dem Gewerbe vor.[42]

Jesus und die Sünderin

Das Evangelium nach Lukas berichtet von Maria Magdalena (wahrscheinlich aus Magdala) als einer »besessenen« Frau, die von Jesus geheilt wurde und sich dann als eine seiner treuesten Anhängerinnen erwies (Lk 8,2). Eine spätere Überlieferung identifizierte diese Frau mit der ebenfalls von Lukas (7,36 f.) erwähnten Sünderin, die Jesus die Füße salbte und von ihm Verzeihung für ihr lasterhaftes Leben erlangte.

Während die offizielle Kirche das Prostitutionswesen bekämpfte, obwohl sie gegen Frauenhäuser nichts einzuwenden hatte, ja, solche Einrichtungen selbst unterhielt, entstand zu Beginn des 13. Jahrhunderts ein religiöser Orden, dessen Mitglieder sich Reuerinnen oder Büßerinnen (Poenitentes oder auch Büßende Schwestern der hl. Magdalena, kurz Magdalenen) nannten. Die Initiative zu dieser Gründung gab der Wormser Priester *Rudolf von Worms*. Er predigte den Straßendirnen der Stadt Worms und bald auch in anderen Städten, um sie zur Abkehr von ihrem lasterhaften Leben zu bewegen. Außerdem vereinigte er bekehrte Frauen zu einem monastischen Leben, dem Papst Gregor IX. († 1241) im Jahre 1227 die kirchliche Approbation erteilte. Schnell entstanden über Deutschland hinaus solche Magdalenenklöster. Doch schon im 13. Jahrhundert ging die Zahl dieser neugegründeten Klöster wieder zurück. Der Orden selbst wurde seinem ursprünglichen Ziel untreu, als nur noch unbescholtene Mädchen und Frauen Aufnahme fanden.

In Rom entstand 1536 auf Initiative des *Ignatius von Loyola*, des Gründers der Gesellschaft Jesu, ein Hospiz für Töchter von Prostituierten, um zu vermeiden, daß sie den üblen Lebenswandel ihrer Mütter nachahmten. Einem ähnlichen Zweck diente das wenige Jahre später errichtete Haus S. Marta, dessen Bewohnerinnen weder Klausur noch Gelübde kannten. Aus dieser Niederlassung entwickelte sich ein Hospiz für unglücklich verheiratete Frauen (Malmaritate). In der Neuzeit traten religiöse Genossenschaften ins Leben, die sich vornehmlich um gefallene Frauen kümmerten, so die Angeliken und die Schwestern vom Guten Hirten.

Keine Seelsorge für Prostituierte

Neben der normalen Pfarrseelsorge gibt es heute sogenannte außerordentliche Seelsorger. Zu diesen zählen all jene Priester, die hauptamtlich für bestimmte Gesellschaftsgruppen wie Studenten, Arbeiter, Soldaten, Zirkusleute oder Zigeuner zuständig sind. Es gibt aber keine Priester, die sich in besonderer Weise für Prostituierte einsetzen, obwohl doch gerade diese Personen einer besonderen pastoralen Betreuung bedürften. Allein in München zählt man heute 500 Prostituierte. Die Hälfte davon geht ihrem Gewerbe auf der Straße nach, die andere Hälfte in Bordellen, Saunas und Clubs. Dazu kommen noch ungefähr 500 »Amateur-Dirnen«, die nur gelegentlich tätig sind.

Einer privaten Initiative zu verdanken ist in Hamburg die Gründung der »Ökumenischen Christengruppe«, deren Mitglieder sich hauptsächlich in Hamburgs berüchtigtem Viertel St. Pauli um Kriminelle und Prostituierte kümmern. Unter den Helfern sind verschiedene Berufe vertreten: ein Jurist, ein Studiendirektor, eine Pianistin, ein Priester, ein Mönch. Im Gespräch mit einem Journalisten meinte der Priester: »Es geht nicht darum, daß wir die Frauen bekehren wollen, es geht um ihre Menschenwürde. Die Prostitution kann nicht abgeschafft werden, das wäre ein Kampf gegen Windmühlenflügel. Wir können nur hingehen zu den Frauen und ihnen Gefühl und Achtung entgegenbringen.«[43]

RUTH AHL

Frauenbewegung – Feminismus – Feministische Theologie: Wie hängt das zusammen?

Feministische Theologie – ist das eine radikale Herausforderung? Ist es Anpassung an den »Zeitgeist«? Ist es gesellschaftsbedingte Neuorientierung? Ist es der Traum von einer neuen Spiritualität, die gleichwohl auf die Bibel zurückgreift? – Seit Elisabeth Moltmann-Wendel erstmals 1974 in dem Buch »Menschenrechte für die Frau« mit Texten feministischer Theologie aus den USA bekannt machte, ist dieser Begriff zu einem »Reizwort« geworden: Belastet von Vorurteilen, versehen mit verschwommenen Bedeutungen, fehlinterpretiert von vielen, die bereits die Verknüpfung von »feministisch« und »Theologie«, also »Rede von Gott«, kritisieren. Andererseits ist zu beobachten, daß immer mehr Frauen, auch in kirchlichen Basisgruppen, sich auf Spurensuche nach weiblichen Identifikationsmöglichkeiten im religiösen Bereich begeben und bereichernde religiöse Erfahrungen machen – ganz im Sinne der in der Pfingstpredigt des Petrus (vgl. Apg 2,14 ff.) aufgenommenen Joel-Prophetie: »Eure Söhne und Töchter werden Propheten sein« (Joel 3,1), hoffend auf eine »geschwisterliche Kirche« in nicht mehr ferner Zukunft!

Fast 2000 Jahre ist das Christentum alt, und es hat sich über die ganze Welt ausgebreitet, wenn auch in unterschiedlicher Dichte und Zeitfolge. Welches Frauenbild hat es entwickelt? Wie hat es die Beziehungen von Mann und Frau gesehen und beeinflußt? Sind das christliche Menschenbild und das auf ihm ruhende Geschlechterverhältnis zu allen Zeiten gleich gewesen und gleichgeblieben? Und das überall, wo das Christentum prägende Religion wurde? Die folgenden Überlegungen beschränken sich auf unseren eigenen Raum, die hochentwickelten westlichen Gesellschaften. Was nicht heißt, daß Frauenfrage und feministische Theologie nicht auch unter anderen kulturell-zivilisatorischen Bedingungen wichtig wären.

Die mitteleuropäisch-nordamerikanischen Gesellschaften sind hinsichtlich des Verhältnisses der Geschlechter seit etwa den späten sechziger Jahren wesentlich geprägt von der »zweiten Frauenbewegung«, die auch als »Feminismus«[1] bezeichnet wird.[2] Die erste Frauenbewegung ist mit Vorläufern etwa anzusetzen von der Französischen Revolution bis zum Ende des Zweiten Weltkriegs – war jedoch in Deutschland in ihrer Entwicklung durch die Zeit des Nationalsozialismus gehemmt beziehungsweise unterbrochen. Sie hatte als wesentliches Ziel die rechtliche Gleichstellung der Frau: Recht auf Bildung und Ausbildung einschließlich Universitätsstudien, auf frei gewählte berufliche Tätigkeit, auf gleichen Lohn für gleiche Arbeit, Gleichberechtigung in der Ehe, aktives und passives Wahlrecht, Zugang zu politischen Ämtern.

Was die Bundesrepublik Deutschland angeht, so kam dieser Prozeß zu einem gewissen Abschluß durch das Grundgesetz von 1949, das im Artikel 3 formuliert: »(2) Männer und Frauen sind gleichberechtigt. (3) Niemand darf wegen seines Geschlechts ... benachteiligt oder bevorzugt werden.« Entgegenstehendes Recht mußte bis 31. März 1953 diesen Vorschriften angepaßt werden. So zumindest die Gesetzeslage, der die Praxis noch immer nicht voll entspricht. Aber die Weichen waren und sind gestellt, und »man«, besser: »frau« kann sich darauf berufen und ihre Rechte einklagen. Wenn auch manches noch aussteht, so ist doch vieles, besonders im Bildungsbereich, längst selbstverständliche Lebensrealität geworden. Die jüngere Generation kann sich kaum vorstellen, daß es je einmal anders war.

Die von Generationen meist als »Blaustrümpfe« lächerlich gemachter, als »Suffragetten«[3] beschimpfter Frauen mühevoll erkämpfte Gleichberechtigung lief jedoch weitgehend darauf hinaus, daß Frauen sich männlichen Vorstellungen, Denkmustern und Normen anpassen, es dem Mann gleichtun mußten – zum Beispiel in den Bildungseinrichtungen, in der beruflichen Leistung, im politischen Kräftespiel. Außerdem hatten Frauen eine gehobene Berufstätigkeit – etwa als Lehrerin – noch in der ersten Hälfte unseres Jahrhunderts mit Ehelosigkeit zu bezahlen; bei Eheschließung mußten sie ihren Beruf aufgeben.

Die »zweite Frauenbewegung«, in der wir noch mitten drinstekken, baut auf der ersten auf und weiter. Es geht ihr aber darüber hinaus darum, daß Frauen *als Frauen* volle und gleichwertige, auch gleichberechtigte Menschen sind und sein dürfen. Nicht mehr der Mann soll alleinige Norm des Menschseins sein, sondern Frauen wollen in je ihrer eigenen Art und um ihrer selbst willen geschätzt werden. Weibliches Menschsein soll vollwertig und gleichwertig neben männlichem Mensch-Sein stehen. Frauen wollen unableitbar

in sich stehen, wollen als ganze Menschen anerkannt sein *ohne* von
außen festgelegte Eigenschaften und *ohne* von der (männlich domi-
nierten) Gesellschaft festgeschriebene Rollen. Erst wenn Männer
erkennen, daß diese Art von Menschsein auch sie selbst von einsei-
tigen Zwängen und Rollenbildern befreit, daß es auch sie bereichert, wenn sie ihre individuellen Anlagen und die weiblichen Anteile ihrer Psyche zulassen und entfalten dürfen, so wie Frauen das
in ihnen je verschieden und unterschiedlich stark angelegte Männliche – erst wenn diese psychische Integration gelänge, und gesellschaftliche Folgen ergäbe, erst dann würden die Ziele des Feminismus sich erfüllen und dieser als Bewegung überflüssig werden.
  Was hat dies mit dem christlichen Frauenbild zu tun?
  Mehreres ist zu nennen. Einmal die schlichte Tatsache, daß Christen als reale Menschen immer unter den je gegebenen gesellschaftlichen Bedingungen leben und handeln. Zum anderen, daß diese
Bedingungen wiederum gestaltet werden von Menschen, die auch
nicht zum geringsten durch ihre religiösen Überzeugungen und
Wertvorstellungen geprägt sind. Das heißt, es bestehen Wechsel-
wirkungen, wenn auch in einer gewissen zeitlichen Verschiebung.
Denn die Veränderungen gehen häufig zuerst in Kopf und Herz der
Menschen vor (zum Beispiel die Aufklärung des 18. Jahrhunderts)
und schlagen sich erst nach und nach in den Rahmenbedingungen
des gesellschaftlichen Lebens nieder, gerinnen zu »Gesetzen«, die
wiederum auf Denken und Verhalten der Menschen zurückwirken.
Oftmals lösen jedoch auch veränderte Lebenssituationen wie Indu-
strialisierung oder Verstädterung emanzipatorische Bestrebungen
aus. Bei all diesen Prozessen spielen auch andere Faktoren als die
religiös-weltanschaulichen eine Rolle, zum Beispiel wirtschaftliche
oder die Notwendigkeit einer hohen oder niedrigen Geburtenrate.
  Es ist sicher nicht von ungefähr, daß die oben geschilderten Bewegungen zur Verbesserung der Stellung der Frau in einem kulturellen Raum entstanden sind und auch bereits zu unübersehbaren
Veränderungen geführt haben, der seit langem vom Christentum
geprägt war. Ähnlich wie es nicht von ungefähr ist, daß die modernen Freiheitsbewegungen mit der Formulierung der Menschenrechte, gipfelnd in der amerikanischen Unabhängigkeitserklärung
und den Idealen der Französischen Revolution, in eben diesem
Raum sich formulierten. An der Parole »Freiheit – Gleichheit – Brüderlichkeit« haben zwar die Kirchen jener Zeit nicht mitformuliert –
die Begriffe und Ideale selbst jedoch sind vom Gedankengut der jüdisch-christlichen Offenbarung gespeist. Ebenso sind die Grund-

forderungen der Frauenbewegung – auch wenn viele ihrer Vertreterinnen gar nicht so argumentieren – ein Ausfluß des aus der Bibel abzuleitenden Menschenbildes.

Dieser kurze Blick auf die allgemeine Entwicklung war und ist notwendig, um das zu verstehen, was mit »feministischer Theologie« bezeichnet wird. Sie ist mit der säkularen (weltlichen) Frauenbewegung aufs engste verflochten. Es waren kirchliche Frauenverbände, die zuerst zaghaft, in den letzten Jahrzehnten jedoch immer wagemutiger (wenn auch nicht überall bis zur Basis der Gemeinden wirksam), eine wichtige Vermittlerrolle gespielt haben und weiter spielen: Durch sie ist das, was die allgemeine Frauenbewegung anstrebte und erreichte, auch in den kirchlichen Raum hineingetragen worden, dort diskutiert, gelegentlich auf dem Hintergrund christlicher Wertmaßstäbe korrigiert und wieder in die Gesamtgesellschaft zurückgespiegelt worden.

Auch die feministische Theologie wird, wenigstens anfanghaft und versuchsweise, durch konfessionelle Frauenverbände und Gruppen an einen breiteren Kreis kirchlich gebundener und interessierter Frauen vermittelt. In Basisgruppen kann und soll erprobt werden, wieweit die Forschungsergebnisse und Denkwege feministischer Theologie von Frauen in den Gemeinden aufgenommen werden und diesen helfen, als Frauen zu glauben und sich vollwertig im kirchlichen Leben einzubringen. Feministische Theologie will nämlich nicht ausschließlich eine wissenschaftliche Theologie sein, sondern als Theologie *von* Frauen auch wirklich eine Theologie *für* Frauen sein. Sie ist von vornherein erfahrungsorientiert, ja nimmt Erfahrung, Frauenerfahrung, in ihren Wissenschaftsbegriff auf, ist bestrebt, »Herrschaftswissen«, das immer eine unterdrückerische Funktion hat, abzubauen. Um feministisch-theologisch denken und handeln zu können, muß »frau« nicht unbedingt auf der Universität Theologie studiert haben; es gibt auch sogenannte »Barfußtheologinnen«!

Eine Grundvoraussetzung für feministisches Denken und für feministische Theologie allerdings ist ein Prozeß des Bewußtwerdens: sich bewußt werden, daß Frauen seit Jahrtausenden in den Gesellschaftsstrukturen und Gesellschaftssystemen, auch den religiösen, benachteiligt, zurückgesetzt, unterdrückt, jedenfalls nicht vollwertig und gleichwertig sind. Ganz unabhängig von den individuellen Anlagen und Begabungen kommt jeder männliche Mensch mit einem Vorsprung auf die Welt, besser: wird von unserer Welt mit einem Vorsprung empfangen, der ihn im Prinzip in die Lage versetzt, mehr als jeder weibliche Mensch auf die Gestaltung der Welt und der Lebensbedingungen auf der Welt Einfluß zu nehmen. Seit Jahrtausenden, ja so weit wir geschriebene Zeugnisse der Geschichte besitzen, liegt die Weltgestaltung, auch das Denken über Welt und Leben, fast ausschließlich bei den Männern – Frauen blieben auf den häuslichen Bereich beschränkt, wurden ausgegrenzt. Feministische Theologie fragt, ob das wirklich Gottes Wille sein kann. Die Vorrangstellung des Männlichen zeigt sich auch unübersehbar und unüberhörbar in der Sprache. Bemerkenswert ist der sowohl weltweite wie ökumenische Charakter der feministischen Theologie. Sexismus, das heißt die Benachteiligung eines Geschlechts durch das andere, ist eine weltweite Erscheinung. Unterschiedlich ist lediglich der Bewußtseinsstand in den verschiedenen Ländern und Kulturen sowie der Wille und die Möglichkeiten zur Veränderung. – Auch die konfessionelle Herkunft spielt bei der feministischen Theologie keine große Rolle: Die Grundsituation der Frauen, der Stellenwert des Weiblichen ist in den verschiedenen christlichen Konfessionen ähnlich, die Fragen sind trotz verschiedener Ausgangssituationen weitgehend die gleichen. Auch im Judentum gibt es inzwischen feministische Theologinnen, und das Gespräch mit ihnen ist außerordentlich wichtig und fruchtbar. Allerdings darf nicht übersehen und überspielt werden, daß die rechtliche (Un-)Gleichstellung, die faktische (Un-)Gleichwertigkeit bezüglich der Übernahme von Verantwortung und Mitwirkung in den verschiedenen christlichen Kirchen doch unterschiedlich sind; unterschiedlich von daher auch der Bewußtseinsstand. Da aber weibliches Denken weniger vom »Entweder-Oder«, sondern mehr vom »Sowohl-Als-auch« geprägt ist, steht anstelle von Recht-Haben und Im-Besitz-der-Wahrheit-Sein der bereichernde Austausch der verschiedenen Traditionen.

Feministische Theologie ist vor allem kein einheitlicher Komplex, kein geschlossenes System, sondern ein offener Prozeß, ein Sich-auf-den-Weg-Machen. Wohl gibt es inzwischen sehr vielfältige Wege, aber man kann doch von zwei Hauptströmungen sprechen. Einmal jene Theologinnen, die glauben und hoffen, es werde möglich sein, *innerhalb* der jüdisch-christlichen Tradition den Frauen volle Befreiung und »Menschwerdung« zu ermöglichen, und jene, die diese Hoffnung nicht (oder nicht mehr) haben und deshalb nach einer außer- oder nachchristlichen, spezifisch weiblichen Spiritualität und Lebensform suchen. Wenn es auch hier »Blicke über den

Zaun« und Austausch gibt, so beschränken sich die hier vorgelegten Überlegungen auf die erstgenannte Richtung, deren Zielvorstellung eine geschwisterliche Kirche ist.

Thematisch arbeiten feministische Theologinnen grundsätzlich in allen theologischen Sparten und Disziplinen – wenn auch bislang gewisse Schwerpunkte wie Gottesbild, Frauengestalten und Frauengeschichten im Alten und Neuen Testament sowie der Kirchen- und Heiligengeschichte, Wirkungsgeschichte von Texten und ihrer Auslegung u. ä. im Vordergrund des Interesses standen. Feministischen Theologinnen geht es darum, einerseits aus eigener Betroffenheit neue Fragen zu stellen, andererseits die alten Fragen und Inhalte mit alternativen Forschungsmethoden, anderen »hermeneutischen Schlüsseln«, veränderten Sprachstilen zu bearbeiten. Ziel wäre, daß feministische Theologie – analog der Befreiungstheologie – die gesamte Theologie aus ihrer Sicht sozusagen »neu«, »anders« schriebe. Feministische Theologie ist kein zusätzliches Fach am Rand des herkömmlichen theologischen Wissenschaftsbetriebes, sondern eine andere Art, eine ganzheitliche Weise, Theologie zu betreiben, vom Göttlichen zu sprechen, Menschen umfassenden Lebenssinn zu erschließen.

LUCIE STAPENHORST

Als Frau in der katholischen Männerkirche

Haben Sie auch schon einmal diesen Traum geträumt: Sie bewegen sich in einer »normalen« Gesellschaft, und Sie spüren, Sie sind bedroht. Um Sie sind alle heiter und sorglos, nur Ihnen sitzt die Bedrohung im Nacken. Sie wollen schreien – aber kein Ton kommt aus Ihrer Kehle. Sie wollen auf sich aufmerksam machen – aber niemand nimmt von Ihnen Notiz. Ich kenne diesen Traum. Und ich träume ihn nicht nur, denn so etwa erlebe ich mich in der katholischen Kirche: bedroht in meiner Existenz und ohne Möglichkeit, meine Not hinauszuschreien. Bedroht sehe ich mich durch den Versuch, mir nicht nur meine Identität, sondern auch mein Vorhandensein abzusprechen durch einen dreifachen Ausschluß:
– aus den kirchlichen Ämtern und damit aus der kirchlichen Leitung – aus der kirchlichen Sprache – aus dem kirchlichen Denken.

Diese Ausschlüsse bedingen sich gegenseitig: Komme ich im Denken nicht vor, wird auch nicht von mir gesprochen, geschweige denn mir ein Amt eingeräumt – und umgekehrt.

Den Ausschluß aus den Ämtern können wir uns veranschaulichen, indem wir uns vorstellen, rund um den Altarraum – also um Altar und Ambo – sei ein Seil gespannt, an dem Schilder hängen: »Zutritt für Frauen verboten«. Wenn wir doch mal diese Schranke überschreiten, sei es, um aus der Lesung zu lesen oder um die Kommunion auszuteilen, oder wenn Mädchen meßdienen, dann handelt es sich für uns um eine »Beauftragung auf Zeit« und nicht um ein »lebenslanges Amt«.

Wir dürfen also im Grunde weder liturgische Handlungen vornehmen noch liturgische Gewänder tragen, noch am Ambo das Evangelium vorlesen und auslegen. Zwar dürfen wir inzwischen Theologie studieren; aber das Amt der Professorin wiederum ist uns verwehrt. Die Theologin Elisabeth Gößmann wurde allein 37mal zurückgewiesen.

Wie soll ich meine Schülerinnen lehren, daß unser Gott in die Freiheit führt, wenn sie gleichzeitig erfahren, daß für sie in der katholischen Kirche die gleichen Einschränkungen gelten wie für die Kastenlosen in Indien: kein Zugang zum Heiligtum, zu den Ämtern und damit zur Leitung, zur Bildung. Die indische Regierung hat diese Bestimmungen inzwischen aufgehoben. Für uns katholische

Frauen wurden sie 1983 im überarbeiteten Codex Juris Canonici neu bestätigt. Der Grund hierfür: unser Geschlecht. Bedrohlicher als den Ausschluß aus den kirchlichen Ämtern empfinde ich den Ausschluß aus der kirchlichen Sprache und aus dem kirchlichen Denken. Erst hierdurch höre ich wirklich auf zu existieren.

Wie fühlen Sie sich, wenn Sie am Sonntagmorgen die Frohe Botschaft verkündet bekommen:»Brüder ... weil ihr aber Söhne seid, sandte Gott den Geist seines Sohnes in unsere Herzen, der rufen läßt: Abba, Vater! Du bist also nicht mehr Sklave, sondern Sohn, wenn aber Sohn, dann auch Erbe durch Gott« (Gal 4,6—7)? Der Einwand kommt mit Sicherheit: Der Text ist zeitbedingt zu verstehen. Zu der Zeit, als er geschrieben wurde, galten die Frauen eben nichts.

Das erklärt die Entstehung. Erklärt das auch, warum der Text unverändert nach wie vor – in geheiligter Tradition – so gelesen wird? Die Männer, die damals das Wort Gottes verkündeten, haben Gottes Wort so korrigiert, daß sie es nur auf sich bezogen. Dürfen wir jetzt nicht ihre Verkündigung korrigieren, damit Gott wieder zu uns spricht, zu Männern *und* Frauen?

Und wie redet die Kirche heute, in einer Zeit, die den Frauen – wenigstens im Gesetz – die Gleichberechtigung garantiert? Redet die Kirche heute zeitbedingt? Lesen wir doch in den Texten vom II. Vatikanischen Konzil, herausgegeben 1966 von Rahner und Vorgrimler. In dem Abschnitt»Kirche« (Lumen Gentium) erfahren wir, wie das kirchliche Lehramt sich das Volk Gottes denkt. Zunächst ist von der Familie die Rede,»in der die neuen Bürger der menschlichen Gesellschaft geboren werden, die ... in der Taufe zu Söhnen Gottes gemacht werden«. Also bereits in der Taufe geschieht die Umwandlung, nicht nur von Heiden in Christen, sondern auch von Töchtern in Söhne. Demnach habe ich z. B. für die menschliche Gesellschaft zwar zwei Söhne und zwei Töchter geboren. In der Taufe wurden sie mir aber zu vier Söhnen Gottes verwandelt. Ja, ich selbst als Getaufte bin demnach ein Sohn Gottes.

Lesen wir weiter in den Texten: Und Gott sandte seinen Sohn, »daß er ... das Haupt des neuen und allumfassenden Volkes der Söhne Gottes« sei. (*Das* bedeutet also »allumfassend/katholisch«: Volk der Söhne!) Die Ämter wirken zum »Nutzen ihrer Brüder«. »Die Amtsträger ... stehen im Dienste ihrer Brüder.« »Sie sammeln die Familie Gottes als von einem Geist durchdrungene Gemeinde von Brüdern.« »Der Bischof soll seine Untergebenen hören, die er wie wirkliche Söhne umsorgt.« »Alle Söhne der Kirche sollen aber dessen eingedenk sein, daß ihre ausgezeichnete Stellung ... der besonderen Gnade Christi zuzuschreiben ist.« »Sie zeigen sich als Söhne der Verheißung.« Die Konzilsväter glauben »an die Gemeinschaft mit den Brüdern in der himmlischen Herrlichkeit«.

Mir kommen Zweifel: Sandte Gott seinen Sohn auch zu mir, der Tochter? Stehen die Amtsträger auch in meinem Dienste, im Dienste ihrer Schwester? Sammeln sie auch die Schwestern? Haben auch die Töchter der Kirche die besondere Gnade Christi? Gilt auch mir die Verheißung? Sind auch Schwestern in der himmlischen Herrlichkeit?

Meine Zweifel verstärken sich, wenn ich in der christlichen Gesellschaftslehre von Kardinal Höffner lese, daß die Grundgestalten wie Tochter, Schwester, Mutter, Sohn, Bruder, Vater überzeitlich und biologisch und wesensmäßig etwas Grundverschiedenes sind. Wenn Herr Höffner »Bruder« sagt, meint *er* also mit Sicherheit nicht die Schwester.

Ich mache mir nichts vor: In den Köpfen der Konzilsväter gibt es keine Mütter, keine Töchter, keine Schwestern, keine Frauen! Das verrät mir ihre Sprache. In ihrer Redeweise stehen sie wie ein Fels in der apostolischen Sukzession. Nur – ihr heutiges Reden ist nicht mehr zeitbedingt.

Das kirchliche Vokabular beschränkt sich auf die männlichen Bezeichnungen wie »Vater, Sohn, Sohnschaft, Bruder, brüderlich«. Seitdem wir Frauen auf unsere Anwesenheit im kirchlichen Männerbund hinweisen, werden wir damit vertröstet, selbstverständlich mitgemeint zu sein. Kirchenmänner sehen den Begriff »Brüder« nicht so eng, nicht nur auf die männlichen Brüder beschränkt. Für sie ist »Brüder« sozusagen der Oberbegriff für Brüder und Schwestern. Die Schwestern lassen sich ja auch mühelos einordnen für diejenigen, für die sie keinen Eigenwert besitzen, keine ihnen eigenen Werte. Wir Schwestern sind also weibliche Brüder.

Dazu sagen Sprachwissenschaftler/innen: »Die Menschen, die definieren können, sind die Herren ... Nur die Mächtigen können andere definieren, können ihre Definition durchsetzen. Dadurch, daß ihre Definitionen akzeptiert werden, kommt ihnen erneut Macht zu. Je nachdem, welche Definitionen sie geben, können sie anderen nutzen oder schaden ...«[1] »Unsere Identität, wer und was wir sind, wie andere uns sehen, wird zu einem großen Teil davon bestimmt, welche Namen man uns gibt und mit welchen Wörtern wir bezeichnet werden. Die Namen, Bezeichnungen und Ausdrücke, die man verwendet, um Menschen zu ›identifizieren‹, können am Ende ihr Überleben bestimmen.«[2] Juden wurden als »Ungeziefer«, weise Frauen als »Hexen« definiert und konnten ausgerottet werden.

»Dieses Unsichtbarsein, Nicht-Vorkommen außer als Ausnahmen ist ein wichtiges Phänomen, was die Stellung von Frauen in unserer Gesellschaft ... anbelangt (z. B. erwähnt Golo Mann in seinem Werk über Deutschlands Geschichte für das 19. Jhdt. zwei und für das 20. Jhdt. einen einzigen Frauennamen, wie Marielouise Janssen-Jurreit in ihrem Buch ›Sexismus‹ feststellt[3]). Wenn Frauen unsichtbar bleiben und nicht auf sich aufmerksam machen, können sie weiterhin vergessen und unterdrückt werden. Dieses Phänomen spiegelt sich auch in der Sprache: Auch hier sind Frauen unsichtbar, weil nur von Männern die Rede ist, auch hier werden Frauen ausgeschlossen und vergessen, weil nur Männer zählen ... Weil Sprechen ... politisches Handeln ist, bemühen wir Frauen uns, sexistischen Sprachgebrauch zu ändern. D. h. zunächst, daß wir uns sensibilisieren wollen, so daß wir Sexismus in der Sprache identifizieren und vermeiden können. Wir bemühen uns zum Beispiel, uns Frauen sichtbar zu machen, indem wir Frauen explizit nennen und ansprechen und darauf bestehen, daß Männer dasselbe tun. Wir bemühen uns darum, uns selbst zu definieren ...«[4]

Dazu Tucholsky: »Erst wenn man Menschen in ihrer Identität mißachtet oder unkenntlich macht, kann man grausam mit ihnen umgehen (siehe Vergewaltigung, pornographische Werbung). Wachsendes Identitätsbewußtsein hingegen zieht Kreise, wirkt heilsam.« – »Ich habe dich bei deinem Namen gerufen«, sagt Gott im Alten Testament. »Maria«, ruft Jesus seine Jüngerin am Ostermorgen. Da erkennt sie ihn als den Auferstandenen – als erste (vor Petrus!). Mein Name dagegen, meine Definition in der Kirche ist »Bruder«, ist »Sohn«. Um mit dazuzugehören, muß ich also meine Identität als Schwester, Tochter, Mutter, als Frau aufgeben und in die mir zugedachte Bruderrolle schlüpfen.

Hierbei hilft mir die christliche Erziehung. Durch sie lerne ich, daß das, was zählt, männlich ist. Früh prägt sich ein, daß am Altar nur Männer in langen Gewändern hantieren. Der allmächtige Vater ist allgegenwärtig. Das Väterliche wird transzendiert bis zu göttlichen Ehren; das Mütterliche – in der Gestalt der Jungfrau Maria – rückt auf den zweiten Platz. Ich lerne, daß alle drei göttlichen Personen männlich sind (im Namen des Vaters, des Sohnes und des Heiligen Geistes) und daß dieser Gott sich auf Erden nur von Männern vertreten lassen will. Es drängt sich wirklich die Frage auf, ob das Weibliche überhaupt göttlichen Ursprungs ist.

In den Religionsbüchern werden nur männliche Gestalten als Identifikationsmöglichkeiten angeboten. Die weiblichen Persönlichkeiten, die die Bibel auch kennt, bleiben unerwähnt, tauchen allenfalls als Randfiguren auf. Jesus scheint nur Umgang mit Männern gehabt und auch nur diese in seine Nachfolge gerufen zu haben. Wird der Bezug zur Lebenssituation der Schüler und Schülerinnen hergestellt, so spielt die Mutter die typische Hausfrauenrolle, zuständig für Küche, Kinder, Glauben. Der Vater geht einem Beruf nach und ist das Oberhaupt der Familie. Der Junge ist derjenige, der die entscheidenden Erfahrungen macht. Diese sattsam bekannte Rollenverteilung prägt sich ein als gottgewollt und deshalb nicht hinterfragbar. In Geschichten und Bildern wird den Schülerinnen Seite für Seite ihre Bedeutungslosigkeit präsentiert.

Ich werde nicht nur angehalten, als Handlungsträger biblischen und heutigen Geschehens Männer zu akzeptieren, sondern auch noch genötigt, Welt und Gott nach Art der Männer zu begreifen. Denn Verfasser aller traditionellen theologischen Texte einschließlich der Bibel sind Männer. Nur der Mann scheint nach Gott zu fragen und Antwort zu erhalten. Dafür zwei heutige Beispiele: Beim Funkkolleg »Religion« wirkten 31 Autoren und zwei Autorinnen mit. In dem Heft »information« Nr. 2/84 des Bistums Osnabrück vermitteln mir zum Thema »Christliche Ehe und Familie« 40 männliche Autoren – zum großen Teil im Zölibat lebend! – ihre Vorstellungen. Selbst wer *ich* bin und wie ich zu leben habe, sagen mir Männer. Ich kann es nachlesen in der »Stellungnahme der Bischöfe zur Stellung der Frau in Kirche und Gesellschaft« von 1981. Die Selbstentfremdung ist perfekt. Männer definieren meine Wirklichkeit. Nun könnten wir Frauen uns ja wehren, indem wir uns auf den Heiligen Geist berufen, den wir alle empfangen haben in der Taufe und Firmung und der »weht, wo er will« und zudem noch von weiblicher Art ist; das Wort für Geist (Gottes) im Alten Testament ist weiblich. Aber: Ob eine Erkenntnis auf das Wirken der Heiligen Geistin zurückzuführen ist – das entscheidet das kirchliche Lehramt, und dieses setzt sich bekanntlich zusammen aus männlichen Amtsträgern. Und sollte gar eine sich zum Priesteramt berufen fühlen, so entscheidet wiederum ein Amtsträger, ob hier die Geistin berief. Wir Frauen kommen aus diesem Teufelskreis nicht heraus.

Wie die Amtskirche die Selbstfindung der Frau blockiert, erlebte ich bei einem Seminar für alleinstehende Frauen. Nach spannenden Begegnungen mit Besinnen auf uns selbst, Wehren gegen Erwartungshaltungen und fertige Rollen, mit gegenseitigem Mutmachen und Erfahrungsaustausch kam der Gottesdienst. Der Priester erschien im Kreis von uns Frauen. Wir wurden ermahnt, auch die Schläge als von Gott kommend anzunehmen und nicht aufzuhören zu lieben. Uns wurde verheißen, zu Söhnen Gottes zu werden, wenn wir Frieden stiften. Es wurde gebetet zu Gott, dem Vater, zu Gott, dem Sohn, und zu Gott, dem Heiligen Geist; für den Papst, die Bischöfe, die Priester, die Diakone und für alle, die sonst noch ... Da konnten wir Frauen uns dann gedanklich einreihen. Prägnanter hätte im Verlauf einer Stunde mir meine Bedeutungslosigkeit nicht klargemacht werden können.

Welche Funktionen nun werden uns Frauen zugedacht? – Zunächst einmal sollen wir Kinder gebären und für Nachwuchs sorgen. Der Papst wird nicht müde, auch trotz Überbevölkerung nicht, uns dazu zu ermuntern und uns die chemischen Verhütungsmittel zu verbieten. Auch auf diesem nur uns eigenen Gebiet des Gebärens erleben wir uns nicht souverän. Dann, wie die Bibel uns lehrt, ist es der männliche Gott, der den Zeitpunkt der Geburt bestimmt und ankündigt (siehe Maria, Elisabeth, Sara usw.). Und überhaupt »gebiert« zunächst einmal der männliche Gott, indem *er* den Menschen entstehen läßt aus Lehm bzw. der Rippe. Uns Frauen wird dann das Gebären als Fluch übertragen: »Unter Schmerzen sollst du ...«, nicht mit den Wonnen, die Kreativität und Schöpfertum begleiten. Und um wahrhaft heilig und anbetungswürdig zu sein, müßten wir eigentlich ohne vorher praktizierte Sexualität gebären können wie Maria.

Ferner obliegt uns die Erfüllung des Hauptgebotes »Liebe deinen Nächsten« (ohne den Zusatz »wie dich selbst«), selbst-los (ohne eigenes Selbst) sollen wir für andere dasein (ohne eigenes Dasein). Wir Frauen sind also zuständig für den sogenannten Bruderdienst.

Nicht zu unterschätzen sind die kirchlichen Hausfrauendienste, die wir leisten. Wir putzen die Kirche (auch den Altarraum), die Gemeindehäuser, bereiten Tee und Kaffee, backen Kuchen, schmükken die Feste und spülen das Geschirr. Dies sind die einzigen Anlässe, bei denen wir nicht mit »Brüder« angeredet werden.

Ebenfalls von entscheidender Bedeutung: Wir füllen die Kirchenbänke. Zu jeder Amtshandlung des Amtsträgers gehört das Kirchenvolk. Und das geben wir ab. In geziemendem Abstand spenden wir den heiligen Handlungen unsere andächtige Ehrfurcht.

Würden wir die Ausführung auch nur einer dieser obengenannten Funktionen verweigern, das gesamte kirchliche Leben würde zusammenbrechen. Aber wir hören nicht auf zu funktionieren.

Wie reagieren katholische Frauen auf ihre Unterdrückung? Entweder haben sie bereits ihre Konsequenzen gezogen und sind – leider stillschweigend – gegangen. Es sind alarmierend viele, und die Folgen ihres Auszuges sind noch gar nicht absehbar. Oder aber sie verschließen sich neuen Einsichten, damit sie weiterhin in gewohnter Weise an den Gott glauben können, der sie befreit. Sie fühlen sich mit »Bruder« angesprochen und halten es für kleinkariert und egozentrisch, Aufhebens um die Anrede zu machen. Vielleicht hoffen sie insgeheim auf den Kirchenprinzen, der für sie die Dornenhecke kirchlicher Einschränkungen durchbricht. (Aber befreien kann sich nur jede selbst, um nicht in neue Abhängigkeit zu geraten.)

Es gibt einige wenige Frauen, die sich in Laiengremien einflußreiche Positionen erkämpft haben und dadurch die Amtskirche zwingen, von ihrer Präsenz Kenntnis zu nehmen. Natürlich sind da noch die Theologinnen, die durch ihr Forschen und Schreiben längst die männlichen Argumente, die die jetzige Situation der Frau in der Kirche begründen, widerlegt haben. Aber sie stehen auf ziemlich verlorenem Posten. Es fehlt ihnen die Solidarität der Schwestern. Ihre Aussagen rufen keinen Aufstand hervor. Es scheint ein ungeschriebenes Gesetz zu sein: Mit der katholischen Kirche kämpft frau nicht. Sowohl die Gegangenen wie auch die Gebliebenen haben, scheint's, in ihrer christlichen Erziehung gründlich verinnerlicht: Kirchenmänner sind stärker, und der Allmächtige kämpft auf ihrer Seite. Was soll also die Auflehnung? Wir weichen oder wir dulden. Und so leben Frauen katholischer Herkunft entweder außerhalb der Kirche in religiöser Abstinenz oder aber innerhalb der Kirche in religiöser Fremdbestimmung.

Die Vertreter/innen der alten Ordnung verteidigen ihre Unbeweglichkeit mit mancherlei Argumenten, u. a. mit dem »Mythos der Zeit«: »Du treibst die Dinge zu schnell voran … Hab Geduld, die Zeit wird die Angelegenheit schon erledigen.« Es mag sein, daß im Laufe der Zeit über manche Angelegenheit das Gras wächst und daß die Zeit viele Wunden heilt. Aber es ist ja nicht das Vergessen, was ich anstrebe, sondern die Veränderung.

Martin Luther King sagt dazu: »… Fortschritt rollt nie mit Unvermeidlichkeit heran. Er kommt aufgrund beharrlicher Arbeit hingebungsvoller einzelner. Ohne diese harte Arbeit wird die Zeit zum Verbündeten der primitiven Kräfte … sozialen Stillstands … Es ist die merkwürdig unrealistische Vorstellung, daß die Zeit die Gabe besäße, unweigerlich alle Übel zu heilen. Die Zeit ist aber durchaus neutral. Ich glaube allmählich, daß die Menschen bösen Willens ihre Zeit wesentlich nützlicher verwendet haben als die Menschen guten Willens. Unsere Generation wird eines Tages nicht nur die ätzenden Worte und schlimmen Taten der schlechten Menschen zu bereuen haben, sondern auch das furchtbare Schweigen der guten. Wir müssen ... uns stets vor Augen halten, daß es immer rechte Zeit ist, das Rechte zu tun.«[5]

Eine beliebte Vertröstung ist noch der Hinweis auf die abzuwartende Bewußtseinsänderung: »Die Leute sind noch nicht soweit. Die alten Vorstellungen sitzen zu tief in ihnen drin. Es muß zuerst ein Umdenken erfolgen.« Auch mit dieser Verzögerungstaktik hatte M. L. King sich in *seinem* Befreiungskampf auseinanderzusetzen: »Der ›Mythos der Erziehung‹ meint, Probleme nicht durch Gesetze lösen zu können. Es kann nicht heißen: entweder Gesetze oder Erziehung, sondern beides ist gefordert: Erziehung, um die Einstellung zu ändern, und Gesetze, um Verhalten zu kontrollieren. Ich kann niemandem befehlen, mich zu lieben, aber ich kann ihn hindern, mich zu lynchen.«[6]

Ich kann niemanden zwingen, mich als gleichwertig anzuerkennen, aber ich kann ihn hindern, mich als Mensch zweiter Klasse zu behandeln, in meinem Fall als »femina« = als eine mit minderem Glauben, nicht kultfähig, nicht verkündigungsfähig.

Zu guter Letzt wird mir noch der väterlich-wohlwollende Rat erteilt, meine Emotionen zu bändigen, sachlich zu bleiben, durch meine Vehemenz nicht meine Chancen zu verspielen. Ich kann also nicht auf mögliche Rechte pochen, sondern höchstens mit weiblicher Taktik geschickt meine Chancen nutzen. Wie soll ich ohne Emotionen reagieren, wenn ich im Innersten getroffen bin? Ist nicht *gerade* meine Betroffenheit ein wesentliches Argument meines Protestes? Merke ich nicht an meinem Zorn und meinem Schmerz, wie stark die Diskriminierung mich trifft? Hat Jesus auf »Zeit«, auf »Bewußtseinsänderung«, auf »Sachlichkeit« gesetzt, als er die Händler aus dem Tempel trieb, ihre Tische umwarf und ihre Tiere verjagte?

Warum verschleiße ich meine Energien in einem Kampf für eine Veränderung der Kirchen, speziell der katholischen Kirche? – Weil die Kirche nicht in einem luftleeren Raum schwebt, kurz unterhalb des Himmels, sondern hier auf der Erde eine handfeste gesellschaftspolitische Größe ist und ihr Gottes- und Menschenbild entscheidend unser Bewußtsein prägt und damit ganz konkret die gesellschaftlichen Verhältnisse. Es besteht ein Zusammenhang zwischen der Tatsache, daß Gott als Mann verkündet und geglaubt wird, daß nur Männer das Göttliche authentisch vertreten können – Männer, die sich von jeder Berührung der Frau rein halten –, und den Kriegen, der Zerstörung der Umwelt sowie der sozialen und körperlichen Gewalt gegen Frauen. Ich gebe zu: eine ungeheuerliche Behauptung, aber deswegen nicht weniger wahr. Vertreten wird sie u. a. auch von dem Tiefenpsychologen Erich Neumann: »... denn die einseitig männlich-patriarchale Wertsetzung des abendländischen Bewußtseins ... hat wesentlich mit zur Krise unserer Zeit beigetragen.«[7] Keine Kultur kann auf Dauer das Weibliche eliminieren, ohne sich dadurch selbst den Untergang zu bereiten.

Wir können nicht von Frieden und Freiheit reden, solange noch eine Frau in Unfreiheit lebt. In der katholischen Kirche sind es 500 000 Millionen Frauen, die in Fremdbestimmung leben. Mit dem kirchlichen Stempel »minderwertig« sind sie auch für die Gesellschaft abgestempelt, sind alle Frauen abgestempelt.

Ich kämpfe dafür, daß die katholische Kirche nicht länger als fossiles Bollwerk männlicher Herrschaft in den Strom gesellschaftlicher Veränderung hineinragt. Für den Kampf mit dem Goliath brauche ich meine Träume.

Ich träume davon, daß katholische Frauen sensibel werden für ihre eigene Unterdrückung.

Ich träume davon, daß katholische Frauen »wir« sagen, daß wir uns unserer Stärke bewußt werden und unserer Verantwortung und in eigener Sache solidarisch sind, Phantasien und Methoden des Widerstandes entwickeln und Zeichen setzen, z. B.: aufstehen und den Kirchenraum verlassen, wenn wir nicht angesprochen und gemeint sind, oder in Schweigekreisen auf das uns kirchlicherseits verordnete Schweigen hinweisen oder die uns auferlegte Abwesenheit am Altar auch bei Gemeindefesten und in den Teeküchen praktizieren oder ...

Ich träume davon, daß wir uns zu gut sind für die ehrenamtliche Arbeit, da wir nicht gut genug sind für die hauptamtlichen Tätigkeiten, daß wir uns nicht länger mit Brosamen abspeisen lassen, z. B. der Gestaltung eines Wortgottesdienstes (womit wir für den Zölibat in die Bresche springen), daß wir denen, die uns die Anrede verweigern, unser Geld verweigern.

Ich träume davon, daß wir unsere Befreiung nicht von der Erlaubnis der Kirchenmänner abhängig machen und nicht länger auf »grünes Licht« von der Kirchenleitung warten.

Ich träume von unserem Exodus!

SIEGFRIED RUDOLF DUNDE

Wenn Bewegungen von unten scheitern ...

Mutterbindung und Vaterbravheit

Der römische Katholizismus ist eine der größten Erziehungsanstalten der Menschheit. Über Jahrhunderte prägte er Gefühlskorsetts und Gedankengebäude von Millionen von Katholiken. Auch heute noch sozialisiert er 800 Millionen Menschen auf der Erde. Jedoch leistet er nicht bloß eine religiöse Erziehungsarbeit; vielmehr erzeugt er gleichzeitig eine bestimmte Art psychischer Bindung an die Kirche, wie sie sich als sichtbare Institution darstellt. Diese Brücke zwischen katholischer Seele und hierarchisch organisierter Kirchenstruktur dürfte einmalig in der Religionsgeschichte sein.

Einerseits treffen wir auf eine tiefe Mutterbindung: Deshalb geht die Rede von der »Mutter Kirche«, muß Maria als jungfräuliche Mutter (nicht als erwachsene, sexuell liebende Frau!) ins Zentrum der Verehrung gerückt werden, dürfen römisch-katholische Priester nicht heiraten (sie haben ja schon eine Frau: ihre Kirche). Diese Mutterbindung hält die Katholiken ziemlich bei der Stange; »Glaubensabfall« erscheint ihnen mindestens ebenso treulos wie einst die Trennung von der leiblichen Mutter. Es ist das Gefühlvolle und Warme, das die Menschen bei der Kirche hält; so kann sie es sich leisten, Aufklärung abzuschmettern zugunsten wehmütigen Klebens am Mutterkirchenbild. Befreite Gefühle, die Wandel und Aufbruch provozieren können, haben nichts in ihren Mauern verloren.

Der Mutterbindung von unten, der Mutterfixierung der Gläubigen entspricht das patriarchalische Vater-Kind-Verhältnis von oben. Klettern Menschen die Leiter der Hierarchie hoch oder steigen Anordnungen herab, überwiegt regelmäßig das Rechts- vor dem Liebesprinzip. Nicht die Sanftheit regiert, wie man nach dem mütterlichen Kirchenbild meinen könnte, sondern die rigorose Normenüberwachung. Das Mütterliche ist eher Verkleidung als eingelöste Verheißung. Gegen diese Maskierung und gegen die Versklavung der annehmenden Teile der Kirche erhebt sich immer mehr Widerstand an der Basis. Die alte psychische Konstellation hält noch, aber sie bröckelt in immer mehr Herzen – und Köpfen. Ob der Zweifel indes große soziale Wirksamkeit entfalten wird,

steht bis dato noch dahin. Der Widerspruch zwischen Mutterbindung und Vaterbravheit, zwischen dem Liebes- und dem Rechtsprinzip ruft einen quälenden Zwiespalt im Inneren des Katholiken
hervor: Mamas Liebling und Vaters gehorsames Kind – wer von
ihnen soll den Lebensstil prägen? Geborgenheit wechselt mit
Zwanghaftigkeit, Gefühle des Eingebettetseins streiten mit Ängsten vor Ankettung. Jeder Widerstand gegen kirchliche Systeme
wird zur Liebesverweigerung gegenüber der großen Mutter, zur
Sünde gegenüber jenem unnachsichtigen Vater, der – personifiziert
im Priester/Bischof/Papst – von der unweiblichen Mutter kaschiert
wird. Somit fordert das väterliche Prinzip Gehorsam, reizt aber zugleich zu hilf- und folgenlosem Ungehorsam oder Trotz. Die seelisch ergreifendere Macht bleibt das mütterliche Prinzip, das zur
Not mit Liebe vergiftet und eben so die »Kinder« bei der Stange hält.

Dies sind psychische Ketten, an denen Katholiken leiden. Man
benötigt oft gar keine politischen oder juristischen Fesseln, um
ihren Widerstand lahmzulegen. Sie geben von selbst auf; resignieren vor der großen Mutter. Dies mag eine Erklärung dafür sein,
warum nach wie vor Katholiken erheblich fester an ihre Kirche gebunden sind als Protestanten.

Grundsätzlich halte ich eine Gemeinschaft, die sich das Heilige
als Zentrum gewählt hat oder sich zu diesem Zentrum gerufen
fühlt, für die tiefste mögliche Vergemeinschaftung. Aber es kommt
darauf an, ob diese Kollektivierung von Glauben frei macht oder
versklavt, ob sie in Freiheit Aufgaben anbietet oder durch psychische Fesselung Menschen von der Freiheit »befreit«. Wo Unterdrückung herrscht, ist kein Kuschen angebracht und erst recht kein
Schweigen.

Der Widerspruch zwischen oben und unten

In der römischen Kirche herrscht ein hierarchisches Prinzip. Entscheidungen fallen oben, sie fallen von oben herunter auf die, die
unten stehen, deren Aufgabe der Gehorsam ist. Freiheit, um welche
die Kirche kämpft, bleibt eine Freiheit der Institution. Religionsfreiheit, Verkündigungsfreiheit, Subsidiarität gelten für die Kirche als
Institution, repräsentiert durch ihre Fürsten: Die individuelle Freiheit hat sich dieser institutionellen Freiheit zu beugen. Bewegungen
von unten, an der kritischen Basis, verlangen dagegen Freiheit für
den einzelnen Christenmenschen, für die einzelne Gemeinde, die
diese Freiheit eben nicht der Tatsache verdanken sollen, daß sie

Vertreter einer Institution sind, sondern als Christen bereits ein *Recht* auf Freiheit einfordern können. Folglich stehen diese Bewegungen der Kirche als hierarchischer Struktur kritisch gegenüber.

Für mich bedeutet »Liebe zur Kirche« Liebe zur Gemeinschaft der Glaubenden, nicht zu irgendwelchen Gesetzesordnungen und Weiherängen, denn man kann nur Menschen und die sich zwischen ihnen bildende Gemeinschaft lieben, aber keine Rechtssätze. Und so bedeutet »Liebe zur Kirche« gerade den Sturz aller konfessionalistischen und kirchenrechtlichen Ausschließlichkeitspositionen. Auch aus diesem Grunde fühle ich mich der kritischen Basisbewegung verbunden.

Aus dem Widerspruch zwischen dem hierarchischen Prinzip »von oben« und den Bewegungen »von unten« entspringt ein *Konflikt,* der aber stets nach dem gleichen Muster abläuft. Den Sprach- und Legitimationsrahmen, in dem der Konflikt stattfindet, sucht die Hierarchie mittels ihrer Definitionen zu bestimmen. Sie weiß, daß sie durch eine Festlegung von Begriffen und Argumentationsfiguren eine Überlegenheit in der Auseinandersetzung gewinnen könnte. Deshalb führt sie gerne die unbeweglichen Teile kirchlichen »Wissens«-schatzes ins Feld, nämlich kirchenrechtliche und moraltheologische Denkmuster. Dagegen begehrt die kritische Basis auf, indem sie das Neue Testament und vor allem das Vorbild Jesu gegen jenes starre Legitimationskorsett stellt. Schon der Streit um den Sinnhintergrund des jeweiligen Konfliktes läßt den Graben deutlich werden, der die herrschende Hierarchie von der kritischen Basis trennt.

Der Konflikt selber entsteht dadurch, daß Gruppierungen der Basis Normen oder Bestimmungen verletzen, die von der Kirchenleitung – von den klerikalen Amtsträgern – erlassen worden sind. Dieser Normenbruch wird von oben her durch Druck beantwortet, durch Entlassungsdrohungen bei kirchlichen Angestellten, durch Drohungen mit Geldentzug bei abhängigen Organisationen, durch Drohung mit dem Entzug kirchlicher Anerkennung bei nicht finanziell abhängigen Gruppen. Die kritische Basis gerät damit unter Anpassungsdruck und muß sich entscheiden, ob sie nachgeben, die Öffentlichkeit mittels der Medien um Hilfe angehen oder aber aus dem kirchlichen institutionellen Raum auswandern möchte.

Dieser typische Konfliktverlauf weist auf *fehlende Freiheitselemente* in der römisch-katholischen Kirche hin:
– Es existiert keine Gewaltenteilung, die Gesetzgeber sind die Regenten und zugleich Richter in eigener Sache; der Papst gar gilt

als unangreifbares, unanklagbares, unabsetzbares Oberhaupt, gegen dessen Entscheidungen es keine Einspruchsmöglichkeit gibt. Ihm gegenüber gibt es keinen Widerspruch, nur Gehorsam. Eine Verwaltungsgerichtsbarkeit ist auch im neuen Kirchenrecht nicht vorgesehen, zu deutsch: Die Akte kirchlicher Verwaltung können – im Gegensatz zu den staatlichen Verhältnissen – nicht oder kaum mit juristischen Mitteln bekämpft werden.

– Eine demokratische Abwahl von Bischöfen oder des Papstes ist nicht möglich; es bleibt als Möglichkeit des Machtverlustes lediglich der Sturz nicht genehmer oder gar nicht fügsamer Bischöfe durch den Papst bzw. widerspenstiger Priester durch den Bischof, im Falle des Papstes höchstens der freiwillige Rücktritt. Damit wird aber das Abhängigkeitsverhältnis der niederen Rangebenen von den höheren nur verewigt.

– Eine demokratische Beteiligung aller Kirchenmitglieder findet in eher spielerischem Zusammenhang statt. In den Pfarrgemeinderäten dominiert das Prinzip der Beratung des Pfarrers durch die Laien, nicht das der Entscheidung durch die Gewählten; die wichtigsten Befugnisse liegen nach wie vor bei den Pastoren. So wirken Wahlen und Sitzungen häufig als bloße Ablenkungen von dem Fehlen echter demokratischer Verhältnisse.

– Denkfreiheit und die Erlaubnis zu zweifeln werden nicht gewährt. Die »Freiheit des Evangeliums« steht auf dem Papier, in der Realität zählen Unterordnung und Einordnung. Widersprüche dürfen nicht aufgespürt werden, gesunder Zweifel wird als »Sünde« diffamiert. Theologen dürfen denken, aber nicht bis zur letzten Konsequenz; überschreiten sie eine bestimmte Grenze (z. B. Hans Küng durch seine Attacke auf das Unfehlbarkeitsdogma), spricht man ihnen die Katholizität ab oder beraubt sie wenigstens ihrer Kanzeln oder Lehrstühle.

– Das Instrument einer freien Presse, das die Schwachen schützen und unterstützen könnte, fehlt bis heute. Die Bistumspresse und der offizielle katholische Blätterwald dienen dem Einhämmern »katholischer« Grundsätze. Alternative innerkirchliche Meinungen bleiben ungedruckt: Als z. B. im Kölner Diözesanblatt durch Leserzuschriften die Frage der Zulassung wiederverheirateter Geschiedener zu den Sakramenten diskutiert wurde, schritt das Generalvikariat ein mit der Begründung, in der Bistumspresse habe nur die offizielle katholische Position ein Recht auf Selbstdarstellung. Doch merke: Bulletins sichern keine Pressefreiheit, sie mußte bislang noch immer *erkämpft* werden!

– Christenrechte können in der Kirche nicht eingeklagt werden. Zwar fordert die römische Kirche den Schutz der Menschenrechte im staatlichen Raum, in ihrem eigenen Revier aber hält sie nicht viel davon. Christenrechtsverletzungen wie Sakramentenausschluß, Entzug der Lehrerlaubnis, Diskriminierung, Sexismus, Inquisitionsverfahren können nicht mittels einer (eben dafür gar nicht vorhandenen) kirchlichen Justiz geahndet werden. Die Rechtsverletzer gehen allemal straffrei aus, den Verletzten bleibt nur das »Recht« auf Unterwerfung oder die »Sünde« des Auszugs oder des lauten Widerstands.

Solange diese Grundelemente demokratischer Freiheit in der Kirche fehlen, scheinen Änderungen in der Kirchenstruktur nur von oben her durchsetzbar zu sein. Wandel von unten bedürfte massenhafter Anstrengungen, um Erfolg zu haben – oder eines massenhaften Abfalls, der das Kirchensystem zur Veränderung zwänge. Falls es zu solchen Massenwiderständen kommt, bedarf es schon nicht mehr des Wandlungs*willens* der Oberen. Dann wird Freiheit erstritten, nicht zitternd erbeten werden.

Unterschiede im Kirchenbild

Die Konflikte zwischen Hierarchie und Basis zeigen jedoch noch etwas anderes, nämlich grundsätzliche Unterschiede im Bild von der Kirche. Bewegungen von unten wollen die Anerkennung der Erfahrungen und Betroffenheit aller Kirchenmitglieder als konstitutiv für die Kirche erreichen, im Klartext: Kirche lebt nicht vornehmlich von der richtigen Weihe der Kleriker, sondern zunächst und vor allem aus dem Glauben der Gemeinden. Dies schließt die Mitsprache aller in Dingen des Glaubens und der christlichen Praxis ein sowie die systematische Berücksichtigung wissenschaftlicher Erkenntnisse, die nicht mehr fraglos den Entscheidungen der Kirchenleitung unterworfen werden dürfen (dies gilt v. a. für theologische Erkenntnisse).

Das hierarchische Kirchenbild unterstellt im *theologischen Modell* den Einzelchristen dem Lehramt, das die Bedeutung der Botschaft Jesu Christi allein authentisch interpretieren könne; nicht Authentizität der eigenen Glaubenserfahrung ist gefordert, sondern Gehorsam gegenüber »objektiven« Sätzen und Richtlinien. Im *kirchenpolitischen Modell* gebärdet sich das System Kirche als ungefragter und ungebetener Sprecher der katholischen Christen gegenüber dem

»Partner« Staat, erläßt ehrenamtliche rechtliche Regelungen (Kirchenrecht), die von vornherein Macht von oben verteilen.

Zwischen diesen beiden Kirchenbildern gibt es keine Vermittlung, ein Kompromiß scheint mir nicht in Sicht, geschweige denn möglich zu sein. Vielmehr kommt es unweigerlich zu Durchsetzungskämpfen zwischen den Vertretern beider Vorstellungen. Dabei wird diejenige Partei siegen, die über die besten Ressourcen (Geld, Medien, staatliche Unterstützung, Zugriff auf Anstellungsverträge, rechtliche Festlegungen) verfügt; im Moment ist dies nach wie vor die Hierarchie. Für diesen Durchsetzungskampf werden von oben und von unten her Strategien entwickelt.

Strategien von oben zur Abwehr des Widerstands von unten

Hierarchisch Obenstehende haben bewußt oder unbewußt Strategien des Machterhalts entwickelt, mit deren Hilfe sie Wandel, der von unten kommen könnte, verhindern.

Die wichtigsten dieser Abwehrmechanismen in der Kirche sind:
- die mangelnde Repräsentanz der Betroffenen: Laien, Frauen, Homosexuelle, Alte werden nicht in Entscheidungen einbezogen, man spricht nicht mit ihnen, sondern über sie.
- Subsidiarität (nach diesem Prinzip gelten »Hilfe zur Selbsthilfe« und Handlungsfreiheit der Untenstehenden gegenüber höheren Einheiten als vorrangig) verlangt die Kirche nur für sich als Institution gegenüber außerkirchlichen Partnern, aber sie verwirklicht dieses Prinzip nicht in ihrem Inneren. Nichtapprobierte Aufbrüche haben so keine Durchsetzungschancen, weil sie kein Recht auf Gehör besitzen. Daher sind politische Umschwünge – wie z. B. in der Friedensfrage – in der Bischofskonferenz eher möglich als theologisch-innerkirchliche. Und nach wie vor ist es offensichtlich einfacher, von anderen das zu verlangen, was man selber nicht zu geben bereit ist.
- Die Brüderlichkeitsideologie hebelt Kritik als liebloses Gebaren aus. Aus der »Brüderlichkeit« wird ganz unbedarft Konfliktfreiheit abgeleitet. Streit soll innerkirchlich nämlich vermieden werden, er könnte sich sonst als Instrument des Wandels auswirken. Dies gilt allerdings nicht gegenüber den »Partnern« der Kirche, wie dem Staat, denn hier geht es um Wandlungen, wie sie die Institution Kirche wünscht, hier darf also gestritten werden.
- Tabuisierungen: Durch Sprechverbote lassen sich allemal Veränderungen verhüten. Der Angstzwang Betroffener (z. B. des Zöli-

bats) verhindert das Bekennen der Abweichung, wodurch die Chance verlorengeht, Gleichgesinnte zu sammeln und eine widerständige Solidaritätsgemeinschaft zu gründen (erste Ansätze gibt es allerdings bei Zölibatsgeschädigten: Frauen, die als Partnerinnen zölibatär Lebender betroffen sind, bilden allmählich Kreise und Organisationen, die zum Kampf gegen unmenschliche Sexualvorschriften aufrufen).

– Personalpolitik: Angestellte im kirchlichen Dienst bleiben abhängig und werden vieler Rechte beraubt, die Arbeitnehmern in anderen Bereichen schon lange gewährt sind. Diese tendenzielle Rechtlosigkeit oder Rechtsunterprivilegierung hemmt den Widerstand der »Professionals«.

– Personalfilter bei Klerikern: Nur konservative Führungspersonen werden in die oberen Ränge berufen. Bischöfe werden von oben gewählt, unliebsame Geistliche verschiedenen Ranges durch systematische Diffamierung oder durch erzeugte Resignation hinausgedrängt.

– Wandel von oben, etwa durch eine Einladung zur Beteiligung aller an der Seelsorge. Wandel von oben ist noch die fairste Strategie; eigentlich soll sie allen die Möglichkeit zur Mitwirkung erleichtern. Dennoch ändert sie an der grundsätzlichen Machtverteilung nichts – und Tabus bleiben nach wie vor unantastbar!

Diese Strategien konnten bislang recht erfolgreich Erneuerungsbestrebungen der Basis abtöten. Ob dies auf Dauer gelingt, wird von dem Erfolg der *Gegenstrategien* abhängen, die von unten her entwickelt werden: Dazu zählen ganz unterschiedliche Methoden des Widerstandes und der Machtauflösung.

Gegenstrategien von unten

– Die erste Strategie ist beinahe ein halbes Jahrtausend alt; sie entfaltete einst eine ungeheure Massenwirkung und hat der geographischen Ausdehnung des Katholizismus einen gehörigen Schlag versetzt. Ich spreche von der Alternative des Konfessionswechsels, konkret vom Protestantismus. Zwar ist die Zeit des Massen»abfalls« (jedenfalls bis dato) vorbei, aber Übertritte gibt es nach wie vor. Wegen des »friedlichen« ökumenischen Klimas verpönt man alle massiven Versuche, die Mitglieder der anderen Kirchen zur Konversion zu bewegen. Die Strategie des Konfessionswechsels, um große Bevölkerungsgruppen einer hierarchisch verfaßten Macht zu entreißen, umweht zur Zeit der Geruch der Inopportunität. Für viele Menschen bleibt aber nach wie vor die Konversion ein Weg, ihrem Suchen nach Wahrheit sichtbar Ausdruck zu verleihen.

– Das revolutionäre Modell strebte durch den Aufbau einer alternativen Institution einen massenhaften Aufstand gegen das Bisherige an; die »Revolutionäre« versuchten, durch eine organisierte Gegenbewegung die bisherige Kirche zur Reform zu zwingen. In der Kirchengeschichte zählen hierzu die sogenannten »Ketzerbewegungen«, seit 1870 die altkatholische Kirche, die von exkommunizierten Katholiken gegründet wurde, welche gegen Unfehlbarkeit und Weltherrschaft der Päpste angingen. Die Ketzerkirchen wurden regelmäßig ausgerottet (man denke an die Katharer und die Albigenser), die Altkatholiken nahmen zahlenmäßig immer mehr ab (in Deutschland von 70 000 im Jahre 1873 auf knapp 16 000 heute), so daß von ihnen keine dauerhafte kirchenrevolutionäre Wirkung ausgehen konnte. Der Versuch, aus dem alten Reformgedanken neue Funken zu schlagen, den Altkatholizismus als Widerstandsbewegung nach seinem Dornröschenschlaf wieder zu erwecken, scheiterte am Widerstand innerhalb der Kleinkirche selber.

– Im Verweigerungsmodell kommt es zum Kirchenaustritt und damit zum Steuermittelentzug, die aber nicht als Ende des persönlichen Christseins oder als erster Schritt des Übertritts in eine andere Kirche verstanden werden. Dahinter steckt jedoch einschlußweise und zumeist noch unreflektiert jene Unterscheidung zwischen struktureller und korporativer Institution, die Johannes Heinrichs durchgeführt hat: »Strukturelle Institution« ist z. B. die Kirche als Organisation religiösen Lebens mit Gebeten, Sakramenten, Gemeinschaftsformen, Bibel; dagegen versteht man unter »korporativer Institution« eine äußerlich umschriebene Menschengruppe mit einem bestimmten Macht- und Rollensystem. Wir haben es in dem einen Fall mit Kirche als Gemeinschaft von Glaubenden zu tun, in dem anderen mit Kirche als Gruppe mit festgelegter Mitgliedschaft per Kirchensteuereintrag. Gemäß dieser Unterscheidung kann man, wie z. B. Heinrich Böll dies tat, die rk-Kirchensteuer-Eintragung aus der Lohnsteuerkarte streichen lassen und dennoch katholisch bleiben. Juristisch erfolgt zwar der Kirchenaustritt, aber von der Anbindung an Jesus und an die Gemeinschaft der Glaubenden her bleibt Zugehörigkeit be-

stehen. Andere bilden freie katholische Gruppen, die ihr katholisch geprägtes Christentum ohne Mitgliedschaft in der römisch-katholisch-korporativen Kirche leben wollen.
– Das evolutive Modell versucht, eine *alternative Praxis* zu entwikkeln: Basisgemeinden, Christenrechts-Komitees, Initiativen von unten arbeiten daran, daß eine (nichtkonfessionalistische) Kirche von unten her hochwächst, eine Kirche mit neuem Selbstverständnis, aber mit Anbindung an die Anfänge des Christentums, an seine Frohe Botschaft – gefährlich wird es nur, wenn sich darin ein verkappter Traditionalismus versteckt, der zur Aushebelung kritischen Potentials führen muß.

Als Taktiken innerhalb dieses evolutiven Modells kommen in Frage: Kommunikation mit der Kirchenspitze, um für Verständnis und um Einsicht zu werben; Gegenöffentlichkeit durch alternative Presse und alternative Katholikentage; die Überlastung des Systems Kirchenverwaltung durch eine Überhäufung mit Konflikten: kein bürokratischer Apparat wird mit einer Flut von Normbrüchen fertig; ein eventueller Boykott von Kirchensteuerzahlungen; die langfristige Trennung von Kirche und Staat; schließlich die Anwendung der Befreiungstheologie als Widerstandstheologie der Armen in der Dritten Welt auf innerkirchliche Verhältnisse als Widerstandstheologie der Ohnmächtigen *(alternative Theorie)*.

Statt Widerstandsstrategie die Anpassung?

Die meisten der unzufriedenen Kirchenmitglieder wenden keine der oben angeführten Strategien an. Ein Teil von ihnen zieht sich trotz andauernder Gefühle des Unwohlseins lieber in die Innerlichkeit zurück, bleibt desinteressiert oder paßt sich an, hält die Herrschaft des Unreformierten also am Laufen. Ein anderer Teil leistet keinen Gehorsam mehr, stützt zwar durch Mitgliedschaft einerseits weiterhin die Machtverteilung und Ressourcengewinnung (Kirchensteuern!), folgt aber andererseits im Privaten den eigenen Vorstellungen und läutet so das Ende wenigstens der Herrschaftsausdehnung ein. In diesem Sinne war der »Ungehorsam« der Katholiken gegenüber der Pillenenzyklika »Humanae Vitae« Pauls VI. einer der nachhaltigsten Machtverluste in der Kirchengeschichte. Ein dritter Teil der Unzufriedenen schließlich, der sich selber modern wähnt, wendet den Freiheitsanspruch vom Kircheninneren nach außen, ins Politische; statt den Wandel in Kirche *und* Gesellschaft zu fordern, nimmt man kirchliche Unfreiheit in Kauf und ruft um so lauter nach gesellschaftlicher Freiheit. Doch merke: Freiheit ist unteilbar. Und: auch wohlmeinende Ablenkung des Freiheitswillens stützt die Unfreiheit.

Worauf es ankäme

1. Die alternative Theorie, d. h. eine Theologie der innerkirchlichen und im Gefolge auch gesellschaftlichen Befreiung, müßte mit der alternativen Praxis, d. h. einem basis- und gemeindekirchlichen christlichen Lebensstil, verschwistert werden. Dann würden beide genügend Durchschlagskraft gewinnen. Basisgemeinden ohne Kirchenkritik und alternative Kirchentheorie bleiben wirkungslos, ebenso wie eine befreite Kirchentheorie ohne alternative Institution nicht befreiend zu wirken vermag.

2. Katholiken müssen ihre Angst verlernen, Durchsetzungskämpfe in der Kirche mit Hilfe politischer Taktik durchzuführen. Liebe zur Kirche (als Gemeinschaft, nicht als Rechtsverband) und Selbstinteresse widersprechen sich nämlich nicht grundsätzlich. Der Vorwurf der »Lieblosigkeit« oder der »lieblosen Kritik«, der gerne aus Machthabermund ertönt, will nur den Widerstand von unten kastrieren! Dabei würde die Freiheit zum Streit alle in der Kirche befreien, die »unten« und die »oben«, denn Unfreiheit macht alle unfrei, die Unterworfenen ebenso wie die Mächtigen. Aber die Frohe Botschaft ruft nicht in die Sklaverei, sie ruft in die Freiheit.

Ist das römische System noch »therapierbar«?

Die Herstellung von Freiheit für die Menschen in einem Sozialkörper, der Unterdrückung vervielfältigt, kann man als die »Therapie« dieses Systems bezeichnen. Aus dem kranken und krank machenden Koloß soll eine freie und frei machende Kommunikationsgemeinschaft werden. Solange noch Chancen bestehen, daß eine große Institution in diesem Sinne therapierbar ist, lohnt sich der Kampf um Veränderung ihrer Strukturen. Wenn dies nicht der Fall zu sein scheint, bleibt nur der Ausmarsch seiner Mitglieder.

Ich möchte konkret fragen: Ist die römisch-katholische Kirche *als Institution* noch therapierbar (es geht hier nicht um Einzelpersonen, also etwa den Papst oder Bischöfe, auch nicht um einzelne Gemeinden, sondern um die Rechts-, Macht-, Kommunikations- und Erziehungsstrukturen der gesamten Kirche)? Zur Beantwortung der Frage will ich nachsehen, welche Verbote im Kircheninneren herrschen und welche »Lizenzen« für Veränderungen eingebaut sind. Schauen wir zu, wie die Untersagungen im römischen Kirchenverband lauten:

1. Da gibt es zunächst das *Denkverbot* in Form einer eingeschränkten Zulassung: »Denke nur, solange du an den dogmatischen, juristischen und moralischen Grundfesten nicht rüttelst!«, noch deutlicher: »Überlasse dein Denken anderen, die es besser wissen, nämlich den hierarchisch Höheren und ihren Vorgängern!«

2. Daneben trifft man auf eine äußerst widersprüchliche Forderung: »Liebe – aber liebe nicht!« Du sollst alle Menschen lieben, aber sexuell darfst du sie nur insoweit lieben, wie wir es dir erlauben, und falls du gar Ordensperson, Priester oder sonstwie unverheiratet bist, sind dir erotische Selbstliebe und sexuelle Beziehungen zu anderen ganz und gar verboten: So formuliert man die klarere Version dieses Verbotes.

3. Schließlich ertönt ein letztes Anathema: »Wage es ja nicht, deinen Gefühlen zu trauen!« Zweifel gegen kirchlich-hoheitliche Glaubensfestlegungen, berechtigter Neid auf ungerechtfertigte Privilegien, Ekel vor religiöser Zwanghaftigkeit und Unechtheit, Zorn auf die klerikalen Oberherren oder gar menschenverachtenden Züge der Kirche werden als Sünde diffamiert, »Liebe zur Kirche« im Sinne einer kritikvernichtenden Unterwerfung unter die herrschenden Zustände wird als unechtes Gefühl in die Seelen implantiert, um deren Widerstandsgeist endgültig zu brechen.

Denkverbot, Liebesentzug, Gefühlsverwirrung: diese Laster können weder gesund machen noch Ansätze bieten für eine Therapie des Systems. Wer diese zerstörerischen Fehlhaltungen und Lebensbefehle zur Herrschaft führt, immunisiert das System gegen jeden Eingriff, der es verwandeln könnte.

Wie steht es aber mit der Erlaubnis, Kirche zu verändern? Die »Ecclesia semper reformanda«, die stets zu erneuernde Kirche, mag ein hohes Leitbild sein; institutionalisierte Momente der Ermöglichung von Reformation gibt es nicht. Nicht einmal Synoden oder Konzilien besitzen Durchsetzungsgewalt ohne päpstliche Zustimmung; die Masse der »Laien« kommt gegen die verfassungsmäßigen Rechte des zahlenmäßig winzigen Klerus nicht an. Selbst die kritische Kraft der Wissenschaft führt sich mittels Selbstzensur in die Steppe der Wirkungslosigkeit. Nur freie, unzensierbare und unabhängige Instanzen (eine autonome Theologie, eine unabhängige Presse – ohne »Schere im Kopf« –, ein Verfassungsgericht, die Zulassung von Opposition und freien Wahlen und Abwahlen durch alle Machtebenen hindurch) könnten die Kirche therapierbar machen. Aber da sind die alten Mächte vor, diese Möglichkeiten haben sie ausgespart. Wer dennoch versucht, sie zu verwirklichen, hat seine kirchliche Karriere endgültig verwirkt.

Meines Erachtens ist die römisch-katholische Kirche in ihrer jetzigen Form ein unheilbarer Riese. Nach einem »engelgleichen Papst«, den das Spätmittelalter sehnsüchtig erwartete und auf den sich alle Hoffnungen eines tiefgreifenden Wandels stützen könnten, braucht heute keiner Ausschau zu halten. Oberhaupt wird man nur durch Systemtreue! Die einzige Möglichkeit zur Therapie bestünde in massenhaftem Auszug, in einer Revolution, in deren Verlauf die christlichen Gemeinden sich weigerten, Geld und Gehorsam nach oben zu opfern, und ihre eigenen Regeln für ein christliches Dasein einschließlich der Formen der Gemeindeleitung entwerfen würden. Nach der Entmachtung der juristischen Oberherrschaft könnte dann durch freiwilligen Zusammenschluß von Einzelgemeinden eine erneuerte Kirche von unten wachsen. Die Basiskirchenbewegung vermochte zwar erste Schritte in dieser Richtung zu gehen. Ansonsten aber sind die Chancen für eine Kirchenrevolution zur Zeit denkbar schlecht. Eher schon werden Millionen in die Konfessionslosigkeit, in die religiöse Indifferenz, in kleinere Religionsgruppen sowie in andere Großkirchen (protestantischer Prägung) abwandern. *Diese* Zukunft hat bereits begonnen!

HANS KÜNG

Kardinal Ratzinger, Papst Wojtyla und die Angst vor der Freiheit

Konformismus bedeutet für jede Gemeinschaft den Tod;
für jede Gemeinschaft ist eine loyale Opposition notwendig.

KAROL WOJTYLA, 1969

L ange habe ich mich mit einer Zwischenbilanz zum gegenwärtigen Kurs des Vatikans zurückgehalten. Alte Wunden schmerzten noch, und neue Aufgaben reizten. Freilich habe ich nie aufgehört, als Theologe und Christ diese katholische Kirche als meine geistige Heimat zu betrachten und zugleich als ökumenischer Theologe für die Menschen in allen christlichen Kirchen zu arbeiten. Aber gerade weil ich tagtäglich zu spüren bekomme, wie viele Männer und Frauen, Mitbrüder im geistlichen Amt besonders, unter dem gegenwärtigen Kurs leiden, kann ich nicht länger schweigen. Macht es mich doch traurig und zornig zugleich, was in den achtziger Jahren mit unserer Kirche geschieht, nachdem der konziliare Aufbruch in den sechziger Jahren so hoffnungsvoll war.

Nicht um eine billige Polemik gegen Personen geht es mir. Vielmehr will ich der traurigen und zornigen Grundstimmung so vieler Menschen weit über die katholische Kirche hinaus öffentlich Ausdruck verleihen. Nur wenige haben dazu die Möglichkeit – leider. Um so größer empfinde ich meine Verpflichtung und Verantwortung, aus meinem Engagement für diese meine Kirche die notorischen »Gravamina« (Beschwerden) vieler vorzutragen: ohne Angst vor Prälatenthronen ein deutliches Wort in christlichem Freimut. Dies muß zunächst im Blick auf eine eben erschienene Publikation des zweiten Mannes im Vatikan geschehen, den »Rapporto sulla fede« (»Glaubensrapport«) des Kardinals Joseph Ratzinger: In ihm dürften kuriale Analysen und Wunschergebnisse der kommenden Bischofssynode umschrieben sein.

Die düsteren Visionen des Kardinals

Joseph Ratzinger hat Angst. Und wie der Großinquisitor bei Dostojewski fürchtet er nichts mehr als die Freiheit. Neu-alte Töne aus Rom: Ratzinger erscheint kurialer Machtanspruch wieder als göttliches Privileg; Kritik, gar Widerstand: nicht vorgesehen;»hartnäckiger Zweifel« an einer Glaubenswahrheit: ein »Verbrechen gegen die Religion und die Einheit der Kirche«, das gemäß Kanon 751 des »neuen« vatikanischen Kirchenrechts (1983) mit Exkommunikation bestraft wird. Der jetzige effektive Chef des Ex-»Sanctum Officium«, der schon vorher in Notre-Dame zu Paris die französische Katechese abgeurteilt, die ökumenischen Vorschläge Karl Rahners und Heinrich Fries' »Einigung der Kirchen – reale Möglichkeit« als theologische Akrobatik abqualifiziert, das Einigungsdokument der offiziellen internationalen anglikanisch-römisch-katholischen Kommission (ARCIC) als unreif schubladisiert und die lateinamerikanischen Bischöfe in Bogotá persönlich korrigiert und indoktriniert hatte, hat nun seine Karten vollends aufgedeckt, hart, wenngleich in moderatem Ton.

Vom Glauben ist dabei freilich wenig die Rede, viel aber von der Amtskirche, von Dogmen und Doktrinen und vor allem von »unkatholischen« Abweichlern in Episkopat und Theologie: in geschickter Argumentation doch ein Rundumschlag, der allen Disziplinen und Kontinenten gilt. Stehen wir vor einer neuen Antimodernisten-Kampagne?

Ein Kirchenjournalist dient dazu, »Seiner Eminenz« mit seinen Fragen rote Teppiche auszubreiten. Und schon im ersten Kapitel verteidigt der »Präfekt des Glaubens« die Notwendigkeit der Exkommunikation, die, gegen notorische »katholische« Verbrecher wie Adolf Hitler und lateinamerikanische Diktatoren nie ausgesprochen, hier deutlich kritischen katholischen Theologen angedroht wird. Ach nein, die alte Inquisition ist tot; es lebe die neue: Der Kardinal, der »tagtäglich aus allen Kontinenten die allergeheimsten Informationen empfängt«, tut gewiß sein Bestes, um auf alle diese Informationen tagtäglich auf allergeheimste Weise zu reagieren. Es genügt schon, daß ihm eine – zufällig im Autoradio mitgehörte – kirchliche Sendung aus Österreich mißfällt, und schon wird der Bischof des betreffenden Referenten in einen langen offiziellen Briefwechsel verwickelt, damit er gegen diesen tätig werde. Man weiß ja: Bischöfe, Ordensobere, Nuntien haben dem obersten Glaubenswächter und seinem »Heiligen Offizium« jederzeit zur Verfügung zu stehen.

Nur bei bekannteren Opfern vernimmt man davon etwas in der Öffentlichkeit, und wehe den Schwachen! Verbrannt wird niemand mehr, aber psychisch und beruflich vernichtet, wo immer notwendig (der ehemalige Dekan der theologischen Fakultät Le Saulchoir-

Paris, abgesetzt und von den kirchlichen Ämtern suspendiert, verdient seinen Lebensunterhalt jetzt als Büroangestellter). In ganz wichtigen Fällen – so im Fall des widerspenstigen lateinamerikanischen Episkopats – reist Ratzinger mit einem ganzen Trupp in das betreffende Land, um dieser Bischofskonferenz unmißverständlich klarzumachen, was die »katholische Wahrheit« ist, oder aber man lädt einen ganzen Episkopat (wie in den Fällen Holland, Schweiz) nach Rom zu einer mehrtägigen »Klausurtagung« (»Spezialsynoden« als neues kuriales Herrschaftsinstrument). Kann man sich angesichts dieser weltweiten Tätigkeit des deutschen Kurienkardinals, der seine Ängste nach außen projiziert, verwundern, daß manche in Deutschland äußern, dieser Mann habe das Reformerbe des deutschen Konzil-Kardinals Frings verraten, dessen theologischer Berater Ratzinger vor 20 Jahren war und der als erster mit gewaltigem Beifall des Konzils die inquisitorischen Praktiken der »Kongregation für die Lehre des Glaubens« – damals noch schlicht »Sanctum Officium« (»Romanae et Universalis Inquisitionis«) genannt – anprangerte?

Der Präfekt der Kongregation für die Glaubenslehre wird natürlich nie zugeben, daß die unbestreitbare nachkonziliare Krise der katholischen Kirche im Entscheidenden »hausgemacht«, besser »vatikanogen«, ist. Überhaupt werden die Fehlentscheide des römischen Lehramtes in den letzten Jahrhunderten – vom Fall Galilei und dem chinesischen Ritenstreit über die Indizierungen der bedeutendsten Denker Europas (Descartes, Kant, Sartre usw.) und die Verurteilung der Menschenrechte bis zum Fall Teilhard de Chardins, den französischen Arbeiterpriestern und den schonungslosen Theologensäuberungen unter Pius X. und Pius XII. – mit Schweigen übergangen. Der Vatikan öffne sein Geheimarchiv bis in die zwanziger Jahre, wurde eben dem Historiker-Weltkongreß in Stuttgart feierlich vom Papst mitgeteilt. Aber das allergeheimste Archiv, das der Inquisitionsbehörde, bleibt nach wie vor gänzlich verschlossen. Man weiß, warum.

Statt bei der Kirche selbst hat der frühere Reformtheologe auf einmal die in die Kirche eingebrochene »Moderne« als Ursprung allen Übels erkannt – und dies in einer Selbstgerechtigkeit, Geschichtsvergessenheit und Realitätsblindheit, die man angesichts eines in den sechziger Jahren beachtlichen theologischen Œuvres gerade bei ihm nicht für möglich gehalten hätte. Als Theologe hatte sich Ratzinger freilich schon immer mehr am pessimistischen Augustin als am realistischen Thomas von Aquin orientiert. Nun ist er vollends zum »Unglückspropheten« geworden; vor solchen hatte Johannes XXIII. zur Eröffnung des II. Vatikanums noch gewarnt. Die Methoden sind die üblichen: Karikierungen des Gegners als Unruhestifter, der sich herausnehme, die heilige Ordnung zu stören; Schönfärberei der eigenen Geschichte und Gegenwart; die diffamierende Sprache des Konservativen modern-liberal verbrämt; nicht selten Konstruktion schiefer Gegensätze und Aufreißen falscher Fronten, was in Ketzerriecherei gipfelt.

Es ist die Überheblichkeit der Macht, die sich hier spiegelt: Den (unbequemen) Bischofskonferenzen spricht der Ex-Professor nun von oben herab jegliche theologische Autorität ab; aufgeschlossene Theologen in aller Welt – von den Exegeten über die Dogmatiker und Ethiker bis hin zu den Praktikern und Liturgikern – werden abgeurteilt von einem, der selber einmal Theologe und Bischof war, jetzt aber – aufgrund seines vor kurzer Zeit erlangten römischen Amtes – sich als die fleischgewordene Norm katholischer Orthodoxie in der Welt aufführen zu können glaubt: »La vérité catholique – c'est moi!«

»Ich habe das Gefühl, daß durch eine Ritze der Rauch des Satans in den Tempel Gottes eingedrungen sei«, dieses Wort Pauls VI. wird im »Glaubensrapport« positiv aufgenommen. Auch Ratzinger, der in seiner Tübinger »Einführung in das Christentum« (1968) den Teufel noch vornehm übergangen hatte, sieht jetzt in ihm eine »geheimnisvolle und aufs Ganze gesehen objektive personale Wirklichkeit«. Und Theologen, die »Teufel« nicht als »gefallene Engel«, sondern als Symbol für die »Macht oder Mächte des Bösen« verstehen wollen (so nach Bibelaussagen auch das II. Vatikanum), disqualifiziert Ratzinger als rationalistische »Philosophen oder Soziologen«, die sich einfach ans moderne Weltbild anpaßten. Am Werk sieht er den Teufel vor allem in der modernen Welt, nicht aber an der Kirchenspitze.

Zum traurigen 500-Jahr-Jubiläum der berüchtigten Hexenbulle von Papst Innozenz VIII. (1484; möglicherweise neun Millionen Opfer der Hexenprozesse, Produkte von Teufelsglauben und sexualpathologischem Verhalten) redet so der Repräsentant einer Institution, welche noch in unseren Tagen in einen der größten Finanzskandale überhaupt samt Mafiamachenschaften verwickelt ist, ohne daß daraus bisher strukturelle oder personelle Konsequenzen gezogen wurden. Wahrhaftig: welch ein Kontrast zwischen Anspruch und Wirklichkeit ...

Zurück zum Römisch-Katholischen

Aber mit dem Verschweigen all der Irrtümer und Skandale in Geschichte und Gegenwart korrespondiert die einnehmend vorgetragene Doktrin im Rapport unseres »Glaubenspräfekten«:

1. Die protestantische *Reformation* (Beginn der neuzeitlichen Dekadenz) wird in theologischer Oberflächlichkeit abserviert; vor einem die Schuld allzu heftig bekennenden katholischen »Masochismus« und einer »Protestantierung« (= Beginn der verderblichen »Modernisierung«) wird gewarnt; Luther müßte noch immer als unkatholischer Häretiker verurteilt werden, weil er die Unfehlbarkeit der Konzilien leugnete, die Tradition verachtete und die Autorität des Individuums über Schrift und Tradition setzte (ob die Protestanten jetzt das Protestieren wieder mehr selber übernehmen, statt es kritischen Katholiken zu überlassen?).

2. Die *ökumenische Verständigung* nicht nur mit den Protestanten, sondern auch mit Orthodoxen und Anglikanern, wird trotz aller ökumenischen Kommissionsarbeit durch beinahe zwei Jahrzehnte und aller daraus hervorgegangenen offiziellen Konsenspapiere (»keine wahrhaft vitale Annäherung«) faktisch auf den Sankt-Nimmerleins-Tag verschoben: Die Protestanten besäßen nun einmal keine gültig ordinierten Pfarrer und keine gültigen Abendmahlsfeiern (deshalb keine Abendmahlsgemeinschaft mit ihnen), auch die Orthodoxen lehnten ja die Prärogativen des römischen Bischofs (Jurisdiktionsprimat und Unfehlbarkeit) ab, und die Anglikaner sprächen sich neuerdings für so unkatholische Anliegen wie die Zulassung wiederverheirateter Geschiedener zu den Sakramenten, die Ordination der Frau und andere problematische moraltheologische Desiderate aus. So ruft denn Ratzinger die Protestanten unverblümt mit Berufung auf die »katholisch« vereinnahmte Bibel zur Rückkehr in die römisch-katholische Kirche auf: »Aber die Bibel ist katholisch! ... sie annehmen, wie sie ist, ... bedeutet also, in den Katholizismus eintreten.«

3. Das *Mittelalter* (und der bayerische Katholizismus) wird verschiedentlich als Vorbild hingestellt: »Die große Tradition der Kirchenväter und der Meister des Mittelalters war für mich überzeugender« (als Reformation und Moderne); mittelalterliche Bräuche und Auffassungen – nicht nur Ablaß, Rosenkranz, Fronleichnamsprozes-

sion und Zölibat, sondern auch die Überhöhung Mariens (»Über Maria nie genug!«), Marienerscheinungen (das obskure »Geheimnis« von Fatima) und die inferiore Stellung der Frau – werden von Ratzinger wieder als wesentlich katholisch empfohlen.

4. Jegliche *moderne Interpretation* problematischer Kirchendoktrinen – von den persönlichen Teufeln und Schutzengeln und der Erbsünde über bestimmte Christus- und Kirchentheorien bis hin zu den »letzten Dingen« – wird, unbekümmert um die Ergebnisse der (angeblich immer ideologischen) historisch-kritischen Bibelforschung und Dogmengeschichte, mit einer unbegründeten Berufung auf die »Einheit von Bibel und Kirche« und eine angeblich einheitliche kirchliche Tradition abgelehnt und so die Schrift als kritische Norm für Kirche und nachbiblische Tradition faktisch verabschiedet (»Allein die Tradition!«).

5. Das *II. Vatikanum* hat nach Ratzinger kaum Gutes gebracht, sondern mit viel »Abwegigem« und »Schrecklichem« einen »fortschreitenden Verfallsprozeß« eingeleitet, wogegen er integralistisch die »volle und integrale Katholizität« und eine »recentrage«, also eine »Wiederzentrierung« auf Rom (und gegen die Bischofskonferenzen auf den leichter zu manipulierenden Einzelbischof), zur Geltung bringen will. Daß wie die Zahl der Priester, so auch die Zahl der Klosterfrauen drastisch zurückgegangen ist (in der nonnenreichsten Gegend der Welt, im kanadischen Quebec, von 1961 bis 1981 Rückgang der Schwestern um 44 Prozent, der Neuberufenen sogar um 98,5 Prozent), führt er nicht etwa auf die frauenfeindliche Politik des Vatikans zurück, sondern auf Feminismus in den Klöstern, auf Psychoanalyse, Soziologie und politische Theologie. Das Heilmittel gegen moderne Frauenemanzipation und feministische Theologie nach Ratzinger? »Maria, die Jungfrau, Feindin aller Häresien.«

Restauration als Programm

Der Chefredakteur der nicht gerade progressiven katholischen Herder-Korrespondenz, David Seeber, hat die Kernfrage des »Glaubensrapports« Joseph Ratzingers durchaus richtig analysiert (»Süddeutsche Zeitung« vom 20./21.7.1985): »Seine strikte Ablehnung all dessen, was nur entfernt mit dem ›rationalistischen‹ Geist der Aufklärung zu tun hat, läßt indessen erkennen, was *Restauration als Programm* für ihn wirklich bedeutet: eine Reinigung des Konzils und des kirchlichen Glaubenslebens von allen Beimengungen der Moderne, die in der Reformation angelegt sind und in der Aufklärung ihren das Christentum definitiv verfälschenden Ausdruck finden ...«

Worauf läuft dieser »Glaubensrapport« mit seiner vorkonziliaren Forderung nach »integraler Katholizität« und der »Wiederzentrierung« auf Rom praktisch-politisch hinaus? Auf das eine: Die gefährdete Macht »Roms« (= der Kirche = Christi = Gottes) über die Seelen der Menschen in Dogma, Moral und Kirchendisziplin muß nach Ratzinger mit allen Mitteln (Papalismus und Marianismus in eins) gefestigt und wieder ausgebaut werden. Wenn diese kuriale Macht und ihr zentral gelenktes römisches System gesichert sind, ist die Kirche gerettet. Dafür braucht es keine demokratischen Gesellschaften mit ihren weithin verderblichen modernen Freiheiten. Nein, nach Ratzinger funktioniert die Kirche heutzutage eigentlich nur in den totalitären Staaten des Ostens richtig, wo man immerhin Pornographie, Drogen und anderes einfachhin nicht zuläßt. Würde man dort der Amtskirche für ihre Verkündigung, ihre Schulen, Vereine und sonstigen Einrichtungen etwas mehr Freiheit geben und den Atheismus nicht in unkluger Weise zur Staatsideologie machen, wären diese Regime, so scheint es, für die Kirche im Grunde akzeptabler als jene demokratischen des Westens, die der Papst ja auch ständig (und wahrhaftig nicht zu Unrecht) wegen ihres Permissivismus und Konsumismus tadelt. Man erinnert sich bei dieser Gelegenheit an die oft genug bekundete Sympathie des Vatikans für totalitäre katholische Regime und an das Hitler-Konkordat (1933), das der deutschen Hierarchie noch heute ihre unangreifbare Machtposition in der deutschen Gesellschaft als »Staat im Staate« juristisch und finanziell sichert. Dafür wird von Ratzinger gegen die neueste Geschichtsforschung (G. Denzler), die das unheilvolle Schweigen und die Angepaßtheit des deutschen Episkopats gegenüber dem Nazismus vielfach belegt hat, die katholische Kirche in eine Institution des Widerstandes umfunktioniert, während im Protestantismus ja nur Einzelpersonen Widerstand geleistet hätten ...

Was also ist von diesem »Glaubensrapport« zu halten? Sind dies wirklich nur die privaten Visionen eines römischen Kurienbeamten, der seine eigenen Ängste vor der Welt auf die Kirche als ganze projiziert? Nein, dieses Buch wäre nicht der Rede wert, wäre es eben nicht ein kirchenpolitisches Signal ersten Ranges, würde man in dem Buch nicht auch die Stimme seines Herrn vernehmen. Es ist somit ein *doppeltes Signal*: Signal für einen Pontifikat, der sich in sieben Jahren immer stärker in die Sackgasse manövriert hat, und gleichzeitig Signal an die kommende Bischofssynode, die im Herbst endgültig auf den römischen Kurs eingeschworen werden soll.

Die sieben mageren Jahre des Papstes

Die guten Intentionen des Papstes und sein unermüdliches Bemühen um Identität und Klarheit des katholischen Glaubens müssen anerkannt werden, nur – man darf sich durch Medienspektakel nicht täuschen lassen: Im Vergleich zu den sieben fetten Jahren der katholischen Kirche, deckungsgleich mit dem Pontifikat Johannes' XXIII. und dem II. Vatikanum (1958 bis 1962), nehmen sich die sieben Jahre des Wojtyla-Pontifikats eher mager aus: trotz vieler Reden und kostspieliger Pilgerreisen (mit Millionenschulden für manche Ortskirchen) kaum ernst zu nehmende Fortschritte in katholischer Kirche und Ökumene.

Obwohl Nicht-Italiener, aber aus einem Land, das weder eine Reformation noch eine Aufklärung durchgemacht hatte, schien Johannes Paul II. durchaus nach dem Herzen der Kurie. Ganz in der Art der populistischen Pius-Päpste, doch mit ganz anderem technischen Aufwand, hat der frühere Erzbischof von Krakau, der sich auf dem Konzil in keiner Weise profilierte und auch in der heiklen päpstlichen Geburtenregelungskommission (die Paul VI. großmehrheitlich Gewissensfreiheit in dieser Frage empfahl) durch ständige, politisch gut kalkulierte Abwesenheit auffiel, hat dieser Erzbischof als Papst mit seiner charismatischen Ausstrahlung und seinem darstellerischen Talent dem Vatikan schließlich das geschenkt, was bald auch das Weiße Haus besitzen sollte und was dem Kreml (bis in allerneueste Zeit mindestens) fehlte: den mediengerechten »großen Kommunikator«, der mit Charme und Jet, Sportlichkeit und symbolischen Gesten auch die konservativste Doktrin oder Praxis als annehmbar hinzustellen versteht. Den damit verbundenen Klimawechsel sollten zuerst die um Laisierung einkommenden Priester, dann die Theologen, bald aber auch die Bischöfe zu spüren bekommen.

Immer deutlicher wird nun auch für die Bewunderer, was von Anfang an, allen verbalen Beteuerungen zum Trotz, die reale Intention dieses Papstes war: Die konziliare Bewegung soll gebremst, die innerkirchliche Reform gestoppt, die ökumenische Verständigung mit Ostkirchen, Protestanten und Anglikanern blockiert und der Dialog mit der modernen Welt wieder mehr durch einseitiges Belehren ersetzt werden. Zeichen für die Wetterwende: Johannes XXIII. wird – für den nachkonziliaren kurialen Machtzerfall verantwortlich gemacht – kaum noch genannt. Angestrebt wird statt dessen die Seligsprechung des in jeder Hinsicht umstrittenen Unfehlbarkeitspapstes Pius' IX. Gewiß: Das II. Vatikanum wird von Johannes Paul II. ebenso wie von Ratzinger emphatisch beschworen. Aber beide meinen gegenüber allem »Konzils-Ungeist« das »wahre Konzil«, das keinen Neubeginn bezeichne, sondern einfach in Kontinuität mit der Vergangenheit stehe. Die gewiß unleugbaren, von der kurialen Gruppe abgeforderten konservativen Passagen des historischen II. Vatikanums (die »nota praevia« über die päpstlichen Privilegien wurde dem Konzil von Paul VI. förmlich aufoktroyiert) werden dabei entschieden nach rückwärts interpretiert und seine nach vorwärts weisenden epochalen Neuansätze an entscheidenden Punkten übergangen:

statt der konziliaren Programmworte wieder die Parolen eines erneut autoritären Lehramtes;

statt des »Aggiornamento« im Geist des Evangeliums jetzt wieder die traditionelle sogenannte »katholische Lehre«;

statt der »Kollegialität« des Papstes mit den Bischöfen wieder ein gestraffter römischer Zentralismus;

statt der »Apertura« zur modernen Welt wieder zunehmend ein Anklagen, Beklagen und Verklagen der angeblichen »Anpassung«;

statt des »Ökumenismus« wieder das Akzentuieren alles eng Römisch-Katholischen;

keine Rede mehr von der Unterscheidung zwischen Kirche Christi und römisch-katholischer Kirche, zwischen der Substanz der Glaubenslehre und ihrer sprachlich-geschichtlichen Einkleidung, von einer »Rangordnung der Wahrheiten«.

Bei alldem schwimmt der Vatikan nicht etwa nur wie ein Korken auf den Wellen einer weltweiten konservativen Strömung. Nein, man macht selber sehr aktiv Politik, und zwar bezüglich Zentral- und Lateinamerika, wie Präsident Reagan mit Nachdruck öffentlich bezeugte, gar in direkter Abstimmung mit dem Weißen Haus. Und alles unbekümmert um die Enttäuschung und Frustration an der Basis: Auch die bescheidensten innerkatholischen wie ökumenischen Desiderate etwa der deutschen, österreichischen und schweizerischen Synoden – mit viel Idealismus und hohem Zeit-, Papier- und Finanzaufwand haben sie jahrelang gearbeitet! – wurden von einer selbstherrlichen Kurie ohne jegliche Begründung negativ beschieden; man nimmt es hin, wen kümmert das noch? Die Zahl der Kirchenbesucher, der Taufen und kirchlichen Eheschließungen sinkt ohnehin ständig ...

Der von den Konzilsbischöfen so heftig kritisierte römische Juridismus, Klerikalismus und Triumphalismus feiert trotzdem – kosmetisch verjüngt und modern verkleidet – fröhliche Urständ: vor allem im »neuen« Kirchenrecht (CIC), welches der Machtausübung von Papst, Kurie und Nuntien gegen die Intentionen des Konzils kaum Grenzen setzt, ja, das den Stellenwert der ökumenischen Konzilien schmälert, den Bischofskonferenzen nur beratende Aufgaben einräumt, die Laien weiterhin in völliger Abhängigkeit von der Hierarchie hält und die ökumenische Dimension durchgängig vernachlässigt. Dieses Kirchen-»Recht« wird auch während der häufigen Abwesenheit des Papstes von seiner Kurie in ganz und gar praktische Politik umgesetzt durch eine Fülle neuer Dokumente, Verordnungen, Mahnungen und Weisungen: von Dekreten über Himmel und Hölle bis zur hochideologischen Ablehnung der Frauenordination, vom Verbot der Laienpredigt (jetzt auch noch für theologisch ausgebildete Pastoralreferenten und -innen) bis zum Verbot weiblicher Ministranten am Altar; von direkten kurialen Eingriffen in die großen Orden (Wahl des Jesuitengenerals, Statut der Karmelitinnen, inquisitorische Visitation der amerikanischen Schwesternkongregationen) bis zu den notorischen Lehrzuchtverfahren gegen Theologen.

Man hätte es in der Konzilszeit kaum für möglich gehalten: Die *Inquisition*, die immer wieder ihren Namen (jetzt »Kongregation für die Glaubenslehre«) ändert, ein wenig auch ihre Methode (jetzt mehr sanfter Ton, »Informationsgespräche« und Aktionen hinter den Kulissen), aber kaum ihre Prinzipien (Geheimverfahren, Verweigerung von Akteneinsicht, Rechtsbeistand und Appellation; dieselbe Behörde Anklägerin und Richterin), sie läuft wieder auf vollen Touren: besonders gegen nordamerikanische Moraltheologen, zentraleuropäische Dogmatiker, lateinamerikanische und afrikanische Befreiungstheologen. Mit allen Mitteln gefördert wird dagegen die in Banken, Universitäten und Regierungen mitmischende politisch-theologische reaktionäre spanische Geheimorganisation »Opus Dei«, die ebenfalls mittelalterlich-gegenreformatorische Züge trägt und von diesem Papst, der ihr schon in Krakau nahestand, der Aufsicht der Bischöfe entzogen wurde.

So will denn die Kette der Widersprüche nicht enden: ständiges Reden von Menschenrechten, aber keine praktizierte Gerechtigkeit gegenüber Theologen und Ordensschwestern; heftige Proteste gegen Diskriminierung in der Gesellschaft, aber innerkirchlich praktizierte Diskriminierung gerade der Frauen; eine lange Enzyklika über die Barmherzigkeit, aber keine praktizierte Barmherzigkeit gegenüber den Geschiedenen und den verheirateten Priestern (ca. 70 000, davon allein in Deutschland 7000) und so fort. Auch in dieser Hinsicht »magere Jahre«.

Mehr Zwietracht als Eintracht

Über den Nutzen von *Papstreisen* wurde in den Medien viel berichtet, und es sei das Positive für einzelne und bestimmte Nationen keineswegs in Abrede gestellt.

Manche geistliche Impulse werden von den zahllosen Reden, Appellen und Gottesdiensten ausgegangen sein. Aber für die Kirche als ganze gesehen? Haben in so vielen Ländern die Papstreisen nicht hohe Hoffnungen auf reale Ergebnisse geweckt, die dann aber bitter enttäuscht wurden? Wurde in einem der Länder etwas Entscheidendes zum Besseren gewendet?

Was seine eigene *polnische Heimat* angeht, so hat der Papst seine Möglichkeit für reale politische Veränderungen offenkundig überschätzt: Ohnmächtig muß er nun zusehen, wie der Enthusiasmus im Land in allgemeine Resignation umgeschlagen ist. In *Westeuropa* und den *Vereinigten Staaten* wurden Polarisierung und Antagonismen zwischen konziliar Vorwärtsblickenden und Traditionalisten in der Kirche statt überwunden verstärkt und verhärtet; heilt doch dieser Papst die Wunden der Kirche vielfach nicht, sondern salzt sie, so oft ungewollt mehr Zwietracht als Eintracht fördernd. Zwar verhindert eine perfekte vatikanische Vorzensur allermeist, daß der Papst auf seinen Reisen mit den wahren Fragen von Klerus und Volk konfrontiert wird; kommt er ja ohnehin nicht, um zu hören, sondern, um zu lehren. Aber wenn er – wie in der Schweiz und, für die ganze Welt sichtbar, in Holland – mit unzensierten Fragen konfrontiert wird, dann zeigt es sich, wie wenig das Lehramt auf drängendste Nöte der Menschen und ihrer Seelsorger wirklich zu sagen hat. Besonders augenfällig ist dies bei allen besonders die Frauen betreffenden Problemen. Gegen sie, die modernen, eine zeitgemäße Lebensform suchenden Frauen, führt dieser Papst einen beinahe gespenstisch anmutenden Kampf, vom Verbot der Empfängnisverhütung und der Meßdienerinnen angefangen bis zu dem der Frauenordination und der Modernisierung der Frauenorden. Aber man täusche sich nicht: Die Frauenfrage wird immer mehr zum Testfall dieses Pontifikats werden.

In *Lateinamerika* hat der Papst wegen der vatikanischen Kampagne gegen die Befreiungstheologie, wegen des dem brasilianischen Professor Leonardo Boff auferlegten »Bußschweigens« und der unwürdigen Behandlung lateinamerikanischer Kardinäle und Bischöfe durch Rom an früher selbstverständlicher Sympathie eingebüßt. Die Zweideutigkeit vieler seiner sozialen Appelle beginnt man auch dort nun immer deutlicher zu durchschauen. Und selbst in *Afrika,* wo der Massenjubel anfangs besonders groß war, macht sich ebenso wie bei den Reisen in die Schweiz und nach Holland (zum erstenmal erheblich weniger Schaulustige!) Nüchternheit breit: Bei allen Lippenbekenntnissen zur »Afrikanisierung« der Kirche polemisierte der Papst unnachgiebig gegen die »afrikanische Theologie« und zeigte nicht das geringste Verständnis für gewiß problematische, aber tief verwurzelte Stammestraditionen, wie sie in der »Stufenehe« (zuerst ein Kind und dann die Ehe) und in der (bekanntlich auch bei den Patriarchen Israels anzutreffenden) primitiven polygamen Ordnung (aber auch der faktisch weithin geduldeten Priesterehe) zum Ausdruck kommen. Die programmatische Verkündigung »Wachset und mehret euch« quer durch Afrika, verbunden mit der (in sich widersprüchlichen) Verdammung von Abtreibung *und* Verhütungsmitteln, läßt den Papst in vielen Pressekommentaren zum Mitverantwortlichen an Bevölkerungsexplosion, Hunger und dem erbärmlichen Dauerelend von Abermillionen von Kindern werden. Die Heiligsprechung einer ermordeten Nonne als »Märtyrerin der Keuschheit« und die Einweihung einer neuen 35-Millionen-Mark-Prestigekathedrale (italienischer Architekt), der größten Afrikas, in Abidjan inmitten unbeschreiblicher Armut gehen ebenso an der afrikanischen Realität vorbei wie die Predigten für sexuelle Enthaltsamkeit (oder Methode Knaus-Ogino) und Zölibat.

Viele fragen sich: Was nützen alle sozialen Reden für Menschlichkeit, Gerechtigkeit und Frieden, wenn die Kirche vor allem in denjenigen sozialpolitischen Problemen versagt, wo sie selber einen entscheidenden Beitrag leisten könnte? Dies gilt nicht zuletzt für den ganzen *ökumenischen Bereich.* Es ist ein Trauerspiel: In keinem einzigen Punkt wurde unter diesem Pontifikat ein realer ökumenischer Fortschritt erreicht. Im Gegenteil: Nichtkatholiken sprechen von römisch-katholischen Propagandafeldzügen des Papstes, weil ihre Vertreter praktisch als Statisten und nicht als gleichwertige Partner willkommen waren. Dies alles hat zu einer höchst bedenklichen Abkühlung des ökumenischen Klimas, hat zu Enttäuschung und Frustration unter den ökumenisch Gesinnten in allen Kirchen und bedauerlicherweise auch zu einem Wiederaufleben der in den »sieben fetten Jahren« verschwundenen alten antikatholischen Angstkomplexe und Abwehraffekte geführt; Ratzingers »Glaubensrapport« wird überdeutlich machen, was von den römischen Sonntagsreden in Sachen Ökumene zu halten ist. Innerkatholische und ökumenische *Stagflation* – Stagnation der realen Veränderungen und Inflation der unverbindlichen Worte – gehen in eins.

Bischöfe unter doppeltem Druck

Glücklicherweise aber geht die konziliare und ökumenische Bewegung, wiewohl von oben ständig behindert und verhindert, an der *Basis*, in den einzelnen *Gemeinden* weiter. Wachsende Entfremdung der »Kirche von unten« von der »Kirche von oben«, die bis zur Gleichgültigkeit geht, ist die Folge. Mehr denn je hängt es am einzelnen *Pfarrer* und an einzelnen führenden Laien, inwieweit eine Gemeinde pastoral lebendig, liturgisch aktiv, ökumenisch engagiert und gesellschaftlich interessiert ist. Zwischen Rom und den Gemeinden aber stehen die *Bischöfe*, und ihnen kommt in dieser Krise eine entscheidende Bedeutung zu.

Die Bischöfe – in vielen Ländern Europas, Amerikas, Afrikas und auch Asiens erheblich aufgeschlossener für die Nöte und Hoffnungen der Menschen als viele Kuriale im Hauptquartier – stehen zur Zeit unter einem doppelten Druck: dem der Erwartungen der *Basis* und dem der Befehle *Roms*. Dabei bearbeitet der Papst Bischöfe gelegentlich auch ganz persönlich, damit sie gegen Frauenordination oder Empfängnisverhütung öffentlich Stellung beziehen. Ja, er kann geradezu in Rage geraten, wenn er – angesichts des ständig steigenden Priestermangels und einer absterbenden Seelsorge (wie in der deutschsprachigen Schweiz, so dürften in fünf bis zehn Jahren auch in anderen Ländern nur noch die Hälfte der Pfarreien von Pfarrern betreut sein!) – mit der Tatsache von Zehntausenden verheirateter Priester konfrontiert wird, deren Repräsentanten gerade jetzt vor den Toren Roms ihre eigene Synode abgehalten und um Wiederzulassung zum Kirchendienst gebeten haben.

Im Blick auf längerfristige Veränderungen ist für den Vatikan wie für jedes andere politische System die Personalpolitik von entscheidender Bedeutung. Und im Hinblick auf die gegenwärtige römische

Wendepolitik ist das (der Kurie durch die Zufälle der Geschichte zugewachsene) Privileg der *Bischofsernennungen* zweifellos das Hauptinstrument – wenn man von den schon immer Rom zustehenden
Kardinalsernennungen und der Förderung systemkonformer Theologen absieht.

Nur wenige Bistümer haben sich einige Rumpfrechte der früheren Bischofswahl durch Klerus und Volk bewahrt (welche bekanntlich auch ein zentraler Streitpunkt zwischen dem Vatikan und der
auf Selbstadministration der Kirchen drängenden chinesischen
Volksrepublik ist). Mehr denn je ist es weitsichtige Strategie Roms
(auch Ratzinger spricht darüber), den offenen Episkopat der Konzilszeit sukzessive zu ersetzen durch *doktrinär linientreue Bischöfe*
(besonders bedauerlich in Holland; in Paris, Detroit und im Vatikan
wurden Kandidaten polnischer und slawischer Abstammung präferiert), die nicht weniger gründlich auf volle Orthodoxie getestet und
neu darauf eingeschworen wurden als etwa hohe Funktionäre im
Machtbereich des Kreml. Aber nicht nur in den großen Orden der
Jesuiten, Dominikaner und Franziskaner steht man dem autoritären
Papst reserviert gegenüber, auch in der römischen Kurie klagt und
spottet man über den »Slawophilismus« des Papstes und die »Polonisierung« der Kirche.

Ein Appell

Geeignetes taktisches Mittel für die Langzeitstrategie hin auf eine
umfassende Restauration sowie eine definitive Bändigung des noch
immer allzu selbständigen Episkopats ist für den Vatikan die in
Kürze stattfindende *Bischofssynode*. Sie gilt der Überprüfung der Resultate des II. Vatikanums und der Formulierung von Interpretationsmaßstäben, Richtlinien und Abgrenzungen (katholisch – unkatholisch!).

Man beachte dabei: Statt einer »ordentlichen« (für die die Bischöfe selber ihre Vertreter wählen könnten) hat Rom ohne Dringlichkeit eine »außerordentliche« Bischofssynode einberufen. In ihr
haben nur die eher konservativen und in jedem Fall von Vatikan approbierten Präsidenten der Bischofskonferenzen Sitz. Stimme freilich haben auch sie nicht; Stimme hat nur der Papst allein; die vom
Konzil feierlich beschlossene Kollegialität ist im Vatikan Phrase geblieben. Ja, es ist Rom beinahe gelungen, die Bischofssynode zu
einem bloßen Zustimmungsorgan abzuwracken. So ist auch in dieser Synode wieder alles vom kurialen Apparat gesteuert. Er ist

schon rein zahlenmäßig mit seinen Kurienkardinälen und vom Papst ernannten Mitgliedern überrepräsentiert und hat über die Vorbereitung der Dokumente im Ratzingerschen Geist hinaus auch die Tagesordnung und Tagungsleitung fest in den Händen. Gewaltentrennung ist dem katholischen Kirchenrecht noch immer fremd. Und kritische Fachtheologen (das Zweite Vatikanische Konzil war für die Kurie ein bedauerliches »Theologenkonzil«) hält man sich vom Leib.

Es könnte und sollte also nach erklärter römischer Auffassung alles recht rasch ablaufen; man rechnet mit der Erledigung aller Probleme in zwei Wochen. Und wahrhaftig: Angesichts dieses ganzen Apparates wird es für einen Bischof, wenn er Kritik am gegenwärtigen Kurs äußern wollte, den apostolischen Freimut eines Paulus brauchen, der nach eigenem Zeugnis (Galater 2,11 ff.) dem Petrus »ins Angesicht widerstand«, weil er »nicht richtig wandelte nach der Wahrheit des Evangeliums ...«. Anfänge sind gemacht: Ein französischer Bischof kritisiert den »Glaubensrapport« des deutschen Kardinals als »Urlaubervorschläge« (propos de vacances), von denen man nicht wüßte, ob der Rapporteur als Privatperson, als Fachtheologe oder als Amtsträger spreche.

Die entscheidende Frage also ist: Wird die Rechnung der Kurie auch diesmal aufgehen? Werden die Bischöfe die Wahrheit sagen? Werden sie – opportune importune – auch die tabuisierten Nöte und Hoffnungen ihrer Gemeinden und ihres Klerus ansprechen? Werden sie, wo notwendig, den kurialen Bann brechen, wie ihn auf dem II. Vatikanum die Kardinäle Frings und Lienart gebrochen haben, die gegen das ganze autoritäre Procedere protestierten und einen Reflexionsprozeß in Gang setzten? Zugegeben – die Bischöfe stehen hier wie schon ihre Vorgänger auf dem Konzil vor einem schwierigen *Dilemma:*

Entweder sie suchen die Zukunft in der Vergangenheit und schwenken völlig auf den Restaurationskurs der römischen Kurie ein; sie nehmen dann – wie drastisch in Holland sichtbar geworden – eine gefährliche Zerreißprobe in Episkopat, Klerus und Volk in Kauf.

Oder sie entwerfen in der Gegenwart die Zukunft und wagen in christlichem Freimut wie auf dem II. Vatikanum auch den Konflikt mit der Kurie: Sie sprechen sich dann entschieden für die konsequente Fortsetzung der konziliaren Erneuerung bezüglich der umstrittenen Punkte aus und erhalten sich so die breite Zustimmung des Volkes und ihrer Pfarrer.

Es sollte den Bischöfen zu denken geben, was eine Gruppe von Münchner Pfarrern öffentlich auf den »Glaubensrapport« ihres früheren Bischofs geantwortet hat (»Süddeutsche Zeitung« vom 17./18.8.1983): »Aus unserer seelsorglichen Praxis wissen wir um so manche unglückliche Begleiterscheinung der konziliaren Erneuerung – wir wissen aber auch, daß eine Kirche, die hinter das II. Vatikanum zurückkehren will, sich aus der modernen Gesellschaft verabschieden und zu marginaler Bedeutung absinken wird. Und wer sich – wie Ratzinger – in derart triumphalistischer Manier über alles erhebt, was nicht römisch-katholisch ist oder zu sein scheint, stellt sich als Gesprächspartner selbst ins Abseits.« In der Tat: Wer meint, nach einer Umwälzung wie dem II. Vatikanum das »Ancien régime« restaurieren zu können, der täuscht sich – wie weiland Metternich und andere Restaurateure des »neuen Gleichgewichts«.

Deshalb – in Solidarität mit diesen Mitbrüdern und zahllosen Katholiken – mein Appell als jemand, der als Konzilstheologe vor 20 Jahren dieses Konzil mitgestalten half: Die Bischöfe auf der Synode und in den Diözesen mögen handeln wie auf diesem Konzil! Im Geist des Evangeliums ihrem Gewissen verpflichtet, mögen sie sich einsetzen für die ihnen anvertrauten Gemeinden und Seelsorger: in erster Linie aber für die kirchlich weitgehend entfremdet lebende Jugend und die angesichts einer autoritär-zölibatären Männerhierarchie sich immer mehr stillschweigend verabschiedenden Frauen; aber auch für die in der Ehe oder am Zölibatsgesetz Gescheiterten; für die in der Kirche eingeschüchterten oder zu Unrecht gemaßregelten Theologen und Ordensfrauen; für die endliche Verständigung unter den christlichen Kirchen, das unvoreingenommene Gespräch mit Juden, Muslimen und anderen Religionen und nicht zuletzt, angesichts von selbstproduzierter Inquisition, für die Gedanken-, Gewissens- und Lehrfreiheit in unserer katholischen Kirche. Ob die eine Bischofssynode dies alles erreichen kann? Kaum. Dafür brauchen wir wohl ein drittes Vatikanisches Konzil!

ADOLF HOLL

Madonnina – Die Wiederkehr der verdrängten Weiblichkeit

»*Es ist immer schwierig, einen Mythus zu beschreiben; er läßt sich nicht fassen, nicht begrenzen, er geistert im Bewußtsein umher, ohne ihm jemals als fixiertes Objekt gegenüberzustehen. Er ist so schillernd, so widerspruchsvoll, daß man zunächst die Einheit nicht sieht: Als Dalila und Judith, Aspasia und Lucretia, Pandora und Athene ist die Frau immer Eva und Jungfrau Maria zugleich. Sie ist Idol und Magd, Quell des Lebens und Macht der Finsternis; sie ist das urhafte Schweigen der Wahrheit selbst und dabei unecht, geschwätzig, verlogen; sie ist Hexe und Heilende; sie ist die Beute des Mannes und seine Verderberin, sie ist alles, was er nicht ist und was er haben will, seine Verneinung und sein Daseinsgrund.*«

SIMONE DE BEAUVOIR, DAS ANDERE GESCHLECHT

Der Mythus der Frau, wie Simone de Beauvoir ihn in ihrem Standardwerk der Frauenbefreiung genannt hat, ist männlichen Ursprungs. Es mag sein, daß er zum Verschwinden verurteilt ist, sobald die Frauen gelernt haben, sich nicht als Geschlechtswesen, sondern als Menschen zu betrachten. Noch aber lebt er in alter Frische fort wie vor 3000 Jahren, als in den Mittelmeerländern der Kult der Großen Mutter viele Priester ernährte. Seit 150 Jahren hat seine Kraft eine Reihe sehr merkwürdiger und neuartiger Blüten hervorgetrieben – die Erscheinungen der Madonna in den katholischen Ecken Europas. Was sich dort zutrug, riecht nicht nach Papiertheologie, widerspricht der Vernunft und wirkt unerklärliche Wunder, sehr zur Freude der kleinen Leute, die sich ihre Umgangsformen mit dem Übernatürlichen bewahrt haben.

In Syrakus zum Beispiel begann die Geschichte an einem ganz gewöhnlichen Sommertag.[1] Antonina Jannuso hatte sich eben mit dem Kopf an das Fußende des Ehebettes gelegt, um etwas näher am Fenster zu sein, das sie geöffnet hatte, um frische Luft ins Zimmer zu lassen. Über dem Ehebett hing eine kleine Madonna aus Gips, mit einem roten Herzen vor der Brust. Frau Jannuso war schwanger, zum ersten Mal. Sie litt an schmerzhaften Krämpfen, die ihr zeitweise das Sehvermögen raubten. Auch am Morgen des 29. August 1953 konnte sie nichts sehen. Ihr Mann war um sechs Uhr zur

Arbeit gegangen, und so lag sie allein in ihrem Zimmer des Hauses Nummer 11, Via degli Orti, Syrakus, Italien. Gegen halb neun kam ein neuer Krampf, und plötzlich war das Augenlicht wieder da. »Ich machte die Augen auf«, sagte Frau Jannuso später in einem Radiointerview, »und sah die Madonna, wie sie weinte, und so haben wir die Nachbarn gerufen.«

Die Madonnina weinte drei Tage und drei Nächte lang, bis zum 1. September am späten Vormittag. Sie weinte nicht ununterbrochen. Manchmal setzten die Tränen aus, aber nie für längere Zeit. Auch in der Nacht, während der die Madonnina in einer Schublade verwahrt wurde, weinte sie weiter und machte das Tüchlein feucht, mit dem man sie zugedeckt hatte. Die Tränen bildeten sich in den inneren Augenwinkeln und rannen über die Wangen nach unten.

Zunächst dachte Frau Jannuso, die Madonnina wäre am Schwitzen. »Es ist kein Schwitzen, sie ist am Weinen«, sagte Signora Grazia, die Schwägerin von Frau Jannuso, nachdem sie sich die Sache genau betrachtet hatte. Sie trocknete die Madonnina mit einem Leinenlappen ab, aber bereits nach einer Viertelstunde waren die Kopfkissen des Ehebettes naß von den Tränen der Madonnina. Die Nachbarschaft war zu diesem Zeitpunkt bereits in großer Erregung, bald danach erschien die Polizei, um den Andrang der Bevölkerung ein wenig zu regulieren.

Der Zeichenlehrer Vittoria Lucca, wohnhaft Nr. 12 Via degli Orti, kam am Nachmittag desselben Tages von der Schule nach Hause. Zum Radioreporter sagte er: »Alle sagten mir, daß die Madonnina, also ein *capezzale*, ein Basrelief, ein Wandbild aus Gips, weine. Ich bin dann mit meiner Schwester ins Haus gelangt. Wir haben die Tränen genau aus den Augen, also aus den Augenhöhlen hervorkommen sehen, es war kein Schwitzen, sondern ein Hervorquellen, so, wie wenn ein Kind oder ein alter Mann weint.«

Die Madonnina, ein Hochzeitsgeschenk für das Ehepaar Jannuso, hatte 3.500 Lire (nach damaligem Kurs etwa 23 Mark) gekostet, im Kaufhaus Emporio Floresta auf dem Corso Umberto in Syrakus. Sie war in der Fabrik der Firma ILPA in Bagni di Lucca hergestellt worden, aus reinem Gips, der in Wasser aufgelöst und in Preßformen aus Gummi gegossen wird. Nach dem Festwerden des Gipses wird die Plastik aus der Form genommen und zum Trocknen in die Sonne gestellt. Mit Nitrolack werden die Farben Himmelbau, Rosa, Rot und Weiß aufgemalt. Danach wird die Figur glasiert und auf eine Platte aus schwarzem Opalglas geschraubt. Der Prokurist der Firma ILPA, Ulisse Viviani, bestätigte mit seiner Unterschrift vom 14. September 1953 und unter Eid auf das Evangelium, daß die Madonnina aus der Via degli Orti dieselbe sei, wie sie aus der Fabrik kam, ohne Beschädigung oder Veränderung.

Am Dienstag, dem 1. September 1953, erschien um elf Uhr vormittags eine Untersuchungskommission in der Via degli Orti, im Auftrag des Erzbischöflichen Ordinariats von Syrakus. Sie bestand aus den Chemikern Michele Casola, Francesco Cotzia, Luigi D'Urso, Pasqualino Grec und Roberto Bertin, dem Pfarrer Giuseppe Bruno sowie den Polizeibeamten Ferrigno, Samperisi, Grasso und Carmel. Signora Jannuso holte die Madonnina aus der Kommode, in der sie die Nacht verbracht hatte. Sie war mit einer Serviette bedeckt. Die Serviette war naß von den Tränen des Bildes. Im inneren linken Augenwinkel der Madonnina befand sich ein Tropfen, der mit einer Pipette entnommen wurde. Weitere Tropfen, die an derselben Stelle entstanden, wurden ebenfalls abgenommen, so daß eine Probe von etwa einem Kubikzentimeter zustande kam. Mit Vergrößerungsgläsern wurden die inneren Augenwinkel des Bildes genau untersucht, es fanden sich keinerlei Unebenheiten. Dann schraubte man die Plastik von ihrer Unterlage ab, um die Innenseite prüfen zu können. Die Innenseite erwies sich als absolut trocken.

Danach hörte die Madonnina zu weinen auf, für immer.

Die Tränenprobe wurde in das *Laboratorio Provinciale Igiene e Profilassi* von Syrakus gebracht, wo sofort mit den chemischen Analysen begonnen wurde. Sie ergab alle Komponenten, die auch in menschlichen Tränen gefunden werden. Professor La Rosa, der Gesundheitschemiker, der die Analyse durchführte, schloß die Bildung von Kondenswasser mit Sicherheit aus. Er betonte, daß die Nitrolackschicht auf der Oberfläche der Figur für jede Flüssigkeit undurchdringlich sei. Eine wissenschaftlich haltbare Erklärung für das Tränenwunder war nicht zu finden. Besonders verblüfft zeigte sich La Rosa darüber, daß aus einer völlig anorganischen Substanz organische Tränen entstanden waren.

Das Herz vor der Brust der weinenden Madonna von Syrakus heißt »Unbeflecktes Herz Mariä« und wird seit 1944 alljährlich am 22. August kirchlich gefeiert. Bereits im Jahr 1942 hatte Papst Pius XII. die ganze Welt dem Unbefleckten Herzen Mariä geweiht, gleich zweimal, im Oktober und im Dezember.

Der Bildhauer Amilcare Santini, der Anfang 1952 im Auftrag der Firma ILPA das Modell für die Serie modellierte, aus welcher die weinende Madonna stammt, konnte aus einer ikonographischen Tradition schöpfen, die bis in das Mittelalter zurückreicht, näherhin in die deutsche Klostermystik zu Meister Eckeharts Zeiten, mit ihrer merkwürdigen Vorliebe für das Bild des verwundeten und brennenden Herzens. Santini entschied sich dafür, die Liebesflamme des unbefleckten Herzens gut sichtbar zu gestalten, die ikonographisch ebenso vorgeschriebene Verletzung hingegen eher zu verstecken, hinter der rechten Hand der Madonna, die das Herz teilweise verdeckt. Ansonsten hielt der Bildhauer sich in Farbgebung, Kleidung und Gesichtsausdruck an die längst festgelegten Regeln der Madonnenmalerei, deren wichtigste das antike *velamen* vorschreibt, jenes vom Kopf seitlich des Gesichtes herabfallende Tuch, das die Haare verbirgt und die Sittsamkeit ausdrückt. Madonnen ohne Schleier sind eine Rarität.

Die Madonnen, antik, mittelalterlich und modern, in Schlafzimmern, an Wegkreuzungen, über Altären, auf Medaillen, sind zur andächtigen Verehrung der 810 Millionen Katholiken in aller Welt bestimmt. Die Madonnen verweisen alle miteinander auf Maria, die Mutter Gottes, die Königin der Königinnen, die Siegerin in den Schlachten gegen die Ungläubigen, die himmlische Frau. Sie wird, nach katholischer Lehre, in ihrer Machtvollkommenheit nur von Gott übertroffen, dessen Mutter sie gleichwohl ist. Problematisch ist lediglich, auch aus katholisch theologischer Sicht, ihre Existenzform, die mit den Worten »im Himmel« nur sehr vage umschrieben wird. Daß es sie nur in der Einbildung ihrer Verehrerinnen und Verehrer gebe, wird von skeptischer Seite behauptet. Ihre wirkliche Macht wird von derlei Zweifeln nicht geschmälert. Die sogenannten Phantasmen haben im Lauf der Geschichte mindestens ebensoviel bewirkt wie die sogenannten Realitäten.

Besonders vertrackt wird die Frage nach dem Verhältnis von Sein und Schein, wenn eine Gipsmadonna menschliche Tränen absondert. Die katholischen Bischöfe Siziliens lösten das Problem recht elegant. In ihrer Erklärung vom 12. Dezember 1953 gaben sie bekannt, »daß die Tatsächlichkeit des Weinens nicht in Zweifel gezogen werden kann«. Die Bischöfe von Sizilien, so heißt es weiter im Text, »hegen den Wunsch, die Äußerungen der Himmlischen Mutter mögen alle zu heilsamer Buße und zu lebendiger Verehrung des Unbefleckten Herzens Mariä aufrufen«. Mit dem Ausdruck der Hoffnung auf baldige Errichtung eines Heiligtums unterzeichnete Kardinal Ruffini, Erzbischof von Palermo und Vorsitzender der Bischofskonferenz von Sizilien, die kurze Verlautbarung.

Die Madonnina hatte mittlerweile auf dem Euripidesplatz in Syrakus einen neuen Standort gefunden, in einem glasgeschützten

Gehäuse auf einer Säule aus Stein. Bis Ende 1953 zählte man insgesamt 1,8 Millionen Menschen, die dort ihre Gebete verrichteten. Am 25. Dezember 1953 brachte Signora Antonina Jannuso einen kräftigen Knaben zur Welt. Sie hatte seit dem Tag, an dem sie zum ersten Mal die Madonnina weinen gesehen hatte, keinerlei Krämpfe mehr verspürt.

Von den ungezählten Marienerscheinungen, die im Lauf der Jahrhunderte zusammengekommen sind, wurden lediglich elf offiziell approbiert: Guadalupe (Mexiko, 1531); Paris (1830); La Salette (Frankreich, 1846); Lourdes (Frankreich, 1858); Filippsdorf (Nordböhmen, 1866); Pontmain (Frankreich, 1871); Pompeji (Italien, 1876); Fatima (Portugal, 1917); Beauraing (Belgien, 1932/33); Banneux (Belgien, 1933); Syrakus (1953, siehe oben). Die kirchenamtliche Approbation schließt Betrug oder Geisteskrankheit beim Zustandekommen der wunderbaren Ereignisse aus und gestattet den öffentlichen Kult am Ort des Geschehens. Der Errichtung von Wallfahrtskirchen, der Verbreitung von Andachtsbildern und Statuen steht dann nichts mehr im Wege.

Die Vorsicht der Kirche im Umgang mit Marienerscheinungen ist eine Konzession an den wissenschaftlichen Sinn der Neuzeit. Für den Wunderglauben wird erst dann grünes Licht erteilt, wenn Physik, Chemie, Medizin abgewunken haben. Eine einwandfrei dokumentierte multiple Sklerose zum Beispiel, vollständig abgeheilt innerhalb weniger Stunden oder Tage nach Anrufung einer bestimmten Madonna, wird die Urteilsfindung der untersuchenden Kommission sicherlich zugunsten der betreffenden Madonna beeinflussen. Es geht dabei allemal um die »übernatürliche Verursachung« der in Frage stehenden Vorkommnisse, wie es im Fachjargon heißt, also darum, alle »natürlichen« Faktoren so verläßlich wie irgend möglich auszuschließen. Je verdutzter die Wissenschaft ist, desto zufriedener kann die Kirche sein.

In Lourdes, mit jährlich drei Millionen Pilgern zur Zeit das führende Marienheiligtum, prüfte die kirchenamtliche Kommission dreieinhalb Jahre lang den übernatürlichen Charakter der 18 Erscheinungen, die das Bauernkind Bernadette Soubirous vom Februar bis zum Juli 1858 gehabt hatte, im Alter von 14 Jahren. Am 18. Januar 1862 verkündete der für Lourdes zuständige Bischof der Stadt Tarbes, die Marienerscheinungen hätten »alle Kennzeichen der Wahrheit an sich«. Seither wurden in Lourdes über 5000 wunderbare Krankenheilungen gemeldet, von denen 58 kirchlich approbiert sind. Ein dreifacher Instanzenzug, in dem die Ärzte das

Sagen haben, sortiert die Wunder nach strengen wissenschaftlichen Kriterien. Die Heilungen, die allen Kontrollen standhalten, verkündigen dann die Macht der Madonna über die hartnäckigsten und bösesten Leiden. Die Regeln, nach denen die Madonna ihre Gnadenerweise verschenkt, bleiben im dunkeln. Einige Bitten werde ich erfüllen, sagte die Madonna von Fatima, andere nicht.

Der Schwerpunkt der marianischen Manifestationen liegt jedenfalls in Europa. In einer Aufstellung des belgischen Benediktiners Bernard Billet, die insgesamt 232 einschlägige Vorkommnisse in 32 Ländern von 1928 bis 1975 anführt, liegen Italien mit 78 und Frankreich mit 30 Marienerscheinungen an der Spitze, gefolgt von Deutschland mit 20 und Belgien mit 17 visionären Begebenheiten. In den USA und in Kanada erschien die Madonna 15mal, in Brasilien viermal, in Mexiko und auf den Philippinen je zweimal, in China einmal. In letzter Zeit machte sich die Madonna auch in Afrika bemerkbar, wie der Präfekt der »Heiligen Kongregation für die Glaubenslehre« im Vatikan, Kardinal Ratzinger, in einem Gespräch mit dem italienischen Journalisten Vittorio Messori angedeutet hat. Auf dem Feld der Marienerscheinungen, meinte der Kardinal, ist mehr denn je Geduld ein Grundsatz der Politik unserer Kongregation.

Der führende bischöfliche Mariologe der Bundesrepublik, Rudolf Graber, setzt die Häufung der Marienerscheinungen in den letzten 150 Jahren in Beziehung mit dem Beginn des technischen Zeitalters einerseits, dem Heraufkommen von Marxismus und Satanismus andererseits. Es gibt keinen Grund zur Verzweiflung, schreibt Graber, die Epoche des Teufels gibt dem Zeitalter Mariens Raum.

Das Erscheinungsbild der Madonna, wie es von den Seherinnen und Sehern beschrieben wird, weicht innerhalb der letzten 150 Jahre kaum von den Normen ab, die am 19. Juli 1830 festgelegt wurden, dem Zeitpunkt der ersten Marienvision in der Rue du Bac (Paris), wo die vor kurzem ins Kloster eingetretene Catherine Labouré die weißgekleidete Muttergottes erblickte. Im November kam die Madonna noch einmal. Sie stand auf einer Halbkugel, unter ihren Füßen wand sich eine Schlange. Catherine vernahm den Auftrag, nach diesem Vorbild Medaillen prägen zu lassen. Die Medaillen sind bis heute beliebt geblieben, man kann sie in Devotionalienhandlungen kaufen.

Im Gegensatz zur ikonographischen Tradition der Antike und des Mittelalters erscheint die Madonna des 19. und des 20. Jahrhunderts stets ohne das göttliche Kind. Sie wirkt jugendlich, so um die

15 Jahre herum, wie die kleine Lucia sie in Fatima sah. Manchmal hat sie einen Rosenkranz in der Hand wie in Lourdes und in Fatima, manchmal nicht. Ausnahmslos reicht ihr Körpergewand bis zum Boden, ihr Gesicht wird eingerahmt vom *velamen*, das die Haare verbirgt. Ein zusätzlicher Umhang aus leichtem Stoff, mit Goldstickerei wie in Fatima, kann dazukommen, muß aber nicht. Zum dominierenden Weiß trat in Lourdes ein hellblauer Stoffgürtel. Die Füße der Madonna sind immer nackt, wenn sie zu sehen sind. Der Gesichtsausdruck der Madonna wird als eher ernsthaft geschildert, ihre Stimme als angenehm weich. In Pontmain trug die Madonna ein blaues Kleid mit aufgestickten Sternen aus Gold, in Beauraing hatte sie ein rotes Herz vor der Brust, in La Salette (1800 Meter über dem Meer) saß sie auf einem Stein, die Ellenbogen auf die Knie und den Kopf in die Handflächen gestützt, weinend. In Banneux stand sie unbeweglich in der Abenddämmerung vor dem Haus der Familie Beco und wurde zunächst für ein Gespenst gehalten. Von Spukerscheinungen wie den öfter beobachteten »Weißen Frauen«, die gelegentlich sogar fotografiert wurden, zum Beispiel 1936 in Raynham Hall (Norfolk, England), unterscheidet sich die Madonna durch ihre Sprachfähigkeit. Die in alten Schlössern umgehenden Damen sind stumm; die Madonnen reden. Sie sagen: »Ich bin die Unbefleckte Empfängnis« (in Lourdes). Oder: »Ich bin die Rosenkranzkönigin« (in Fatima). Sie bekunden den Wunsch, die Menschen mögen in Prozessionen zum Ort der Erscheinung kommen, sie regen den Bau von Kapellen und Kirchen an. Sie beklagen die vielen Sünden, durch die Gott beleidigt werde, sie fordern zu Gebet und Fasten auf, sie warnen vor Kriegen und Katastrophen, versprechen Gnaden und Wunder. Über den Zustand der Welt zeigen sie sich ähnlich alarmiert wie der Club of Rome. Ihre Jenseitigkeit schließt ein teilnehmendes Interesse an den Verhältnissen im Diesseits keineswegs aus.

Regie und Drehbuch der Marienerscheinungen entsprechen dem Wortschatz und der Ikonographie einer Gläubigkeit, die eher in der bäuerlichen Welt als in den Metropolen gedeiht. Die Madonna wählt mit Vorliebe abgelegene ländliche Gegenden aus, um sich zu manifestieren, mit Schafherden und Kühen im Hintergrund, wie im Mittelalter, wie zur Zeit um Christi Geburt, wie im alten Ägypten. Viele ihrer Heiligtümer stehen auf vorchristlichen Fundamenten, auf den Ruinen heidnischer Tempel, die der Venus geweiht waren oder der Minerva oder der Isis. Ihre katholische Erscheinungsform ist die letzte im Reigen der heiligen Kornmädchen, Waldnymphen,

Hollinnen, die dem Bauernvolk überall auf der Welt ehrwürdig waren, seit mindestens 10 000 Jahren. Das Haus in Syrakus, in dem ihr gipsernes Bildnis Tränen vergoß, stand 1953 weit draußen, wo die Felder und Gärten beginnen. Inzwischen wurde das *Santuario Madonna delle Lacrime* gebaut, in der archäologischen Zone der Stadt. Die Sizilianer haben offenbar einen feinen Sinn für den Umgang mit Himmelsmüttern.

Ein Seitenblick auf das hohe kulturgeschichtliche Alter und die weltweite Verbreitung der Gottfrau in ihren hundert Gestalten relativiert ihr heutiges römisch-katholisches Wesen. Daß sie unter ihrem hochgeschlossenen Kleid nackt und wild sein könnte, eine gefährliche Verlockung für die Männer, ist für einen Christenmenschen zwar ein verpönter Gedanke, dessen Inhalt jedoch unfehlbar wiederkehrt, in allen Hurenzimmern der Erde. Der lange Prozeß der Zivilisation hat überall die Frauengestalt in eine weiße und in eine rote gespalten, eine helle und eine dunkle, eine erlaubte und eine verbotene. Ohne Möglichkeit der Befleckung wäre die Macht der Unbefleckten nicht möglich.

Unter katholischen Priestern, vom Papst bis zum Kaplan, ist wiederholt eine stark ausgeprägte Bindung an die eigene Mutter festgestellt worden, von dem Zürcher Psychologen Karl Guido Rey beispielsweise. Rorschachtests und Tiefeninterviews mit 600 Theologen brachten starke homosexuelle Tendenzen zutage, heftige Angstvorstellungen beim Gedanken an das weibliche Genital und eine Fixierung auf den oralen Bereich, das Lutschen und Saugen. Matriarchalisch erzogene Knaben werden von der Madonna bereits erwartet, als geeignete Diener im Tempel der Großen Mutter.

Was dort von ihnen verlangt wird, konnte früher merkwürdige Formen annehmen. Die Priester der vorderasiatischen Kybele, einer Vorläuferin der Madonna, entmannten sich selbst. Immer noch sind die katholischen Geistlichen zur Keuschheit verpflichtet. Wenn sie sich dennoch mit irdischen Frauen einlassen, ist die himmlische Herrin äußerst betrübt, wie in einschlägigen Texten immer wieder betont wird.

Die Psychodynamik des Mutterkomplexes, nicht nur des katholischen, wurde von Carl Gustav Jung und seiner Schule ausführlich gewürdigt, zum Beispiel im Hauptwerk von Erich Neumann, *Die Große Mutter.* Jung selbst fand im Alter überschwengliche Worte der Freude über die Dogmatisierung der Himmelfahrt Mariens durch Papst Pius XII. im Jahr 1950, die in den Augen Jungs das wichtigste religiöse Ereignis seit den Tagen der Reformation darstellte. Wer die in den letzten Jahrzehnten sich häufenden Marienerscheinungen aufmerksam verfolgte, schrieb Jung in seiner *Antwort auf Hiob*, und sich über deren psychologische Bedeutung Rechenschaft gab, der konnte wissen, was im Tun war.[2]

Im Tun war, jungianisch geredet, das kollektive Unbewußte in seiner Tiefe, mit gewaltigen archetypischen Entwicklungen. Es ging dabei um nicht weniger als ums Ganze, um den Weltfrieden und die Gleichberechtigung der Frau. Bedauernd mußte Jung konstatieren, daß die evangelische Hälfte der Christenheit mit der Himmelfahrt Mariens wenig anfangen konnte. Auch die Inder und die Chinesen kümmerten sich nicht um das Schicksal der Madonna; sie hatten im Jahr 1950 andere Sorgen. So kollektiv, wie Jung dachte, war das Unbewußte auch wieder nicht.

Das Unbewußte, in dem Jung die Madonna suchte, ist eine europäische Entdeckung aus der romantischen Ära, eine Domäne der Dichter und Künstler, der Irren und ihrer Psychiater, der Psychedeliker und Okkultisten. In diesem Jenseits der modernen Seele gibt es die gewöhnliche Welt noch einmal, aber ohne Gedankenpolizei, ohne Himmelsrichtungen, grenzenlos, traumhaft, zeitlos, unendlich bedeutsam, trügerisch, amoralisch, surrealistisch. Tote und Lebende kommen darin vor, tibetanische Mandalas, Engel und Teufel, würdige alte Männer und liebreizende junge Mädchen in weißen Gewändern, Fische und Schlangen, Masken und Fetische, das Inventar der völkerkundlichen Sammlungen und der prähistorischen Höhlenmalereien, astrologische Erinnerungsreste, alchimistische Symbole, das Hakenkreuz und die Dreifaltigkeit.

In diesem Durcheinander aus Irrsinn und Tiefsinn figuriert die Madonna als Manifestation des Ewigweiblichen, nonnenhaft und verrucht, mütterlich fruchtbar, gütig und bedrohlich, ein unerschöpfliches Thema für Symposien aller Art. Zwischen der tiefenpsychologischen Madonna für die gebildeten Kreise und der wundertätigen Maria aus den katholischen Wallfahrtsorten besteht gleichwohl ein Unterschied. Gebetet wird nur zur letzteren.

Weil die Massen zu ihr kommen, ist die Jungfrau Maria eine einflußreiche politische Kraft geworden, in Italien, Portugal, Spanien, Frankreich, Belgien, Irland, Polen und Bayern. Sie mag weder Kommunisten noch Sozis. In Fatima erschien sie im Jahr der Oktoberrevolution, wobei allerdings erst viel später bekannt wurde, auf welcher Seite sie stand. Im Herbst 1942, als die deutschen Truppen gegen Stalingrad marschierten, veröffentlichten die portugiesischen Kirchenbehörden den Wunsch der Muttergottes, Rußland ihrem unbefleckten Herzen zu weihen, auf daß dieses Land sich bekehre. Am 31. Oktober 1942 wandte sich Papst Pius XII. in einer Radiobotschaft an die »Siegerin in allen Schlachten Gottes« mit der Bitte, auch jenen Völkern den Frieden zu schenken, bei denen in jedem Haus ihre »ehrwürdige Ikone« vormals in Ehren gehalten wurde. Deutlicher mochte der Papst zu jenem Zeitpunkt nicht werden. Am 19. November setzte dann die Rote Armee ihre Gegenoffensive in Bewegung, Stalingrad wurde eingekesselt und die Schlacht um Rußland entschieden, allerdings nicht im Sinne des Heiligen Vaters.

In Portugal war seit dem Juli 1932 die Regierung Salazar am Ruder, deren Geschmack an demokratischen Prinzipien nicht sonderlich verfeinert war. Dafür hielt Salazar, auch persönlich ein frommer Katholik, seine Hand über den Wallfahrtsort Fatima. Von den drei Bauernkindern, denen 1917 die Madonna erschien, erlebte nur Lucia dos Santos (geb. 1907) die Einweihung der neuen Basilika von Fatima im Jahr 1946. Lucia war im Alter von 14 Jahren unter die Obhut von Klosterfrauen gestellt worden und seit 1928 selbst eine Nonne. Im Jahr 1929 erschien ihr die Madonna ganz privat, um ihr die Bekehrung Rußlands ans Herz zu legen. Daraufhin verfaßte Lucia eine Reihe von Memoranden in dieser Angelegenheit, die bis 1942 unter Verschluß blieben. Nach dem Krieg wurde ihr Anliegen in die katholischen Länder Europas exportiert, als »Rosenkranzsühnekreuzzug« (Wien 1947) mit klar antikommunistischer Tendenz und Millionen von Beterinnen und Betern, die täglich das Erbarmen des Himmels auf die gottlosen Bolschewiken herabflehten, während sich die NATO formierte.

Als im Jahr 1966 Papst Paul VI. nach Fatima kam, durfte Lucia ihr Kloster in Coimbra verlassen und gemeinsam mit Präsident Salazar und dem Heiligen Vater die gläubige Menge begrüßen. Ihr »drittes Geheimnis« liegt seit 1943 im Vatikan. Kardinal Ratzinger hat es gelesen und meint, daß seine Veröffentlichung zur Sensationsmacherei mißbraucht werden könnte. Das zweite Geheimnis betraf die Bekehrung Rußlands, das erste bestand in einer wüsten Höllenvision, die gemeinsam mit der Botschaft über die Sowjetunion veröffentlicht wurde, im Jahr 1942. Lucia: »Wir sahen etwas wie ein großes Feuermeer, und in ihm versunken schwarze, verbrannte Wesen, Teufel und Seelen in Menschengestalt, die wie durchsichtige, glühende Kohlen aussahen. Sie wurden innerhalb der Flammen in die Höhe geschleudert und fielen von allen Seiten wie Funken bei einer großen Feuersbrunst herab, gewichtlos und doch nicht schwebend.

Dabei stießen sie so entsetzliche Klagelaute, Schmerzensschreie und Verzweiflungsrufe aus, daß wir vor Grauen und Schrecken zitterten.« Das Buch von Professor Gonzaga da Fonseca, dem das Zitat entnommen ist, hat den Titel *Maria spricht zur Welt* und ist in katholischen Buchhandlungen erhältlich. Es erschien erstmals 1931 in Italien und hält zur Zeit bei der 18. Auflage.[3]

Über den innigen Zusammenhang zwischen dem ersten und dem zweiten Geheimnis, zwischen Verdammnis und Kommunismus, kann es laut Fonseca keinen Zweifel geben. Trotzdem machten die Portugiesen 1974 ihre »Revolution der Nelken« und schrieben den Sozialismus und die klassenlose Gesellschaft als Zielvorstellungen in die neue Verfassung. Seither wählen viele Portugiesen links von der Mitte, was sie keineswegs hindert, alljährlich im Mai und im Oktober zu Hunderttausenden nach Fatima zu kommen, zu Fuß und aus allen Teilen des Landes, um der Madonna ihre Anliegen vorzutragen. Sie marschieren die Fernstraßen entlang, in kleinen Gruppen, mit Plastiktaschen in der Hand. Die Frauen wandern in ihren gewohnten Pantoffeln, als kämen sie gerade aus der Küche. Gelegentlich sitzt jemand am Straßenrand und massiert die schmerzenden Füße. Die wunderbaren Gebetserhörungen haben in Fatima auch nach dem Einzug der sozialistischen Ideen in Portugal keineswegs abgenommen. Vielleicht hat die Madonna seit 1917 dazugelernt.

Am 24. Juni 1981 erschien die Heilige Jungfrau in einem sozialistischen Land. Ivanka Ivanković (geb. 1966) und Mirjana Dragićević (geb. 1965) gingen am Nachmittag dieses Tages auf den Hügeln oberhalb der Ortschaft Medjugorje spazieren, als Ivanka eine leuchtende Gestalt erblickte, die knapp über dem Boden schwebte, in einem blaugrauen Kleid und anzusehen wie ein junges Mädchen.[4] Das ist die *gospa!* Auch Mirjana sah die Erscheinung. Die Mädchen bekamen Angst und liefen davon. Gegen Abend kehrten sie an die Stelle zurück, zusammen mit einem jungen Mann und drei weiteren Jugendlichen. Da ist sie! Wiederum rannten die Kinder weg und erzählten daheim ihr Erlebnis. Niemand glaubte ihnen.

Gospa ist ein kroatisches Wort und bedeutet Herrin. In Medjugorje, 300 Einwohner, 30 Kilometer westlich von Mostar, Teilrepublik Bosnien-Herzegowina, wird Kroatisch gesprochen. Die Bevölkerung ist fromm katholisch, es gibt eine moderne Kirche im Ort. Ihr Pfarrer, der Franziskanerpriester Jozo Zovko, verhielt sich zunächst eher skeptisch und äußerte die Vermutung, die jungen Leute hätten Marihuana geraucht.

Am 25. Juni gingen Ivanka und Mirjana gegen 18 Uhr zu dem Hügel, auf dem sie am Vortag die Madonna gesehen hatten. Mit ihnen kamen Vicka Ivanković (geb. 1964, Cousine Ivankas), Marija Pavlović (geb. 1965), Ivan Dragićević (geb. 1965) und Jakov Čolo (geb. 1961) sowie zwei Erwachsene als Zeugen. Die sechs rannten den Hügel hinauf, in fünf Minuten waren sie oben, was eine beachtliche Leistung war. Bei bedächtiger Gangart dauert der Aufstieg 20 Minuten. Die *gospa* wartete bereits. Die Erwachsenen sahen nichts. Am dritten Tag waren die Kinder nicht mehr allein. Aus den Dörfern der Umgebung hatten sich 2000 Menschen auf dem Erscheinungshügel versammelt. Es gab ein starkes Gedränge, weil jedermann den Kindern möglichst nahe sein wollte. Mirjana und Ivanka wurden vorübergehend ohnmächtig, und dann kam die Madonna. Wer bist du? Ich bin die selige Jungfrau Maria. *Mir, mir, mir!*

Mir bedeutet in den slawischen Sprachen Friede. Im real existierenden Sozialismus hatte das Wort einen hohen Stellenwert, man fand es auf Spruchbändern und Plakaten, wenn ein Gedenktag gefeiert wurde.

Am vierten Tag wurden die Kinder von der Polizei zur Einvernahme in die Bezirksstadt Čitluk vorgeladen und von dem Arzt Ante Vujević auf ihren Geisteszustand untersucht. Am Abend kam wieder die Jungfrau. Am fünften Tag wurden bereits 15000 Andächtige gezählt.

Die Polizei erließ am 13. Juli ein Versammlungsverbot auf dem Erscheinungshügel. Die Madonna kam trotzdem täglich zur gewohnten Stunde, zunächst in das Haus eines Nachbarn, dann in einen kleinen Nebenraum der Dorfkirche. Sie kommt immer noch, jeden Tag um 18.15 Uhr. Wie schön sie ist, sagte Ivanka Ivanković. Die *gospa* hat schwarze, etwas gewellte Haare und blaue Augen. Ihre Stimme hört sich sehr angenehm an, wie Musik.

In der Zeitung *Večernje Novosti* vom 22. Oktober 1981 wurden die Vorkommnisse in Medjugorje als subversive Aktivitäten bezeichnet. Das Komitee der Sozialistischen Union der Völker Jugoslawiens habe auf seiner letzten Sitzung beschlossen, daß das Wiedererwachen des Klerikalismus an Ort und Stelle bekämpft werden müsse. Es sei kein Zufall, daß gerade dieses Thema zur Diskussion auf höchster Ebene gewählt wurde. Während der letzten Monate habe der Klerikalismus seine unheilvolle Tätigkeit zunehmend verstärkt.

Der zuständige Bischof Pavao Zanić von Mostar war über das

Auftreten der *gospa* in Medjugorje ebenfalls wenig erfreut. Er setzte die übliche Kommission ein und verfügte schließlich, daß keine organisierten Wallfahrten zum Erscheinungsort erlaubt seien. Das Verbot nützte nichts. Zum fünften Jahrestag der Vision im Juni 1986 waren 100000 Pilger angereist, sogar aus Japan und Indien. Sie übernachteten in Zelten und Wohnwagen oder in den Hotels von Čitluk und Mostar. Ein Derwisch aus Blato bei Mostar, der sich während einer Erscheinung in der Nähe des Geschehens aufhalten durfte, spürte das Energiefeld und fühlte sich selbst am Rande einer Ekstase. Die Heilige Kongregation für die Glaubenslehre im Vatikan, die das Prüfungsverfahren an sich gezogen hat, hält sich weiterhin im Urteil zurück. Die jugoslawischen Behörden freuen sich über die Devisen der ausländischen Pilgerscharen. Die *gospa* hat die Dauer ihrer Auftritte verkürzt, von ursprünglich 20 Minuten auf eine Minute im Regelfall. Derzeit sollen nur noch Jakov und Marija täglich die *gospa* sehen. Bischof Zanić bekräftigte kürzlich in einem Rundschreiben an alle katholischen Bischöfe der Welt seine Überzeugung, daß die Marienerscheinungen von Medjugorje keineswegs übernatürlich seien. Der Zulauf der Wallfahrenden dauert an.

In den letzten Jahren reisten immer mehr Wissenschaftler nach Medjugorje, Mediziner, Hirnforscher, Parapsychologen, Ethnologen, Theologen, Psychiater. Eine günstigere Gelegenheit zur Beobachtung von Ekstasen ist in Europa zur Zeit nicht zu finden.

Der Dogmatikprofessor Nikola Bulat aus Split begab sich am 2. Juni 1984 gegen 18 Uhr in den Erscheinungsraum der Pfarrkirche von Medjugorje. In der linken Hand hielt er eine kräftige Nadel. Er nahm hinter Vicka Ivanković Aufstellung, schlug mit der rechten Hand gleichzeitig mit Vicka das Kreuzzeichen, nahm danach die Nadel in die rechte Hand und stach das Mädchen, als die Trance eingesetzt hatte, tief in den Rücken, etwas oberhalb des linken Schulterblattes. Keine Schmerzreaktion. Ein weiterer Einstich blieb ebenfalls ohne Ergebnis, außer einem Blutfleck in der weißen Bluse des Mädchens. Der Priester, Mitglied der bischöflichen Untersuchungskommission, hatte vorher niemanden um Erlaubnis gefragt.

Normalerweise hätte Vicka schreien müssen, meint Professor Henri Joyeux aus Montpellier, Chirurg und Leiter des dortigen Instituts für Ernährung und Experimentelle Onkologie, der eine Woche später nach Medjugorje gekommen war, um die jugendlichen Visionäre zu testen, mit moderneren Methoden als Professor Bulat. Joyeux und seine sechs Kollegen schlossen Ivan Dragićević und Marija Pavlović an einen Elektroenzephalographen vom Typ

Alvar Electronic (Reega Minihuit TR) an und konnten in beiden Fällen während der Trance ein Hirnwellenmuster aufzeichnen, das für
meditative Entspannungszustände kennzeichnend ist. Epilepsie,
pathologisches Halluzinieren, Hysterie waren auszuschließen.[5]
   Besondere Aufmerksamkeit wandten die Franzosen der Augen-
tätigkeit der jungen Ekstatiker zu. Bei Ivan und Marija erstarrten
beim Eintritt in den Trancezustand die Bewegungen der Augäpfel
gleichzeitig, auf 0,2 Sekunden genau, um auf die Erscheinung fi-
xiert zu bleiben, und setzten ebenso präzise wiederum ein, zugleich
mit dem Normalbewußtsein. Ein Schirm, der während einer Ekstase vor die Augen von Marija Pavlović und Ivanka Ivanković gehalten wurde, rief keinerlei Reaktion hervor. Bevor die fünf Jugendlichen in die Tests einwilligten, fragten sie die *gospa* um Rat. Die Madonna erhob keine Einwände.
   Für die Erlebniswelt derer, die mit Madonnen in Verbindung treten, hat sich in den letzten 20 Jahren der Fachausdruck »veränderte
Wachbewußtseinszustände« eingebürgert. Unter diese eher breite
Kategorie fällt das Benehmen von Schamanen und Medizinmän-
nern, Heilerinnen, Trancemedien, Derwischen, Glossolalen, Visionären, Besessenen ebenso wie die Erfahrungen von Haschischrau-
chern, Zenmönchen, Hypnotisierten. Die Grenzen zwischen ASC
und Wahnsinn sind nicht besonders gut bewacht; aber es gibt sie.
   Das einfachste Rezept für den Eintritt in die Außeralltäglichkeit
ist eine Kombination aus Schlafentzug, Hunger und reizloser Umgebung. Nach einer Woche, die man auf diese Weise verbracht hat,
beginnt sich bei einigermaßen günstigen Voraussetzungen das Jenseits zu melden. Es wird, jedenfalls beim durchschnittlichen Stadt-
neurotiker, unstrukturiert und verwirrend sein. Die Chance, daß
eine Madonna auftritt, ist ziemlich gering.
   Sollte sie dennoch erscheinen, dann fangen die erkenntnistheore-
tischen Probleme erst richtig an. Wie verzwickt sie sind, kann in den
beiden Bänden *Der Wissenschaftler und das Irrationale*, herausgegeben
von Hans Peter Duerr, auf 1371 Seiten nachgelesen werden, sozusagen als Einstieg ins Thema.[6] Im Fall der Madonna wäre zu fragen, ob
das Jenseits, aus dem sie kommt, auch ohne menschliche Hirntätig-
keit bestehen bliebe. Wenn ja, dann wäre die gute alte Transzendenz rehabilitiert. Wenn nein, dann gehört die Madonna in diese irdische Welt, auf eine Weise, die immer noch rätselhaft genug bleibt.
Sie wäre dann ein gesellschaftliches Wesen, das sich gelegentlich
manifestiert, nach Regeln, die unbekannt sind.
   Ihre Wundertaten durchkreuzen die Wirklichkeit der Naturge-

setze so schlagend, daß die wissenschaftliche Ordnungsliebe in ziemliche Schwierigkeiten gerät. In akademischen Kreisen genießt sie deshalb keinen besonders guten Ruf, man überläßt sie der Geschichtsschreibung, der Volkskunde und der Theologie. Ihre Vitalität hat sich von solcher Vernachlässigung nicht kränken lassen. In Altötting, Kevelaer, Maria Zell, Einsiedeln, Tschenstochau, Saragossa blickt sie ernst auf die Menschen herab, die für sie Kerzen anzünden und die alten Lieder singen. Wunderschön prächtige, hohe und mächtige, liebreich holdselige himmlische Frau. Wende, o wende in himmlischer Ruh, deine barmherzigen Augen uns zu. In der gegenwärtigen Frauenbewegung ist die Gnadenmutter allerdings ziemlich umstritten.

»Ich erinnere mich daran«, schreibt Marina Warner in ihrer ausführlichen Studie über den Marienkult, »wie ich einmal Nôtre Dame in Paris besuchte und mit Tränen in den Augen im Mittelschiff der Kirche stand, wütend über die fortdauernde Macht, die diese alte Liebe auf mich ausübte und mich rührte. Aber obwohl mein Innerstes rebellierte, hielt ich doch fest an meiner Vorahnung, daß gerade in der Verherrlichung der vollkommenen Frau sowohl die Menschlichkeit schlechthin als auch die Frauen, gelinde gesagt, verunglimpft wurden.«[7] Der Sieg der sexuellen Gleichheit, meint die Autorin, werde den Mythus der jungfräulichen Mutter allmählich verschwinden lassen.

Die bekannte evangelische Theologin Dorothee Sölle setzt die Akzente etwas anders: »So ist die Gestalt der Maria ebenso doppeldeutig wie alle religiösen Inhalte und Symbole. Sie funktioniert im Interesse religiös verklärter Unterwerfung, aber auch im Interesse von Trost, Schutz und Rettung der Opfer. Maria ist submissiv, ist unterwürfig. Aber sie ist auch subversiv in dem Sinn, wie die lateinamerikanische Polizei das Wort benutzt. Sie zersetzt die Macht der Herrschenden. Die kleine Madonna, die einst das Lied der Befreiung gesungen hat, ist nicht aus Gips und Plastik. Sie ist sehr lebendig. Lebendig in der Geschichte aller Unterdrückten, lebendig in der Geschichte der Frauen. Ich bin – wie viele Christen in den Befreiungsbewegungen – nicht bereit, Maria den anderen zu überlassen. Mir scheint der Ratschlag, Maria und die Religion so schnell wie möglich zu vergessen, zu rasch und zu simpel. Auch heutige Befreiungsbewegungen brauchen Schutz und Vorbilder, brauchen Wurzeln in der Geschichte. Mit der bloßen Abschaffung der Lourdes-Madonna ist darum noch nichts getan. Es fällt mir schwer, die Millionen Frauen vor mir, die Maria geliebt haben, für nur blind oder betrogen zu halten. Da muß auch Widerstand gewesen sein. Widerstand, aus dem wir lernen können.«[8]

Ob heutige Frauen sich im Marien-Mythus wiederzuerkennen vermögen, wenn auch mit Vorbehalten gegenüber seinem männlichen Wunschwesen, der sublimierten Angst vor den Müttern in ihm, hängt mit dem wachsenden Selbsteinsatz weiblichen Trachtens in die Chronik der laufenden Ereignisse zusammen, wie er seit einem halben Jahrhundert sich manifestiert. Allem Anschein nach wird er die Zukunft der Menschheit entscheiden, und zwar in dem Maß, als die Frauen in aller Welt aufhören, weiterhin willig ihre Rolle als Gebärmaschinen zu spielen.

In der gegenwärtigen weiblichen Selbstbehauptung ist ein Leitmotiv unüberhörbar – das der Kritik am 5000jährigen Patriarchat, an der gottväterlichen Ordnung der Dinge seit der Erfindung der Schrift. Die Frage nach ihrer Vergänglichkeit wird angesichts der sichtbar werdenden Zerstörbarkeit des Planeten lebenswichtig.

So betrachtet erscheinen die wunderbaren Marien zwischen 1830 und 1981 als überraschend aktuelle Verkörperungen einer Weiblichkeit, die ohne Mann und Kind aufzutreten und im eigenen Namen zu sprechen vermag. Was die Madonnen zu sagen haben, das ist ebenso partikulär wie der katholische Kitsch bei der Wahl ihrer Kleidung. Ihr jugendlicher Ernst jedoch wirkt wie die Ankündigung eines Willens, dessen allgemeine Verbindlichkeit immer deutlicher wird. Mit ihnen kehrt wieder, was im männlichen Paranoid verdrängt bleiben mußte – die bislang sprachlose Eigenart der weiblichen Hälfte der Menschheit.

ALFONSO M. DI NOLA

Der Teufel in unserer Zeit

Gleich vorab ist hier festzustellen, daß Phänomene von Dämonisierung, von denen wir glaubten, sie gehörten der Vergangenheit an, auch dieses jüngste Jahrhundert unserer Geschichte be-
gleiten und sich ernsthaft bemerkbar machen. Als die Gründung des Königreichs Italien der weltlichen Macht
der Päpste ein Ende setzte und die Verbreitung starker demokrati-
scher Bewegungen mit sich brachte, die nicht immer frei von nai-
ven, bisweilen plumpen Formen von Antiklerikalismus waren,
wurde die gesamte Welt dieser Freidenker, Patrioten, Soldaten, die
das Land vereinigt hatten, zur Personifikation des Teufels erklärt.
Es genügt, die Ausgaben der *Civiltà cattolica* zwischen 1870 und 1875
durchzublättern, um einen Eindruck davon zu bekommen, wie
stark der Papst und die der Kirche verbundenen Kreise in ihren Äußerungen und Argumentationen diese Gruppierungen dämonisier-
ten. 1871 konstituiert sich in Rom eine Gesellschaft der Freidenker,
und man erklärt sie zur»neuen Schule Satans, begründet in Rom
unter der Schutzherrschaft jener Freiheit, die von den Katholiken
Cadornas und Bixios verkündet wurde. Daraus ist zu ersehen, daß
der Teufel, würdig repräsentiert durch diese Jünger der Freidenke-
rei, hier erneut seine Herrschaft errichten und seine Gesetze diktie-
ren will, da Rom das Zentrum des Katholizismus und die Stadt Gottes war und ist ... Diese Jünger Satans haben bereits einige Zustimmung innerhalb des plebejischen Abschaums der Sektierer gefunden«.[1] Am 27. November des gleichen Jahres richtet der Papst die
übliche Ansprache an die römischen Adligen,»während die Ka-
none der Eroberer Roms die feierliche Eröffnung des italienischen
Parlaments verkündete«. Und nachdem erste Versuche zu einer
Aussöhnung zwischen den beiden Parteien unternommen worden
waren, beteuerte der Papst»mit feierlich erhobener Stimme, daß
eine Versöhnung zwischen Christus und Belial, zwischen Licht und
Schatten, zwischen Wahrheit und Lüge niemals möglich sein
wird«.[2] Am 12. Juni tat der Heilige Vater an die Adresse der Prokuratoren
und der Oberen der religiösen Orden kund, daß: »Gott für einen
Augenblick der Hölle die Macht überlassen hat ... Haec est hora ve-
stra, et potestas tanebrarum.«[3] In der Rede, die er am 7. Septem-

ber 1872 an die Zöglinge des päpstlichen Seminars in Rom richtet, kehren die gleichen Themen wieder:»Zweifellos hat der Dämon zu allen Zeiten danach getrachtet, diese Stätte des Katholizismus und diesen Stuhl der Wahrheit zu bedrängen. Doch scheint es in unseren Tagen, als habe der Fürst der Finsternis von Gott die Erlaubnis erhalten, sie von allen Seiten und auf jede nur mögliche Weise anzugreifen … Diese Kinder und alle jungen Leute sind gefährdet, der Dämon der Revolution will ihre Seelen zerstören, durch falsche Grundsätze, die er ihnen einflüstert, durch die Unmoral, die er in ihnen weckt, durch den infernalischen Geist des Unglaubens, mit dem er ihnen das kostbare Geschenk des Glaubens aus der Seele zu reißen versucht.«[4]

In den letzten Jahrzehnten des 19. Jahrhunderts und zu Beginn des 20. Jahrhunderts erscheint die Freimaurerei als der Sitz Satans, vor allem weil die Risorgimento-Bewegungen und antikirchliche Strömungen daraus hervorgegangen waren. Wieder einmal scheiden sich die Welt und die Menschen nach manichäistischem Vorbild in zwei Reiche: das des Lichts, vertreten durch die katholische Kirche und das römische Pontifikat, und das der Finsternis, in das jegliche von der Freiheit des Denkens bestimmte Bewegung verwiesen wird. Die Vorfälle rund um den sogenannten »Satanismus« sind, vor allem zur Zeit Leos XIII., vom Konflikt zwischen Kirche und Freimaurerei bestimmt. Der Verteufelung der Freimaurerei geht im übrigen eine lange Geschichte voraus. Sie ist in erster Linie dem Vorgehen der Jesuiten zuzuschreiben, die nachdrücklicher als alle anderen Orden subversive Elemente in der Freimaurerorganisation ausgemacht hatten, die im übrigen vieles mit der Gesellschaft Jesu gemeinsam hat (den blinden Gehorsam, die Geheimhaltung, die brüderliche Verbundenheit der Mitglieder etc.). Die kirchlichen Maßnahmen, deren konkrete Auswirkungen oft eher begrenzt waren, reihten sich in unablässiger Folge aneinander: Bulle *In eminenti* von Clemens XII. am 28. April 1738; Bulle *Providas* von Benedikt XIV. am 18. Mai 1751; Exkommunikation ex ufficium durch Pius VI.; Bulle *Ecclesiam* von Pius VII. am 13. September 1821; Bulle *Que graviora* von Leo XII. am 13. Mai 1825; Enzyklika *Tradidit humilitati* von Pius VIII. am 21. Mai 1829; Enzyklika *Mirari* von Gregor XVI. am 15. April 1846; Enzyklika *Qui pluribus* von Pius IX. am 9. November 1846; Enzyklika *Quanta cura* am 8. Dezember 1864; Allokution *Multiplices inter* am 2. September 1865; Bulle *Apostolicae sedis* am 12. Oktober 1869, alle von Pius IX.; Enzyklika *Humanum genus* von Leo XIII. am 20. April 1884; Brief *Praeclara gratulationis* am 20. Juni 1894 mit nachfolgender Erklärung vom 19. März 1902 durch den gleichen Papst. Die Verurteilung wird endgültig sanktioniert durch den *Codex juris canonici* (Art. 2335: Exkommunikation *simpliciter reservata* vom Heiligen Stuhl, *ipso facto* für die Anhänger der Freimaurerei; Art. 1065 Verbot für die Gläubigen, Ehen mit Freimaurern einzugehen; Art. 1240 Verweigerung des kirchlichen Begräbnisses; Art. 542 Verbot der Zulassung zum Noviziat; Art. 693 Verbot der Zulassung zu frommen Gemeinschaften; Art. 2336, 2 Pflicht, die der Freimaurerei verbundenen Geistlichen der Kongregation des heiligen Uffiziums zu melden).

Die Verteufelung der Freimaurerei durch die Kirche erklärt sich nicht zuletzt aus dem Bestreben, auf diese Weise das zunehmende demokratische Denken und das freiheitlich nationale Bewußtsein zu unterdrücken, das innerhalb der Logen gärte und auf den Untergang der feudalen und theokratischen Weltanschauung abzielte.

Zudem hatte Gabriel Jogand, ehemaliger Jesuitenzögling, 1854 in Marseille geboren, in diesem aufgeheizten Klima eine wütende Schmähkampagne gegen die Freimaurerei in Gang gesetzt. 1881 in die Freimaurerloge aufgenommen, zog er sich sehr bald wieder daraus zurück, erklärte im April 1885 seine »Konversion«, tat öffentlich Abbitte für seine Verirrungen und publizierte nach und nach eine Reihe von merkwürdigen Enthüllungen über die wahren Ziele der »Sekte«. Von 1886 an (das Jahr, in dem er seine *Révélations complètes sur la Franc-Maçonnerie* veröffentlichte) verbreitete er unter dem Pseudonym Leo Taxil unablässig und in großer Menge Schriften gegen die Freimaurerei. Taxil gab an, er sei unter dem Eindruck der Enzyklika *Humanum genus* Leos XIII. konvertiert, und man sah ihn deshalb als einen, der dank der Kirche von seinen Irrtümern erlöst worden war. Von vielen Kirchenleuten unterstützt und ermuntert, wurden seine Werke in die Sprachen aller katholischen Länder übersetzt, und 1887 wurde er von Leo XIII. feierlich empfangen.

Taxil wurde in seiner Polemik, die auf ganz offenkundigen Verfälschungen beruhte, von Armand Joseph Fava (1826–1889) unterstützt, der 1871 Bischof von Saint Pierre und Fort de France und 1875 Bischof von Grenoble wurde. Fava verband die Dämonisierung der Freimaurer mit einem ausgeprägten Antisemitismus und der Ablehnung der demokratischen Institutionen der dritten Republik. Die gleiche antifreimaurerische und antisemitische Haltung zeigt Meurin, ein weiterer Fürsprecher Taxils und Erzbischof von Port-Louis auf Mauritius, der 1892 ein berühmt gewordenes Büchlein mit dem Titel *La Franc-Maçonnerie, Synagogue de Satan* herausbringt.

1893/94 berichtet der Deutsche C. Hacks unter dem Pseudonym Bataille in *Le diable au XXième siècle,* einer Schrift, die in Paris mehrfach aufgelegt wurde, er habe im Laufe seiner Wanderung durch verschiedene Länder der Welt eine gewisse Miß Diana Vaughan getroffen, die der Bewegung der Palladisten angehörte; 1895 wurde ihre plötzliche Konversion verkündet. Der Tenor dieser Enthüllungen ging dahin, daß die »wahre Freimaurerei« eine satanische Sekte von Teufelsanbetern sei, sogenannten Luziferianern oder Palladisten, die, eine eindeutig dualistische Einstellung vertretend, Satan zum wahren Gott des Lichtes erklärt hatten und den jüdischen Gott als Gott der Finsternis ablehnten. [...]

Während die Freimaurer die frei erfundene Anschuldigung des Satanismus energisch zurückwiesen und Taxil aufforderten, er solle Diana Vaughan, die zur wesentlichen Phantomzeugin für diese vorgebliche Ketzerei geworden war, öffentlich präsentieren, forderten die Kirchenmänner die Verbreitung der Schmähschriften. Taxil ließ wissen, Leo XIII. habe 1895 der Vaughan seinen persönlichen Segen übersandt. Beim Anti-Freimaurer-Kongreß im Jahre 1896 in Trient gelang es Taxil, alle Zweifel an der realen Existenz der Vaughan zu zerstreuen, indem er behauptete, er präsentiere sie nur deshalb nicht der Öffentlichkeit, weil er sie nicht der Gefahr aussetzen wolle, von den Freimaurern umgebracht zu werden, wobei er nicht ausschloß, sie einem begrenzten Kreise vorzuführen. Doch schickte Bataille, der Autor der Enthüllungen über die umstrittene Miß Vaughan, im gleichen Jahr dem *Univers* in Paris einen Brief mit der Erklärung, die in *Le Diable au XXième siècle* enthaltenen Informationen seien ausnahmslos seiner Phantasie entsprungen. Taxil versuchte die Komödie noch eine Weile weiterzuführen und kündigte die bevorstehende öffentliche Vorstellung der Vaughan an, bis er am 19. April 1897 bei einer Versammlung der Geographischen Gesellschaft in Paris endlich gestand, daß die ganze Geschichte ein kolossaler Schwindel sei, den er sich aus den Fingern gesogen habe. Er sprach der katholischen Kirche und den verschiedenen Bischöfen seinen Dank für die Unterstützung aus, die sie ihm bei der Verbreitung seiner Phantasiegeschichten gewährt hatten. Taxil starb 1907.

Mit dem Ende des 19. Jahrhunderts scheint sich der Teufel in eine rein mythische Metapher für die Befreiung des Menschen aus den Fesseln des Terrors, der die vorangegangenen Jahrhunderte bestimmt hatte, verwandelt zu haben. Er verkörpert den Ausbruch der unterdrückten Instinkte, die Lebensfreude, die Fähigkeit des Menschen, sich eine rationale Welt aufzubauen, all jene Züge, die von einigen Wissenschaftlern dem verteufelten Hexenwesen zugeordnet werden, als Ausdruck eines »Naturalismus«, der sich gegen die unterdrückende Gewalt der Institutionen und der Kirche auflehnt. Carducci sieht in seinem Werk *Inno a Satana* im Teufel die Rebellion und die »rächende Kraft der Vernunft«, ihm sind Weihrauch und Weihgaben darzubringen, gerade weil er sich als Bild der Vernunft an die Stelle des Gottes der Priester gesetzt hat. Für Baudelaire wird er »*le plus savant et le plus beau des Anges, / Dieu trahi par le sort et privé de louanges*« (O Cherub, weisester, schönster von Gottes Söhnen, /Gestürzt, selbst noch ein Gott, dem keine Psalmen tönen ...).[5]

Arturo Graf hat am Ende seines Buches über den Teufel die Vorstellungen dargelegt, wie sie für die Jahre um 1890 gültig gewesen sein dürften. Der Teufel, endgültig tot und vergessen, »wird sich in der menschlichen Phantasie im gleichen Urgrund auflösen, dem er entstiegen ist«. Nach Graf existiert er nicht mehr, weil die Ursachen, die ihm zur Entstehung verhalfen, verschwunden sind. Er stirbt, weil er keine Funktion mehr hat und »weil die Idee, die ihn zum Leben erweckte, im gewaltigen Lebenswettkampf anderer, vitaleren und jüngeren Ideen nicht mehr standzuhalten vermag«. Sie sind dahin, jene phantastischen teuflischen Heere, die durch die Lüfte streiften. Der Argwohn und die Angst vor dem Teufel haben sich verflüchtigt, »nicht allein unter den gebildeten Menschen, sondern auch im Volk; nicht allein in den Städten ... sondern auch auf dem Land«. Man kann ihm nicht mehr die Krankheiten des Menschen anlasten, und deshalb »entledigte sich unsere Zivilisation des Teufels, der ihr zu anderen Zeiten nützlich war, aber nun eine überflüssige Last geworden ist; sie entledigt sich seiner, wie sie sich der Sklaven, der Privilegien, des religiösen Fanatismus, des Gottesgnadentums und anderer Dinge entledigt hat«.[6]

Keine Geschichtsdiagnose war je so falsch wie diese, die Graf aus dem geistigen Klima des Positivismus und aus dem letzten noch verbliebenen Rest jenes Geistes der Aufklärung bezog, der Voltaire bewogen hatte, D'Alembert und Diderot seine »Brüder im Teufel« zu nennen. Die Realität sah ganz anders aus, und es sollten Jahre folgen, in denen Satan bei vielerlei Anlässen und in den unterschiedlichsten Formen wieder ins Spiel kam. Die offizielle Kirchendoktrin hat es ganz offen vermieden, den Teufel zu begraben, wie es die weltlich denkenden Kreise und selbst die Gläubigen gern gesehen hätten, die sich mit der Möglichkeit einer Entmythisierung inzwischen angefreundet hatten. Während sich aus einem an den materiellen Erkenntnissen der Naturwissenschaften geschulten Bewußtsein und aus einer neuen Glaubensauffassung, frei von bedrängenden, personifizierten Vorstellungen, um die fünfziger Jahre herum die Tendenz entwickelte, der dämonischen Bilderwelt endgültig abzusagen, ging es dem römischen Pontifikat mit seiner Rückkehr zum Teufel darum, eine Sicherheit des Dogmas und des Glaubens zurückzugewinnen, die von so vielen Seiten bedroht worden war.

Doch dieser Rückgewinnung haftete eine schmerzliche Ambivalenz an: Zum einen stand sie für einen der vielen Versuche des reaktionären Konservatismus, seine Macht zu erneuern, zum anderen löste sie Reaktionen in weiten nichtkirchlichen Kreisen und auch in Kirchenschichten aus, die sich nun von den alten mythischen Fesseln befreit glaubten. Doch gelang es mit Hilfe dieser unerbittlich und mit der ganzen Autorität des Pontifikats durchgeführten Maßnahmen auch, einen Satan wieder auferstehen zu lassen, den das zeitgenössische Denken endgültig für nichtig erklärt und in der Erinnerung an frühere Zeiten begraben hatte. Wäre Satan eine real existierende Gestalt, dann hätte ihm nichts weniger als das Vorgehen der Päpste großzügigen Dienst und feierliche Anerkennung angedeihen lassen.

In der Homilie, die Paul VI. am 29. Juni 1972 anläßlich des Festes der Heiligen Peter und Paul und des neunten Jahrestags seiner Krönung an die Gläubigen richtete, vertrat er ausdrücklich die Auffassung, daß die Welt vom Teufel besessen sei:»Im Hinblick auf die Situation der heutigen Kirche äußerte der Heilige Vater die Meinung, er habe das Gefühl, daß ›durch irgendeinen Riß der Rauch Satans in den Tempel Gottes eingetreten sei …‹ Wie konnte das geschehen? Der Papst vertraute den Anwesenden seine Gedanken dazu an: dies sei auf das Vorgehen einer widrigen Macht zurückzuführen. Teufel sei ihr Name, jenes geheimnisvolle Wesen, von dem schon im Brief des heiligen Petrus die Rede ist. Zum anderen findet sich auch im Evangelium der Beweis, daß Christus selbst diesen Feind der Menschen häufig erwähnte. ›Wir glauben‹, bemerkte der Heilige Vater, ›an etwas Außernatürliches, eben darum in die Welt gekommen, um den Erfolg des Ökumenischen Konzils zu trüben und zu unterdrücken.‹«[7]

Am 13. November 1972 findet die Rückkehr der katholischen Kirche zum Teufelsglauben in einer anderen feierlichen Erklärung Pauls VI. ihren Ausdruck:»Das Böse in der Welt ist das Vorhandensein und Wirken eines dunklen Feindes, des Teufels, in uns und in unserer Gesellschaft. Das Böse ist nicht allein ein Mangel, sondern es ist ein lebendiges, geistiges, pervertiertes und pervertierendes Wesen. Furchtbare Realität, geheimnisvoll und erschreckend. Wer sich weigert, seine Existenz anzuerkennen, stellt sich außerhalb von Bibel und Kirche; auch, wer ihn zu einem Prinzip an sich erhebt, das seinen Ursprung nicht, wie jede Schöpfung, in Gott hat; oder wer ihn zur Pseudorealität erklärt, zu einem personifizierten Phantasiegebilde der unbekannten Ursachen unserer Übel ... Der Teufel ist der Feind Nummer eins, der Versucher schlechthin. Wir wissen somit, daß dieses dunkle, verwirrende Wesen tatsächlich existiert und noch immer tätig ist. Mit Trug bedroht er das moralische Gleichgewicht des Menschen, der falsche Zauberer, der sich in uns einzuschleichen versteht, um uns vom rechten Wege abzubringen ... Der Teufel und der Einfluß, den er auszuüben vermag, wäre ein sehr wichtiges, von der katholischen Doktrin erneut zu studierendes Kapitel, was heutzutage nur selten geschieht.« Es zeigt sich hier eine Art schwärmerischer Nostalgie nach der langen mittelalterlichen Tradition: Erneut wird ein Teufelsbild entworfen, das nicht mehr»die Abwesenheit des Guten« wie beim heiligen Augustinus ist, sondern das reale Wesen, wie es sich in der Apokalypse und in den Bildnissen vom Teufel darstellt.

Vielleicht mit größerer Naivität, die aber keineswegs ungefährlich ist, hat Johannes Paul II. diese Thematik mehrfach wieder aufgegriffen. *L'Osservatore Romano* druckt am 14., 16./17. und 21. August 1986 eine seiner Homilien über das Glaubensbekenntnis ab, in der er sich zur Mythologie von den Engeln und den Teufeln bekennt. Nach Ansicht des Papstes ist der Teufel ein gefallener Engel, und Satans Sünde ist es, daß er die göttliche Wahrheit ablehnt. Als Folge der Erbsünde hat jener gefallene Engel in gewissem Maße die Herrschaft über den Menschen errungen. Ihren Ausdruck findet diese Doktrin in der Liturgie zur Taufe, in der der Katechumene aufgefordert wird, dem Teufel und seinen Verführungen zu entsagen. Als Person und als böser Geist nimmt er nicht allein auf die materiellen Dinge Einfluß, sondern auch auf den Körper des Menschen, weshalb man sehr wohl von teuflischer Besessenheit sprechen kann. Nach Meinung des Papstes ist es nicht immer ganz einfach zu unterscheiden, was in diesen Fällen an Außernatürlichem geschieht; prinzipiell muß man aber davon ausgehen, daß Satan in seinem Bestreben, dem Menschen zu schaden und ihn zum Bösen zu verführen, zu dieser äußersten Manifestation seiner Überlegenheit greifen könnte.

In Fortsetzung seiner teufelsfreundlichen Katechese greift Wojtyla am 13. August 1986 eine alte These der Dämonologen wieder auf: »Satans geschickter Plan in der Welt besteht darin, die Menschen zu veranlassen, seine Existenz zu leugnen im Namen der Rationalität oder auch jeden anderen Denksystems, das zu allen nur möglichen Ausflüchten greift, um nur sein Wirken nicht eingestehen zu müssen.«

Damit wird implizit jede Art von weltlichem Denken, das den Thomismus und die katholische Theologie ablehnt, dämonisiert. In der Katechese vom 20. August des gleichen Jahres läßt dieser Papst den alten Mythos von den vielfältigen Einflüssen Satans auf die geistige und physische Ordnung der Natur auferstehen – und verleiht ihm damit erneute Legitimation. Diese Erklärung erlaubt die Schlußfolgerung, daß die mittelalterliche Theorie vom dämonischen Ursprung der Unwetter und der Krankheiten in ihrer Gültigkeit bestätigt wurde. In der Homilie vom 15. August, die der Papst in der Pfarrkirche von Castel Gandolfo hält, versucht der Drache der Apokalypse, der von der Jungfrau Maria zertreten werden wird, ohne Unterlaß die Frau, »mehrt damit die Sünde in der Geschichte der Menschheit und versucht vor allem, den Menschen von Gott zu entfernen«, eine Aussage, in der die Frauenfeindlichkeit der Anti-Hexen-Traktate des Mittelalters ganz offensichtlich wiederauflebt.[8]

Eigentlich brauchte dieser aufdringlich und autoritär vorgetragene Satansglaube die Welt der Laien nur wenig zu interessieren, da man ja anerkennen muß, daß der Papst mit solchen Erklärungen letztlich nur sozusagen seine Pflicht tut und in der augenblicklichen Phase des wiederbelebten Konservatismus und der Reaktion eben die rückständigsten Mythen der vergangenen Jahrhunderte wieder hervorholt. Wir sähen uns somit lediglich den Streitschriften und den inneren Angelegenheiten der Kirche gegenüber, die im Prinzip den Laien und die Errungenschaften der wissenschaftlichen Erkenntnislehre nicht weiter berühren. Aber leider wirken sich die Meinungsäußerungen der Kirche direkt oder kraft ihres bedeutsamen politischen Gewichts auch auf die Situation der Nichtkatholiken aus: Sie wirken auf Moral und Verhalten der Menschen ein mit schwerwiegenden Konsequenzen für das bürgerliche Leben. Der päpstliche Teufel präsentiert sich wie ein leerer Raum, wie ein ideologisches und mythologisches Vakuum, das ein reaktionärer Kleriker oder praktizierender Katholik je nach Bedarf mit seinen Ausgrenzungsphantasien und mit seinen sadistischen Aggressionen besetzen kann. Es war derselbe theologische Eifer, der unter Berufung auf das Fortleben des Teufels in der Welt jahrzehntelang dazu geführt hat, daß die Menschheit nach manichäistischer Art in Erlöste und Verdammte aufgeteilt wurde, in Christen (und Christdemokraten) und Kommunisten, und der schließlich im Klima der fundamentalistischen religiösen Reaktion in Amerika, die zur Zeit Ottavianis[9] von der katholischen Kirche gestützt wurde, zum Blutbad an den Rosenbergs[10] und zur antikommunistischen Hexenjagd führte.

Solche Vorgänge, die jeder Vernunft hohnsprechen, sind nicht allein darauf zurückzuführen, daß die erneut bestätigte Existenz des Teufels die politische Ausgrenzung bestimmter Gruppen möglich macht, sondern auch darauf, daß solche Vorstellungen in vielen ländlichen Gebieten zu neuen Mystifizierungen führen. Bei einer Untersuchung, die ich in der Toskana vornahm, habe ich nachweislich festgestellt, daß zwei Franziskanerpater der Kirche S. Maria delle Vertighe im Gebiet von Montesansavino (Arezzo) Personen exorzierten, die in die kommunistische Partei eingeschrieben waren, und sie erst für befreit erklärten, nachdem sie der Democrazia Cristiana beigetreten waren: eine unglaubliche Art und Weise, auf der untersten Ebene des Katholizismus und zu Lasten des einfachen, der Kirche verbundenen Volkes Satans große Wiederkehr zu begreifen und zu praktizieren.[11] Eine grausame, aggressive Dämonisierung, die zwar nicht durch offizielle Verlautbarungen gestützt wurde (in Ottavianis Anordnungen gegen die Gläubigen, die die sozialistische oder die kommunistische Partei wählten, wird der Teufel nicht explizit erwähnt), die aber in vielen Beichtstühlen und in einigen Diözesen ausgiebig zirkulierte. Cazzani, der Bischof von Cremona, erklärte in diesem Klima:»Die wahren Kommunisten sind wahre Besessene«[12] – nur ein Beispiel von vielen.

Dieselben Fermente der Dämonisierung, die es an Plumpheit und Gewalttätigkeit mit denen in bestimmten katholischen Randbereichen aufnehmen können, gären in den fundamentalistischen Bewegungen der Vereinigten Staaten, einer Welle der Missionierung und Pseudoevangelisierung, die dieses Land in absolut besorgniserregender Weise überschwemmt hat, wenn es wirklich wahr ist, daß sich dort drei von zehn Christen für *new born,*»neugeboren«, und für Fundamentalisten erklären. Eine kürzlich von Franco Cancedda[13] durchgeführte Untersuchung liefert wichtige Informationen dazu. In dem manichäisch apokalyptischen Klima, das eine Folge der Spaltung der Menschheit in zwei oppositionelle Lager ist, löst sich die auf einer verfälschten Bibelauslegung beruhende dualistische Metapher auf in den Konflikt USA/Gott gegen sozialistische

Länder/Teufel: »Allein die Macht der Vereinigten Staaten und die
Macht Gottes setzen sich der Macht der Sowjetunion entgegen;
… dieser Mann Michail Gorbatschow wird sich den Geist des Antichrists zu eigen machen. Nein, er ist nicht der Antichrist, doch er
handelt im Geist des Antichrists und im Geist der Täuschung … Ich
glaube, die Wiederwahl Präsident Reagans ist Teil des Programms,
das Gott vorgezeichnet hat. Ich glaube, daß Gott dabei ist, die amerikanische Nation vorzubereiten. Weder unser Land noch die Mehrheit unserer Führer wissen und begreifen, worauf sie vorbereitet
werden. Denn Gott ist dabei, für die Ankunft unseres Herrn Jesus
Christus eine jede Sache an ihren Platz zu stellen.«[14]

Es ist überdies nicht unwahrscheinlich, daß die zunehmende
Ausbreitung von Satanskulten in Städten wie Turin und Rom
(wobei dies nur die Städte sind, die durch einschlägige diabolische
Ereignisse in die Presse gekommen sind), die gleichzeitige Einsetzung von fünf offiziellen Exorzisten durch den Bischof von Turin –
von der Presse ausführlich dokumentiert – und die starke Zunahme
von Exorzisten in anderen Städten in gewisser Weise auch durch die
päpstlichen Äußerungen gefördert wurden. Aber ganz abgesehen
davon scheint mir der städtische Dämonismus noch andere Wurzeln zu haben. Die Vorliebe für bestimmte sexuelle Perversionen,
die bis zu Folter und Mord entfesselten Triebe, die Tatsache, daß
sich in einschlägigen Vorfällen in Amerika, der Schweiz, in Frankreich, Deutschland und manchmal auch in Italien so uralte Rituale
wie Schwarze Messen und Hexenopfer stereotyp wiederholen, sind
Symptome für eine Situation, die schwer zu analysieren ist. Die einfachste, in ihrer Einfachheit aber auch überzeugendste Hypothese:
In der Umkehrung und Überschreitung von Normen oder in Grenz-
erfahrungen, die vor allem in bürgerlichen Schichten und nur hin
und wieder in Arbeiterkreisen Zuspruch finden, stellen sich bei
dem in der städtischen, entschieden asozialen Wüste lebenden
Menschen angesichts eines bedrängenden Mangels an histori-
schem Bewußtsein und der Notwendigkeit, diese Bewußtseinsleere
wieder aufzuladen, neue Anreize, Phantasien und Träumereien
ein, die ihn entschädigen und zu einer Bedeutung erheben, die ihm
ansonsten verweigert wird. Dies wäre also, in materialistischen Ter-
mini ausgedrückt, ein typischer Fall von Flucht oder Entfremdung,
der die Auseinandersetzung mit der Wirklichkeit verhindert und sie
statt dessen in die dunklen Gefilde des Traums verlagert. […]

Die starke Präsenz des organisierten Satanismus straft tatsächlich
den Eindruck Lüge, das Teufelsbild habe sich in den letzten Jahr-

zehnten eher verflüchtigt, und sie trifft sich darin mit Teilen der christlichen Kirchen, die zum Teufel zurückgekehrt sind. Selbstverständlich bestehen hier grundlegende Unterschiede, da der Satanismus der Geheimsekten sich vor allem durch Äußerungen kriminellen Wahnsinns manifestiert. In dem einen wie dem anderen Fall ist bei wertfreier Betrachtung zu sagen, daß es sich hier um Randerscheinungen handelt, wenn man sich ansieht, welche Schichten der Bevölkerung real dahinterstehen. Doch ist hier eines zu unterstreichen: Während der Satanismus der Sekten von jeher auf eine kleine Zahl von Verrückten und ihre heimlichen Zusammenkünfte beschränkt blieb, kann sich der von den neukonservativen Theologen proklamierte Satanismus zwar nicht auf eine breite Basis innerhalb der Kirche stützen, doch übt er als ideologisches Modell einen tiefgreifenden, irrationalen Einfluß aus und läßt sich, wie bereits erwähnt, für politische Zwecke mißbrauchen.

Abschließend ist zu sagen, daß diese von den Kirchen diktierten Neodämonismen, selbst wenn sie von der mythologischen Last des Teufelsbildes befreit sind, zu Formen schwerwiegender Entfremdung führen, da sie angesichts drängender Probleme eine Haltung der Verantwortungslosigkeit fördern. Die Rückkehr zum Teufel bewirkt eine Art Trägheit und Betäubung des Bewußtseins, die dazu beiträgt, daß die realen Gründe für Verfolgung, Gewalttätigkeit und Gemetzel auf die Ebene der Phantasie abgeschoben werden. Die autoritär vermittelte Teufelsideologie besänftigt und beruhigt uns, da sie unserem Gewissen einen anderen, nun plötzlich wiederentdeckten Ursprung des Bösen vorgaukelt und uns des Schuld- wie des Verantwortungsbewußtseins enthebt, die stets der Ausgangspunkt menschlichen Handelns sein müßten.

Noch beeindruckender wird dieser Mechanismus der Schuldenthebung und der Entfremdung, wenn, aus atavistischen Tiefen hervorgeholt, das Bild eines finsteren, strafenden Gottes vor uns aufgerichtet wird, der sozusagen die Parallelvorstellung zum klassischen Satan ist, eines Gottes, der uns für unsere Missetaten bestraft und der den Menschen in erbarmungsloser Unerbittlichkeit direkt oder über seinen dämonischen Stellvertreter Krankheit und Tod schickt. Unter Rückgriff auf diese Bestrafungs-»Theologie« haben gewisse katholische wie protestantische Kreise, einer sehr leicht begreiflichen Dynamik folgend, den Prostituierten, den Homosexuellen und den Drogensüchtigen die Schuld für die Verbreitung von AIDS zugeschoben. Man kann sich in diesem Zusammenhang fragen, warum diese heftig betriebene Ausgrenzung bestimmter Gruppen,

die die Ausbreitung von AIDS begleitet und die von kollektivem
Terror geprägt ist, nicht – oder doch weit weniger tiefgreifend und
weniger von oben legitimiert – im Zusammenhang mit anderen epidemischen Krankheiten wie Krebs oder Grippe aufgetreten ist. Bei
AIDS kommt ein besonderer Faktor zum Tragen. Während man mit
dem Finger auf die Verbreitung der Krankheit deutet, greift man
konkret und mit theologischem Eifer die menschlichen Verhaltensformen an, die von den Kirchen seit jeher verurteilt wurden: Es sind
all jene, die mit sexueller Freiheit verbunden sind.

   Die kirchliche Lehrmeinung, ob katholisch oder protestantisch,
weigert sich, die »Natürlichkeit« dieses biologischen und klinischen
Geschehens zu akzeptieren und es nach der Logik der Vernunft und
des historischen und wissenschaftlichen Bewußtseins zu erklären.
So werden wieder die althergebrachte Macht Satans und die perversen Vorlieben des strafenden Gottes zum Thema gemacht. Damit
verstärkt sich der Prozeß der sozialen Schuldzuweisung, da man in
diesem Geschehen, selbst wenn man es wissenschaftlich erklärt,
eine darüber hinausführende Ursache sucht, die unwissenschaftlich und unhistorisch als Schuld und Sünde dargestellt wird. Die au
ßernatürliche Ursache dient damit zur Erklärung des schicksalhaften Charakters dieses Geschehens, das als *signum dei,* als furchtbare
Manifestation des zornigen Plans der Transzendenz gesehen wird.
Und diese uralte theologische Auffassung bringt wieder einmal die
grausame Dynamik der Ausgrenzung von Minderheiten in Gang.

   Diese Dynamik geht im übrigen auf die Ursprünge des Christentums selbst zurück. Der Apostel Paulus bemerkt im Brief an die
Römer[15], daß seiner Meinung nach das Ende des Römertums, auf
dessen Trümmern das Christentum erstand, auf die vielen Sünden
der Heiden zurückzuführen sei. Und die sexuelle und homosexuelle Perversion stehen dabei an erster Stelle: »Darum hat sie Gott
auch dahingegeben in schändliche Lüste; denn ihre Weiber haben
verwandelt den natürlichen Umgang in den unnatürlichen; desgleichen auch die Männer haben verlassen den natürlichen Umgang
mit den Weibern und sind aneinander entbrannt in ihren Lüsten
und haben Mann mit Mann Schande getrieben und den Lohn ihrer
Verirrung, wie es ja sein mußte, an sich selbst empfangen.« In
I, Vers 32 des gleichen Briefes erklärt Paulus die Homosexuellen des
Todes für würdig.

   Wir sind der Dämonisierung der AIDS-Kranken bereits sehr
nahe: In den Vereinigten Staaten wurde, zumindest in einem Fall,
die Sterilisierung der Homosexuellen und der Drogenabhängigen

gefordert, und Australien verabschiedete ein Gesetz, wonach Homosexuelle, die durch Blutspenden AIDS übertragen haben, des unvorsätzlichen Mordes beschuldigt werden. Und mit mächtig erhobener Stimme haben protestantische Prediger an die Feuerstrafe erinnert, die Gott über die Homosexuellen von Sodom und Gomorra kommen ließ. Es ist somit begreiflich, wenn Kardinal Siri in einem solchen Klima den außernatürlichen Ursprung dieser Krankheit vertrat, die Gott den Menschen als Strafe geschickt habe. Er folgt damit lediglich einer in der Geschichte des Christentums reich dokumentierten Tradition.

KENNETH L. WOODWARD

Heiligkeit und Sexualität

W ie bei jeder Untersuchung, so ist auch bei dieser vor allem interessant, was gar nicht erst geschieht, und so verraten die Menschen, die *nicht* kanonisiert werden, ebensoviel über den Heiligsprechungsprozeß wie jene, die in den Heiligenkalender eingehen. Schaut man sich etwas genauer in der Runde der Männer und Frauen um, die seit 1588 selig- oder heiliggesprochen wurden, so sind bestimmte Gruppen zahlenmäßig schwach oder gar nicht vertreten. Päpste sind eher unterrepräsentiert, Kardinäle ebenfalls.[1] Männer sind etwa doppelt so stark vertreten wie Frauen – was sich allerdings im Lauf des 20. Jahrhunderts deutlich verschoben hat und im wesentlichen auf die vielen Frauenorden zurückzuführen ist, die die Sache ihrer Gründerinnen erfolgreich vertraten.

Wenn aber eine Gruppe eindeutig zu kurz gekommen ist, dann sind es die Laien. 303 Personen sprachen die Päpste vom Jahr 1000 bis einschließlich 1987 heilig, darunter nur 56 männliche und 20 weibliche Laien. Und von den 63 Laienheiligen, deren Personenstand mit Sicherheit verbürgt ist, war über die Hälfte niemals verheiratet. Viele von ihnen starben den Märtyrertod, sei es als Einzelperson oder als Angehörige einer Gruppe. Aus dem Mangel an verehelichten Heiligen könnte man den Schluß ziehen, emotionale und sexuelle Befriedigung in einer harmonischen Ehe sei mit der heroischen Tugendhaftigkeit, die von Heiligen erwartet wird, unvereinbar.

Was hat der sinnliche Körper an sich, daß er sich in den Augen der Kirche für ihre Heiligen nicht schickt? Und wichtiger noch: Warum gibt es kein einziges Beispiel einer oder eines glücklich verheirateten Heiligen?

Keuschheit und heroische Tugendhaftigkeit

Die Geschichte des römischen Katholizismus offenbart eine zumindest zwiespältige Einstellung zur menschlichen Sexualität. Von Anfang an hat die Kirche Keuschheit und Jungfräulichkeit höher eingestuft als den Ehestand, obwohl dieser den Status eines Sakraments besitzt. Die Wurzeln dieser Ambivalenz reichen bis ins Neue Testament zurück, auch wenn es allgemein üblich geworden ist, die

Schuld für eine Tradition, die Sexualität mit Sünde gleichsetzt, in den Schriften der Kirchenväter des 3. bis 5. Jahrhunderts zu sehen. Im großen und ganzen ist diese Schuldzuweisung auch berechtigt: Einige der Väter waren schlicht frauenfeindlich. Tertullian zum Beispiel hielt Frauen für die »Einfallspforte des Teufels«.[2] Und der heilige Augustinus, der vor seiner Bekehrung reichlich Erfahrung mit den vergänglichen Genüssen des Fleisches sammelte, lehrte später, daß die sexuelle Begierde Strafe Gottes für den ursprünglichen Ungehorsam gegen Gott (Erbsünde) sei.

Doch wie Peter Brown, ein ausgezeichneter Kenner der christlichen Antike, und andere Wissenschaftler überzeugend nachgewiesen haben, wird die Neigung der Kirchenväter, Sexualität mit Sünde gleichzusetzen, nur allzu leicht überbewertet. Sie sollte auf jeden Fall vor dem breiteren Hintergrund einer ganzen Reihe sozioökonomischer Faktoren gesehen werden, wie sie der griechisch-römische Kulturkreis in der Beziehung zwischen »Körper und Gesellschaft«[3] hervorbrachte. Schließlich *waren* die meisten Christen (einschließlich der Geistlichkeit) verheiratet und hatten Kinder. Erst als sich die Kirche mit dem Gnostizismus konfrontiert sah – einer frühchristlichen Irrlehre, die die Materie (den Körper eingeschlossen) als gottfeindlich betrachtete –, wertete sie die Ehe auf, blieb aber bei ihrer Auffassung, daß die Keuschheit höher einzustufen sei.

Das Anliegen der Kirchenväter, soviel ist heute klar, zielte weniger auf die Gleichsetzung von Sexualität und Sünde als vielmehr auf die Identifikation von Keuschheit und Heiligkeit ab. Ihre Auffassung vom Christentum war vom Gedankengut des Neoplatonismus durchsetzt, der den Körper als »Unruhestifter« betrachtete, der zur Freisetzung des höheren Lebens von Geist und Verstand an die Kette gelegt werden mußte. Augustinus, der wußte, wovon er sprach, verwies auf die Unfähigkeit des Mannes, im richtigen Moment eine Erektion zu bekommen – oder sie im unrichtigen zu unterdrücken –, als Beispiel dafür, daß der Körper des gefallenen Mannes seinem Willen nicht mehr gehorchte. Er sah den Geschlechtsakt an sich als bedauerliche Angelegenheit:

»Diese Lust aber nimmt nicht nur den ganzen Leib, und zwar nicht äußerlich nur, sondern auch innerlich in Anspruch und regt den ganzen Menschen zumal auf, indem sich mit dem Begehren des Fleisches zugleich eine Gemütsbewegung verbindet und vermischt und so ein Genuß erfolgt, der unter den körperlichen Ge-

nüssen obenan steht; in einer Weise, daß in dem Augenblick, wo
er seinen Höhepunkt erreicht, fast alles scharfe und umsichtige
Denken niedergehalten wird. Aber jeder Freund der Weisheit
und heiliger Freuden, der im Ehestande lebt, ... würde lieber,
wenn es in seiner Macht stünde, ohne solche Lust Kinder erzeu-
gen ...«[4]

Die Kirchenväter schlußfolgerten aufgrund ihrer Verbindung von
hellenistischem und biblischem Gedankengut, daß die Vervollkommnung des Menschen in einer möglichst vollständigen Wieder-
gewinnung der Kontrolle des Geistes über das finstere Fleisch liegt
– ein Zustand, dessen sich ihrer Vorstellung nach Adam und Eva
vor dem Sündenfall erfreut hatten. Was das Leben nach dem Tode
betraf, so stellten sie es sich als Wiederherstellung der ursprünglichen Integrität Adams vor, frei nach dem Matthäusevangelium, in
dem es heißt:»Bei der Auferstehung werden sie weder freien noch
sich freien lassen« (Mt 22,30). Im gegenwärtig gefallenen Zustand
der menschlichen Natur galt daher Keuschheit als weitaus förderli-
cher für das Streben nach religiöser Vollkommenheit denn die Ehe,
und in dieser geistlichen Vervollkommnung sahen sie die besondere Berufung der Heiligen.
   Im wesentlichen war das nur eine theologische Rechtfertigung
der asketischen Praxis, die unter Einsiedlern und Gruppen geweih-
ter Jungfrauen längst vorherrschte. Doch was die gelehrten Kirchenväter für den sehr begrenzten Kreis ihrer lesekundigen Kollegen zu Papier brachten, war von weit geringerer Tragweite als das,
was in den frühchristlichen Gemeinden für die Tugenden eines Heiligen gehalten wurde. Immerhin waren dies die Jahrhunderte, in
denen sich die Heiligenverehrung als besonderes Merkmal des
Christentums herausbildete, und es waren die – nahezu ausnahmslos zölibatären – Heiligen, die von Gebildeten und Ungebildeten
gleichermaßen als Vorbilder für menschliche (christliche) Vollkommenheit betrachtet wurden.
   Die christliche Vorstellung von Heiligkeit war von Anbeginn geprägt durch den Entsagungsgedanken: Entsagung des Lebens bei
Märtyrern,»der Welt« ganz allgemein und insbesondere»des Fleisches« bei den Asketen. Doch das Bekenntnis zur Keuschheit war
ebensowenig reines Fliehen des Fleisches, wie das Märtyrertum reines Fliehen des Lebens war; gleichzeitig bedeutete es, sich der ver-
wandelnden Kraft des kommenden Reiches Gottes und dem zu er-
wartenden Leben im Himmel zu öffnen. Gewiß, es war eine Tu-

gend, eine anständige christliche Ehe zu führen, die heroische Tugend der Heiligen jedoch lag – für Männer wie Frauen – allein in der lebenslangen Keuschheit.

So und nicht anders lautet die Botschaft zahlloser Heiliger, deren Geschichten und Legenden die Gläubigen über die Jahrhunderte weit stärker geprägt haben als die Schriften gelehrter Bischöfe und Theologen. Zu den ältesten und beliebtesten Heiligenlegenden gehören die von jungfräulichen Märtyrerinnen wie Agatha, Lucia und Agnes, junger Frauen, die sich Christus vermählt hatten und die entweder der Kleider beraubt, körperlich verstümmelt oder in Bordelle verschleppt und letztlich bei der Verteidigung ihrer Jungfräulichkeit getötet wurden. Diese Legenden, die aus dem 4. und 5. Jahrhundert stammen, wurden im Mittelalter immer wieder nacherzählt, ausgeschmückt und verherrlicht (vor allem in Jacobus a Voragines sehr beliebter Sammlung *Legenda aurea*) und dienen selbst heute noch, wie wir sehen werden, als Modelle für christliche Heiligkeit, auch wenn die Gestalten Agatha, Lucia und Agnes nicht mehr als historisch verbürgt gelten. Die Namen dieser Frauen und zahlreicher anderer enthaltsamer Märtyrer werden nach wie vor an besonderen Festtagen geehrt und wurden bis zur Reform der römisch-katholischen Liturgie in den sechziger Jahren tagtäglich im Meßkanon erwähnt.

Typisch für die männlichen Heiligen der Enthaltsamkeit ist die Legende von Alexius[5], einem jungen Mann aus reichem Hause, der den Armen dienen will, am Hochzeitstag seine Frau verläßt und 17 Jahre lang als Bettler umherzieht. Eine Vision ruft ihn schließlich nach Hause zurück, wo er in einem Verschlag unter der Treppe seines Vaterhauses unterkommt. Unerkannt von seinem Vater und seiner Frau, die er verließ, dient er bis zum Ende seines Lebens als bescheidener Türhüter und erwirbt sich den Ruf eines weisen und heiligen Mannes. Die verschiedenen Fassungen der Legende weichen in Einzelheiten voneinander ab; einmal ist es seine Armut, ein andermal seine Weisheit oder sein Dienst an den Armen, die besonders hervorgehoben werden. Über die Jahrhunderte hinweg gänzlich unverändert blieb allein Alexius' Verschmähung der Ehe erhalten.

Der springende Punkt dabei ist wiederum: Da Heilige durch ihre Legenden bekannt sind, wird auch die Heiligkeit selbst nach dem Muster dieser Legenden gewoben. Wenn die Kirche also nur wenige Verheiratete heiliggesprochen hat, so ist ein Grund dafür auch darin zu sehen, daß es bis heute keine überzeugenden Legenden

von Heiligen im Ehestand gibt, die sich mit jenen urchristlichen Gestalten messen könnten, deren Ablehnung von Sexualität und Ehe
überliefert ist. Gewiß, seit den Zeiten, da die Heiligengeschichten –
wie die der enthaltsamen Märtyrer – aus einer reichen Erzähltradi-
tion, an der viele beteiligt waren, entstanden und zur Erbauung und
Belehrung dienten, hat sich auch die Hagiographie stark verändert.[6]
Aber ebensowenig konnten die Alltagstugenden des häuslichen Lebens die Weltliteratur zu Legenden und Mythen inspirieren – mit
einer Ausnahme, wenn man so will: die Verwandlung des Irrfah-
rers Odysseus in Leopold Bloom, den gehörnten Jedermann aus der
Feder James Joyces.

Trotz alledem hat die Kirche mit ihrem einzigartigen Instrument
der Heiligsprechung auch die Fähigkeit, Leben in Geschichten zu
übersetzen. Da sie mittlerweile die Lehre, die Ehe sei der Jungfräulichkeit oder dem Gott geweihten Zölibat auf dem Weg zur Heiligkeit unterlegen, aufgegeben hat, könnte sie nunmehr Heiligen den
Vorzug geben, welche die Tugenden der christlichen Ehe verkör-
pern. Angesichts der virulenten Untreue und der hohen Schei-
dungsraten in der heutigen modernen Gesellschaft sollte man eigentlich annehmen, daß die Tugenden, die für die lebenslange
Treue katholischer Ehepartner erforderlich sind, mindestens als
ebenso »heroisch« gelten müßten wie diejenigen, die zölibatären
Nonnen und Priestern abverlangt werden. Wie kommt es dann
aber, daß sich in einer Zeit, da die Kirche mehr Menschen selig- und
heiligspricht denn je zuvor, kaum einmal eine Ehefrau oder ein Ehemann darunter befindet?

Die Heiligsprechung im Jahr des Laien

Die Frage, wie Ehe und Heiligkeit miteinander vereinbar sind,
erhob sich im Oktober 1987 in Rom anläßlich der Weltbischofssyn-
ode, die Papst Johannes Paul II. einberufen hatte, um die Rolle des
Laien in Kirche und Welt zu diskutieren. Besagte Frage stand nicht
auf der offiziellen Tagesordnung, die sich hauptsächlich mit der
Funktion des Laien in der Gesellschaft beschäftigte. So manchem
Bischof ging sie jedoch im Kopf herum, bis sie lauthals ihre Verwun-
derung darüber äußerten, daß die Kirche bisher so wenige verheiratete Männer und Frauen der Verehrung als Selige oder Heilige für
würdig befunden hat. Kardinal Palazzini, der Kardinalspräfekt der
Kongregation für Heiligsprechungsprozesse, war auf Kritik in diesem Punkt vorbereitet. 1980 hatte er schon einmal den Mangel an

verehelichten Heiligen mit dem Argument zu verteidigen gesucht, alle Heiligen kämen schließlich aus Familien,»und daher wurden ihre Eltern zugleich mit ihnen geehrt«.[7] Dieses Mal wollte der Kardinal der bischöflichen Kritik den Wind aus den Segeln nehmen, indem er nachwies, daß die Kongregation keinerlei Vorurteile gegen Laienverfahren hege. Er beauftragte Monsignore Sarno, ihm eine Liste mit sämtlichen Laienverfahren zu erstellen, mit denen sich die Kongregation im letzten Jahr befaßt hatte. Sarno kam auf 17 Kandidaten, von denen vier verheiratet gewesen waren. Ausschlaggebend waren jedoch nicht Palazzinis Einlassungen gegenüber den Bischöfen, sondern die Taten der Kongregation.

Die Synode bildete den Abschluß einer zwölfmonatigen Zeitspanne, die Johannes Paul II. zum »Jahr des Laien« erklärt hatte. Zu diesem Anlaß hatte die Kongregation zwei Jahre harter Arbeit investiert, um dem Papst eine Auswahl von Laien präsentieren zu können, deren heiligmäßiger Ruf sie als vielversprechende Kandidaten für eine Selig- und Heiligsprechung im Laufe der einen Monat während renden Bischofsberatungen in Rom auswies. Die Postulatoren[8] versuchten, ihre Verfahren durchzupeitschen, die Ortsbischöfe machten sich für ihre Lieblingskandidaten stark. 15 Kandidaten waren schon reif für die Absegnung durch den Papst – weit mehr, als der Oktober Sonntage zählte, an denen die feierliche Zeremonie stattfinden konnte. Manche Kongregationsbeamte befürchteten gar, der Papst könne des Guten zuviel tun und die Persönlichkeit jedes neuen Heiligen oder Seligen ginge dann in der Masse unter. Am Ende wurden drei Kandidaten zur Seligsprechung, zwei (darunter ein Gruppenverfahren) für die Heiligsprechung ausgewählt, und ihrer aller *vitae* sagten mehr über die Haltung der Kirche zu Ehe, Sexualität und Heiligkeit aus als sämtliche Reden, die auf der Synode über die Berufung des Laien zur Heiligkeit gehalten wurden.

Am 4. Oktober, dem ersten Sonntag während der Synode, versammelten sich die Bischöfe im Petersdom zur Seligsprechung dreier Laienmärtyrer. Da eines der Hauptthemen der Synode der Rolle der Laienbewegungen – wie etwa der Katholischen Aktion in Italien – gewidmet war, hatte man das Trio offenbar als Beispiele für die Form von Heiligkeit ausersehen, wie sie im Rahmen einer Organisation durch Arbeit »in der Welt« erlangt werden kann. »Alle drei sind Laien, junge Menschen und Märtyrer«[9], hob der Papst in seiner Predigt hervor und stellte fest, daß sie insgesamt nichts Geringeres als »ein prophetisches Zeichen für die Kirche des dritten Jahrtausends«[10] böten.

Unerwähnt ließ der Papst, daß keiner der drei verheiratet gewesen war. Nur der mutige junge Franzose Marcel Callo, der in Mauthausen umgekommen war, hatte überhaupt ans Heiraten gedacht. Callo hinterließ eine Verlobte, »der er zärtlich und keusch zugetan war«[11], bemerkte der Papst, seliggesprochen wurde er jedoch für seinen Mut als Bekenner, nicht für seine Keuschheit. Dies war der Dreh- und Angelpunkt bei den beiden anderen Kandidatinnen, zwei jungen Italienerinnen, die starben, weil sie sich gegen Vergewaltiger zur Wehr setzten. Antonia Mesina, 25 Jahre alt und ohne Schulabschluß, lebte bei ihren Eltern in Sardinien und wurde, als sie Holz zum Brotbacken sammelte, von einem Bauernjungen tödlich verletzt. Der Papst pries sie für »ihr heroisches Ja ... zur Seligpreisung der Reinheit«.[12] Pierinia Morosini, 26 Jahre alt, arbeitete in einer Baumwollspinnerei in der Gegend von Bergamo. Ursprünglich wollte sie Nonne werden, hatte sich aber, da ihre Familie auf ihr Einkommen angewiesen war, auf Vorschlag ihres Seelenführers damit begnügt, insgeheim Armut, Keuschheit und Gehorsam zu geloben. Auf diese Weise, so der Papst, hatte sie entdeckt, daß sie »heilig werden konnte, ohne ins Kloster zu gehen«.[13] Nur einmal in ihrem Leben wagte sich Pierinia über die Grenzen ihrer Heimat hinaus, als sie im April 1947 nach Rom fuhr, zur Seligsprechung Maria Gorettis, der jüngsten Märtyrerin der Keuschheit Italiens. Zehn Jahre später starb Pierinia – wie sie es sich erhofft hatte – bei der Verteidigung derselben Tugend. Die alte Geschichte, die der Agatha, der Lucia und der Agnes, in Neuauflage.

Das waren also die ersten drei Schicksale, die Johannes Paul II. am Vorabend des dritten christlichen Jahrtausends dazu bestimmt hatte, katholischen Laien als Beispiel für Heiligkeit zu dienen. Und damit keinem der anwesenden Bischöfe die höhere Bedeutung dieser drei kurzen, kargen Lebensläufe entging, rühmte der Papst die frisch Seliggesprochenen als »›junge und mutige Bürger der Kirche und der Welt‹, Brüder einer neuen Menschheit, freie und gewaltlose Erbauer einer ganz menschlichen Kultur«.[14] Die Christen aus dem 4. Jahrhundert hätten genau verstanden, was er meinte.

Am Sonntag, dem 18. Oktober, versammelten sich die Synodalen abermals vor dem Petersdom, diesmal anläßlich der Gruppenheiligsprechung des Seligen Lorenzo Ruiz und seiner Gefährten – 16 Männer und Frauen aus acht Ländern –, die im 17. Jahrhundert von Japanern gemartert worden waren. Dem liturgischen Kalender zufolge war Missionssonntag, so daß der Sinn der Feierlichkeit wohl darin lag, die neuen Heiligen als Beispiele für den wahren

Geist christlicher Missionierung zu präsentieren. Was diese Kanonisierung allerdings mit der Heiligkeit von Laien zu tun haben sollte, sprang nicht so rasch ins Auge. Die Märtyrer standen alle in Verbindung zum Dominikanerorden, so daß die eigentliche Ehre der Heiligsprechung dieser religiösen Gemeinschaft zufiel. Von den 16 Gefährten waren neun Priester, zwei Ordensbrüder und die beiden Frauen Tertiarierinnen. Unter den drei Laien befanden sich zwei unverheiratete Katecheten, die von den Dominikanern angeworben worden waren. Beide hatten die Folter der Japaner nicht unbeschadet überstanden – einer hatte verraten, daß einer seiner Gefährten Priester war, der andere hatte seinem Glauben abgeschworen –, später jedoch wieder den Mut gefunden, um ihres Glaubens willen den Märtyrertod auf sich zu nehmen.

Mein besonderes Interesse weckte Lorenzo Ruiz. Das Verfahren war nach ihm benannt, und sein Bild beherrschte das offizielle Gruppenporträt, das anläßlich der Heiligsprechung über dem Portal des Petersdoms hing. Warum wurde Ruiz, ebenfalls Katechet, so deutlich herausgehoben? Der Bericht über das entsetzliche Martyrium der Gruppe enthielt keinerlei Hinweise darauf, daß er sich etwa heroischer als alle anderen gezeigt hätte. Allerdings war er der erste Filipino, der heiliggesprochen wurde – was der Papst nicht versäumte, den Heerscharen angereister Filipinos auf dem überfüllten Platz zu verdeutlichen[15] –, *und* er war der einzige Verheiratete aus der Gruppe. Doch nicht nur das, er war außerdem Vater von drei Kindern – ein *pater familias*, wie es die Kanonisierungsbroschüre ausdrückte. Aber Ruiz wurde als Missionar und Märtyrer heiliggesprochen, nicht etwa als treusorgender Ehemann und Vater. Im Gegenteil: Aus seiner Kurzbiographie im *L'Osservatore Romano* ging hervor, daß er, um sich den Dominikanern auf ihrer verhängnisvollen Missionsreise anschließen zu können, in Wirklichkeit Frau und Kinder *verlassen* hatte.

Am letzten Sonntag während der Synode kanonisierte Johannes Paul II. einen weiteren Laien, den Seligen Giuseppe Moscati, einen angesehenen Arzt aus Neapel, der 1927 in Ausübung seines Berufes starb. Moscati war einer der wenigen in diesem Jahrhundert kanonisierten Heiligen, der in seiner beruflichen Karriere eine gewisse Bedeutung erlangt hatte: Er war Chefarzt eines Krankenhauses, Universitätsprofessor für Humanphysiologie und physiologische Chemie sowie ein vorbildlicher Lehrer für Medizinstudenten und Krankenschwestern. In seiner Predigt vermerkte der Papst, daß Moscati sich den beneidenswerten Ruf erworben hatte, nicht nur für das körperliche, sondern auch für das seelische Wohl seiner Patienten zu sorgen und dabei auch noch einzigartige Bescheidenheit an den Tag zu legen. Ich hatte den Eindruck, daß er genau jene Eigenschaften verkörperte, auf die ein Katholik, wie Johannes Paul II. oftmals betont hatte, bei einem Laienheiligen Wert legen sollte: gefestigten Glauben, verbunden mit beruflicher Kompetenz und dem Eifer zur »Zusammenarbeit mit dem Schöpfungs- und Erlösungsplan Gottes«.[16] Allerdings hatte Moscati, wie nahezu alle vom Papst heiliggesprochenen Laien, die nicht den Märtyrertod starben, nie geheiratet. Vielmehr hatte er schon mit 17 Jahren ein Keuschheitsgelübde abgelegt und das Leben eines Mönchs geführt.

In der Woche nach Abschluß der Synode suchte ich Gumpel (der Jesuitenpater Kurt Peter Gumpel ist Relator bei der Kongregation für Heiligsprechungsprozesse, Anm. d. Hrsg.) in seinem Arbeitszimmer auf, um diese von der Kongregation vorgenommene Auswahl Seliger und Heiliger mit ihm zu diskutieren. Monatelang hatte ich von ihm und anderen Heiligmachern immer wieder zu hören bekommen, wie sehr Johannes Paul II. die Laienverfahren am Herzen liegen. Die Kongregation hatte, wie ich feststellte, fast drei Jahre Zeit gehabt, geeignete Kandidaten zu finden, die auf einer ausschließlich den Laien gewidmeten Synode selig- oder heiliggesprochen werden sollten. Und was war dabei herausgekommen? Die Kongregation hatte zwei Fälle jungfräulicher Vergewaltigungsopfer geliefert, einen weiteren jungen Märtyrer, der niemals Gelegenheit zur Heirat gehabt hatte, einen lebenslangen Junggesellen sowie einen Mann, der Frau und Kinder im Stich ließ, um Missionar zu werden.

»Deutlicher konnte die Botschaft gar nicht sein«, sagte ich. »In puncto Heiligkeit ist es immer noch besser, Sexualität zu umgehen und sich lieber für den Zölibat als für die Ehe zu entscheiden. Was nutzt das ganze Gerede von der Heiligkeit der Ehe, wenn die Kongregation mit keinem einzigen Beispiel für einen glücklich verheirateten Heiligen aufwarten kann?«

Gumpel sah mich an, und sein Blick verriet, daß er rechtfertigen würde, was nicht zu rechtfertigen war. »In den Anfängen des Christentums und im Mittelalter«, erinnerte er mich, »sah die Kirche in Eheleuten keine geeigneten Kandidaten für die Heiligkeit, und die Ausnahmen bestätigen nur die Regel. Die Gott geweihte Keuschheit galt ebenso wie das Märtyrertum als eine höhere Stufe der Vollkommenheit. Und diese Ansicht finden Sie nicht nur bei dieser Kongregation, sondern in der gesamten Kirchenkultur.«

»Nach meinem Eindruck«, erwiderte ich, »hat sich diese Kirchenkultur auch im 20. Jahrhundert kaum geändert. Noch in Ihrer und
meiner Jugend – und ganz gewiß in der des Papstes – galt es auf
jeden Fall als gottgefälliger, auf die Ehe zu verzichten und statt dessen Priester oder Nonne zu werden.« Noch 1954, rief ich ihm in
Erinnerung, hatte Papst Pius XII. die Enzyklika *Sacra Virginitas* verkündet, eine ausdrückliche Wiederholung der traditionellen katholischen Lehre, daß der Zölibat eine höhere Berufung darstellt als die
Ehe. »Und aus dem genauen Wortlaut der Seligsprechungen des
derzeitigen Papstes«, fuhr ich fort, »läßt sich die Hoffnung heraus-
lesen, daß die Kirche diese Kultur mit ins dritte Jahrtausend hin-
übernimmt.«

Für den Papst, meinte der Jesuit und Heiligmacher, könne er
nicht sprechen. Aber der Mangel an verheirateten Heiligen sei, so
gab er zu bedenken, nicht der Kongregation, sondern den katholischen Laien anzulasten. »Wir alle bedauern, daß wir nicht mehr
Kandidaten haben, die verheiratet sind. Aber Sie wissen ja, daß die
Verfahren vom Ruf der Heiligkeit abhängig sind, und solange die
Ehe von katholischen Laien nicht voll und ganz als möglicher Weg
zur Heiligkeit begriffen wird, sieht kein Mensch in Eheleuten po-
tentielle Heilige. Solange sich das nicht ändert, gibt es keine *fama
sanctitatis* für Verheiratete, und folglich landen auch keine entsprechenden Verfahren hier in Rom auf dem Tisch.«

Damit hatte er natürlich recht. Wenn die Laien nicht selbst eine
Verbindung zwischen Heiligkeit und Ehe herstellen, kann es auch
die Kongregation nicht tun. Bislang hatte ich keinen Grund gesehen, an dem Willen der Kongregation, mehr Verheiratete seligzu-
sprechen, zu zweifeln. Auch die Tatsache, daß sie ausnahmslos aus
zölibatären Klerikern besteht, bot meinem Eindruck nach keinen
Anlaß, sie irgendwelcher Vorurteile gegenüber verheirateten Kandidaten zu verdächtigen. Auf der anderen Seite sah ich aber auch
keinerlei Hinweis darauf, daß die neue und aufgeklärte Sicht der
Kirche von der Ehe auch nur den geringsten Einfluß auf die Kongregation in ihrer Beurteilung ehelicher Liebe und Intimität gehabt
hätte – jedenfalls nicht in den wenigen Verfahren verheirateter Kandidaten, die bis nach Rom vorgedrungen waren.

Eine Selig- oder Heiligsprechung mit der ausdrücklichen Begründung, der oder die Betreffende sei ein vorbildlicher christlicher Ehepartner gewesen, hat es noch niemals gegeben. Dies erhellt, daß
eine heiligmäßige Ehe allein für den Erfolg eines Verfahrens nicht
genügt. Zu der Vermutung hingegen, daß eine schlechte, mit Ge-

duld ertragene Ehe viel dazu beitragen kann, den Ruf heroischer Tugendhaftigkeit zu begründen, besteht durchaus Anlaß. Ein Beispiel dafür bot Johannes Paul II. erst 1988 wieder, als er anläßlich seiner Madagaskarreise Victoria Rasoamanarvio (1848–1894) seligsprach. Victoria hatte in einer Zeit, da katholische Geistliche politisch verfolgt und aus Madagaskar ausgewiesen wurden, in einzigartiger Weise zur Erhaltung und Verbreitung des Glaubens beigetragen. Ihre heroische Tugendhaftigkeit wurde allerdings unter anderem damit begründet, sie habe die Ausschweifungen ihres Ehemanns mit vorbildlicher Haltung ertragen. Victoria entstammte einer königlichen Familie, ihr Mann war der Sohn des Regierungschefs, und die Heirat war von beiden Elternpaaren arrangiert worden. Der Mann entpuppte sich als tobsüchtiger Trunkenbold, doch die gläubige Katholikin Victoria lehnte es ab, sich von ihm scheiden zu lassen. »Ich habe diesem Mann mein Leben geschenkt«, soll sie gesagt haben, »und durch ihn habe ich es Gott geschenkt.« Moralisch gesehen hatte Victoria jeden Grund, ihren Mann zu verlassen; nicht einmal die Kirche hätte ihr daraus einen Vorwurf machen können. Bleibt dahingestellt, ob die Heiligmacher in diesem Fall ihre Tugendhaftigkeit noch für hinreichend heroisch befunden hätten.

Daß Verheiratete, die ihr Eheversprechen nicht halten, keine überzeugenden Kandidaten für die Heiligsprechung sein können, versteht sich von selbst. Wie sieht es jedoch aus, wenn eine Witwe einem religiösen Orden beitritt? Oder wenn eine Ehefrau gar ihren Mann verläßt, um ein gottgefälliges Leben zu führen? Setzt ihr zweites Gelübde – ihre »höhere Berufung« – die Verpflichtungen, die sie vorher einging, außer Kraft?

Fälle dieser Art lassen sich unter Gründerinnen religiöser Gemeinschaften häufiger finden, als man erwarten könnte, und manche jüngeren Causen legen die Vermutung nahe, daß man in der Kongregation nicht immer einer Meinung ist. Pater Beaudoin (Pater Yvon Beaudoin ist Relator bei der Kongregation für Heiligsprechungsprozesse, Anm. d. Hrsg.) betreut die ältere Causa der argentinischen Nonne Catarina Maria Rodriguez (1823–1896), die 15 Jahre lang mit einem Armeeobersten verheiratet war. Nach dem Tod ihres Mannes und nachdem ihre Kinder herangewachsen waren, gründete sie einen religiösen Orden. Die Dokumentation, die der örtliche Bischof für das Verfahren eingereicht hatte, konzentrierte sich ausschließlich auf das Klosterleben der Kandidatin. Er ging offenbar ganz selbstverständlich davon aus, daß zum Beweis ihrer heroischen Tugendhaftigkeit die Gelübde der Armut, der

Keuschheit und des Gehorsams am stärksten ins Gewicht fielen. In diesem Fall wies die Kongregation den Postulator an, Beweismaterial für Catarinas Tugendhaftigkeit aus ihren Jahren als Ehefrau und Mutter beizubringen. Bis vor kurzem durchforstete der Mitarbeiter der Nonnen noch immer die Archive nach Informationen über das verschüttete Leben der Catarina Rodriguez.

Ganz anders fiel das Urteil in einem weiteren Verfahren jüngeren Datums aus. Die betreffende Kandidatin war zwei Jahre lang verheiratet gewesen, hatte dann – mit Zustimmung ihres Gatten – das Gelübde ewiger Keuschheit abgelegt, das gemeinsame Haus verlassen und einen Nonnenorden gegründet. Die Ehe war kinderlos, und dem Mann wurde natürlich nicht erlaubt, ein zweites Mal zu heiraten. Nach dem Tod der Ordensgründerin wurde sie von ihren Nonnen zur Seligsprechung vorgeschlagen.

Als die Dokumentation in Rom eintraf, bemängelte einer der Theologenkonsultoren – der, da diese Diskussionen vertraulich sind, um Anonymität bat –, sie sei unvollständig. »Die *positio* konzentrierte sich ausschließlich auf ihr späteres Nonnenleben«, erinnerte er sich. »Ich bat also um eine Erklärung, welcher Wert den beiden Ehejahren zuzumessen sei. Wieso waren keine Kinder da? Wenn die Ehe nicht gutging, so mein Argument, gab es vielleicht moralische oder psychologische Probleme, denen wir nachgehen sollten.«

»Hat Ihnen der Postulator eine zufriedenstellende Antwort gegeben?« fragte ich.

»Nein. Aber die anderen Konsultoren fanden es seltsam, daß ich, ein Priester und Ordensangehöriger, die Entscheidung der Kandidatin, ihren Mann zu verlassen, problematisierte. Sie vertraten den Standpunkt, diese Frau habe nach zwei Jahren den Entschluß gefaßt, sich vollständig Gott hinzugeben, und da ihr Mann nichts einzuwenden hatte, sah keiner einen Grund, die Ehe unter die Lupe zu nehmen. Ich wurde überstimmt.«

In diesem Fall also hielt man Details über die Ehe der Kandidatin zur Beurteilung ihrer heroischen Tugendhaftigkeit für irrelevant – vielleicht aus dem Grund, weil die Ehe nicht lange bestand, ganz sicher aber, weil sie durch die »höhere Berufung« ersetzt wurde. Daß die Gottesliebe Priorität über die Gattenliebe genießen sollte, ist von jeher ein Grundsatz der Kirche. Indem sie aber weiterhin Frauen, die um der »höheren Berufung« willen ihre Ehe aufgegeben haben, als Beispiele für heroische Tugendhaftigkeit seligspricht, untermauert die Kirche den Vorrang, den sie der Keuschheit vor der Ehe ohnehin schon seit alters einräumt. Wie anders läßt sich ein Verfahren wie das der Benedicta Cambiagio Frassinello (1791–1858) erklären, die erst jüngst – am 10. Mai 1987 – von Johannes Paul II. seliggesprochen wurde? Diese etwas sprunghafte Italienerin war zwei Jahre lang verheiratet, bevor sie, mit Zustimmung ihres Mannes, den Schleier nahm. Wiederum zwei Jahre später gab sie das Klosterleben auf und kehrte zu ihrem Mann zurück. Sie legte – ebenfalls mit Zustimmung ihres Gatten – ein neuerliches Keuschheitsgelübde ab, worauf die beiden wie Bruder und Schwester zusammenlebten und sich der Betreuung von Waisen und Findelkindern widmeten.

Die Ehe mag von der Kirche auf dem Zweiten Vatikanischen Konzil aufgewertet worden sein, doch läßt sich anhand der Persönlichkeiten, die sie zur Ehre der Altäre erhebt, nur schwerlich schlußfolgern, ein Eheleben eigne sich für Heilige. Wer bei den Heiligen nach einer Richtschnur zur Praktizierung heroischer Tugendhaftigkeit sucht, wird früher oder später zu der Einsicht kommen, daß Intimität und Sexualität am besten zu vermeiden, allenfalls eben noch – zum Zweck der Fortpflanzung – zu dulden sind. Dem Laien allein kann man daraus keinen Vorwurf machen. Die Befugnis, Kandidaten auszuwählen oder abzulehnen, hat die Kongregation – und sie trifft ihre Entscheidungen aufgrund des Beispiels, das den Gläubigen gegeben werden soll. Diese Bedingung spielt bei der Annahme neuer Verfahren sogar eine übergeordnete Rolle. Bislang allerdings haben die Heiligmacher noch keine Neigung gezeigt, diese Möglichkeit voll auszuschöpfen.

Wie wär's denn, wenn dem Papst ein Ehepaar zur Heiligsprechung vorgeschlagen würde? Böte ihm das nicht *die* Gelegenheit, etwas zu tun, was noch kein Papst jemals getan hat? Er könnte damit feierlich die Ehe zu einem der möglichen Wege zur Heiligkeit erklären – und den Verdacht, die Kirche stehe der menschlichen Sexualität noch immer mißtrauisch gegenüber, ein für allemal ausräumen.

»… und beide werden ein Fleisch sein« – ein Testfall

Es sieht so aus, als könnte sich diese Gelegenheit für Johannes Paul II. noch ergeben. Zum erstenmal seit 400 Jahren führt die Kongregation ein *gemeinsames* Verfahren für ein Ehepaar durch. Die Kandidaten sind Louis und Azélie Guérin Martin, die ihren Ruf der Heiligkeit ihrer jüngsten Tochter verdanken, der heiligen Therese von Lisieux, einer Karmelitin, die schon mit 24 Jahren starb.

In ihrer kurzen Autobiographie[17], die sie kurz vor ihrem Tod im Jahre 1897 vollendete, schildert Therese eingehend die banalen Alltäglichkeiten ihres Familienlebens und ihrer wenigen Klosterjahre. Die geistliche Botschaft ihrer *Geschichte einer Seele* lautet schlicht und einfach: Jeder kann heilig werden, wenn er (oder sie) nur um Christi Liebe willen die unbedeutendsten Aufgaben in völliger Selbstentäußerung übernimmt. Besonders ergriffen waren ihre eher romantisch veranlagten katholischen Leser jedoch von der frohgemuten Haltung, mit der die junge Nonne ihre Tuberkulose und ihren frühen qualvollen Tod hinnahm.

Thereses *Geschichte einer Seele* wurde, von ihrer Schwester Pauline bearbeitet und von ihrem Orden herausgegeben, bei der römisch-katholischen Leserschaft sofort zum Bestseller. Kaum zwei Jahre nach ihrem Tod erfreute sich Therese auch schon ungewöhnlicher Verehrung, die ihr auf der ganzen Welt den Ruf eintrug, sie könne Wunder wirken. Papst Pius X., unter dessen Pontifikat ihr Prozeß eröffnet wurde, erklärte sie zur »größten aller modernen Heiligen«.[18] Nur 28 Jahre lagen zwischen ihrem Tod und ihrer Heiligsprechung – verglichen mit heutigen Verfahren geradezu ein Rekord.

Darüber hinaus stellte Thereses Autobiographie ihre Eltern in ein verklärendes Licht. In ihren Augen waren sie beide Heilige – vor allem ihr Vater, den sie innig liebte. Sie war nachgewiesenermaßen das Lieblingskind ihres Vaters, und seine abgöttische Liebe wurde von ihr erwidert. Er nannte sie »meine kleine Königin«, sie wiederum nannte ihn »mein König«. Den Nervenzusammenbruch, den Louis Martin nach ihrem Eintritt ins Kloster erlitt, betrachtete Therese als eine Art »Kreuzigung«, und als ihr Tod nahte, sprach sie Gott in ihren Gebeten oft mit »Papa« an. Nach der Veröffentlichung der *Geschichte einer Seele* entwickelte sich allmählich ein Kult um Louis Martin, der offensichtlich auch auf seine Frau übergriff. Papst Benedikt XV. (1914–1922) pries Louis Martin als »ein wahres Vorbild für christliche Elternschaft«.[19] Als Pius XII. Jahrzehnte später der heiligen Therese von Lisieux eine Basilika weihte, ging er so weit zu sagen, daß »sie, die Tochter eines wunderbaren Christen, schon auf den Knien ihres Vaters die Schätze der Nachsicht und des Erbarmens kennenlernte, die Gott in seinem Herzen birgt«.[20]

Es ist anzumerken, daß die Tendenz, den Eltern Heiliger ebenfalls Heiligkeit zuzuschreiben, unter Katholiken weit verbreitet ist. Diese Neigung läßt sich bis zu den Urchristen und ihrer Hochschätzung biblischer Gestalten zurückverfolgen. Die heilige Anna, die ansonsten unbekannte Mutter Mariens, ist ein klassisches Beispiel dafür, die heilige Elisabeth, die Mutter Johannes' des Täufers, nicht minder. Und wäre ihr Sohn nicht so außerordentlich wohlgeraten, so würden auch Maria und Joseph kaum als Heilige verehrt.[21] Der Ruf der Heiligkeit des Ehepaars Martin jedoch muß – im Gegensatz zu diesen biblischen Gestalten – den modernen Kanonisierungsprozeß heil überstehen. 1974 wurde das Verfahren formell eingeleitet und der historischen Sektion anvertraut. Die komplette *positio* liegt seit 1989 vor, doch da sie von den Konsultoren bislang noch nicht begutachtet wurde, sah sich Monsignore Papa, der Relator, nicht in der Lage, mir Einsicht in den Text zu gewähren. Dennoch fanden sich mehrere Mitarbeiter der Kongregation bereit, dieses Verfahren und die Fragen, die es aufwirft, mit mir zu diskutieren.

Der Prozeß der Eheleute Martin – der erste moderne Prozeß eines Ehepaars – stellt die Heiligmacher vor ein bisher nie dagewesenes Verfahrensproblem: Müssen nicht beide Eltern – da dies ja ein *gemeinsames* Verfahren ist – für heroisch tugendhaft befunden werden? Die einzigen ähnlich gelagerten Präzedenzfälle aus jüngerer Zeit sind Gruppenverfahren von Märtyrern. In solchen Fällen kann die Kongregation jedoch – und tut es nicht selten, wenn die Beweislage nicht gesichert ist – jederzeit einen oder mehrere Kandidaten vom Verfahren ausschließen, ohne den Prozeß als solchen zu präjudizieren. Im Fall Martin jedoch wurde das Paar in seiner Eigenschaft als eheliche Gemeinschaft vorgeschlagen. Einen der Gatten auszuschließen hieße, das leuchtende Beispiel für christliche Elternschaft, das die Kirche mit diesem Verfahren anstrebt, von vornherein zum Scheitern zu verurteilen. Fällt aber, anders betrachtet, einer der Gatten bei der Prüfung auf heroische Tugendhaftigkeit durch, so erhebt sich die Frage: Darf allein diese Tatsache schon dem Ehepartner den Weg zur Heiligkeit verbauen?

Der Verfahrensweise nach zu urteilen, deren sich die Kongregation in diesem Fall bedient, hat sie auf diese Fragen noch keine Antwort gefunden und hält sich alle Türen offen. Der *Index ac Status Causarum* zum Beispiel nennt die Martins nicht in einem Atemzug.[22] Zwar wurden beide Verfahren am gleichen Tag formell eingeleitet, doch wurden ihnen zwei verschiedene Aktenzeichen zugeteilt, und Zélie, wie sie genannt wurde, ist gesondert unter ihrem Mädchennamen aufgeführt.

Auch die beiden *positiones* sind jeweils eigenständige Dokumente, jedoch zu einem Band gebunden und sollen zusammen beurteilt werden. Aber immer noch herrscht unter den Mitarbeitern der Kongregation Unklarheit über die Frage, ob das Schicksal des einen Ehepartners von dem des anderen abhängig ist. Wenn überhaupt jemand Licht in die Sache bringen konnte, so war dies der Kardinalpräfekt der Kongregation. Als ich das Thema eines Nachmittags in Kardinal Palazzinis Arbeitszimmer zur Sprache brachte, räumte er ein:»Ja, rein technisch gesehen können die Kandidaten getrennt voneinander beurteilt werden.« Er beharrte jedoch auf der Unteilbarkeit des Verfahrens. Palazzini berief sich auf die katholische Auffassung von der Ehe als intimer Gemeinschaft zweier Menschen und vertrat nachdrücklich die Meinung, daß das Verfahren eines Ehepaares *als solches* alle beide für heroisch tugendhaft befinden müsse.»Fällt einer der Gatten durch«, sagte er,»so müßte ich in Frage stellen, ob wirklich genügend Liebe und Beistand vorhanden waren, um den anderen ›selig‹ zu machen.«

Pater Gumpel ist da ganz anderer Ansicht. Er lehnt es prinzipiell ab, einen der Ehepartner nur deshalb automatisch zu disqualifizieren, weil sich der andere als der Seligsprechung unwürdig erweist. »Einfach zu behaupten, wenn einer der Gatten gefehlt habe, so müsse der andere ebenfalls gefehlt haben, weil beide für ihre Ehe verantwortlich sind – das ist kein überzeugender Ansatz«, betonte er.»Gesetzt den Fall, der Mann hat sich nicht korrekt verhalten, dann müssen wir nachhaken: Lag's an der Gefühlskälte der Frau? Lag's an einer mißverstandenen Religiosität, die sie in einem Lebensabschnitt, in dem sexuelle Hingabe üblich ist, am Vollzug der ehelichen Pflichten hinderte? Und dann kann sich natürlich immer noch herausstellen, daß das gar nicht der Fall war.«

Mein sechster Sinn sagt mir, daß Palazzinis Ansicht sich durchsetzen wird. Der Zweck dieses Verfahrens liegt anscheinend nicht in der Verherrlichung der Tugenden ehelicher Gemeinschaft, sondern in dem Vorbildcharakter für katholische Elternpflichten.»Die Martins werden aufgrund der Erziehung befürwortet, die sie ihren Kindern angedeihen ließen«, meint Pater Beaudoin. Und in dieser Hinsicht kann man sich kaum ein katholischeres Elternpaar vorstellen. Therese war eines von neun Kindern. Davon starben vier schon im Säuglings- oder Kleinkindalter; alle anderen nahmen den Schleier. Pauline wurde gar Oberin des Klosters und war, Beaudoin zufolge,»vielleicht sogar heiliger als die heilige Therese«.

Unabhängig von den Motiven, die ihrem Verfahren zugrunde liegen, bedarf das Zusammenleben des Ehepaars Martin schon deshalb einer genaueren Untersuchung, weil es die Einstellung der Kirche zur menschlichen Sexualität verdeutlicht. Sind diese Eheleute

aus dem 19. Jahrhundert wirklich Menschen, die heutigen Katholiken als Vorbilder für Heiligkeit in der Ehe dienen können?
   Legt man das zugrunde, was über die Martins bereits veröffentlicht wurde, so war die Sexualität zu Beginn ihrer Ehe ein gravieren-
des Problem. Zélie hatte ursprünglich die Ambition, Nonne zu werden wie ihre ältere Schwester Elise. Ihr Aufnahmeantrag wurde abgelehnt. Durch Eingebung der Jungfrau Maria, so heißt es, begann
sie, Spitzen zu klöppeln, worin sie es zu einer solchen Fertigkeit
brachte, daß daraus ein lukratives Geschäft wurde. Auch für Louis
war die Ehe entschieden die zweite Wahl. 23 Jahre alt und ein ver-
träumter junger Mann, bemühte er sich um Aufnahme in ein Augu-
stinerkloster, wo man ihn aber seiner unzureichenden Bildung – vor
allem seiner fehlenden Lateinkenntnisse – wegen abwies. Er wurde
Uhrmacher und blieb zehn Jahre lang Junggeselle, bevor er Zélie
heiratete. Und noch am Hochzeitstag flüchtete sich Zélie zum Kloster ihrer Schwester, wo sie an der eisernen Pforte schluchzend ein-
gestand, sie wolle noch immer lieber Nonne werden.
   Und genauso lebte sie auch in den ersten zehn Monaten ihrer Ehe
– wie eine Nonne. Eine sexuelle Beziehung zwischen ihr und ihrem
Angetrauten gab es nicht, wenngleich aus den veröffentlichten
Quellen nicht hervorgeht, ob der Anstoß dazu von Zélie oder Louis
ausging oder aber auf gegenseitiger Übereinstimmung beruhte. Gesichert ist nur, daß Louis bereit war, ihrer beider Keuschheit durch
eine »Josephsehe« zu besiegeln – das heißt, eine lebenslange, nicht
vollzogene Ehe nach dem Vorbild Marias und Josephs zu führen.
Eine Rechtfertigung dafür fand er in einem theologischen Buch.
Den entsprechenden Absatz schrieb er für Zélie ab und bewahrte
ihn zeit seines Lebens bei seinen persönlichen Papieren auf. Besag-
ter Abschnitt zitiert Präzedenzfälle von Heiligen (insbesondere die
heilige Cäcilia und ihren Mann Valerian, zwei Gestalten der Legende) und wiederholt die traditionelle katholische Ansicht, eine
Ehe ohne Geschlechtsverkehr sei der normalen Ehe vorzuziehen,
weil sie »die keusche und vollkommene geistliche Verbindung zwischen Jesus Christus und seiner Kirche vollendeter versinnbild-
licht«.[23]
   Erst auf Anraten eines Priesters gaben die Martins ihren Plan auf,
die beiderseitige Keuschheit auch in der Ehe zu wahren. Er über-
zeugte sie davon, ihre Ehe als Berufung zur Zeugung von Kindern
und somit zum höheren Ruhme Gottes zu betrachten. Einen Monat
danach war Zélie mit dem ersten von neun Kindern schwanger, die
sie im Laufe der nächsten 13 Jahre gebären sollte. Jedes Mädchen

wurde mit dem zweiten Namen auf Maria getauft, jeder Junge auf Joseph. Louis und Zélie hofften, zumindest einer ihrer Söhne würde Missionar werden. Statt dessen wurden ihnen fünf Nonnen beschert, darunter Therese, die posthum zur Schutzheiligen der Missionare erklärt werden sollte.[24] Das Leben der Martins drehte sich allen Berichten zufolge um Religion und Kirche – nach Ansicht eines der neueren Biographen Thereses ging es zu »wie in einem Kloster«.[25] Zélie führte den Haushalt wie eine liebevolle Mutter Oberin: Ihr ging es vor allem darum, den Kindern beizubringen, wie man sein Gewissen gründlich erforscht. Louis kannte keine größere Freude, als seine Kinder auf allen Spaziergängen in die örtlichen Kirchen zu führen. Nach dem Damespiel am Sonntagabend las er ihnen aus einem Buch vor, das die liturgischen Feiertage der Kirche erklärte. Wenn Heiraten und Ehe im Kreis der Familie nur selten Gesprächsthemen waren, so lag das daran, daß ein geistliches Leben stets als vorrangige Berufung eingestuft wurde.

Auch das gesellschaftliche Leben der Familie war von der Kirche geprägt. Die Eltern gingen jeden Morgen zur Frühmesse. Zélie gehörte dem Dritten Orden der Franziskaner an, Louis war in mindestens vier kirchlichen Gruppen aktiv. Der örtlichen Bourgeoisie zugehörig, konnten es sich die Martins leisten, ihre Kinder gegen weltliche Einflüsse von außen abzuschirmen. Die Häuser, in denen sie lebten, waren geräumig und bequem, sie hielten sich Dienstboten und, wenn nötig, auch Privatlehrer. Bis 1870 hatte Louis ein kleines Vermögen angespart. Im Jahr darauf verkaufte er sein Uhrmachergeschäft an einen Neffen, um sich fortan nur noch dem Gärtnern, dem Angeln sowie häufigen Kirchenbesuchen hinzugeben. 1877 ging er mit Therese und Céline auf eine Europareise, auf der es zu einem denkwürdigen Besuch des Petersdomes in Rom kam, wo Therese den Papst bestürmte, ihr den Eintritt ins Kloster vor dem allgemein üblichen Alter zu genehmigen. Zélie, ermuntert durch ihren Mann, klöppelte derweilen weiterhin Spitzen und kümmerte sich, solange sie nicht in der Schule waren, um die Kinder.

19 Jahre waren die Martins verheiratet, als Zélie 1877 an Krebs starb. Sie war 45, er 55. Ihr jeweiliger Anspruch auf Heiligkeit soll hier nicht bezweifelt werden – dennoch fragt man sich unwillkürlich, ob ihre Erfahrungen als Eltern tiefgehend und vielfältig genug sind, um sie zu Vorbildern für christliche Ehepartner und Eltern zu machen. Als erstes springt ins Auge, daß die ältesten drei Kinder zu dem Zeitpunkt, da Zélie starb, noch im Teenageralter waren, Céline

war erst acht, Therese vier Jahre alt. Die Martins hörten beide mit
der Erziehung ihrer Kinder dort auf, wo es für die meisten Eltern
erst richtig schwierig wird. Außerdem wuchsen ihre Kinder – an
welchem Jahrhundert auch immer gemessen – ziemlich isoliert von
allen äußeren Einflüssen auf. Ihr ganzes Leben spielte sich in den
konzentrischen Kreisen von Kirche und Familie ab.

Zum zweiten scheint Louis, wiewohl er seine Frau um 17 Jahre
überlebte, nach Zélies Tod ein eher passiver Vater gewesen zu sein.
Zélie selbst hatte so wenig Vertrauen in die Fähigkeit ihres Mannes,
für die Kinder zu sorgen, daß sie noch vor ihrem Tod den Umzug
der Familie von Alençon nach Lisieux arrangierte, wo sich ihre
Schwester und ihr Schwager der Kinder annehmen konnten. Später
bedurfte Louis selbst ebenso gründlicher Fürsorge, wie er sie anderen hatte angedeihen lassen. 1877 erlitt er den ersten von mehreren
Schlaganfällen, die ihn in den letzten sieben Jahren seines Lebens
zum geistig Umnachteten machten.

Kein Zweifel, es gibt viel Bewundernswertes im Leben von Louis
und Zélie Martin. Und eigentlich besteht für mich kein Grund,
ihrem Verfahren nicht einen erfolgreichen Abschluß zu wünschen.
Aber als Beispiel für eine christliche Ehe schmeckt mir ihr Leben, ja
ihre ganze Lebenseinstellung doch allzusehr nach Kloster – und
nach einer katholischen Kultur, die Heiligkeit noch immer nicht mit
bewältigter Sexualität in Verbindung bringen kann. Was sollen verheiratete Katholiken letzten Endes von einem Paar halten, das ein
geistliches Leben der Ehe vorzog, das selbst nach der Heirat bereit
war, auf Geschlechtsverkehr zu verzichten, und dessen Kinder,
eins wie das andere, lieber ins Kloster gingen als zu heiraten?

Auch haftet der Familiensaga der Martins eine gewisse Sentimen-
talität an, auf der das laufende Verfahren aufbaut. Sie stellen den Inbegriff der liebevollen Kleinfamilie dar, bewahrend und ins Gebet
vertieft – ein häusliches Kloster, das Verinnerlichung und feinste
Empfindungen schützt und fördert. Niemand, von Zélie und den
Dienstboten einmal abgesehen, muß wirklich anstrengend arbeiten. Die Außenwelt, bedrohlich wie sie im Frankreich der kir-
chenfeindlichen Säkularisierung war, wird auf Distanz gehalten.
Selbst Therese – »die kleine Blume«, wie sie der Volksmund nennt
– wirkt nur authentisch in ihrer verzehrenden Gottesliebe, in ihrer
Nächstenliebe, ihrem missionarischen Eifer und in ihrem letzten
Kampf darum, sich im Angesicht eines frühen und von großen
Schmerzen begleiteten Todes ihr Gottvertrauen zu erhalten. All das
läßt sich durch die Lektüre ihrer Briefe besser nachvollziehen als an-

hand ihrer volkstümlichen Autobiographie, die von ihrer Schwester Pauline redigiert und ausgeschmückt wurde. Aber Therese erreichte gerade eben das Erwachsenenalter. Dennoch gilt sie als der Traum jeden Vaters vom liebenden Kind, ebenso wie Louis den Traum jedes Kindes vom perfekten Papa verkörpert – im Himmel wie auf Erden. Die Therese, die vom Volk wie von der kirchlichen Hierarchie gleichermaßen gehätschelt wird, ist trotz eines Anflugs mädchenhafter Impulsivität nichts als ein stets aufmerksames und gehorsames Kind – gegenüber den Eltern, gegenüber den Ordensoberen wie gegenüber allen Familien- und Kirchenoberhäuptern. Es verwundert also kaum, daß Pius X. die größte aller modernen Heiligen in ihr sah, ebensowenig, daß ihre Eltern – verhinderte Ordensangehörige – zu nachahmenswerten Vorbildern hochstilisiert werden. Ihr Alltagsleben gibt jedoch nicht den geringsten Hinweis auf geteilte Freuden, auf miteinander erlebte Leidenschaft; man findet keinerlei Anhaltspunkt dafür, daß sie, von der Zeugung der Kinder abgesehen, ihr Sie-werden-ein-Fleisch-Sein als Quell der Gnade oder auch nur des Glücks erfahren hätten.

Für diese beiden galt, ebenso wie für den heiligen Augustinus, die Zeugung von Kindern als einzige Rechtfertigung für Geschlechtsverkehr. Und wenn das Verfahren zugunsten der Martins eine Botschaft verkündet, so die, daß gegen menschliche Sexualität nichts einzuwenden ist, solange sich die Kinder als wohlgeraten erweisen. Wie immer dieses Verfahren ausgehen wird: Die Menschheit wartet nach wie vor auf den Freispruch der Sexualität vom Stigma der bösen Lust – in Gestalt unverklemmter, glücklich verheirateter Heiliger.

EUGEN DREWERMANN

Kleriker – Psychogramm eines Ideals

K aum eine Erkenntnis im Leben eines Klerikers ist so vernichtend, als zu sehen, wie am Ende eines jahrelangen ange-
strengten und opfervollen Bemühens womöglich menschlich nichts
gestimmt hat, ja, vielleicht sogar das ganze Leben *schädlich* gewesen
ist, indem die systematische Selbstunterdrückung im Amt notwendig auch zur Unterdrückung anderer geriet.

Die landläufige Kritik an den Priestern und Ordensleuten der Kirche unterstellt nur allzugern, es handle sich hier um ein Volk von
heuchlerischen Nichts- und Wichtigtuern, die anderen predigten,
was sie selbst nicht hielten[1], und die es letztlich nur auf Geld und
Macht und auf die Befriedigung abartiger Gelüste abgesehen hätten.[2] Doch eine solche Kritik ist ungerecht und ungerechtfertigt,
weil viel zu simpel, undialektisch und linear gedacht; sie ist fast so
verkehrt wie das klerikale Denken selbst: Verwechselt dieses, wie
wir sahen, das Ziel mit dem Motiv, so jenes das Erscheinungsbild
mit der Absicht, und der Idealismus der einen ist menschlich nicht
weniger verkürzend als der vermeintliche Realismus der anderen.
Offenbar fällt es nicht leicht, in einer Logik ständiger Brechungen,
Umkehrungen, Gegenfinalitäten, Kompensationen, reaktiver Fru-
strationen, Ersatzbildungen, Fehlidentifikationen, Rationalisierun-
gen und ähnlichem sich einigermaßen zurechtzufinden. Doch die
Psychologie von Klerikern zählt gewiß zu den kompliziertesten Erscheinungen der menschlichen Psyche; wer hier mit einfachen Glei-
chungen rechnen will, der mißversteht die Aufgabe, die er zu lösen
vorgibt.

So wird man *eines* sicher sagen können: An gutem Willen und Bemühen mangelt es den Klerikern der katholischen Kirche im Ansatz
wohl niemals. Gerade sie, die in der ontologischen Unsicherheit
ihrer Existenz in der Erwählung des Amtes ihren eigentlichen Wert,
die wahre Betätigung ihres Wesens, die entscheidende Anerkennung ihrer Person erblicken, werden verzweifelt bestrebt sein, alles
nur Erdenkliche zu tun, was von ihnen verlangt wird; es ist *der Mangel an Persönlichkeit,* der sich selber zur unentrinnbaren Falle wird
und alle geraden Wege krumm macht. Gerade die Ausschaltung,
die Unterdrückung, die Vergleichgültigung des Persönlichen ist es,
was den Lebensstil des Klerikers wesentlich bestimmt.

Das Leben der Kleriker der katholischen Kirche spielt sich wesentlich im Denken (oder vielmehr auf der Ebene vorgedachter Gedanken) ab. Die *Künstlichkeit und Exemtheit* gegenüber der Normalität prägt von daher alle Einzelheiten des klerikalen Lebensstils.
Wie massiv die Entpersönlichung insbesondere der vitalen, gefühlsnahen Lebensvollzüge durch das klerikale Ideal strikt vorgeschrieben wird, läßt sich natürlich dort am besten beobachten, wo dieses Ideal wirklich ernst genommen wird, und das ist nicht so sehr bei den Weltpriestern der Fall, deren Lebensführung trotz aller abgelegten eidlichen Versprechungen sich de facto recht freizügig gestalten kann, als vielmehr bei den Ordensleuten, vornehmlich bei den Ordensschwestern.

Der festgelegte Raum oder: Die Kleidung

Es beginnt mit der *Kleidung* und dem äußeren Gehabe. – Nicht ohne Grund startete Anfang der achtziger Jahre (dieses Jahrhunderts!) der Vatikan eine Initiative, um auch dem Weltklerus wieder die strikte Einhaltung der priesterlichen Kleidungsvorschriften einzuschärfen.[3] Bis dahin hatten viele Priester erleben müssen, daß nicht wenige Menschen bereits von der klerikalen Kleidung derart abgeschreckt werden, daß sie erst gar nicht zu einem Gespräch erscheinen, oder daß die Kleidung es unmöglich macht, einen Ton im Gespräch zu finden, der persönlich und vertrauensvoll genug wäre, um die wirklich wichtigen Themen zur Sprache zu bringen; also hatten sie um einer persönlicheren Form der Seelsorge willen die Talare und Kollare in den Schrank gehängt, um ihre Verbundenheit und Zugehörigkeit zu den Menschen – nicht zu demonstrieren, sondern wie selbstverständlich zu leben. Sie konnten dabei neben den seelsorgerischen Gründen sogar eine Reihe gewichtiger anderer Argumente geltend machen. Hatte nicht Jesus selber ausdrücklich vor der Eitelkeit der Pharisäer und Schriftgelehrten gewarnt, mit ihren langen Gewändern und Quastensäumen (Mk 12,38)?[4] Ist es von daher überhaupt möglich, mit der unmittelbaren Nähe Jesu zu den Menschen eine besondere, exorbitante Kleidungsform und -vorschrift in Verbindung zu bringen? Oder, geradeheraus gefragt: Wenn der heilige Franziskus vor 780 Jahren die vornehme Kleidung seines Vaters öffentlich auf dem Marktplatz ausgezogen hatte, um nur noch zu gehen wie die einfachen Leute auf dem Lande, wie läßt sich dann ohne monströse Verschiebungen und Verdrehungen aus eben dieser Kleidung des heiligen Franziskus ein unterscheidendes

Merkmal klerikaler Würde gegenüber den Mitmenschen heute schneidern? Ist nicht gerade die klerikale Kleidung, so betrachtet, lediglich ein trauriger Beweis für die Fähigkeit des Menschen, selbst die einfachsten und menschlichsten Gedanken heiliger Vorbilder in unheiligen Pomp und geckenhafte Wichtigtuerei zu pervertieren?[5] Ja, um es offen auszusprechen: Als Federico Fellini schon vor über 20 Jahren seinen Film *»Roma«* drehte, sah er da nicht völlig richtig, als er am Ende eine Viertelstunde lang eine päpstliche Modenschau zeigte, in deren Verlauf die hochwürdigen Herren Soutanen- und Birett-Träger, die fahrradfahrend und promenierend die neuesten Creations à la mode du Jesu Christ vorführten, sich zunehmend in Mumien und Skelette verwandelten – ein Museumsauftritt lebendig Toter, deren einzige Sorge darin zu bestehen schien, sich wenigstens ein schönes Begräbnis zu sichern?[6]

Doch weder theologische noch menschliche Einwände noch der ätzende, sarkastische Hohn vermögen etwas gegen die Treueverpflichtung eines wirklich ergebenen Klerikers. – Man muß nur einmal hören, wie vor allem Jugendliche den allsonntäglichen Aufzug der Prälaten zur Vesper in den Dom kommentieren und wie auf sie die Akkumulation von Hermelin und Samt, der rosafarbenen Söckchen und Schühchen an den Füßen erwachsener Männer, nicht zu reden von den pittoresken Formen der Kopfbedeckung, wirken – alle Assoziationen von »Schuhus« über »Fledermäuse« bis zu »Nachtfaltern« sind Assoziationen mit der funebren Maskerade des Todes. Man sollte denken, daß die so Gewandeten um die Bewandtnis ihrer großartig grotesken Erscheinung hinlänglich Bescheid wüßten; gleichwohl lautet die Begründung für die Beibehaltung ihrer Amtstracht, es gelte, das geistliche Element im Erscheinungsbild einer Stadt durch das Auftreten z. B. der *Schwesterntracht* missionarisch bewußt zu machen, es gelte, für Christus und seine Reichsgottespredigt *Zeugnis abzulegen,* es gelte, auf die Möglichkeit eines pastoralen Zuspruchs aufmerksam zu machen. Auch diese Begründung ist in ihrer Wirklichkeitsfremdheit anders gemeint, als sie klingt – ein typisches Beispiel der Doppelbödigkeit des Klerikerseins bis in die Details hinein. In Wahrheit nämlich geht es in der Kleiderfrage (jedenfalls zunächst) natürlich nicht um das »Zeugnis« für die »Laien«, *sozialpsychologisch* geht es als erstes um die Disziplinierung der Kleriker selbst: *Ihnen,* nicht den »Laien«, soll durch das Tragen einer betont auffallenden Kleidung die Besonderheit ihres Standes nebst den damit verbundenen Pflichten eingeschärft werden. Indem sie durch die Kleidung weithin als Kleriker kenntlich sind, unterliegen sie einer ständigen sozialen Kontrolle; d. h., sie müssen sich, zumindest in den Augen der Öffentlichkeit, entsprechend den stereotypen Verhaltensmustern, die das »*Image*«, das selbsterzeugte Berufsbild eines Klerikers, in der Öffentlichkeit bestimmt, auch wirklich betragen: Es ist schwer möglich, in Priesterkleidung allein auch nur in ein Bistro oder Eiscafé zu gehen – für eine Ordensschwester endet hier bereits die Grenze ihrer Freiheit –, von Kinobesuchen wie Fellinis »*Roma*« ganz zu schweigen. Bestimmte Äußerungen von starker Erregung oder bestimmte Verhaltensweisen, die den Eindruck der Unkontrolliertheit erwecken könnten, müssen gleichermaßen als ungebührlich gelten – es gehört noch heute zur Klerikerausbildung ein umfangreicher, betriebseigener »Knigge«, ein Wust mündlicher Anweisungen, die besagen, ob man mit einer Frau zusammen Moped fahren darf, wie man als Priester sich einer Frau am Krankenbett nähern sollte, wie man im Dorf die Leute grüßt usw. Wenn irgend das Sprichwort der »*Leute von Seldwyla*« gilt: »Kleider machen Leute«, so trifft es ganz gewiß auf die Kleriker der katholischen Kirche zu. Auf französisch allerdings müßte man wohl bissiger sagen: »Les belles plumes font les beaux oiseaux« – schöne Federn machen schöne Vögel. Nur daß die Federn selbst die Vögel heute schmerzen.

Was die leidige Kleiderfrage besonders *im Leben einer Ordensschwester* bedeutet, geht allein schon aus der Manier hervor, mit welcher ihr beim Eintritt in die Schwesterngemeinschaft die eigenen Habseligkeiten fortgenommen und in Verwahrung gegeben werden – wird sie jemals wieder den Orden verlassen, wird man ihr die Habseligkeiten so korrekt zurückerstatten, wie man im Gefängnis einem Inhaftierten all seine Mitbringsel am Tag seiner Freilassung auszuhändigen pflegt. Es werden ihr bei der Ableistung der Ordensgelübde, bei der Profeß, noch heute in manchen Kongregationen die Haare so kurz geschnitten wie beim kanadischen Militär, angeblich, um die Hauben der Schwesterntracht besser tragen zu können – wobei sich bereits hier natürlich die Frage stellt, wozu eine Ordenstracht gut sein soll, die vom Kopf bis zum Fuß die gesamte Weiblichkeit der Erscheinung buchstäblich zum Gleichgültigen entwertet[7]; vorderhand jedoch besteht die unmittelbare Wirkung dieses Rituals ganz einfach darin, daß eine solche Ordensschwester, ob sie will oder nicht, auf jeden Fall sich ohne ihr Ordenskleid in der Öffentlichkeit, kurz geschoren, wie sie ist, nicht ohne weiteres mehr sehen lassen kann.

Und das ist nicht der einzige Effekt.

Man muß sich klarmachen, daß für viele, die mit 18, 20 Jahren (früher durchaus schon mit 16!) in einen Orden eintraten, dieser Schritt in etwa einem verschleierten Selbstmord gleichkommt – es ist gewissermaßen der letzte Weg, der noch übrig bleibt, um dem physischen Suizid zu entrinnen.[8] Unter den Voraussetzungen der extremen ontologischen Unsicherheit stellt es indessen mit großer Regelmäßigkeit *zunächst* einen außerordentlichen Schutz, eine kostbare Auszeichnung, einen in der Tat vorzüglichen Ersatz für den Brautschleier dar, den Schleier einer Braut Christi zu nehmen. Ein Mädchen, das in seinen gewöhnlichen Kleidern durchaus gewöhnlich aussehen würde und (vor allem bei seinen ausgeprägten Gehemmtheitsstrukturen!) kaum die Chance besäße, ein hinreichendes Maß an Aufsehen und Ansehen zu erregen, um die bindende Liebe eines Partners zu erringen, mag durchaus zu Recht im Moment seiner Einkleidung empfinden, daß es durch das Tragen der Ordenstracht auch objektiv an Wert und Würde gewinnt, und darin eine Rangerhöhung erblicken, wie sie etwa den Trägern der »blauen Rocks« der kaiserlichen Truppe zuteil wurde. Das Schwarz-Weiß der Tracht umhüllt es mit einer feierlichen Reinheit und Eindeutigkeit, mit einer Klarheit von Entschiedenheit und Weltüberlegenheit, die wie selbstverständlich Respekt erheischt.[9] Es fällt dagegen nicht schwer ins Gewicht, daß damit verbunden ein Verhaltenskodex einhergeht, der in etwa den Ausführungen des Aristoteles über den »*gut-schönen Menschen*« in der »*Nicomachischen Ethik*« entspricht[10], wie er gemessen sich bewegt, auf eine gewisse gravitätische Attitüde nicht gänzlich Verzicht leistet und durch eine überlegene Vornehmheit sich auszeichnet.

Für Menschen, die eine eigene Würde mit ihrer eigenen Person niemals haben in Verbindung bringen dürfen, bedeutet es einen wonnevollen Schauer, bereits durch die Kleidung endlich allgemeingültig und vor allen sichtbar nicht nur *etwas*, sondern fortan sogar *etwas Besonderes* zu sein.

Dieses Gefühl, sowenig jesuanisch oder franziskanisch es auch sein mag, endet übrigens keinesfalls bei den Ordensschwestern. Warum trägt *ein Prälat* statt einer schwarzen eine rote Soutane? Nun? Auf die Antwort dürften selbst eingefuchste Katholiken nicht so ohne weiteres verfallen. Weil sie, im Unterschied zum tristen Schwarz der niederen Stände, vielleicht bereits die Kunst erlernt haben, in rechter Weise die Annehmlichkeiten des Lebens, insbesondere die Gefühlsseligkeit der Liebe, zu genießen, ohne sich durch Laster und Sünden zu beschmutzen?[11] Weit gefehlt! Sie hül-

len sich in die rote Farbe ihrer Gewänder, um dadurch dem hingebungsvollen Blutopfer der Märtyrer näher zu sein. [...]
Doch zurück zu den einfachen Ordensschwestern. Ihr wesentliches Problem liegt, weit mehr noch als in den männlichen Ordensgemeinschaften, beim Umgang mit der Kleidung darin, daß die Geltung und Wertschätzung, die ihnen für ihre Ordenstracht zuteil wird, erkennbar nicht ihrer Person, sondern einzig ihrem gottgeweihten Stande gilt; d. h., dasselbe Mittel, das im Augenblick über die Unsicherheit der eigenen Persönlichkeit hinwegzuhelfen vermochte, löst in seiner Äußerlichkeit das bestehende Problem nicht wirklich, sondern deckt es buchstäblich nur zu und konserviert, ja, verschlimmert es damit. Fortan bildet der Fluchtraum der Unpersönlichkeit einen heiligen Tempel der Selbstverleugnung, in dem lebenslänglich zu verweilen als göttliche Pflicht gelten muß; die uniformierende Kleidung aber erscheint als das rechte Mittel, um die Ausschaltung des einzelnen demonstrativ zu vervollkommnen.

Auch hier sind es wieder die Unterschiede, die den Unterschied ausmachen. Um Freuds Vergleich zwischen Militär und Kirche aufzugreifen:[12] Auch die Uniform eines Heeres schaltet die Soldaten einer Truppe gleich, ordnet sie einander zu und markiert durch entsprechende Rangabzeichen die Stufen der Befehlspyramide; das Zusammengehörigkeitsgefühl, der Korpsgeist, die Pflicht zu unverbrüchlicher Kameradschaft, vor allem aber: die nicht weiter mehr zu diskutierende Tatsache, unwiderruflich, durch Eid verpflichtet, dieser bestimmten Institution anzugehören, finden ihren sichtbaren Ausdruck in der Uniform. Dennoch bleibt als entscheidend bestehen, daß die militärische Uniform den diensttuenden Soldaten nur als Soldaten, nicht als Menschen definiert, und dieser Unterschied gilt zumindest so lange, als das Militär nicht selbst, wie z. B. der Jaguarorden der *Azteken*[13], als eine religiöse Gemeinschaft gelten muß – solange der Krieg nicht als Gottesdienst betrieben wird.[14]
Anders in der *militia Christi* (im Heer Christi), den christlichen Ordensgemeinschaften. Es gehört zum Gedanken klerikaler Erwählung, daß alles, was Gott mit dem Leben eines Menschen will, seine Erfüllung in der Bestimmung zum Kleriker findet; alles, was ein Kleriker ist, ist er als Mitglied dieses Ordens, dieser Gemeinschaft, ohne Rest und Reserve.[15] Er hat nichts, er ist nichts, vielmehr: Was er ist und was er hat, bestimmt ab sofort sein Orden. Mit anderen Worten: Das Habit, die Tracht einer Ordensschwester z. B., ist eben keine bloße Berufskleidung, sondern ihre Kleidung ist der Ausdruck ihrer Berufung vor Gott. Das, was sie auf dem Leibe trägt,

das, was sie kennzeichnet und auszeichnet, ist eben nicht das, was sie mitgebracht hat. Was sie mitgebracht hat an eigener Schönheit, wird ihr weggenommen und weggeschnitten – ein »Umtopfen von Pflanzen« nennt man das gern; die Ordensgemeinschaft erscheint fortan als der eigentliche Erdboden, als die Verkörperung des Weinstockes, welcher Christus ist (Joh 15,1 ff.), als die Quelle, aus der künftig allein das Wasser des Lebens zu trinken ist. Die Details der Lebensführung gestalten sich dementsprechend. In einer klösterlichen Zelle gibt es keinen Spiegel – der Rosenkranz und das Gebetbuch, wenn man den Worten glauben darf, geben das Abbild einer Ordensschwester wieder. Die Kleidung bis hin zur Unterwäsche, bis hin zu Peinlichkeiten aller Art, hat aus den Händen der Gemeinschaft in Empfang genommen zu werden, und der Geist der Gemeinschaft duldet weder Eigenheiten noch Eigenmächtigkeiten. War nicht die heilige Therese von Lisieux gerade dadurch heilig, daß sie, schwer lungenkrank, durchaus nicht darum bat, des Nachts wärmere Decken in ihre unbeheizte Zelle zu bekommen, sondern geduldig und demütig die Schmerzen der Krankheit ertrug – und Gott ihr Leiden belohnte, indem er die früh Vollendete im Alter von 24 Jahren zu sich nahm?[16] Selbst Theologen wie Urs von Balthasar, die sehr wohl begriffen haben, in welchen Spannungen die Mentalität der Ordensgemeinschaften zu der Botschaft Jesu steht, fanden psychologisch nichts Bedenkliches an dem Beispiel der »kleinen« Therese, an diesem masochistischen Triumph der Selbstzerstörung.[17]

Doch sogar im Tod hört der Kult der Gleichheit in allen äußeren Dingen nicht auf. Man gehe zu den Friedhöfen der Städte, die größere Ordensgemeinschaften beherbergen – zum Ostfriedhof von Paderborn z. B. –, und betrachte die Gräber der Ordensschwestern: winzige Reihengrabsteine, in absolut einheitlicher, jahrzehntelang beibehaltener Form, eingraviert der Ordensname – nicht der Mädchenname, kaum der Familienname –, was dieser Mensch war, soll das heißen, besteht einzig darin, daß er ein Mitglied dieses Ordens war, alles andere ist Gott gleichgültig. Es gibt nicht viele Denkmäler, die trauriger stimmen als diese. Auf den Soldatenfriedhöfen mit den unzähligen Kreuzen, darauf geschrieben steht: »unbekannt«, mag man die trostlose Gleichheit der Gräber als eine aufrüttelnde Mahnung gegenüber dem Wahnsinn des Krieges empfinden – den Granaten und Flammenwerfern vor Verdun war es wirklich gleichgültig, wessen Glieder sie zerfetzten und zerkohlten. Doch diese Gleichgültigkeit sollte Gottes sein? So war niemals der Vater Jesu

Christi; so ist der Gott des Großinquisitors, wie Dostojewski ihn schilderte; so entspricht er dem theologischen Sozialismus des Mönches Tommaso Campanella mit seinen Ideen vom »*Sonnenstaat*«[18], diesem System einer totalen Gleichheit aller, diesem Glückseligkeitszuchthaus[19], in dem unter einem Wust von Verboten eigentlich nur eines wirklich verboten ist: eine eigene Person zu sein.

Kann man denn all das, wird mancher, noch zweifelnd, *an dieser Stelle* vielleicht fragen, allein schon an der Kleidung der Ordensschwestern ablesen? Nein, nicht an der Kleidung allein, wohl aber daran, daß diese selbst den Ausdruck einer konsequenten Entpersönlichung darstellt. Gerade auf der Ebene der Kleidung, dieser gewissermaßen *räumlichen* Form der Zerstörung des Individuellen durch das Kollektive, kommt es freilich nicht selten zu einer recht amüsanten Wiederkehr bzw. *Dennochdurchsetzung des Verdrängten.*[20] Denn mag man auch jeder einzelnen Ordensschwester jedwede Anwandlung von Eitelkeit und Putzsucht untersagen, das Ordensgewand selber ist doch etwas Heiliges und wohl zu Hütendes, etwas immer ganz Sauberes, Anständiges und Akkurates, derart, daß man selbst unter den bizarrsten Extravaganzen höfischer Barockkleider schwerlich Frauenkleider finden wird, die in der Länge der Kittel, Mäntel und Schleier so unpraktisch und in der penetranten Steifheit der Stärkewäsche so schwer tragbar wären wie Schwesternkleider. Selbst eine Frau am Putztisch wird so viel der Zeit kaum aufzuwenden haben, um sich zurechtzumachen, wie es in manchen Orden kostet, allmorgendlich das Ordenshabit den Regeln entsprechend anzulegen. In keinem Fall ist das die Kleidung der armen Landfrauen aus der Zeit des Franziskus und Dominikus; eher hat man es mit einer eigentümlichen Kopie der Kleidung adeliger Damen des 17. Jahrhunderts zu tun[21], wobei das ausladende Dekolleté des Vorbildes züchtig ersetzt wird durch die Attrappe des gesteiften Brusttuchs und das Flattern der Haare durch den langen Schleier.[22] Selbst die Einführung von Fingerringen und Ketten war und ist nicht aufzuhalten. Ein Bischof, selbstredend, trägt den »Fischerring«; in manchen Orden tragen die Schwestern eine Kette mit einem schlichten oder, je nach Gemeinschaft, auch auffälligeren Kreuz – um die Einführung oder Abschaffung solcher Insignien oder Utensilien können jahrelange Redeschlachten toben. Doch am Anfang wie am Ende ist sie wieder da: die durchaus weibliche und an sich sehr berechtigte Sehnsucht, sich schön zu machen, nur in einer traurigen, weil unpersönlichen, das *Opfer* des Ichs, nicht seine Geltung betonenden Form. Wenn die Kleidung eines Menschen etwas ausdrückt, dann ist das Habit der Ordensschwestern ein furchtbar beredtes Zeugnis für die absolute Gleichschaltung und zugleich Ausschaltung des Persönlichen, für die Zerstörung des Natürlichen und für dessen Ersetzung durch die Maske einer künstlich übergezogenen Einheitsform des Religiösen.

Die festgelegte Gegenwart oder: Das Stundengebet

Parallel zur Kleidung existiert eine zweite Ebene, um das Leben der Kleriker zu entpersönlichen, die sich als *die Kollektivierung in der Zeit* beschreiben läßt. Der Ausdruck dafür ist *die Forderung des Stundengebetes.*

Auf den ersten Blick sollte man meinen, es sei ganz absurd, ausgerechnet das Gebet als Instrument der Depersonalisation zu verstehen oder zu verwenden – heißt nicht »beten«, sich am intensivsten und intimsten Gott in die Hände geben? Gewiß, das heißt es. Als Jesus seine Jünger beten lehrte, empfahl er ihnen sogar ausdrücklich, sie sollten vor Gott nicht viele Worte machen, sondern ihm statt dessen mit Vertrauen begegnen – »Euer Vater weiß doch, längst ehe ihr ihn bittet« (Mt 6,7.8)[23], und: »Stellt euch nicht vor die anderen hin, wenn ihr betet, sondern geht in euer Kämmerlein – euer Vater sieht doch« (Mt 6,5.6).[24]

Anders als die »Heiden« und die »Heuchler« sollten die Jünger Jesu beten – nicht voller Angst wie die Menschen, die Gott nicht wirklich kennen (so »die Heiden«), und nicht rein äußerlich, um unter den Augen der Menschen ein religiöses »Werk« zu verrichten (so »die Heuchler«). Doch genau entgegengesetzt lautet die Ordnung, auf welche die Kleriker der katholischen Kirche durch Eid ihr Leben lang verpflichtet werden.

Den absoluten Vorrang im Gebetsleben der Kleriker besitzt *das Gemeinschaftsgebet*, so sehr, daß eine Ordensschwester im Konvent schon rein zeitlich zum privaten Beten kaum mehr kommt. Es gehört zum ehernen Bestand der klösterlichen Disziplin und Doktrin, daß aus dem Gemeinschaftsgebet jener Segen entsteigt, der das Leben aller fruchtbar und gottgefällig gestaltet. Wer sich dem Gemeinschaftsgebet entzieht, stellt sich mithin außerhalb des Herzens der Gemeinschaft, er sündigt schwer und hat laut Vorschrift bei der nächsten Beichte vor Gott und dem Beichtvater darüber Rechenschaft abzulegen. Der Theorie nach gilt dasselbe auch für den Weltklerus. Man kann zwar nicht verlangen, daß die Priester eines Dekanates oder auch nur einer Pfarrei sich räumlich zum Gebet zusammenfinden, doch haben sie ihrem Bischof bei der Priesterweihe feierlich zugesagt, täglich ihr Brevier, ihr Stundengebet, zu verrichten und also an dem Gebet der Kirche, an dem stündlichen Opfer des Wortes, an dem Lobpreis der Schöpfung, teilzuhaben.

Der Gedanke selber ist im Grunde sehr poetisch und schön – vermutlich verdankt er sich den altägyptischen Hymnen auf den Sonnengott mit den dazu passenden Stundenschemata[25], und auch die ritualisierte Form, den Gang des Lichtgestirns durch die Pforten der Zeit mit entsprechenden Dankgesängen zu begleiten, dürfte dem *alten Ägypten* entstammen.[26] Im Leben der Kleriker der älteren Generation, die sich an ihre Weihegelöbnisse wirklich noch gebunden fühlten, führte die Ordnung des Stundengebetes indes in der Praxis nicht selten dazu, die Worte zum Lobpreis des aufgehenden Lichtgestirns, statt des Morgens an die Sonne, noch kurz vor Mitternacht an den Mond zu richten: Nicht ob es sinnvoll war, so zu beten, war die Frage, sondern daß die Gebete verrichtet wurden, war das Entscheidende, oder, anders gesagt: nicht die Person des Betenden, nicht seine Gefühle, nicht seine Erfahrungen, sondern *die objektive Vollständigkeit des Gebetes an sich* bildete das Ziel der Brevierpflicht. Aus dem Allerpersönlichsten, aus dem am meisten Lyrischen, wurde damit ein formaler Ritus, der als eine feste Ordnung abzuleisten war.

Es kommt, genau besehen, nicht einmal darauf an, ob der einzelne verstehen kann, was er beten soll – die Tatsache, daß eine Ordensschwester im Verlauf von 40 und mehr Jahren den ganzen Psalter viele Hunderte von Malen deklamieren muß, ist absolut kein Grund, ihr exegetisch die Psalmen inhaltlich nahezubringen, ja, selbst die meisten Priester und Ordensleute werden kaum jemals mehr als fünf bis zehn Psalmen des alten Israel sich wirklich einmal zu Gemüte geführt haben. Und warum auch? *Gerade die relative Unverständlichkeit* macht ja überhaupt erst möglich, daß Leute, die in ihrem Leben sonst womöglich kaum je ein Gedicht oder gar einen Band moderner Lyrik zur Hand nehmen, tagaus, tagein zu dem Hersagen altorientalischer Lieder genötigt werden können. Hört man in Gesprächen aufmerksam zu, werden die meisten Ordensschwestern ehrlicherweise sagen müssen, daß sie insbesondere mit den häufigen Verwünschungen und Haßtiraden der Psalmen gegenüber den »*Feinden*« niemals etwas Rechtes haben anfangen können; gerade die Texte, die den Grund ihres Lebens und des Zusammenlebens aller abgeben sollen, sind ihnen auf großen Strecken einfach fremd geblieben – das Beten selber in dieser Form fungiert

als Mittel der Entfremdung, da es gerade das Wichtigste nicht erlaubt: den persönlichen Ausdruck in einer eigenen, unmittelbaren
Sprache.

Dabei ist zu bedenken, daß es in den Psalmen nicht *ein einziges
wirkliches Fürbittgebet* gibt – es sind Texte, gebunden an den heiligen
Egoismus einer altorientalischen Stammesreligion, und so findet in
den Stundengebeten nicht einmal *das* Gefühl Worte, das vielen Ordensschwestern unstreitig zutiefst zugehört: die Sorge und das Mit-
leid mit anderen Menschen. Da kommt also, um es möglichst hand-
greiflich zu sagen, eine Ordensschwester von der Krankenstation
um Schlag 18 Uhr in die Kapelle; sie hat gerade noch gesehen, wie
eine Frau, die Mutter zweier Kinder, nach einer schweren Operation um ihr Leben rang; die Schwester hat sich sehr beeilen müssen,
um die Frau auf ihrer Station für die Nacht »fertig« zu machen und
der Nachtschwester eine geordnete Arbeit zurückzulassen; doch
ihre Gedanken weilen natürlich noch am Krankenbett, und innerlich läuft sie noch ein, zwei Stunden lang durch die Zimmer und die
Flure ihrer Station. Jetzt aber ist das Stundengebet, und so muß sie
beten, daß Gott dem König Macht gibt, seine Rache an den Feinden
zu genießen. – Ein System solcher solcher Anordnungen macht
schon einen Sinn, nur besteht er nicht darin, eine Kultur des Gebetes, eine religiöse Zärtlichkeit der Sprache oder eine persönliche
Vertiefung der Frömmigkeit zu pflegen; ganz im Gegenteil: Der
Sinn liegt darin, bis in den letzten Winkel des Herzens die Gefühle,
die Gedanken, die eigenen Worte fortzunehmen, bis nichts mehr
übrig bleibt als eine Ansammlung fertiger Riten, immer richtiger
Gedanken und standardisierter Redewendungen. Die endlose Mo-
notonie der immer gleichen Wiederholungen, die formelhafte Me-
chanik, mit der das stehende Repertoire der ein für allemal festgelegten Abfolge der Psalmen durch bestimmte, auf besondere Weise
nachzuschlagende Zwischenverse dem Tageskalender angepaßt
wird, der getragene Wechselgesang der Gregorianik – all das be-
schwört eine heilige Ordnung, die der einzelne wohl mitvollziehen
und mittragen, auf keinen Fall aber mitgestalten oder gar verändern
soll. […] Was der ganzen Natur nach dazu bestimmt wäre, die Person des einzelnen im Gegenüber Gottes zu erheben und zu stärken
– die Innerlichkeit des Gebetes –, dient in dieser Äußerlichkeit gerade umgekehrt der vollkommen Einpassung und Anpassung
des einzelnen an die Gemeinschaft der Kirche bzw. an die Gemeinschaft des Ordens, die in seinem Erleben immer mehr die Stelle Gottes einzunehmen beginnt. […]

Das festgelegte Gefühl oder:
Das Verbot privater Freundschaften

Wie das Ideal des Klerikerseins in der katholischen Kirche in Gänze beschaffen ist, zeigt sich am klarsten, wenn man zu der Bloßstellung des einzelnen vor dem Konvent als komplementäre Bestimmung das strikte *Verbot* hinzunimmt, irgendwelche persönlichen Gefühle für andere Menschen zu entwickeln, dargestellt als *das Verdikt privater »Partikularfreundschaften«.*

Man könnte von außen her denken, eine solche Maßnahme wie das öffentliche Schuldbekenntnis sei ein typisches Merkmal der Degeneration aller totalitären Herrschaft. Kennt man nicht das System der »Selbstkritik« auch von den Schauprozessen und den Parteitagen z. B. der kommunistischen Partei in der Sowjetunion? Gewiß, alle totalitären Systeme ähneln einander in der Unterdrückung des Individuums, und so nimmt es nicht wunder, hier wie dort auf verwandte Erscheinungen zu treffen. Allerdings darf man nicht übersehen, daß ein politisches System, selbst wenn es, wie der Bolschewismus eine Zeitlang, sich mit dem messianischen Anspruch einer Ersatzreligion umgibt, niemals über die Macht verfügt, die Person des einzelnen bis in ihre geheimsten Gefühle hinein zu dirigieren. Über eine solche Macht verfügt allein die Religion, wenn sie zur Herrschaft über Menschen depraviert, und mit welcher Energie der Katholizismus willens war und ist, über Menschen zu regieren, zeigt sich erschreckend deutlich in den Bestimmungen, mit denen er glaubt, *sogar den Gefühlsbereich* der ihm untergebenen Kleriker bis ins Detail hinein kontrollieren zu können und zu müssen.

In Anbetracht des *kommunistischen* Systems schilderte vor Jahrzehnten George Orwell in seiner Horrorvision *»1984«* als apokalyptische Warnung einen Zustand der Menschheit, in dem der »Große Bruder« die Liebe zwischen den Geschlechtern auf strenge Weise überwacht. »Das Ziel der Partei war nicht nur«, schrieb Orwell, »das Zustandekommen enger Beziehungen zwischen Männern und Frauen zu verhindern, die sie vielleicht nicht mehr übersehen konnte. Ihre wirkliche, unausgesprochene Absicht ging dahin, den sexuellen Akt aller Freude zu entkleiden. Nicht so sehr die Liebe, als vielmehr die Erotik wurde als Feind betrachtet, sowohl in wie außerhalb der Ehe.«[27] Die *katholische Kirche* darf uneingeschränkt als dasjenige System gelten, das am konsequentesten, am dauerhaftesten und am erfahrungsreichsten in der Geschichte Europas, ja, einzigartig, wirklich »exklusiv« in dieser Hinsicht in der Geschichte der

Menschheit insgesamt, die psychische Entfremdung seiner Mitglieder vorangetrieben und ausgebaut hat. Allen Ernstes richteten Ende der sechziger Jahre Bundeswehroffiziere, die mit der Frage der inneren Führung betraut waren, die Bitte an ein örtliches Theologenkonvikt, doch ein paar Tage studieren zu dürfen, wie es möglich sei, auf Monate hin ein gutes Hundert junger Männer kaserniert beieinanderzuhalten ohne Sex, Krawall und Alkohol. Bei den Verantwortlichen empfand man dieses Ansinnen, auch wenn man es abschlägig beschied, durchaus nicht als eine ironische Infragestellung der eigenen Praktiken, sondern in gewissem Sinne als eine ehrende Anerkennung. Noch George Bernanos beschließt sein Priesterporträt im »*Tagebuch eines Landpfarrers*« mit der Parallele von Militär und Klerus – auch das Militär besitze eine Ordnung, freilich eine »Ordnung ohne Liebe«.[28] Aber gerade gegen die Liebe richten sich die strengsten Bestimmungen der klerikalen Lebensformen der katholischen Kirche, und zwar zunächst noch nicht einmal der möglichen sexuellen Implikation und Explikation wegen, sondern ganz einfach deshalb, weil die Liebe (nebst ihrer enttäuschten Kehrform, dem Haß) die intensivste, persönlichste Gefühlsregung schlechterdings darstellt.

Jedes totalitäre System muß die Liebe zu seinem ärgsten Feind erklären, weil sie diejenige Bindungsenergie darstellt, die das Ich am leidenschaftlichsten erhebt und ihm im Gegenüber eines anderen Kräfte verleiht, die es nie zuvor in sich gespürt hat; und umgekehrt: wie totalitär ein Sozialgebilde sich darbietet, läßt sich an keinem Kriterium in solcher Klarheit erkennen wie an der Frage, wie seine Einstellung gegenüber der Liebe beschaffen ist. Es ist mir nicht bekannt, daß es in der Religionsgeschichte der Völker jemals ein System gegeben hätte, das nicht nur die Liebe zwischen Mann und Frau, sondern weit darunter noch *sogar die Freundschaft* zwischen den Gruppenmitgliedern unter Aufsicht und Verbot gestellt hätte. Selbst das Neue Testament zögert nicht, Jesus die »Ungerechtigkeit« zuzutrauen, daß er einen seiner Jünger mehr geliebt habe als die anderen[29], und man darf annehmen, daß ihm auch manche Frauen wie Maria und Martha, die Schwestern seines Freundes Lazarus (Joh 11,1–2) z. B.[30], näherstanden als seine eigenen Schwestern und Brüder, mit denen er allem Anschein nach überhaupt nichts anzufangen wußte (Mk 6,1–6).[31] Allein der katholischen Kirche blieb es vorbehalten, christlicher als Christus selber sein zu wollen und ein Modell von Gemeinschaft zu errichten, in dem nichts Persönliches, also auch keine Beziehungen persönlicher Sympathie mehr existieren dürfen. In den Priesterseminarien der siebziger Jahre noch galt es als höhere Stufe eines christusförmigen Lebens, daß die Subdiakone und Diakone, Männer immerhin im Alter von ca. 25 bis 30 Jahren, des Nachmittags am Aushang am Schwarzen Brett nachzulesen hatten, wer mit wem zwischen 15 bis 16 Uhr zu zweit spazierenzugehen hatte. Ein Kleriker hat nach diesen Vorstellungen keine persönlichen Liebhabereien und Bevorzugungen zu pflegen; er hat in der rechten Christusliebe seine Gunst und Aufmerksamkeit allen Menschen gleichermaßen zu schenken, und so muß er lernen, niemandes Freund und doch jedermanns Weggefährte zum Heil zu sein.

Um die Wirkung derartiger Bestimmungen auf die Psyche des einzelnen Priesters, der einzelnen Ordensschwester in ihrem ganzen Ausmaß zu würdigen, muß man erneut bedenken, daß alle klerikalen Lebensformen von dem Hintergrund der ontologischen Unsicherheit geprägt sind. Man hat es von vornherein mit Menschen zu tun, die sich in allen Fragen menschlicher Beziehung und persönlicher Kontakte ohnedies schon außerordentlich schwertun. Selbst wenn sie objektiv ihre Jugend als Leiterinnen von Jugendgruppen in der Pfarrei oder als Klassensprecher in der Schule durchlaufen haben und dem äußeren Eindruck nach sogar eine bemerkenswerte Vielfalt sozialer Beziehungen vortäuschen mochten, so findet man in ihrem Selbstgefühl, wenn man nur tief genug nachgräbt, doch die ausgeprägtesten Ängste und Behinderungen, sich der Zuneigung anderer auch nur von ferne zu getrauen. Es mag unter ihnen wahre Virtuosen im Überspielen derartiger Verunsicherungen geben – Leute zum Beispiel, die schon von ferne auf jede Annäherung mit witzigen und charmanten Bemerkungen reagieren, nur um dem eigentlichen persönlichen Kontakt durch ein kunstvolles Rollenspiel höflicher Artigkeiten und Floskeln auszuweichen[32] –, doch bedeutet es in gewissem Sinne gerade für sie zunächst eine enorme Erleichterung, all des mühseligen Fragens und Suchens enthoben zu sein, ob dieser oder jener unter ihren »Mitmenschen« die eigenen Sympathien erwidern könnte oder nicht; es beendet die ständige *Angst vor Enttäuschungen,* es überwindet das chronische *Gefühl der Ungeliebtheit* und der Einsamkeit, es beruhigt den uralten tiefsitzenden Verdacht, im Grunde zu niemandem zu gehören und letztlich völlig allein auf der Welt zu sein. Nur unter Voraussetzung solcher Gefühle läßt sich *das förmliche Bedürfnis* verstehen, endlich in eine Welt einzutauchen, in der man das eigene abgelehnte Ich ablegen kann, um im Vergessen seiner selbst einer

Gruppe von Menschen anzugehören, bei denen die Fragen von Kontakt und Gemeinschaft *garantiertermaßen* positiv beantwortet sind.

Solange noch die Spielregeln von Sympathie und Freiheit walten würden, wäre die Angst nicht zu beruhigen, am Ende doch wieder allein dazustehen; erst wenn es auf Sympathie und Freiheit endgültig *nicht* mehr ankommt, kann man in Ruhe darauf zählen, nicht mehr enttäuscht zu werden, erst dann gibt es ein Recht, ja, sogar eine Pflicht,»gemocht« zu werden, erst dann widerlegen sich wirklich die bitteren Erfahrungen und Nöte so vieler Kinderjahre.

Mit anderen Worten: Das System der Gefühlsunterdrückung ist absolut plausibel und *erstrebenswert* für denjenigen, der es geradewegs als Gefahr erlebt hat, in der Entwicklung »normaler« Gefühle »als ein Nichts beiseite gedrückt zu werden«; für Menschen, die sich selbst und ihre Umwelt so erfahren (haben), ist es förmlich *nötig*, ein System zu ersinnen, in dem es in gewissem Sinne mitleidiger, gnädiger, also »christlicher« zugeht als in der rauhen Welt der Kinderspielplätze und Schulklassenausflüge. Das leidige ist nur, daß das gleiche System, das im ersten Anlauf das Gefühl der ontologischen Unsicherheit, jetzt im Kontaktbereich, beruhigt, sich wenig später schon als Einengung und Verbot jeder freien Entfaltung erweist, und es ist der zentrale Vorwurf, der sich bei der Analyse der psychischen Strukturen des Klerikerseins Schritt für Schritt, je weiter wir vordringen um so deutlicher, gegenüber der katholischen Kirche erhebt: *daß sie auf die Angst und Not der Menschen, die sich an sie wenden, nicht mit den Mitteln Jesu, nicht mit den Formen personal vermittelten Vertrauens, sondern mit den Verfahren institutioneller Absicherungen* zu antworten sucht, indem sie die Quellen der Angst verstopft, die mit der Freiheit der Person selber gegeben sind, und von daher umgekehrt die schlimmste aller Ängste zu mobilisieren und zu instrumentalisieren unternimmt: die Angst, ein eigenes Leben in Eigenständigkeit und Eigenverantwortung zu wagen. Was am Anfang als hilfreich erscheint – und von den Betreibern zumeist wohl auch so gemeint ist! –, erweist sich auf diese Weise schließlich als *Verfestigung der Angst* in Form von institutionalisierten Vorschriften, die aus den ursprünglichen Formen der Angstflucht heilige Pflichten, mit anderen Worten: aus der Not die Tugend machen. Die Angst vor der Einsamkeit endet auf diese Weise mit der lebenslänglichen *Pflicht zur Einsamkeit* – ein trauriger Kreislauf der Unerlöstheit mitten im Herzen von Menschen, die den Worten nach vorgeben, der Erlösung der Menschheit dienstbar zu sein.

Rein logisch betrachtet, läßt sich das System der Unpersönlichkeit und Entfremdung an dieser Stelle erneut auf die einfache Formel einer Vertauschung der Ebenen bringen, indem auch hier das Persönliche kollektiviert und das Kollektive personalisiert wird: Einerseits müssen die Dinge, über die man eigentlich nur mit einzelnen, Vertrauten sprechen könnte, offen vor den Ohren aller ausgesprochen werden, und diese öffentliche Vertrautheit muß all diejenigen Gespräche und Mitteilungen ersetzen, die auf der privaten Ebene ausfallen; dafür erörtert man in der erzwungenen Unpersönlichkeit der Privatkontakte mit Vorliebe all die Dinge, die im Grunde die Angelegenheit aller wären – *hier* erörtert man zum 1001. Male die jüngsten Beschlüsse des Provinzkapitels, den bevorstehenden Besuch der Generaloberin oder die Haltung des Chefarztes den freien Schwestern gegenüber. Auf beiden Ebenen herrscht eine sich wechselseitig bedingende *Unaufrichtigkeit;* denn die Intimität der öffentlichen Geständnisse dient, wie wir sahen, mehr dem Verbergen als dem Offenbaren der eigenen Person, während die Privatisierung des Allgemeinen auf der persönlichen Ebene in Wahrheit nicht dem Aufbau, sondern der Vermeidung wirklicher Beziehungen dient. In beiden Fällen wird überdeutlich, daß es nicht möglich ist, menschliche Gemeinschaften zu begründen, die wesentlich auf der Grundlage einer angstbesetzten Entpersönlichung gründen.

Und doch wird es versucht, *muß* es versucht werden, um der ontologischen Unsicherheit Paroli zu bieten! – Bei allen Untersuchungen lebender Systeme gilt, daß man die analysierten Vorgänge so lange noch nicht wirklich versteht, wie man den inneren Zusammenhang der einzelnen Erscheinungen noch nicht begriffen hat. Die Institution des Klerus der katholischen Kirche ist eine Einrichtung, die, geschichtlich betrachtet, enorme Zeiträume überlebt hat; derartige Einrichtungen kann man nur verstehen, indem man die scheinbar getrennten Phänomene als innerlich zusammengehörige, im Grunde einheitliche Ausformungen ein und derselben Grundeinstellung zu betrachten lernt. Unter dieser Perspektive ergänzt und bestätigt es unsere Diagnose von der systematischen Entpersönlichung als Grundzug des Klerikerseins zur Abwehr der ontologischen Unsicherheit, wenn wir hören, daß die Unterdrückung des Persönlichen sich nicht nur auf den Umgang mit den »Brüdern« und »Schwestern« im eigenen Orden bezieht, sondern sich pflichtgemäß auch auf *die Zerstörung der familiären Verbundenheit,* ja in gewissem Sinne auf *die Verleugnung der gesamten eigenen Biographie* erstreckt.

KLAUS STEIGLEDER

Das Opus Dei – eine Innenansicht

D as Opus Dei besteht aus zwei Abteilungen, einer männlichen und einer weiblichen, die streng voneinander getrennt sind, selbständig sich leiten bzw. geleitet werden. Gemeinsam ist der Generalpräsident der Vereinigung, der von allen Mitgliedern »Vater« genannt wird, gemeinsam sind auch Struktur und Aufbau und das, was als »Geist des Opus Dei« bezeichnet wird.[1] Die beiden Abteilungen wissen nur wenig voneinander, und grundsätzlich darf es keinerlei direkte Kontakte von Mitgliedern der einen mit solchen der anderen Abteilung geben. Die Mitglieder einer Abteilung des Opus Dei, die einem »Zentrum« der Vereinigung angehören, haben oftmals keine Kenntnis, wo sich die »Zentren« der anderen Abteilung befinden.

In zumindest zweifacher Hinsicht ergeben sich aber Berührungspunkte: einerseits dadurch, daß die Priester des Opus Dei auch die Mitglieder der weiblichen Abteilung und deren Einrichtungen seelsorglich betreuen, und andererseits, daß weibliche Mitglieder des Opus Dei, sogenannte »numerariae auxiliares« oder »numerariae servientes«, die Häuser der männlichen Abteilung durch Kochen, Putzen, Wäschewaschen etc. versorgen. Die jeweilige Gruppe von Frauen, die ein Haus der Vereinigung in dieser Weise versorgt, wird »Verwaltung« genannt. Dabei wird zwischen einer »ordentlichen« und einer »außerordentlichen Verwaltung« unterschieden. Die Mitglieder einer »ordentlichen Verwaltung« wohnen in dem Haus, das sie versorgen, während die Mitglieder einer »außerordentlichen Verwaltung« zu ihren Tätigkeiten in einem Haus von außerhalb kommen.

In beiden Fällen arbeitet die »Verwaltung« streng getrennt, und es darf keinerlei Kontakte zwischen den männlichen Bewohnern eines Hauses und den Frauen, die es versorgen, geben. Die Räumlichkeiten, in denen eine »Verwaltung« arbeitet, dürfen von den Bewohnern eines Hauses nicht betreten werden und sind durch eine Türe vom übrigen Haus getrennt, die mit zwei voneinander unabhängigen Schlössern zu beiden Seiten gesichert ist. Kontakt darf einzig durch ein eigens und ausschließlich dazu installiertes Haustelefon aufgenommen werden, das nur vom jeweiligen Leiter eines Hauses – oder, falls dieser nicht anwesend ist, von seinem Stellvertreter – benutzt werden darf, und zwar normalerweise nur einmal am Tag zu festgesetzter Zeit. Durch dieses Telefon werden z. B. die Zahlen der Anwesenden bei den Mahlzeiten an einem Tag durchgegeben. Erforderliche längere Hinweise dürfen nicht per Haustelefon durchgegeben werden, sondern sind maschinengeschrieben über die Kommission, d. i. die zentrale Leitung der Vereinigung in einem Land, zu übermitteln. Bei den kurzen Mitteilungen über Telefon nennen die beiden Gesprächsteilnehmer nie ihre Namen und haben alle Äußerungen, die nicht unmittelbar mit der sachlichen Information zu tun haben, z. B. »Guten Morgen«, »Guten Tag« oder »Danke schön«, zu unterlassen. Die Namen der jeweiligen »anderen Seite«, wie es heißt, bleiben völlig unbekannt. Die Wäsche der Bewohner eines Hauses ist mit den Anfangsbuchstaben oder mit Zahlen zu markieren. Man sieht sich normalerweise auch nie gegenseitig. Wird in einem Haus geputzt, so darf die jeweilige Etage von den männlichen Bewohnern nicht betreten werden. Neben dem eigentlichen Hauseingang muß es einen von diesem getrennten Außeneingang zu den Räumlichkeiten der »Verwaltung« geben, der von den übrigen Zimmern eines Hauses aus nicht gesehen werden kann. Den Berichten der ehemaligen Numerarierin Petra H. (Name geändert) zufolge, die von einer verzweifelten Mutter, deren Tochter Mitglied des Opus Dei ist, aufgezeichnet wurden, darf eine »numeraria auxiliaris« nie alleine ohne die Begleitung einer anderen auf die Straße gehen: »Ich fand immer die Weisung (die aber sehr streng befolgt wurde) verrückt, daß die Mädchen nicht einmal 2 Stationen mit der Straßenbahn von einem Heim zum anderen fahren durften, oder sonst kürzeste Strecken allein heraus. Ich habe sie sehr oft begleitet, was mir zwar Spaß machte, aber immerhin: 14jährige Numerarierin begleitet 30jähriges Hausmädchen!« Nach den Worten des Gründers des Opus Dei ist die beste »Verwaltung« die, welche man nicht hört und nicht sieht.

Eine Ausnahme bilden die sogenannten »Studienzentren« der Vereinigung, das Generalhaus des Opus Dei in Rom und die Kommission eines Landes, wo die »Verwaltung« die männlichen Mitglieder beim Mittag- und Abendessen bedient. Freilich darf auch hier niemand mit der »Verwaltung« sprechen, ausgenommen der Leiter (bzw. sein Stellvertreter), der gegebenenfalls kurz einzelne Gerichte nachbestellt. Die Frauen, die bei den Mahlzeiten in diesen Häusern bedienen, sind einheitlich gekleidet, meist schwarz oder blau, und auch die männlichen Mitglieder haben bestimmten Bekleidungsvorschriften nachzukommen. Ein kurzärmeliges Hemd

oder eine kurze Hose wären undenkbar, und über einem langärme-
ligen Hemd gilt es immer noch einen Pullover oder eine Jacke zu tragen. Man darf einander nicht in Versuchung führen oder Anlaß zu
einer Sünde gegen die »Reinheit« geben.

Die »numerariae auxiliares« sind meistens einfache Mädchen
oder Frauen, in Deutschland sind es meist Spanierinnen. Da sich
wohl – zumindest in Deutschland – nur wenige zu solchem Dienst
und solcher Lebensweise bereit finden, haben in Deutschland
längst nicht alle Häuser des Opus Dei eine »Verwaltung«. Eine »or-
dentliche Verwaltung« hatten 1979 von den Häusern der männlichen Abteilung nur das Studentenheim Schweidt in Köln und das
Studentenheim Althaus in Bonn.

Die Priester des Opus Dei, welche die Häuser der weiblichen Ab-
teilung betreuen, dürfen mit den weiblichen Mitgliedern und den
Mädchen oder Frauen, die an der »Bildungsarbeit des Opus Dei«
teilnehmen, alleine nur im Beichtstuhl sprechen. Außerhalb des
Beichtstuhles darf ein weibliches Mitglied der Vereinigung mit dem
Priester nur in Begleitung von mindestens einer anderen sprechen.

Auch sonst wird im Opus Dei auf eine strikte Trennung der Geschlechter geachtet. Die einzelnen Angebote richten sich immer an
Jungen *oder* Mädchen, Männer *oder* Frauen. So dürfen solche, die
nicht Mitglieder der Vereinigung sind, aber an den Bildungsveran-
staltungen des Opus Dei, seien es nun Gruppenstunden, Arbeits-
kreise, Vorträge oder Betrachtungen, um nur einiges zu nennen,
teilnehmen, dazu niemals ihren Freund bzw. ihre Freundin mitneh-
men. Vorträge, Einkehr- und Besinnungstage für Verheiratete finden, soweit vom Opus Dei veranstaltet, nur getrennt, niemals für
die Ehepartner gemeinsam statt. Escrivá de Balaguer, der Gründer
des Opus Dei, begründete dies damit, »die Forderungen und praktischen Äußerungen der ehelichen Liebe« seien »in vielen Aspekten
für Mann und Frau verschieden, und mit Veranstaltungen, die dieser Tatsache Rechnung tragen, kann man ihnen auf wirksame
Weise helfen, diese konkreten Anforderungen in der Wirklichkeit
ihres alltäglichen Lebens zu entdecken. So bewirkt die Trennung
für einige Stunden oder Tage, daß die Gatten im Alltag stärker ge-
eint sind und man sich mit einer tiefen Liebe begegnet, die ganz die
Persönlichkeit des anderen achtet«.[2] Will eine Frau beispielsweise
ein Haus der männlichen Abteilung betreten, so wird sie in der
Regel schon an der Haustüre abgewiesen oder allenfalls in ein Be-
suchszimmer, das sich meist in unmittelbarer Nähe der Eingangstür
befindet, geführt. Ausnahmen sind Elternnachmittage oder

-abende in Jugendclubs oder Studentenheimen, aber auch die weih-
nachtliche Mitternachtsmesse, zu der vor allem die Familien der
Mitglieder eingeladen werden und an die sich noch ein buntes Bei-
sammensein anschließt.

Arten der Mitgliedschaft

Es gibt im Opus Dei drei Weisen der Mitgliedschaft, drei Arten von
Mitgliedern: Numerarier, Assoziierte und Supernumerarier.

Die *Numerarier*[3] sind Mitglieder, die unverheiratet bleiben, für das
Opus Dei völlig verfügbar sind und in der Vereinigung meist Lei-
tungsaufgaben wahrnehmen. In aller Regel sind es Personen mit
einer höheren Schulbildung, die nach einem Studium oftmals einen
akademischen Beruf ausüben, falls sie nicht hauptberuflich eine
Leitungsaufgabe im Opus Dei wahrnehmen, was aber dann meist
nur zeitweilig ist. Zu der geforderten Bildung kann auch nur der
Numerarier Mitglied werden, der körperlich und gesundheitlich
nicht wesentlich beeinträchtigt ist. Normalerweise wohnt ein Nu-
merariermitglied von einem bestimmten Zeitpunkt an mit anderen
Numerariern in einem Haus (»Zentrum«) des Opus Dei zusammen.
Diese Hausgemeinschaft wird als eine Familie verstanden, der die
Mitglieder mehr Bedeutung beizumessen und mehr Liebe entge-
genzubringen haben als ihrer Blutsfamilie, ihren Eltern und Verwandten. Für diese ihre »Familie« und das ganze Opus Dei als der
großen »Familie«, deren Teil jene ist, hat jeder einzelne Numerarier
die Verantwortung eines »Vaters« einer armen und kinderreichen
Familie« zu tragen. Was dies für das einzelne Mitglied heißt und
konkret mit sich bringt, soll später noch ausführlich Behandlung
finden. Außer zur Ehelosigkeit verpflichten sich die Numerarier
auch zu einem Leben in Armut und Gehorsam. Dies geschah bislang durch private Gelübde. Mit der Umwandlung des Opus Dei in
eine Personalprälatur entfallen nun diese Gelübde und werden
durch vertragliche Bindungen an die Prälatur ersetzt.

Innerhalb der Numerariermitgliedschaft gibt es Stufungen.
Einige werden vom Generalpräsidenten des Opus Dei zu »Inscriti«
ernannt; diese müssen zusätzliche Versprechen ablegen, sind in besonderer Weise für die Vereinigung verantwortlich und in besonderer Weise für den Generalpräsidenten verfügbar. Sie können gegebenenfalls Hauptämter in der Leitung der Vereinigung übernehmen. Von den »Inscriti« werden wiederum einige durch den Generalpräsidenten zu »Electores« ernannt. Diese wählen auf den Gene-

ralkongressen der Vereinigung den Generalrat. Den Numerariern ist oftmals nicht bekannt, wer unter ihnen »Inscritus« oder »Elector« ist.

Die *Assoziierten* (früher auch Oblaten genannt) suchen ebenfalls ein Leben in Armut, Ehelosigkeit und Gehorsam zu führen und verpflichten sich dazu. Sie nehmen in der Regel keine Leitungsfunktionen im Opus Dei wahr und wohnen normalerweise nicht zusammen, wenngleich es in Spanien und vielleicht auch in anderen Ländern auch »Zentren« gibt, in denen assoziierte Mitglieder zusammenleben. Eine solche Hausgemeinschaft wird dann aber von einem Numerarier geleitet, wie überhaupt die Leitung der Assoziierten von Numerariermitgliedern wahrgenommen wird. Assoziierte Mitglieder sind in der Regel solche, die keine höhere Schul- oder akademische Ausbildung besitzen, oder solche, die trotz ihrer höheren schulischen oder beruflichen Ausbildung nach Meinung der jeweils zuständigen Leiter im Opus Dei sich aus gesundheitlichen oder mentalitätsmäßigen Gründen nicht als Numerarier eignen.

Die *Supernumerarier*[4] sind jene Mitglieder, die heiraten dürfen und deren Verfügbarkeit für die Vereinigung dementsprechend geringer ist. Auch die Kenntnis der Vereinigung selbst ist bei den Assoziierten und Supernumerariern geringer als die der Numerarier, von denen auch die Supernumerarier geleitet werden.

Als ich das Opus Dei 1979 verließ, war die überwiegende Mehrzahl der Mitglieder der Vereinigung in Deutschland Numerarier. Zu dieser Zeit gab es nur etwa zehn Assoziierte, von denen in der Zwischenzeit einige wieder aus der Vereinigung ausgetreten sind, wenn sicher auch andere wiederum neu hinzugekommen sein dürften. Verschiedentlich wurde mir, als ich der Vereinigung noch angehörte, erklärt, daß die zahlenmäßigen Proportionen, wie sie bisher in Deutschland bestehen, nicht das Normale seien und sich diese im Lauf der Zeit auch ändern würden. In Spanien sei die Mehrzahl der Mitglieder des Opus Dei Supernumerarier. Auch wenn ich in Spanien immer nur große Zahlen von Numerariern kennengelernt habe und es bis in die fünfziger Jahre hinein meines Wissens im Opus Dei überhaupt noch keinen Supernumerarier gab und die Zahlenverhältnisse in der Schweiz und in Österreich denen in Deutschland sehr ähnlich sind, soll hier nicht bestritten werden, daß eine Mehrzahl von Supernumerariern die angestrebte Normalität darstellen soll und in Spanien und auch einigen anderen Ländern vielleicht schon darstellt.

Aus den Reihen der Numerariermitglieder lassen sich immer wieder einige nach Erlernung eines zivilen Berufes und bisweilen nach einer Zeit der Ausübung desselben zu Priestern für das Opus Dei weihen. Diese Numerarierpriester stehen der Vereinigung ganz zur Verfügung und sind dem Leiter des Opus Dei unterstellt. Weltpriester einer Diözese können sich der mit dem Opus Dei verbundenen »Priesterlichen Gesellschaft vom Heiligen Kreuz« anschließen. Sie bleiben dann unverändert ihrem Ortsordinarius unterstellt, versehen nach wie vor ihre Aufgaben in der Diözese, der sie angehören, nehmen aber in der Regel auch Aufgaben in der Arbeit des Opus Dei wahr. Seminaristen oder Diakone können in der Regel – es wird mit der laikalen Mentalität der Vereinigung begründet – nicht Mitglieder des Opus Dei werden.

Neben diesen drei Weisen der Mitgliedschaft gibt es noch die sogenannten *Mitarbeiter* (Cooperadores) »– viele von ihnen sind nicht katholisch – die, ohne eigentlich Mitglieder des Werkes zu sein, an den apostolischen Tätigkeiten der Vereinigung durch ihr Gebet, ihre finanzielle Unterstützung oder ihre Arbeit mitwirken«.[5]

Die Gründung und der Gründer

Die Gründung des Opus Dei vollzog sich in drei Phasen: Am 2. Oktober 1928 erfolgte die eigentliche Gründung des Opus Dei, das nach dem Verständnis des Gründers Escrivá de Balaguer nur männliche Mitglieder haben sollte und durfte. Dieses sein erstes Verständnis korrigierte er am 14. Februar 1930 mit der Gründung der weiblichen Abteilung des Opus Dei. »Damit nicht der leiseste Zweifel aufkam, daß Er derjenige war, der das Werk wollte, bediente Er sich sichtbarer Zeichen. Ich hatte geschrieben: ›Nie wird es Frauen im Opus Dei geben – nicht einmal im Scherz.‹ Und wenige Tage später dann … der 14. Februar: damit sichtbar würde, daß es sich nicht um eine Sache von mir handelte, sondern es gegen meine Neigung und gegen meine Absicht geschah. Ich besuchte das Haus einer alten achtzigjährigen Dame, die bei mir zu beichten pflegte, um in ihrer kleinen Hauskapelle die heilige Messe zu feiern. Und dort war es, in jener heiligen Messe, nach der Kommunion, daß die weibliche Abteilung zur Welt kam. Nach der Messe beeilte ich mich, meinen Beichtvater aufzusuchen, der mir sagte: Das kommt genauso von Gott wie alles andere«, erzählte Escrivá de Balaguer.[6]

Ursprünglich sollte das Opus Dei eine Vereinigung sein, der – mit Ausnahme ihres Gründers – nur Laien angehören. Doch veranlaßte ein Nichtzurechtkommen mit den Priestern, bei denen die Mitglieder beichteten und die, wie es im Opus Dei dargestellt wird, den »Geist des Opus Dei« nicht verstanden und den beichtenden Mitgliedern schlechten oder falschen Rat gegeben hätten, zu einer dritten Gründung. Am 14. Februar 1943 gründete Escrivá de Balaguer die *Priestergesellschaft vom Heiligen Kreuz.* Seither ist es möglich, daß (wie schon gesagt) Numerarier meist nach abgeschlossener Ausbildung zu einem »zivilen Beruf«, bisweilen auch nach zeitweiliger Ausübung desselben, zu Priestern für die Vereinigung geweiht werden können, die nun mit vollem Namen bis zum 23.8.1982 »Priestergesellschaft vom Heiligen Kreuz und Opus Dei« (Societas sacerdotalis Sanctae Crucis et Opus Dei) hieß, im Sprachgebrauch der Mitglieder, auch nach außen hin, aber fast ausschließlich kurz als »Opus Dei« bezeichnet wurde und weiterhin wird.

Der Name »Opus Dei« mag an die benediktinische Bezeichnung für die Liturgia horarum, das Stundengebet, erinnern und deshalb die Übersetzung »Werk/Verrichtung für Gott; Gottesdienst« nahelegen. Dennoch handelt es sich bei »Dei« im Verständnis des Gründers und der Mitglieder der Vereinigung um einen Genitivus subiectivus. Opus Dei ist somit zu übersetzen als »Werk Gottes« im Sinn einer von Gott gewirkten Sache. »Opus Dei« als Name der von Escrivá de Balaguer im Alter von 26 Jahren gegründeten Vereinigung ist somit der anspruchsvollste Name einer *kirchlichen* Vereinigung überhaupt.

Das in diesem Namen sich spiegelnde Eigenbewußtsein und Selbstverständnis ist der Vereinigung und ihrem Gründer von Anbeginn, also seit dem 2.10.1928, eigen gewesen. Dieses Werk ist nicht Menschenwerk, sondern Werk Gottes. Die Gründung der Vereinigung erfolgte im Gehorsam gegenüber dem Willen Gottes, gemäß den Worten Escrivás seinen eigenen Vorstellungen entgegen. Wie aber kam es zur Idee einer solchen Gründung? Was ereignete sich in bzw. mit Escrivá de Balaguer an jenem 2. Oktober? Konkretes ist – auch den Mitgliedern – darüber bisher nie bekanntgeworden. Zu seinen Lebzeiten hat der Gründer niemals etwas Genaueres dazu sagen wollen, doch bewirkte gerade dieses Offen- und Unbestimmtlassen, daß die Gründung des Opus Dei seinen Mitgliedern in einer Aura des Besonderen und Außergewöhnlichen erschien und erscheint.

Des öfteren erklärte der Gründer der Vereinigung seinen »Kindern«, weshalb er nichts Näheres über die Gründung des Opus Dei erzählen wolle, mit Aussagen des Inhaltes, daß der Weg des Opus

Dei das Gewöhnliche sei, sich aber in der Tat in Zusammenhang mit der Gründung des Opus Dei Außergewöhnliches ereignet habe. Später, so sagte er, würden wir (»seine Söhne und Töchter«) schon alles erfahren und geschrieben finden.[7] Später, dies war klar, würde in jedem Fall erst nach seinem Tod sein. Daß er zu seinen Lebzeiten nichts Näheres darüber berichtete, erschien so als beispielhafte Demut des Priesters Escrivá, der nicht wollte, daß er wegen des Außergewöhnlichen, das durch Gott ihm an diesem 2. Oktober 1928 zuteil geworden ist, in irgendeiner Weise als herausgehoben betrachtet würde. Dies wurde jedenfalls immer wieder von den »geistlichen Leitern« der Vereinigung den neu Hinzugekommenen erklärt.

Hat sich denn an jenem 2. Oktober 1928 etwas Außergewöhnliches ereignet? Bei vielen Mitgliedern des Opus Dei, die ich kennengelernt habe, ist eine dahingehende Überzeugung herangereift, und auch ich war lange Zeit dieser Auffassung. Bisweilen wurde während des in jedem »Zentrum« der Vereinigung zweimal täglich stattfindenden »Beisammenseins« unter den Mitgliedern in diese Richtung hin spekuliert. Angedeutet, unausgesprochen, manchmal jedoch auch klar ausgesprochen ist bei vielen (um hier vorsichtig zu formulieren) eine feste Überzeugung herangereift, es müsse in Zusammenhang mit der Gründung des Opus Dei eine das Gewöhnliche übersteigende Begegnung des »Vaters« mit Gott, eine Vision oder ähnliches, stattgefunden haben. Überdies wurde mir gegenüber von Leitern innerhalb des Opus Dei verschiedentlich die Auffassung geäußert, dem Gründer sei, auch wenn er so etwas nie ausdrücklich gesagt habe, wahrscheinlich Maria ein- oder zweimal in seinem Leben erschienen.

Von seiten des Gründers sind, trotz der zahlreichen Gesten der Demut und Bescheidenheit einerseits, auf der anderen Seite viele Äußerungen bekannt, die in diese Richtung interpretierbar waren, zumindest aber ihn in einer ungewöhnlichen, unmittelbaren Beziehung zu Gott auswiesen, die ihm ermöglichte, den Willen Gottes direkt zu erkennen und zu empfangen und ihn an seine »Söhne und Töchter« weiterzugeben: Bevor er, Escrivá de Balaguer, wie jedes andere Mitglied des Opus Dei einen geistlichen Leiter – nämlich Alvaro del Portillo, den derzeitigen Generalpräsidenten der Vereinigung – gehabt habe, sei der Heilige Geist sein geistlicher Leiter gewesen. Daß sich das Opus Dei verwirklichte, sei nicht ein frommer Einfall von ihm, sondern der ausdrückliche Wille Gottes. So sagte er des öfteren:»Der Himmel läßt sich nicht davon abbringen, daß es

verwirklicht wird.«[8] Wenn einerseits Escrivá de Balaguer auch nicht
wollte, daß man ihn in seinem persönlichen Leben nachahme (»nur
einen sollt ihr nachahmen – Christus«), so betrachtete er sich andererseits doch als die Instanz, durch welche die Mitglieder des Opus
Dei direkt oder vermittelt durch die mit ihm in Einheit stehenden
Leiter den Willen Gottes für sich sicher erfahren konnten. Da er, seinem Selbstverständnis nach und im Verständnis der Mitglieder der
Vereinigung, gleichsam über einen direkten Draht zu Gott zu verfügen schien[9], konnte er mit einer sicherlich seltenen Sicherheit
immer wieder äußern: »Gott will es so, und damit fertig.«[10] Und da
ihm der Wille Gottes so direkt erkennbar war, konnte er auch den
Leitern des Opus Dei wiederholt anraten: »Ihr müßt alles durch
meinen Kopf und mein Herz gehen lassen.«[11] Dieser direkte Draht
ist es auch, der die Sicherheit gibt. Der Gründer hat den Willen Gottes klar erkannt, das ganze Werk ist nicht »Opus Escrivá« sondern
eben Opus Dei, wie der Gründer häufig zu sagen pflegte. Da *alles*,
was Escrivá de Balaguer bis in die kleinsten Details für das Opus Dei
nach dem Willen Gottes festgesetzt hat, auch noch von der Kirche
approbiert worden sei, ist es rundum richtig, wahr. Es kann deshalb
für ein Mitglied des Opus Dei nicht Gegenstand kritischer Reflexion
und Prüfung, sondern ausschließlich Sache der liebenden Annahme, der Treue und Loyalität, letztlich Sache des Gehorsams
sein.

Des Außergewöhnlichen, beinahe Wunderhaften bei und um
Escrivá de Balaguer gibt es noch mehr: Er, an Diabetes leidend und
schwer krank, sei in den fünfziger Jahren schon einmal so gut wie
tot gewesen. Doch wie durch ein Wunder kam er wieder zu sich und
war obendrein von der Zuckerkrankheit, die doch als unheilbar gilt,
vollständig geheilt – erzählen die Mitglieder des Opus Dei.[12] Escrivá
de Balaguer war nach Aussage der Ärzte – Mitglieder des Opus Dei
von der medizinischen Fakultät der Opus-Dei-Universität Pam-
plona – als er starb, trotz seines Alters von 73 Jahren, organisch völlig gesund. Es war kein Herzversagen, sondern ein medizinisch
wiederum nicht zu erklärender Herzstillstand, wurde im Beisam-
mensein der Mitglieder erzählt. Gott hat das Opfer, das Escrivá ihm
angeboten hatte, seine Bereitschaft, sein Leben für die Kirche und
den Papst hinzugeben, angenommen, steht auf den hinsichtlich des
angestrebten Seligsprechungsprozesses[13] tausendfach verteilten
»Gebetszetteln zum privaten Gebrauch«. Maria gab ihm gleichsam
einen Kuß auf die Stirn und holte ihn zu ihrem Sohn, schrieb der damalige Generalsekretär und heutige Generalpräsident des Opus

Dei, Alvaro del Portillo, an alle Mitglieder der Vereinigung, die mit ihm den Tod ihres »Vaters« betrauerten.

Der schon zu seinen Lebzeiten für heilig gehaltene Gründer (»Es gibt, wie der Vater immer wieder gesagt hat, keinen Heiligen auf Erden, aber wenn es einen gäbe, dann wäre es ganz bestimmt unser Vater«, lautete eine stehende Redewendung in der Vereinigung) galt und gilt den Mitgliedern des Opus Dei nach seinem Tod als Heiliger. Schon unmittelbar nach dem Tod des Gründers wurde alles Erdenkliche unternommen, um möglichst viele Bischöfe dazu zu bewegen, die Einleitung eines Seligsprechungsprozesses zu fordern (der Großteil aller katholischen Bischöfe kam diesem Anliegen nach), und die Mitglieder der Vereinigung sowie diejenigen, die mit dem Opus Dei Kontakt hatten, wurden aufgefordert, soweit es ihnen möglich war, sogenannte »cartas postulatorias« zu schreiben bzw. zu unterschreiben.

Das, was vom Gründer des Opus Dei – indem er seiner Auffassung und der seiner »Söhne und Töchter« zufolge als Werkzeug in der Hand Gottes und nach Gottes Willen handelte – als »Geist des Opus Dei« festgelegt und bis in die kleinsten Details hinein festgeschrieben worden ist, gilt mit seinem Tod für die Mitglieder des Werkes als unabänderlich. Mit dem Tod von Escrivá de Balaguer ist die erste Epoche der Geschichte des Opus Dei zu Ende gegangen, die Epoche seiner Gründung. Inzwischen hat die zweite und letzte Epoche seiner Geschichte begonnen, die der Treue und Kontinuität. Der »Geist des Werkes« gilt nach den Worten des Gründers als »vollständig, kompakt und sicher«. Es gilt, ihn unverfälscht und ohne Abstriche zu bewahren und zu tradieren. Indem das von dem Gründer des Opus Dei Gesagte, Getane und Festgelegte als direkt dem Willen Gottes entspringend und als das dem Willen Gottes Gemäße verstanden wird, erhält es für die Vereinigung die Qualität quasi unfehlbaren Charakters.

Im »Geist des Opus Dei« seien, so die einhellige Meinung, die Beschlüsse des II. Vatikanischen Konzils weithin gleichsam vorweggenommen, und manches – man verweist hier unter anderem auf das Dekret über das Laienapostolat »Apostolicam actuositatem« – sei geradezu durch das Opus Dei involviert worden. In diesem Zusammenhang wird dann häufig auch noch darauf hingewiesen, daß der damalige Generalsekretär der Vereinigung, Alvaro del Portillo, Sekretär einer der zehn Konzilskommissionen gewesen sei. [...]

Leitungsstruktur

Die Leitungsstruktur des Opus Dei ist streng hierarchisch gegliedert und in den einzelnen Ebenen der Leitungshierarchie kollegial, wobei solche Kollegialität aber wiederum hierarchische Züge und Gliederungen aufweist. An der Spitze der Leitung des Opus Dei steht ein Generalrat, dem der Generalpräsident der Vereinigung vorsteht. Diesem sind alle Mitglieder, alle Regionen und alle Häuser unterstellt, in denen die Vereinigung tätig ist. Die Entscheidungen des Generalpräsidenten, meist im Verbund mit dem Generalrat getroffen, und das von ihm Geäußerte stellen für die Mitglieder des Opus Dei den durch den Generalpräsidenten vermittelten Willen Gottes für sie dar, verlangen deshalb Gehorsam und haben für sie höchste Verbindlichkeit. Der Generalrat besteht aus: Generalsekretär, Generalprokurator, Priestersekretär, drei stellvertretenden Sekretären (Vocale), Studienpräfekt, Generaladministrator und je mindestens einem Delegierten der regionalen Länderleitungen. Dem Generalrat gehören Priester wie Laien an.

Was der Generalrat, dem bei der weiblichen Abteilung ein ebenfalls dem Generalpräsidenten zur Seite bzw. unterstehender Zentralrat entspricht, auf internationaler Ebene ist, stellt auf nationaler Ebene die Kommission als die zentrale Leitung des Opus Dei in einem Land dar. Die Kommission ist dem Generalrat unterstellt und an dessen Weisungen gebunden. An der Spitze einer Kommission steht der Consiliarius als Landesleiter der Vereinigung. Wie der Generalpräsident muß der Consiliarius immer ein Priester sein. Dem Consiliarius stehen ein Defensor, ein Delegierter der Region, der zugleich Mitglied des Generalrates ist, ein regionaler Priestersekretär, ein Sekretär der Kommission, drei »Vocale«, ein Studiendelegierter und ein Regionaladministrator zur Seite.

Der Kommission eines Landes unterstehen die sogenannten »Örtlichen Räte«, die lokalen Leitungen der Häuser und Einrichtungen (»Zentren«), welche die Vereinigung in den Städten eines Landes unterhält. An der Spitze eines »Örtlichen Rates« steht ein Leiter, dem mindestens ein stellvertretender Leiter und ein Sekretär zur Seite stehen. Je nach Ausdehnung der Vereinigung in einem Land können eine oder mehrere sogenannte »Delegationen« der Kommission und den »Örtlichen Räten« zwischengeschaltet sein.

Auf eine Ausführung der genauen Aufgaben der einzelnen Leitungsämter soll in diesem Rahmen ebenso verzichtet werden wie auf eine Darstellung der hierarchischen Strukturen zwischen den

Mitgliedern unterhalb der Leitungsebene eines »Örtlichen Rates«. Die hier nur grob skizzierten Leitungsgremien beziehen sich auf die männliche Abteilung. Die der weiblichen Abteilung sind parallel strukturiert.

Die Innenseite des Opus Dei

[...] Gleichsam refrainhaft ist das Opus Dei in seinen Selbstdarstellungen darum bemüht, die Freiheit seiner Mitglieder zu betonen. Solchen Beteuerungen der Freiheit ist entgegenzuhalten, daß die meisten Mitglieder sich weder in freier Entscheidung der Vereinigung anschließen noch in ihr frei sind. Vielmehr kommt im Opus Dei eine Fülle von Praktiken zum Tragen, von denen jede einzelne schon problematisch ist. Sie fügen sich aber zudem noch, genau aufeinander abgestimmt, zu einem Ensemble zusammen. Dadurch wird meist derart gravierend in die Persönlichkeit und Psyche eines Menschen eingegriffen, daß das Zusammenwirken dieser Praktiken in seinem Effekt mit der unter anderem von den sogenannten Jugendsekten her bekannten »Seelenwäsche« vergleichbar ist.

Es beginnt damit, daß meist Minderjährige in eine »Entscheidung« zu einem Leben in Armut, Ehelosigkeit und Gehorsam mit den verschiedensten Methoden, die hier im einzelnen nicht mehr aufgezählt werden sollen, regelrecht hineingedrängt werden. Dabei werden die mit dem Pubertätsalter in der Persönlichkeitsentwicklung gegebene Umbruchssituation, das Erwachen des Bedürfnisses nach emotionalen Bindungen und Geborgenheit außerhalb des Elternhauses[14], eine gerade im Jugendalter oftmals gegebene Idealfreudigkeit, Begeisterungsfähigkeit und Hingabebereitschaft gezielt angesprochen und nutzbar gemacht. Den Jugendlichen wird suggeriert, daß sie schon reif genug seien, eine »Entscheidung« zu treffen, zu der ihnen meist die Erfahrungskompetenz und Beurteilungsmöglichkeiten fehlen und deren Tragweite für sie zum einen deshalb, zum anderen durch das Verschweigen wesentlicher Dinge oftmals nicht im geringsten absehbar ist. Wer sich zu einer Mitgliedschaft im Opus Dei »entscheidet«, tritt zu dem an, was die Vereinigung als ihr Wesen und ihre Wirklichkeit in ihren für die Öffentlichkeit bestimmten Selbstdarstellungen vorstellt; was hingegen Realität des Opus Dei ist, steht dazu in einer nicht mit dem Fehlverhalten einzelner Mitglieder hinreichend erklärbaren, sondern grundsätzlichen Divergenz, die den Mitgliedern, zumindest lange Zeit, eigentümlich unbewußt bleibt und nur selten reflektiert ist.

Durch eine schon vor der Mitgliedschaft einsetzende Ausbildung wird versucht, allmählich bestimmte Denkschemen und Gefühlsmuster gleichsam einzuimpfen. Bei denen, die dafür empfänglich sind, wird dabei ein Doppeltes erreicht: erstens, eine – sicherlich erst anfängliche und ansatzhafte – Isolierung vor allem von den Eltern und Freunden. Die Freunde werden zu Objekten apostolischer Bemühungen. Sie erscheinen als solche, die zumindest im religiösen Bereich belehrt werden müssen. Wenigstens auf dieser Ebene scheiden sie deshalb mehr und mehr als gleichwertige Gesprächspartner aus. Zweitens wird eine zunehmende Bindung an vermeintliche Autoritäten erreicht: an die Autorität des meist älteren »Freundes«, der anderen Leiter im Opus Dei, an die Autorität des Gründers bzw. des jeweiligen Generalpräsidenten.

Zu diesen Denkschemen gehört ebenso die Herausstellung des Opus Dei als etwas, das allein auf göttlichen Willen zurückgeht und einzigartig vollkommen und heil ist. Demgegenüber wird die Defizienz und Fehlerhaftigkeit der Realitäten außerhalb der Vereinigung hervorgehoben, die der Kirche eingeschlossen. Außerdem gehört zu diesen Denkschemen die unter der Voraussetzung von Gehorsam und Treue gleichsam garantierte Verbindung von ewigem Seelenheil mit der Vereinigung, dem dessen Gefährdetsein außerhalb der Vereinigung entgegengesetzt wird. Gott erscheint in diesen Denkschemen primär als der Fordernde[15], als der, welcher nicht teilt.[16] Er wird als ein Steinmetz vorgestellt, »der uns die harten Kanten abschleift« und unter dessen unausweichlichen Meißelschlägen der nichtgefügige Mensch zu einem »Haufen Schotter« verkleinert wird, »über den die Leute verächtlich hinweggehen«.[17] Freilich wird Gott auch als der barmherzige Vater gesehen.

Die »Berufungsfrage« wird von seiten des Opus Dei gegenüber einem Jugendlichen so exponiert, als habe dieser – ihm wird die »Berufung« gleichsam von vorneherein unterstellt – zwischen zwei Möglichkeiten zu wählen: entweder in Konsequenz einer Ganzhingabe im Opus Dei glücklich zu werden oder aber unglücklich zu werden als mögliche Folge eines Sich-Verweigerns gegenüber Gott, als dessen Wille die Entsprechung in der unterstellten Berufung deklariert wird. Zudem wird die »Berufungsfrage« derart aktualisiert, als gelte es, »heute und jetzt« eine unaufschiebbare Entscheidung zu fällen.

Vom Zeitpunkt des Eintrittes in die Vereinigung an beginnt nun erst recht eine nie endende Ausbildung und Formung eines Mitgliedes, mit der schon nach kurzer Zeit dessen völlige Gleichschaltung erreicht wird. Ganz wesentlich ist dabei eine versuchte und meist erfolgreiche Ablösung des eigenen Erkennens und eine weite Bereiche betreffende »Annullierung der Erkenntnis«[18] bei gleichzeitiger Bindung an und Unterwerfung unter vermeintliche Autorität. Damit steht und fällt das System des Opus Dei.

Der Generalpräsident und die mit ihm in Verbindung stehenden Leiter artikulieren für die Mitglieder des Opus Dei (allein-) gültig den Willen Gottes. Der Gründer bzw. sein Nachfolger und die Leiter wissen dank der »Standesgnade«, »spezieller Gnade« und der »Gabe des Rates«, was Gott will. Vor allem der jeweilige Generalpräsident erscheint in einer herausragenden, unmittelbaren Beziehung zu Gott. Alles, was der Gründer als den »Geist des Opus Dei« festgelegt hat, geht auf göttlichen Willen zurück, was von der Kirche bestätigt worden sei. Die wunderhaften Vorkommnisse im Leben des Gründers nehmen für die Mitglieder die Funktion ein, den Anspruch des Opus Dei, ein Werk von Gott zu sein, zu untermauern. Die Mitglieder der Vereinigung sind den Leitern, allen voran dem Generalpräsidenten, zu einem unbedingten, blinden Gehorsam verpflichtet, der aus verschiedenen Gründen höchst fraglich ist. Um Mißverständnissen vorzubeugen, sei hier ausdrücklich betont, daß es nicht darum geht, den möglichen Wert und die Sinnhaftigkeit christlichen Gehorsams in seinen unterschiedlichen Gestalten in Abrede zu stellen. Freilich wird christlicher Gehorsam immer in einer Spannung zwischen einer versuchten, auch zeichenhaften, Radikalität der Nachfolge und Verfügbarkeit und einer notwendigen Eigenerkenntnis und Eigenverantwortung stehen, die der einzelne nicht abgeben und aufgeben darf. Dabei besteht die Schwierigkeit, diese Polarität zu wahren und nicht durch eine einseitige Betonung des einen das andere auszuhöhlen oder gar zu eliminieren. »Wir wissen, daß viele Meister des geistlichen Lebens den Gehorsam empfohlen haben. Aber wir wissen auch, daß diese Meister ebenso großen oder noch größeren Nachdruck auf die Erkenntnis gelegt haben.«[19] Es darf wohl davon ausgegangen werden, daß die Schwierigkeit der Spannung zwischen Gehorsam und notwendiger Eigenerkenntnis wie Eigenverantwortung in einer gewissermaßen überschaubaren Welt hinter den Klostermauern eines beschaulichen Ordens sich anders und vielleicht auch nicht in der Schärfe stellt wie für eine Gemeinschaft, die sich mitten im Alltagsgeschehen der Welt um ein Leben der »evangelischen Räte« bemüht und deren Mitglieder beispielsweise im Berufsleben stehen und unter anderem dort Verantwortung tragen.[20]

Zweifellos bedarf es für jemanden, der sich zu einem Leben der »evangelischen Räte«, welche Form dies auch immer haben mag, gerufen meint, einer verantwortlichen wie verantwortbaren, freien Entscheidung. Diese hat sowohl einen gewissen Abschluß der Persönlichkeitsentwicklung als auch eine umfängliche Kenntnis der zur Entscheidung stehenden Lebensform wie auch eine eingehende Prüfung der Eignung zu dieser Lebensform zur Bedingung ihrer Möglichkeit. Davon kann im Opus Dei – zumindest, was die Numerarierberufungen anbelangt – wohl keine Rede sein. Viele werden als Minderjährige zu einer Lebensentscheidung gedrängt in einer Phase noch völlig unabgeschlossener Persönlichkeitsentwicklung und -entfaltung und in Unkenntnis von Wesen und Wirklichkeit dessen, wozu sie sich zu »entscheiden« haben. Solchen »Entscheidungen« wird damit von seiten des Opus Dei der Charakter der Endgültigkeit aufgeprägt. Sie werden somit einer gewissen Vorläufigkeit benommen, was zur Folge hat, daß die Mitglieder der Möglichkeit einer eingehenden, jahrelangen Prüfung beraubt werden, die Kritik im weitesten Sinn von Beurteilung zur Voraussetzung hat. Die neuen Mitglieder werden statt dessen auf einen blinden, ausschließlich personenbezogenen Gehorsam eingeschworen. Nur scheinbar kennt dieser eine Ebene sachbezogener Kritik, nämlich den hypothetischen Fall einer Aufforderung zur Sünde. Dessen Möglichkeit wird aber von vorneherein als im Grunde ausgeschlossen hingestellt.[21] Zudem stehen dazu keine anderen Beurteilungskriterien zur Verfügung als jene, welche die Personen vorstellen, denen der Gehorsam geschuldet wird.

Die Ablösung der Erkenntnis, verbunden zudem mit einer fast völligen Beschneidung der Erfahrungsmöglichkeiten durch Fernhalten beinahe aller vermeintlichen Fremdeinflüsse, stellt eine Festschreibung und Einbindung in eine Gruppen- und Autoritätsmoral dar. Für Minderjährige bedeutet dies eine Festschreibung einer »vorpersonale(n) Orientierung an internalisierten Verhaltensschemata«.[22] Eine ansonsten in der Persönlichkeitsentwicklung nur vorübergehende Phase wird damit zementiert und die Persönlichkeitsentwicklung als solche unter- bzw. abgebrochen. Bei denen aber, die, schon etwas älter, sich der Vereinigung anschließen, wird eine gewissermaßen schon entwickeltere Persönlichkeit reduziert und gleichsam auf eine »vorpersonale Stufe« zurückgedrängt.

»Erfahrung ist nur dort kompetent, wo sie nicht auf autoritärer Interaktion beruht, sondern sich in der Möglichkeit kritischer Reflexion behauptet. Autoritäre Instanzen und konformistische Gruppen mißtrauen daher der Spontaneität der Erfahrung und versuchen die Erfahrungsmöglichkeiten zu manipulieren. Diese Art der Manipulation ist das Kennzeichen von Totalitarismus jedweder Spielart. Erfahrungskompetenz kann daher nur unter der Voraussetzung von Orientierungsfreiheit entstehen. Sie bedarf daher der sozialen Ermöglichung, der Selbstbeschränkung ihrer sozialen Bedingungen. Auf der anderen Seite kann sich Erfahrungskompetenz nicht in völliger Permissivität herausbilden, weil Desorientierung reflektierte und konfrontierte Praxis ebenso unmöglich macht.«[23]

Die Bindung an Autoritäten bei gleichzeitiger Ausschaltung eigener Erkenntnis und Erfahrung in den Bereichen, auf die sich der Gehorsam bezieht, verbunden mit einer gewissermaßen totalen Kontrolle, der Einschärfung von Denkschemen und Gefühlsmustern, einem völligen Beanspruchtsein durch Aufgaben und Verpflichtungen, das kaum einmal zur Ruhe kommen läßt und Abstand ermöglichte, bewirkt eine Entmündigung des einzelnen zumindest im religiösen und sittlichen Bereich. Den Leitern wird die Fähigkeit zugesprochen, für den einzelnen jeweils konkret den Willen Gottes zu artikulieren. Es wird ihnen somit ein gleichsam unmittelbares Wissen dessen, was Gott will, unterstellt. Dadurch wird im Opus Dei einerseits ein eigenes Lehramt installiert, das in seinem Anspruch die Kompetenzen der kirchlichen Lehrautorität bei weitem zu überbieten scheint. Andererseits wird die Vereinigung durch die Berufung auf die höchste Autorität, nämlich auf Gott, gegen mögliche Kritik immunisiert und schließlich »Gott« vollständig domestiziert. Dem, der Kritik üben will, wird die vollständige Verfehltheit rationaler Beurteilung der Vereinigung damit begründet, daß die »Logik Gottes« nicht die der Menschen sei. Gleichzeitig meint man, mit eben dieser als nicht nur nicht hinreichend, sondern als in diesem Kontext verfehlt hingestellten menschlichen Logik das, was die »Logik Gottes« genannt wird, genauestens erklären zu können. Wer die Vereinigung kritisiert, dem wird ein Mangel an »übernatürlicher Sicht« bescheinigt, die allein dem Opus Dei gerecht werden könnte. Jede mögliche Kritik an der Vereinigung wird für die Mitglieder auch dadurch immunisierbar, daß sie mithin als »Widerspruch der Guten« eingeordnet werden kann[24] und damit nicht ernst genommen zu werden braucht; als Verfolgung, durch welche in guter Absicht, aber fehlgeleitet, manche gemäß Joh 16,2 meinen, »Gott einen heiligen Dienst zu leisten«. Mitunter aber auch als Verfolgung durch Böswillige, die zu Handlangern Satans werden, der in den Mitgliedern »seine großen Feinde«[25] sieht. Tatsächlich erfolgte unwahre Behauptungen über die Vereinigung erlauben, jede mögliche Kritik diesen gleichzustellen. Jede große kirchliche Vereinigung sei schließlich in ihren Anfangsjahren Kritik und Verleumdung ausgesetzt gewesen. Kritisiert und angegriffen zu werden gewinnt so für das Opus Dei gleichsam den Charakter eines Gütesiegels und stellt eine weitere Untermauerung der Autorität dar.

»Schon wieder ...: Man habe geredet, man habe geschrieben ...: dafür, dagegen ...: in guter und in weniger guter Absicht ...: Halbwahrheiten, Verleumdungen, Lobreden, Überschwenglichkeiten ...: Unsinniges, Zutreffendes ... Du Dummkopf! Du Schwachkopf! Wenn du geradewegs auf dein Ziel losgehst, Kopf und Herz berauscht von Gott, was kümmert dich dann das Rauschen des Windes, das Zirpen der Grillen, das Muhen, das Grunzen und das Wiehern ringsum? ... Überdies ..., das ist unvermeidlich: bringe nicht auf freiem Felde Türen an.«[26]

Die Vereinigung, die sich jeder Kritik entzogen wähnt, beansprucht für sich selbst, letztlich alles und jedes kritisieren zu können, und zwar anhand jenes Maßstabes, in deren Besitz sie sich nahezu uneingeschränkt glaubt: das Wissen um den Willen Gottes im Konkreten. Von der Kritik durch die Vereinigung ist im Grunde nichts ausgenommen: auch bischöfliche und päpstliche Entscheidungen nicht. Die Kritik an solchen Entscheidungen hat ihren Grund aber beispielsweise nicht in einem um Verantwortung bemühten Gewissensentscheid, durch den jemand sich mithin zu gegenteiliger Auffassung genötigt sieht, sondern eben in einer vermeintlichen Kenntnis des Willens Gottes, in dem mögliche Lehrentscheide der Kirche gleichsam schon vorweggenommen seien. Gleichwohl gibt es in der Vereinigung auch ein durchaus ernsthaftes Bemühen um Treue und Loyalität gegenüber dem Papst und den Bischöfen. Auf der anderen Seite wiederum stellt sich für den, der die große Divergenz zwischen dem kennt, was das Opus Dei zu sein vorgibt, und dem, was es wesentlich ist, die Frage, inwieweit die Bischöfe und der Papst wirklich um die Innenseite des Opus Dei wissen. Auf die Gutheißungen von seiten der Hierarchie der Kirche beruft sich das Opus Dei ständig. Sie nehmen die Funktion einer weiteren Untermauerung seiner Autorität ein. Es fragt sich, ob die Päpste und Bischöfe nicht das Bild, welches das Opus Dei nach außen hin von sich ständig zu zeichnen bemüht ist, gutgeheißen haben, ohne zu wissen, daß die Wirklichkeit des Opus Dei eine ganz andere ist. Es kann wohl davon ausgegangen werden, daß ihnen das meiste dessen, was hier als Innenseite der Vereinigung dargestellt werden mußte, unbekannt ist.

Das Sendungsbewußtsein der Vereinigung führt diese zu einer Apostolatspraxis, die zumindest ein Doppeltes mit sich bringt: Einerseits führt sie zu einem menschenverachtenden »Seelenhandel«. In diesem wird ein anderer zum apostolischen Objekt degradiert, und der für gut erachtete Zweck läßt beinahe jedes Mittel als gerechtfertigt erscheinen. Zum anderen wird den Mitgliedern des Opus Dei Freundschaft weitgehend verunmöglicht, sofern sie sich an das halten, was in der Vereinigung vorgeschrieben ist. Dies wiederum ist in Zusammenhang zu sehen mit der Normierung und Beschränkung dessen, was in der Vereinigung »Brüderlichkeit« genannt wird, und einer fast mit Notwendigkeit gegebenen Entfremdung der Mitglieder von ihrem Elternhaus und der rigorosen Beschränkung ihrer Kontakte zu diesem. Dies zusammen führt oftmals zu einer völligen Isolierung des einzelnen (Numerarier) Mitgliedes, dessen Bindung und ein gewisses Ausgeliefertsein an die Leiter dadurch noch verstärkt werden.

Von der Trias: »die Arbeit heiligen, sich in der Arbeit heiligen und die anderen durch die Arbeit heiligen« ist im Verständnis der Vereinigung das Anliegen von Heiligung *der* Arbeit das eigentliche Spezifikum des Opus Dei und die Möglichkeitsbedingung der Eigenheiligung und des Apostolates mit dem Ziel der Heiligung anderer. Nicht zufällig wird in der Vereinigung in Ausbildungsvorträgen zu dieser Thematik ausgeführt, daß beispielsweise in Deutschland die meisten der wichtigsten Posten in der Gesellschaft bedauerlicherweise nicht von Katholiken wahrgenommen werden. Die Mitglieder werden allgemein angewiesen, durch ihr Arbeiten nach Möglichkeit Stellungen anzustreben, die eine gewisse Multiplikatorenfunktion haben und eine Verchristlichung der Gesellschaft im Sinn des Opus Dei erlauben. Wenn es auch nicht möglich ist, die Vereinigung mit der Tätigkeit eines Mitgliedes des Opus Dei in verantwortlicher Stellung in Politik, Wirtschaft und Kultur im einzelnen einfachhin zu identifizieren, so werden die Mitglieder doch allgemein dazu angehalten, solche Stellungen anzustreben und einzunehmen. Zweifellos ist das Opus Dei um eine Durchdringung von Gesellschaft und Kirche mit dem bemüht, was es seinen »Geist« nennt.

So zutreffend der Vergleich der in der Vereinigung gehandhabten Praktiken mit denen der sogenannten Jugendsekten auch ist, einer der Unterschiede zu vielen dieser Sekten besteht darin, daß alles in der Vereinigung auf allen Ebenen mit gutem Willen und subjektiv bester Absicht geschieht. Es ist nicht etwa so, daß wie in manchen der Sekten die obersten Leiter der Vereinigung sich den guten Willen der Mitglieder etwa zur persönlichen Bereicherung nutzbar machten. Es kann wohl ohne Abstriche gesagt werden, daß alle Leiter und jedes Mitglied des Opus Dei unter sehr hohem persönlichem Einsatz und mit größten Anstrengungen und guter Absicht für christlich und als von Gott gewollt erachtete Praktiken verfolgen, die gewissermaßen objektiv inhuman und unchristlich sind. Hier liegt etwas von Tragik.

Daß es dem Opus Dei gelingt, im Gewand einer heute eher selten gewordenen Kirchlichkeit zu erscheinen, mit ebenso angestrebter wie vermeintlicher Treue zur Hierarchie und dem, was diese als Lehre der Kirche vorstellt, verstellte bisher vielen Bischöfen und Päpsten den Blick für das, was die Realität des Opus Dei ist. Das ließ warnende Stimmen, die nicht gefehlt haben, bisher als unwahr erscheinen und nicht ernst nehmen. Das Gewand scheinbarer Kirchlichkeit, das oftmals verdeckte Auftreten des Opus Dei, die Fülle an Falschinformationen und der Mangel an Kenntnis über die Vereinigung bewirkten und bewirken eine verhängnisvolle Sorglosigkeit und ein tragisches Zutrauen gegenüber dem Opus Dei bei Eltern und Seelsorgern. Sie seien eindringlich gewarnt! An die Verantwortlichen in der Kirche sei appelliert, eine genaue und sehr eingehende Untersuchung des Opus Dei vorzunehmen und dringend notwendige Maßnahmen zu ergreifen. Diejenigen, die um die Realität der Vereinigung wissen, seien ermutigt, ihr Schweigen aufzugeben.

THOMAS M. GAULY

Katholiken zwischen Wende und Revolution

»Eine Wende wäre überfällig«:
Die Bundestagswahl 1980

Innerhalb des deutschen Katholizismus war man Ende der siebziger Jahre bezüglich einer politischen Wende in doppelter Hinsicht skeptisch: Zum einen bestanden Zweifel am politischen und
weltanschaulichen Profil der Unionsparteien und zum anderen gab
es über den politischen Standort des deutschen Katholizismus
höchst unterschiedliche Meinungen. Der Chefredakteur der Kul-
turzeitschrift »Herder-Korrespondenz«, David Seeber, forderte gar
eine »Wende im deutschen Katholizismus«. Kirche und Katholizismus müßten die Fähigkeit erwerben, »Parteien nicht nach ideenver-
wandtschaftlicher Nähe oder Ferne allein, sondern vor allem nach
ihrer faktischen Politik zu beurteilen«.[1] Auf den ersten Blick unterschied sich dieser Appell kaum von dem Aufruf der katholischen Bischöfe[2], die Bürger möchten prüfen, welche der Parteien in den vergangenen Jahren am meisten der Verwirklichung von Freiheit,
Rechtssicherheit und Gerechtigkeit gedient habe; danach solle jeder
nach seinem Gewissen entscheiden. Doch beide Gedanken gingen
in verschiedene Richtungen: Während der erste zu einer zunehmend kritischen Distanz gegenüber den Unionsparteien riet, ging
der zweite fast selbstverständlich davon aus, daß die Unionsparteien den genannten Forderungen am weitesten entsprächen.

Beide Haltungen weisen auf die unterschiedlichen politischen
Denkmuster im Katholizismus der frühen achtziger Jahre hin, die
zwischen Verbitterung und Enttäuschung über die Union und einer
nahezu naiv-selbstverständlichen Verbrüderung schwankten. Dies
wird in den katholischen Stellungnahmen sowohl der Laienvertre-
tung[3] wie der Amtskirche zur Bundestagswahl 1980 besonders
deutlich. Auf der einen Seite keimten die Hoffnungen und Erwartungen an eine unionsgeführte Bundesregierung auf, auf der anderen Seite mißtraute man gerade der CDU/CSU angesichts des jahrelangen Personalstreits und der offensichtlichen Säkularisierung der
Partei auf ihrem Weg zur mehrheitsfähigen Volkspartei.[4] Diese Ambivalenz erwies sich auf katholischer Seite im Laufe des Wahlkamp-
fes jedoch nicht als das entscheidende Moment.

Für das politische Engagement der Kirchenführer und der wichtigsten Repräsentanten des Katholizismus war die Gegnerschaft zur sozialliberalen Koalition, deren Image infolge der Reformpolitik und der dadurch ausgelösten Grundwertedebatten stark angeschlagen war, der gemeinsame Nenner. Vor allem der Paragraph 218 diente im katholischen Milieu als »Codewort«, das die Spannungen und Ressentiments gegenüber den Sozialdemokraten auf den Punkt brachte.

Vor diesem Hintergrund ist auch die Erklärung des ZdK (Zentralkomitee der deutschen Katholiken, Anm. d. Hrsg.) aus Anlaß der Bundestagswahl 1980[5] zu verstehen. Das katholische Laiengremium fordert darin nachdrücklich dazu auf, die Grundwertentscheidungen des Grundgesetzes überzeugend zu vertreten und zur Wahrung des Rechtsfriedens, der Freiheit und der Gerechtigkeit, insbesondere im Bereich der Gesetzgebung, beizutragen. Zusätzlich heißt es:

»Wir fordern eine Gesetzgebung, die das menschliche Leben in allen seinen Phasen so achtet und schützt, wie es unsere Verfassung verlangt. Dies gilt insbesondere für das ungeborene Kind, dessen Schutz wiederhergestellt werden muß.«[6]

Deutlich zielt der Text auf die Wertedebatten der zurückliegenden Jahre ab und fordert im Schlußteil, die deutsche Politik bedürfe in Zukunft stärkerer »moralischer Qualität«, um der Herausforderung und den Zielen der Zukunft gewachsen zu sein.[7]

Im Gegensatz zur Erklärung des ZdK geriet das Wort der Bischöfe in die Schlagzeilen der Medien und wurde darüber hinaus zu einem heiß umkämpften Wahlkampfthema.[8] In dem Schreiben der Oberhirten wurde die Regierungskoalition vor allem in drei Punkten scharf angegriffen: in der Frage des Paragraphen 218, im Hinblick auf die gesetzliche Regelung der Ehescheidung und im Hinweis auf eine »gefährlich hohe Staatsverschuldung«. Mit Blick auf die ersten beiden Fragen konstatierten die Bischöfe eine »Aushöhlung des Grundrechts auf Leben«, die zugleich auch die Grundwerte der Gerechtigkeit und der Solidarität untergrabe. Zu den Rechtsreformen heißt es: »Gesetze, die die Ehescheidung begünstigen und den auf Lebenszeit geschlossenen Bund aushöhlen, zerstören die Ehe.«[9]

Keiner der beiden Kritikpunkte wurde in der Öffentlichkeit in besonderer Weise diskutiert. Allein die Frage der »Staatsverschuldung« stand im Mittelpunkt des Interesses.[10] Dabei liest sich dieser Satz, im Vergleich zu den vorhergegangenen, eher nüchtern:

»Die Ausweitung der Staatstätigkeit, die damit verbundene Bürokratisierung und die gefährlich hohe Staatsverschuldung müssen jetzt korrigiert werden.«[11]

Sicherlich war dies eine indirekte Aufforderung an die Katholiken, die Oppositionsparteien zu unterstützen, doch wurde nicht dieser Punkt Gegenstand der heftigen Auseinandersetzungen, in deren Verlauf sich auch der Vorsitzende der Deutschen Bischofskonferenz, Kardinal Höffner, mit einer Erklärung einschaltete. Hierin verwahrte er sich gegen die Unterstellung, die Bischöfe hätten die Wahlparolen einer Partei übernommen. Das Hirtenwort stehe dagegen in seinem wirtschaftspolitischen Teil in der Tradition der katholischen Soziallehre. Ihre Verkündigung sei das Recht der Kirche.[12] In seinem Schlußsatz wies er darauf hin, daß das Hirtenwort wie beschlossen in den Gottesdiensten der katholischen Kirchengemeinden verlesen werde. Die Kritik an Höffner blieb nicht aus. So wurde z. B. von Regierungsseite der Bischofskonferenz vorgeworfen, in keiner der Zusammenkünfte mit Vertretern der Bundesregierung die Frage der Staatsverschuldung angesprochen zu haben.[13] Die Hauptkritik richtete sich jedoch dagegen, daß sich die Kirche überhaupt in Sachbereiche einmische, in denen sie keinerlei Kompetenz und Autorität besäße. So erklärte der SPD-Vorsitzende Willy Brandt:

»Den meisten von uns ist bisher nicht bekannt gewesen, daß geistliche Würdenträger eine besondere Kompetenz hierzu haben und daß man den Lehren der Kirchenväter so spezielle wirtschafts- und finanzpolitische Handlungsanweisungen entnehmen kann.«[14]

Brandt vertrat damit die Meinung vieler Wähler, auch aus dem katholischen Bereich, die mehr Zurückhaltung seitens der Bischöfe gewünscht hatten. Es kam sogar zu innerkirchlichen Protesten und Veröffentlichungen von Gegenerklärungen. Unter dem Titel »Eine Anfrage an die deutschen Bischöfe« veröffentlichten vier prominente katholische Professoren eine Stellungnahme, die die Institution von Wahlhirtenbriefen grundsätzlich in Frage stellte. Für sie und viele andere war der Brief der Bischöfe »recht unzugänglich« und »sicher der Situation nicht angemessen«.[15] Theodor Eschenburg nannte in der Wochenzeitung »Die Zeit« den Hirtenbrief rechtlich zwar zulässig, jedoch »politisch taktlos« und »taktisch unklug«.[16]

Betrachtet man das Wahlergebnis, so bewahrheitete sich die Einschätzung des Tübinger Politikwissenschaftlers. Verstärkt durch die Sonderbedingungen der Schmidt-Strauß-Konfrontation, konnten die Sozialdemokraten im Vergleich zu 1976 aus den Reihen der Katholiken sogar einen leichten Stimmenzuwachs verzeichnen.[17] Umgekehrt gab es bei den Unionsparteien nicht den erhofften Anstieg katholischer Wählerstimmen.[18] Die CDU/CSU-Präferenz der Katholiken ging sogar um 9 Prozent, von 62 (1976) auf 53 (1980), zurück.

Das Ergebnis der Bundestagswahl brachte im katholischen Lager kaum neue politische Einsichten und Strategien. Einerseits blieb der Eindruck, man müsse sich gemeinsam mit den Unionsparteien auf weitere harte Jahre der Opposition einlassen, andererseits entwickelten auch Kritiker dieser Liaison keine politischen Alternativen, die im katholischen Milieu mehrheitsfähig gewesen wären. Die Hoffnungen auf eine »geistige Erneuerung der Union«[19] und der Aufruf, die Union müsse nach dem Verlust protestantischer Wählerstimmen im Norden und katholischer im Süden ihre Grundlagen neu festigen[20], blieben im Gewirr zwischen Unionsbindung und mangelndem politischem Selbstvertrauen und Selbstverständnis auf der Strecke. Zudem waren es keine neuen Gedanken. Beide Appelle waren bereits in den sechziger Jahren laut geworden. Die Zeit des Wartens brachte es aber mit sich, daß sich die Hoffnungen und Erwartungen der Katholiken auf einen Unionssieg, bewußt oder unbewußt, noch steigerten.

»Mehr Kontinuität als Wende«: Der 6. März 1983

Die vorgezogenen Bundestagswahlen vom 6. März 1983 gaben den Christdemokraten schließlich die Gelegenheit, die politische Wende herbeizuführen. Diesmal mußten sie damit rechnen, daß die deutschen Bischöfe ihren Hirtenbrief zurückhaltender formulieren würden als 1980. Die Erklärung der Bischöfe, die Anfang Februar veröffentlicht wurde, war allgemeinverbindlich gehalten, enthielt keinerlei verfängliche oder provozierende Passagen.[21] Sowohl der SPD-Kanzlerkandidat Hans-Jochen Vogel wie auch der CDU-Generalsekretär Heiner Geißler begrüßten den Aufruf der Bischöfe, besonders zum Problem der Arbeitslosigkeit. Vogel hob sogar den Wunsch der Bischöfe nach Wiederbelebung der Wirtschaft und ihren Appell an die Bereitschaft der Arbeitnehmer hervor, die Lasten der Arbeitslosen in Solidarität mitzutragen. Es sei den Bischöfen beizustimmen, wenn sie darin eine ganz besonders drängende Aufgabe der Zukunft sähen.[22]

Wie groß die Erwartungen, Hoffnungen, aber auch die Ängste mancher Katholiken vor einem Sieg der Unionsparteien zu Beginn der achtziger Jahre waren, machen zwei sehr unterschiedliche Reaktionen auf die Bildung der christdemokratisch-liberalen Regierung unter Helmut Kohl deutlich. In einer ersten Reaktion offenbarte Walter Dirks, stellvertretend für viele Linksintellektuelle über den katholischen Raum hinaus, den Schock, den die politische Wende für ihn bedeutete: »Der Wind bläst uns ins Gesicht« – dies war die Situationsbeschreibung des großen Linkskatholiken, der seit Gründung der Bundesrepublik gegen eine Verbindung zwischen Katholizismus und Unionsparteien geschrieben und gesprochen hatte.[23]

In Kreisen der Amtskirche und des Katholizismus freilich fielen die Reaktionen über den Wahlsieg der Christdemokraten ganz anders aus: Auf der Vollversammlung des ZdK, einen Monat nach der Bundestagswahl, konstatierte man mit großer Genugtuung die neuen politischen Verhältnisse.[24] Allerdings wurde an verschiedenen Punkten bereits offene Kritik – sowohl an der Regierung insgesamt wie an Bundeskanzler Kohl persönlich – geübt. Denn nun war für viele Katholiken die »Stunde der Wahrheit« gekommen. 13 Jahre lang hatten die einflußreichsten Kräfte der Amtskirche und mit ihnen weite Teile des Laienkatholizismus an der Seite der Opposition ausgeharrt und auf eine politische Neuorientierung gewartet. Jetzt hoffte man auf die Umsetzung bestimmter sozial- und familienpolitischer Forderungen, die kirchlicherseits immer wieder an die Christdemokraten herangetragen worden waren.

Immerhin war der eindeutige Sieg der Christdemokraten und Liberalen sowie der unerwartet hohe Stimmenanteil der Union in besonderer Weise durch die katholischen Wähler zustande gekommen: Die CDU/CSU-Präferenz war unter den Katholiken zwischen 1980 und 1983 von 53 auf 65 Prozent geklettert; der Katholikenanteil innerhalb der Unionswählerschaften lag damit immer noch 17 Prozent über dem protestantischen.[25] Diese Stimmenanteile und die damit verbundenen Mobilisierungsanstrengungen, die seit Jahren unternommen worden waren, schienen die Einlösung bestimmter Versprechen geradezu zur Pflicht werden zu lassen.

Das wichtigste dieser Versprechen schien die Änderung des Paragraphen 218 zu sein. Übereinstimmend wurde vom Präsidium des

ZdK diesbezüglich harte Kritik am Kanzler geübt. Dieser habe zwar
in der Frage der Rettung von Robbenbabys zu einer klaren Haltung
gefunden, aber bezüglich des Paragraphen 218 alles im unklaren gelassen.[26] Denn die erste Regierungserklärung habe diesbezüglich
keine Klarheit gebracht. Hier habe es lediglich geheißen, es sei »umstritten«, Schwangerschaftsabbrüche wegen einer Notlagenindika-
tion mit Steuergeldern und Krankenkassenbeiträgen zu finanzieren. Außerdem sei auf die bevorstehende Entscheidung des Bun-
desverfassungsgerichts verwiesen worden. Auch in Fragen der
Ausländer- und Entwicklungspolitik blieb die Regierungserklärung
einiges schuldig. Insgesamt war das ZdK zwar mit dem Regierungs-
wechsel einverstanden und begrüßte die Bildung der Regierung.
Doch blieb die wichtige Frage im Raum stehen, auf welchem »geistigen Fundament« diese Regierung denn eigentlich stehe.[27]

Auch die zweite Regierungserklärung[28] der christdemokratisch-
liberalen Koalition vom Mai 1983 geriet ins Kreuzfeuer katholischer
Kritik. Sie wurde als ein »unverbindliches Verharren« ohne bedeut-
same Mitteilungen von Details und Strategien verstanden. Vor
allem aber mißfiel, daß auch diese Regierungserklärung Kohls keine
entsprechende Würdigung der Kirchen enthielt. Während die Regierungen Brandt und Schmidt in besonderer Weise die Kirchen als
Mitverbündete und wichtige Kräfte der gesellschaftlichen Entwicklung in das Blickfeld gerückt hatten, fanden sie in der Regierungserklärung vom 4. Mai 1983 ganze 13 Zeilen über die Kirchen. Angesichts dieser Nichtwürdigung schrieb die »Herder-Korrespondenz«:

> »Bei allem Verständnis für politisch vage Formulierungen scheint
> das doch eine ziemlich blamable Würdigung durch einen christ-
> lich-demokratischen Regierungschef zu sein.«[29]

Mit dieser Kritik wurde freilich gleichzeitig das vermeintlich man-
gelhafte christliche Profil der Union thematisiert:

> »Aber das ›C‹ in der Union muß schon ziemlich weit verkommen
> sein, wenn dazu niemandem, der an der Regierungserklärung
> mitgewirkt hat, Substantielleres eingefallen ist. Eine Regierung,
> die Mitmenschlichkeit so nachdrücklich als praktizierten Bürger-
> sinn verkündet, müßte wenigstens auch ein Wort über die gesell-
> schaftlichen Leistungen verlieren, die die Kirchen über ihre
> Wohlfahrtsverbände zusammen mit anderen Einrichtungen der
> Freien Wohlfahrtspflege aufbringen.«[30]

Die bei manchen Kommentatoren überzogene Kritik an den beiden Regierungserklärungen Kohls wird verständlicher, wenn man bedenkt, welche Erwartungen an die politische »Wende« gerade im katholischen Deutschland geknüpft waren. Dies kommt in fast allen Kommentaren zum Ausdruck, wenn es um die Aufzählung der Defizite der neuen Regierung geht. An erster Stelle ist es dabei nach wie vor die gesetzliche Neuregelung des Paragraphen 218, die in den Kommentaren zur neuen Regierung angemahnt wird.[31]

Bei manchem Beobachter tauchte eine gewisse Resignation schon in den ersten Wochen nach der offiziellen Regierungsübernahme auf. »Mehr Kontinuität als Wende«, so deutete bereits im April 1983 die Herder-Korrespondenz die Wahlen vom 6. März.[32] Die Enttäuschung war um so größer, als sich nach und nach herausstellte, daß an der Seite von CDU und CSU ein zwar zahlenmäßig weit unterlegener, jedoch über die Maßen selbstbewußter und anspruchsvoller Regierungspartner stand, der in manchen grundlegenden Fragen anders dachte und handelte als die Union. Die Auskunft, man könne mit der FDP nicht alles so »durchziehen« wie geplant, bekam so mancher Kirchenmann zu hören, der wissen wollte, ob es beispielsweise nun zu einer Neuregelung des Paragraphen 218 oder zur Verwirklichung anderer kirchlicher Anliegen kommen werde.

Die Unionsparteien, die nun in voller Regierungsverantwortung standen und sich mit den realpolitischen Möglichkeiten zurechtfinden mußten, erschienen manchem Katholiken jetzt in einem anderen Licht. Manchem, der vor der Wahl insgeheim auf eine absolute Mehrheit der Christdemokraten gehofft hatte, wurde klar, daß zwar noch zahlreiche Querverbindungen personeller und inhaltlicher Art zwischen Kirche und Union bestanden, daß aber die Union längst keine kirchennahe Partei mehr war. Zudem entwickelte sich bei vielen Katholiken ein gewisses Ohnmachtsgefühl, weil nun ausgerechnet unter einer christdemokratisch-liberalen Bundesregierung der Verlust an politischen Einflußmöglichkeiten seitens der Kirche derart offenkundig wurde.

Antimodernismus, Polarisierung und Machtverfall: Die Kirchenkrise weitet sich aus

Spätestens Mitte der achtziger Jahre wurde deutlich, daß der polnische Pontifex Karol Woityla nicht nur eine grundlegend neue Reisediplomatie in der Geschichte der Päpste beschreiten würde, sondern daß er auch das innere Gefüge der Kirche von Grund auf umgestalten wolle. Anlaß dafür waren u. a. die gemutmaßten und realen Fakten über den Zustand der Ortskirchen Westeuropas und Nordamerikas.

Immer mehr Katholiken hatten sich seit den siebziger Jahren von ihrer Kirche abgewandt (allein in Westdeutschland waren es 1985 74000), immer stärker gerieten die freien Gesellschaften in den Sog des Säkularen[33], immer dramatischer entwickelte sich der Macht- und Autoritätsverlust der Kirche. Zeitgleich blühten zahllose spirituelle und pseudoreligiöse Gruppen wie die New-Age-Bewegungen außerhalb der Kirche.

Ein Licht auf die kirchliche Misere Mitte der achtziger Jahre wirft eine allgemeine Bevölkerungsumfrage unter Jugendlichen zwischen 18 und 25 Jahren, die 1986 in der Bundesrepublik veröffentlicht wurde. Als die Institution, der man mit dem größten Mißtrauen entgegentrat, wurde mit weitem Abstand vor anderen Institutionen wie Bundeswehr, Presse, Bundesregierung oder Polizei die katholische Kirche genannt.[34] 53 Prozent der Jugendlichen und Studenten sprachen der Kirche ihr Mißtrauen aus.

Kirchlicherseits führten solche Meldungen und Trends zu einem Gegenprogramm Roms und damit zu einer Entwicklung, die man unter dem Stichwort »Antimodernismus« fassen kann.[35] Im Kern richtet sich dieser Antimodernismus Roms gegen die Erkenntnisse der neuzeitlichen Aufklärung, gegen den Pluralismus der modernen Gesellschaften[36] und gegen die freie Gewissensentscheidung des einzelnen. Konkret wird die neue bzw. reaktionäre Kirchenpolitik in folgenden Feindbildern:

Als Gegner gelten alle Kritiker des monopolistischen Herrschaftsanspruches der römischen Kurie und des Lehramtes. Hierzu zählen auch diejenigen, die kirchenreformatorische Bestrebungen vorschlagen und sich gegen den Zentralismus Roms richten, um durch gezielte Reformen die Kirche den Erfordernissen der Zeit zu öffnen.[37]

Der Antimodernismus Roms richtet sich ferner gegen die wissenschaftliche Theologie insgesamt, insbesondere gegen die Moraltheologie.[38] Ziel ist es, die Freiheit der Wissenschaft derart zu beschneiden, daß diese abhängig wird vom römischen Lehramt und mehr oder weniger als alleinige Aufgabe die Verkündung des Lehramtes wahrnimmt. Deutlich wird dies besonders in der im Mai 1990 von der »Kongregation für die Glaubenslehre« veröffentlichten »Instruktion über die Kirchliche Berufung des Theologen«.[39] Das Dokument reklamiert besonders die »Gemeinschaft« des Theologen mit dem Lehramt und dessen Gehorsamsgebot. Über das Lehramt heißt es: »Es muß dieses [das Volk] vor Abweichungen und Verirrungen schützen und ihm die objektive Möglichkeit garantieren, den echten Glauben jederzeit und in den verschiedensten Situationen irrtumsfrei zu bekennen.«[40]

In dem von dem deutschen Kardinal Josef Ratzinger verantworteten Dokument wird klar der Anspruch des Lehramtes bekundet, der Theologie sagen zu dürfen, was richtig und was falsch sei. Daß dabei Begriffe wie Pluralismus oder Kritik ausschließlich negativ konnotiert werden, macht den Charakter des Schreibens und seine Intention aus. Gerade die Pluralität unter den Theologen wird als Schwäche empfunden, weil ein solcher theologischer Pluralismus zuweilen bis hin zum »Relativismus« führe, der die »Integrität des Glaubens« bedrohe. Klar wird die Beziehung zwischen theologischer Wissenschaft und kirchlichem Lehramt auf folgende Formel gebracht:

>»Gewiß ist es eine der Aufgaben der Theologen, die Texte des Lehramtes korrekt zu interpretieren ... Dabei gilt der Grundsatz, daß die Unterweisung des Lehramtes – dank göttlichen Beistands – auch abgesehen von der Argumentation gilt, die zuweilen von einer besonderen Theologie übernommen ist, deren sie sich bedient. Der theologische Pluralismus ist nur in dem Maße berechtigt, wie er die Einheit des Glaubens in seiner objektiven Bedeutung wahrt.«[41]

In gleichem Maße wie jeder Pluralismus in der Theologie angefeindet wird, so begegnet man auch jeglicher Kritik am Lehramt und verweist dabei auf die »schweren Schäden«, die für die Kirche »aus jenen Haltungen systematischer Opposition« entstünden.[42] Lehrerhaft wird auf den Unterschied zwischen »kritischer Strenge« und einem falschen »Geist der Kritik« verwiesen, der »eher auf affektive Gründe oder Vorurteile« zurückgehe.[43] Der Theologe müsse daher bei sich selbst, so heißt es in dem Dokument weiter, »Ursprung und Motive seiner kritischen Haltung prüfen und seinen Blick durch den Glauben reinigen lassen ...«[44]

Bereits im November 1988 hatte der Papst in seiner Rede vor dem Internationalen Moraltheologenkongreß in Rom erklärt, daß es zu einer diskussionslosen Zustimmung zur umstrittenen Enzyklika Humanae Vitae über die künstliche Geburtenregelung durch die Theologen kommen müsse, ja daß dieses Bekenntnis als ein Prüfstein des wahren Glaubens verstanden werden müsse. Denn: Wer

an der Lehre zweifle und sie zur Diskussion stelle, verweigere »Gott
selbst den Gehorsam (des) Intellekts«; er ziehe »das Licht (der) Vernunft dem Licht der göttlichen Weisheit« vor, er verfalle »so dem
Dunkel des Irrtums«.[45]

Der römische Antimodernismus richtet sich schließlich drittens
wieder gegen die Bestrebungen einer Autonomie der Laien von klerikaler wie amtskirchlicher Bevormundung. Demnach gelten all
jene als Gegner der Kirche, die eine Gleichwertigkeit von Laien und
Klerikern postulieren und für die Einsetzung von Laien in Kir-
chenämter eintreten. Nicht nur in bezug auf die Kleriker und Theologen, sondern auch in bezug auf die Laien wird hier eine Integration durch Gehorsam verlangt. Inmitten der sündigen Wirren und
der verunsichernden Vielfalt der Sinnangebote der pluralen Gesellschaft soll Kirche der einzige Hort der Wahrheit sein. Dies wiederum verlange eine straffe Unterordnung und klare Gehorsams-
verhältnisse gegenüber den Hütern der Wahrheit.

Nach Ansicht des Frankfurter Jesuiten Medard Kehl sind die beiden Kernfiguren der daraus hervorgehenden hierarchischen Kir-
chenfrömmigkeit Maria und der Papst: »Maria wird als zuflucht-
spendende Mutter Gottes, Mutter der Gläubigen und Mutter der
Kirche angerufen; es besteht vielfach die Tendenz, sie noch über die
Kirche zu stellen, statt sie als deren ›heiligen Kern‹ oder als Urbild
in die Kirche zu integrieren. Der Papst wird in ähnlich kindlicher
Zuneigung als ›heiliger Vater‹, das heißt als Gleichnis der göttlichen
Hirtensorge und seiner schützenden Macht verehrt.[46]

Anscheinend betrachtet Johannes Paul II. die Bundesrepublik
und die beiden anderen deutschsprachigen Katholizismen der
Schweiz[47] und Österreichs als den Hauptherd des Übels, denn hier
konzentrieren sich die Maßnahmen des kirchenpolitischen Pro-
grammes. Es wird gezielt und mit großem Nachdruck, z. T. mit
Härte und Androhung von Strafmaßnahmen, durchgeführt. Deutlich wird es insbesondere in der gezielten päpstlichen Personalpolitik, besonders bei der Besetzung wichtiger Bischofsstühle. Die Er-
nennungen von Joachim Meisner in Köln und Wolfgang Haas in
Chur sind die wohl spektakulärsten Fälle. Im Fall Meisner setzte
sich der Papst nicht nur über die Voten des Domkapitels hinweg, er
brach auch das traditionsreiche Kölner Gewohnheitsrecht. Die Liste
der Anwärter, aus der das Domkapitel den Erzbischof von Köln
nach dem preußischen Konkordat »zu wählen hat«, geriet zur
Farce. Für Johannes Paul II. war von vornherein klar, daß er Joachim
Meisner ernennen könne, wenn bei der Wahl durch das Domkapitel

keine Mehrheit zustande käme. Kurioserweise geriet der innerkirchliche Konflikt so weit, daß sich zwei Ministerpräsidenten deutscher Länder veranlaßt sahen, auf die Einhaltung des nach ihrer Meinung verletzten Konkordates hinzuweisen.[48]

Neben der machtpolitisch klar kalkulierten Personalpolitik wird die Strategie Roms auch in der Einkreisung der Theologen und in der Bespitzelung der theologischen Fakultäten spürbar. In nahezu allen theologischen Fakultäten in der Bundesrepublik sitzen mittlerweile Theologen, die jede lehramtsabweichende Äußerung oder Veröffentlichung eines Kollegen nach Rom weitermelden.

Ein weiterer Mosaikstein in der römischen Kirchenpolitik ist der Rückzug in die Geheimdiplomatie und zu denunziatorischen Methoden. Als ein Beispiel hierfür kann man die Entscheidung der österreichischen Bischöfe nennen, daß der umstrittene Paderborner Theologe Eugen Drewermann nicht mehr in kirchliche Häuser eingeladen werden dürfe. Dieser Sachverhalt sollte jedoch nicht der Öffentlichkeit mitgeteilt werden, heißt es in einem durch Indiskretion bekanntgewordenen Protokoll der österreichischen Bischofskonferenz. Das Verdikt über Drewermann sei den Bildungshäusern, Schulamtsleitern und kirchlichen Medien »in geeigneter Form« mitzuteilen.[49]

Auch die finanzielle und institutionelle Rückenstärkung bestimmter Kreise innerhalb der katholischen Kirche spricht für einen gezielten Antimodernismus Roms. So wurden Mitglieder des bekanntermaßen ultramontanen Opus Dei in den vergangenen Jahren durch den Papst persönlich in wichtige Ämter gehoben. Das Opus selbst wurde im Vergleich zu anderen Institutionen mit ungleich mehr Finanzen und Ämtern versehen.

Nimmt man diese Entwicklung zusammen mit der zunehmenden Polarisierung innerhalb des Katholizismus zwischen jenen Katholiken, die nach wie vor praktizieren und mit dem Kirchenkurs einverstanden sind oder diesen gar nicht zur Kenntnis nehmen, und jenen, die praktizieren, obwohl es diesen Kurs gibt, so drängt sich der Vergleich mit der Antimodernismus-Bewegung und der Kirchenkrise der Jahre 1895 bis 1914 auf. Obschon die Verfechter eines theologischen Modernismus aus Frankreich und England kamen, sah der damalige Papst Pius X. dennoch Deutschland als den Hauptfeind der Kirche an. Der Grund: Für ihn war der deutsche Protestantismus die Wurzel und der Atheismus die Folge des Modernismus. Weitere Motive für den päpstlichen Modernismusverdacht damals wie heute bilden die staatlichen Fakultäten, die durch

Verbandswesen wohlorganisierte Laienschaft und der in den christlichen Gewerkschaften verkörperte »Interkonfessionalismus«.[50] Seit dem 1. September 1910 mußten alle in Seelsorge und Lehre tätigen Priester den sogenannten Antimodernismuseid leisten, um so die in den Untergrund ausgewichenen Modernisten zur Selbstoffenbarung zu zwingen. Erst 1967 – zwei Jahre nach dem Konzil – wurde dieser Eid abgeschafft!

Wogegen richtet sich der römische Antimodernismus heute? Handelt es sich um ein ideologisch und theologisch gut begründetes System als römisch-katholische Antwort auf die Säkularisation der Gesellschaften, die Erosion des katholischen Milieus und den Autoritätsverlust Roms? Oder reichen die Absichten der Planer weiter, gar vor die Zeit des Konzils?

Wie auch immer die Antworten auf diese Fragen lauten mögen: Entscheidend ist, auf welchen Boden die Samen solcher Überlegungen oder Strategien fallen. Die Gretchenfrage im deutschen Katholizismus ist die nach dem Selbstverständnis und Selbstbewußtsein gerade gegenüber Rom. Die deutschen Bischöfe haben mit der Königsteiner Erklärung einen bemerkenswerten Weg zwischen Gehorsam und Gewissen beschritten. Mehr denn je wird von ihnen gefordert, diesen Weg weiter zu verfolgen. Bislang blieb der öffentliche Protest der Bischöfe und Theologen gegen die Kirchenpolitik Roms aus. Machtverlust und Kirchenkrise scheinen kaum noch aufzuhalten.

Katholiken und Protestanten im neuen Deutschland: Der 9. November 1989 und die Folgen

Die Ereignisse des 9. November 1989, die in Ost-Berlin, Leipzig, Dresden und anderen Städten der DDR ihren Ausgang nahmen, lenkten schlagartig wieder die Aufmerksamkeit der Weltöffentlichkeit auf die Deutschen östlich und westlich des »Eisernen Vorhangs«. Denn mit den Demonstrationen für mehr Selbstbestimmung und weniger Kontrolle durch den SED-Staat war nicht nur das Ende des Ulbricht- und Honecker-Staates eingeläutet. Die traurigen Figuren im Spiel um die Machterhaltung der SED, Egon Krenz und Hans Modrow, symbolisierten das Ende der 40jährigen Herrschaft der Funktionäre über das Volk und den Beginn neuer Machtkonstellationen in Europa.

Die friedliche Revolution jener Tage kam von der Straße. Sie entlud sich zunächst in lauten Sprechchören und auf Transparenten, die Aufschriften trugen wie: »Wir sind das VOLK!« oder »40 Jahre DDR – 28 Jahre eingemauert«. Vor dem Palast der Republik in Ost-Berlin skandierten Tausende: »Keine Lügen mehr.« Bald folgten Rufe nach der Vereinigung der beiden deutschen Staaten unter dem Stichwort »Deutschland einig Vaterland«.[51]

Nach und nach vollzog sich in der DDR der Versuch der Entschlackung vom alten Regime. Neue Parteien wurden gegründet, alte, wie die SED, bekamen ein neues Tarnkleid mit neuen Gesichtern und neuen Parolen. Es schien, als seien auf einmal die Rollen vertauscht. Die Großen waren nun die Kleinen und umgekehrt. Befanden sich die Kirchen der DDR vor dem 9. November 1989 noch in einer scheinbar hoffnungslosen Minderheitenrolle, so waren sie nun gefragter denn je. Kirchenleute wuchsen sehr schnell in die Rolle des von allen Seiten für kompetent und glaubwürdig gehaltenen Maklers.[52] Immerhin waren die Ausgangspunkte der Revolution geistliche Orte wie die St.-Nikolai-Kirche in Leipzig und hatten sich die dort traditionellen Montagsgebete zum Ausgangspunkt der politischen Proteste entwickelt. Keine Frage: Nicht zuletzt das politische Agieren der Kirchen hatte den Zusammenbruch des SED-Staates mit ausgelöst.

So nimmt es nicht wunder, daß man schon bald Prälaten und Kirchenräte in den neuen politischen Parteien verhandeln sah und diese zu den Moderatoren zwischen den neuen politischen Kräften avancierten. Kein Runder Tisch, kein Untersuchungsausschuß, keine Bürgerinitiative zur Stasi-Auflösung ohne Pfarrer und andere aktive Kirchenmitglieder. Allein der Bedarf der politischen Parteien und Bürgerinitiativen an theoretisch ausgebildeten, im Umgang mit Menschen geschulten und zum Engagement bereiten Ad-hoc-Politikern war groß. Daß im ersten frei gewählten Kabinett der Regierung Lothar de Maizières gleich mehrere Pfarrer zu finden waren, mag daher kaum verwundern.

Dennoch: Wie konnte es kommen, daß in einem erklärtermaßen atheistischen Staat, der den Kirchen das Leben nicht leichtgemacht hatte, plötzlich die Kirchen eine so zentrale Rolle spielen konnten? Die Moderatoren des Runden Tisches, Karl-Heinz Ducke, Martin Lange und Martin Ziegler, allesamt Kirchenmänner, gaben darauf folgende Antwort: Alleine die Kirchen hätten einen Raum der Freiheit geboten – besonders im geistigen Sinn. Man konnte dort frei denken, frei sprechen, man wurde mit Dingen außerhalb der Grenzen konfrontiert. Zweitens – und dies sei sicherlich ein Verdienst der evangelischen Kirche –, hätten sie die Kirchenräume für alle Enttäuschten und Verfolgten des SED-Regimes geöffnet. Drittens seien die Kirchen über ihre Stellvertreterrolle gegenüber dem Staat und darüber, daß sie auch als gesellschaftliche und politische Kräfte von Relevanz sein wollten[53], einig gewesen.

Doch diese Gleichklänge im Zuge der Revolution täuschen über die unterschiedlichen Gangarten beider Kirchen in den vergangenen 40 Jahren hinweg. Während die evangelische Kirche in der DDR durchaus bereit war, zugunsten der Bürger im Lande mit den Herrschenden zumindest auf einer Arbeitsebene zusammenzuarbeiten, ohne damit mit diesen zu kollaborieren, hat sich die katholische Kirche strikt einer Zusammenarbeit verweigert und war damit in die politische Apathie emigriert. Der Weg einer »Kirche im Sozialismus« barg dabei die Gefahren der Anpassung, der Weg der Totalverweigerung die Gefahren der Isolation und der politischen Passivität in sich.[54] 40 Jahre DDR aber haben Kirchen und Gesellschaft gleichermaßen nachhaltig geprägt. Hierzu zählen die Mentalität der Anpassung, die Frustration, das Versorgungs- und Anspruchsdenken, die konsequente Trennung von Kirche und Staat.[55]

Der Erfurter Propst Heino Falcke beschreibt den protestantischen Versuch der »Kirche im Sozialismus« als eine einfache Einwanderungsbewegung in die sozialistische Gesellschaft: »Die Einwanderung in den deutschen Teilstaat; die Einwanderung in den atheistischen Weltanschauungsstaat; die Einwanderung in den sozialistischen Staat.«[56] So waren die Kirchen der DDR zunächst ohne äußere Macht und relativ wenig mit der politischen Macht der SED verzahnt. Andererseits wurde gerade die evangelische Kirche zunehmend politisch in Anspruch genommen: Von der Honecker-Regierung für die Stabilisierung der Gesellschaft, von den Reformgruppen für die Veränderungen und im Herbst 1989 für die Revolutionierung der Gesellschaft. Das Fazit dieses Weges für viele in den Kirchen lautet daher: Die politische Relevanz des Evangeliums, die sich in den letzten Jahren deutlich erwiesen hat – in der Wegfindung in der sozialistischen Gesellschaft, der Friedensfrage, der Ökumenischen Versammlung und schließlich der Herbstrevolution –, kann und darf nicht wieder zurückgenommen werden.[57]

Was bedeutet dieses politische Credo und die eingetretene politische und gesellschaftliche Stärkung der Kirchen im Zuge der deutschen Revolution für die Zeit nach der Wiedervereinigung Deutschlands? Welche Rolle können Katholiken und Protestanten im wiedervereinigten Deutschland spielen?[58]

Bei allen Spekulationen um diese Frage ist zunächst eines klar: Es wird zu einer zahlenmäßigen Neuverteilung der Konfessionen in Deutschland kommen, die mit der Zeit nach dem Ende des Zweiten Weltkrieges vergleichbar ist. Konnten die Katholiken seit Mitte der siebziger Jahre zum erstenmal in der deutschen Geschichte die Hälfte der Bevölkerung stellen und hatten sie seit den achtziger Jahren sogar eine Mehrheit im konfessionellen Größenvergleich (1985: 43% Katholiken, 41% Protestanten), so ist dies in einem wiedervereinigten Deutschland nicht mehr der Fall. Denn nicht einmal die Hälfte der 16,7 Millionen Bewohner der ehemaligen DDR bekennt sich zum Christentum. Und von den ca. fünf Millionen Christen gehören lediglich 800000 zur katholischen Kirche, der Rest ist den evangelischen Kirchen zugehörig. Die neuen Größenverhältnisse werden im Laufe der Zeit nicht nur das Selbstverständnis der Konfessionen untereinander prägen, sie werden vor allem für die Frage der Kirchensteuereinnahmen, und damit für die Finanzkraft beider Kirchen, von großer Bedeutung sein. Blickt man auf zukünftige Entwicklungen im Wertbewußtsein der Deutschen, so ist neben diesen konfessionellen Veränderungen im Zuge der Wiedervereinigung eine weitere Großgruppe von Bedeutung; nämlich jene elf Millionen Bürger der ehemaligen DDR, die sich weder der evangelischen noch der katholischen Konfession zurechnen und sich als sozialistisch-materialistische Atheisten bezeichnen. Sie stellen im wiedervereinigten Deutschland etwa ein Siebtel der Gesamtbevölkerung.

Inwiefern die politische Kultur des zukünftigen Deutschland im Zuge der Wiederherstellung der Dominanz des Protestantismus und durch den hohen Anteil jener postsozialistischen Atheisten verändert werden wird, bleibt dagegen offen. Geht man jedoch davon aus, daß auch weiterhin die Wertvorstellungen und Mentalitäten beider Konfessionen – wenn auch nur rudimentär – tradiert werden und das jeweilige konfessionelle Verständnis je unterschiedliche Prägarten entwickelt, so werden auch im Bereich der gesellschaftlichen, politischen und religiösen Kultur der Deutschen in den kommenden Jahrzehnten Veränderungen zu verzeichnen sein. Vergessen werden sollten in diesem Zusammenhang auch nicht die historischen und soziokulturellen Wurzeln des Protestantismus in Deutschland: seine »bis in die Romantik und das Bismarckreich zurückgehende deutschnationale Prägung«, die Nähe zum preußischen Obrigkeitsstaat, die bürgerlich-kleinbürgerliche Klassenbindung, seine Entfremdung vom Proletariat.[59]

Auch inwiefern es den politischen Parteien gelingen wird, die konfessionell gebundenen Wähler zumindest mittelfristig an sich zu binden, ist nicht prognostizierbar. Vor allem für die Unionsparteien, die nach wie vor von vielen Katholiken gewählt und dominiert werden, ist dies eine wichtige Frage. Zwar vermochte die Schlagkraft Helmut Kohls und seiner pragmatisch ausgerichteten Wahltaktik der Ost-CDU über den Makel der Blockpartei hinwegzuhelfen.[60] Inwieweit die ehemalige CDU-Blockpartei jedoch ideologisch jemals mit den Wertvorstellungen und politischen Interessen ihrer Schwesterpartei im Westen kompatibel war, ist eine andere Frage.

Noch stärker aber als bisher werden sich die Unionsparteien ideologisch öffnen müssen, um auch jene Wählergruppen zu erreichen, die weder kirchlich noch konfessionell geprägt sind. Daß die 800 000 katholischen Wählerstimmen für eine Volkspartei wie die Union nicht lukrativ genug erscheinen, liegt auf der Hand. Die ideologische Öffnung aber wird zwangsläufig eine weitere Entwicklung weg vom hohen »C« der Partei mit sich bringen. Dies bedeutet für die katholische Kirche in Deutschland, daß ihr die parteipolitische Plattform in zunehmendem Maße verlorengehen wird. Inwieweit die Katholiken willens und in der Lage sind, wieder zu einer politisch wirkungsvollen Bewegung zu werden, gehört zu den für die politische Kultur in Deutschland nicht unwesentlichen Fragen der kommenden Jahrzehnte.

Neben der Wiederherstellung einer zahlenmäßigen Dominanz des Protestantismus und ideologischen Veränderungen im Parteiensystem stellt sich im Zuge der neuen politischen und konfessionellen Konstellationen im wiedervereinigten Deutschland auch die Frage nach einer möglichen Rekonfessionalisierung der politischen Kultur.

Denn es sollte nicht übersehen werden, daß die Auswirkungen der Reformation noch immer, gerade im Ursprungsland der Kirchenspaltung, präsent und prägend sind. So ist es nicht verwunderlich, daß die anfänglichen Gemeinsamkeiten[61] zwischen den Konfessionen bereits im ersten Jahrzehnt der Bundesrepublik von einer erneuten Abgrenzung abgelöst wurden, die teilweise groteske Züge annahm: So weigerte sich im Jahr 1953 der Würzburger Bischof Julius Döpfner, eine Zuckerfabrik einzuweihen, nur weil ein evangelischer Pfarrer im Talar anwesend war und gleichzeitig eine Weihehandlung vollziehen wollte; ein Jahr später kam es zum öffentlichen Streit darüber, ob ein katholischer neben einem evangeli-

schen Christen beerdigt werden könne; in einer hessischen Gemeinde wurde 1957 eine Ligusterhecke auf einem Spielplatz gepflanzt, damit evangelische und katholische Kinder voneinander getrennt spielen konnten, und noch 1962 fand in der Pädagogischen Hochschule in München der Sportunterricht nach Konfessionen getrennt statt.[62]
Ein heikler Streitpunkt zwischen Protestanten und Katholiken war die mit der gesellschaftlichen und politischen Stärkung des Katholizismus verbundene zentralistische und dogmatisch engführende Entwicklung im katholischen Bereich, die sich u. a. in der strafferen Einbindung der Laien in die Amtskirche[63] und der stärkeren kulturellen und rituellen Abgrenzung gegenüber dem Protestantismus äußerte. Weitere Streitpunkte im politischen Bereich waren die Auseinandersetzungen um die Einführung der Konfessionsschulen, die Gleichstellung der kirchlichen mit der staatlichen Trauung, die Regelung der Mischehenfrage sowie die unterschiedlichen Positionen gegenüber der Kollektivschuldthese nach 1945 und der Wiederbewaffnung in den fünfziger Jahren.
Auch innerhalb der christlichen Unionsparteien trat das Problem des Konfessionalismus schon bald offen zutage. Der ständige Klerikalismusverdacht, dem alle Regierungen Adenauers ausgesetzt waren, führte dazu, daß der katholische Kanzler streng darauf achten mußte, daß seine Kabinette nach konfessionellen Gesichtspunkten paritätisch besetzt wurden. Dies führte u. a. dazu, daß einer der Staatssekretäre Listen über die Konfessionszugehörigkeit der einzelnen Minister führen mußte und daß bei Vakanzen die Vertreter der Kirchen im Kanzleramt vorstellig wurden, um entsprechende Vorschläge für die Neubesetzung durch eine Person der eigenen Kirche zu bewirken.[64] Die Vertreter beider Kirchen bei der Bundesregierung, Bischof Hermann Kunst und Prälat Wilhelm Böhler, versuchten nicht nur einmal, die Personalpolitik des Kanzlers hinsichtlich der Bildung von Kabinetten und der Besetzung von Ministerien in ihrem Sinne zu beeinflussen.[65]
Der Einfluß der Amtskirche, oftmals weit überschätzt, trug auch dazu bei, daß ihr von manchen Stellen der Vorwurf gemacht wurde, sich mehr um die politischen Geschäfte als um eigene Aufgaben zu kümmern. Aufgrund der besonderen Nähe zwischen katholischer Kirche und Unionsparteien war auch die Rede von der »schwarzen Regierung«, vom »Bonner Klerikalismus« oder einem durch Papst und Bischöfe beeinflußten Kanzler. Nicht ohne Polemik ist ein Buch mit dem Titel: »Klerikalismus in der deutschen Politik«, das Thomas

Ellwein im Jahre 1955 veröffentlichte.[66] Es ist ein nachdrücklicher Beleg für die Spannungen in der deutschen Nachkriegspolitik und die nach wie vor vorhandenen Empfindlichkeiten bezüglich des konfessionellen Gegensatzes.

Die konfessionellen Mißtöne wurden zusätzlich durch das in den ersten Jahren sehr unterschiedliche Gefühl der »Beheimatung« der Deutschen in der Bundesrepublik gefördert. Die Situation des deutschen Protestantismus unterschied sich von der des Katholizismus in diesem Punkt, was für das »Einleben« der Protestanten in den neuen Staat nicht ohne Bedeutung war. Gerhard Schmidtchen hat in einer soziologisch-empirischen Untersuchung darauf aufmerksam gemacht:[67] »Früher als die Protestanten haben sie (die Katholiken, Anm. d. V.) ein politisches Heimatgefühl entwickelt, während die Protestanten noch länger den Farben Schwarz-Weiß-Rot nachtrauerten und unter der Teilung litten.« Der Blick der Protestanten sei noch zu Beginn der fünfziger Jahre rückwärts gewandt gewesen, auf ein »verlorenes Reich, das für sie die Funktion einer Ersatzkirche hatte«.[68]

Die beschriebene Distanz vieler Protestanten gegenüber der Bundesrepublik verstärkte zusätzlich das Mißtrauen gegenüber dem katholischen Bevölkerungsteil, der sich über die Unionsparteien sehr rasch politische Machtpositionen zu erobern begann. Hinzu kam, daß die katholische Amtskirche in aller Öffentlichkeit die Katholiken zu politischer Mitarbeit und Unterstützung der Bundesregierung aufforderte und es regelmäßige Kontakte und persönliche Beziehungen zwischen katholischen Kirchenführern und Mitgliedern der Bundesregierung gab.

Die konfessionellen Ressentiments schwächten sich auch in den sechziger Jahren nicht ab, als beide Konfessionen in Gesellschaft und Staat der neuen Demokratie heimisch geworden waren. Unterschwellig und unbewußt wurden sie sogar noch dadurch bestärkt, daß sich die Konfessionen politisch auf verschiedene Parteien zu »verteilen« begannen. Während die Katholiken mit überwiegender Mehrheit die Unionsparteien unterstützten, fanden die Protestanten schon früh auch bei den Sozialdemokraten ihre politische Heimat. Noch krasser sah es bei den Liberalen aus. Hier bewegte sich der katholische Wähleranteil bei Bundestagswahlen in den sechziger Jahren nur zwischen vier und acht Prozent. Dies änderte sich bis in die achtziger Jahre kaum, so daß man die FDP von ihrem Wählerpotential und ihrer Mitgliedschaft her eine »protestantische Partei« nennen könnte.

Was die Prägekraft des Konfessionalismus in der Bundesrepublik der siebziger und achtziger Jahre hinsichtlich der deutschen Politik und der Bildung einer deutschen Nachkriegsidentität anbelangt, so ist folgendes festzuhalten: Trotz zunehmender Säkularisierungs- und Entkirchlichungstendenzen seit dem Ende der sechziger Jahre bezeichnen sich heute nur neun Prozent der Bevölkerung über 18 Jahre als konfessionslos[69] (1987). Andererseits besucht jeder fünfte nie, weitere 25 Prozent der Bevölkerung höchstens einmal im Jahr einen Gottesdienst. Diese Entkirchlichung, dies ist das Interessante an den Ergebnissen der Untersuchungen, entwertet zwar die hohen Mitgliederzahlen der beiden christlichen Kirchen. Dennoch geben diese eine unmißverständliche Auskunft darüber, wie schwer es dem einzelnen fällt, mit der religiösen Tradition seines sozialen Umfeldes völlig zu brechen und sich dem familiären, religiös-konfessionellen Kontext zu entziehen. »Es ist vielleicht einer der bemerkenswertesten, da einer langen Prognosetradition entgegenlaufenden Befunde«, so Renate Köcher, »wie zäh die Bevölkerung Europas ... allen Säkularisierungstendenzen zum Trotz, gegen die Spannungen zwischen religiösem und säkularem Weltbild, an ihrem Glauben festhält.«[70] Dies bedeutet, daß beide Kirchen zu einer gewissen Tradierung ihrer Wert-, Normen- und Ritengebäude auch weiterhin in der Lage sind und daß damit die konfessionellen Unterschiede wohl auch in Zukunft ihre Relevanz besitzen werden. Die Ausprägung eigener Sprach- und Sozialmilieus, der unterschiedliche Zugang zu den Führungspositionen in der Wirtschaft und in staatlichen Institutionen wie den Ministerien[71], weitreichende Folgeerscheinungen der Unterrepräsentanz des Katholizismus in Staat und Gesellschaft der letzten 100 Jahre, mögen als einige Beispiele dafür dienen, wie sehr traditionelle konfessionelle Prägungen auch in einer modernen säkularen Gesellschaft nachwirken.[72]

Andererseits dürfte für die zukünftige Entwicklung, sofern sie heute aufgrund empirischer Daten prognostizierbar ist, dennoch das Fortschreiten der Entkirchlichung von großer Bedeutung sein. Denn mit keiner der durch lange Tradition und breiten Konsens gefestigten Verhaltensweisen wurde in den letzten Jahrzehnten so »radikal gebrochen« wie mit dem Praktizieren des christlichen Glaubens.[73] Dies gilt für beide Konfessionen – wenngleich in unterschiedlichem Ausmaß – und bedeutet, daß die direkten Zugriffsmöglichkeiten sowie die Prägekraft der Kirchen nachlassen werden. Im europäischen Vergleich wird zudem deutlich, daß die Bindung an die Kirchen schon jetzt Gefahr läuft, zum Merkmal einer »Alterskultur« zu werden – scharf getrennt von einer weitgehend entkirchlichten »Jugendkultur«.[74] Ob dieser Trend allerdings, und dies ist das Entscheidende, zu einer völligen Entkonfessionalisierung von Gesellschaft und Politik führen wird oder ob beide Kirchen, die Angst dieses enormen Machtverlustes im Rücken, sich zunehmend abgrenzend und eher restaurativ verhalten werden, muß offenbleiben.

Immerhin ist seit Beginn des Zweiten Vatikanischen Konzils in beiden Kirchen wieder eine stärkere Bereitschaft zu ökumenischem Engagement zu verzeichnen. Diese Entwicklung fällt zusammen mit dem Einsetzen der großen Entkirchlichungswelle in den sechziger Jahren. Auf beiden Seiten wurde seither, je nach Grad der Untergangs- und Bedrohungsängste verschieden ausgeprägt, nach »Überlebensstrategien« in einer zunehmend säkular-nachchristlichen Gesellschaft gesucht, die weniger »das« Katholische oder »das« Protestantische in den Vordergrund rücken, sondern eher »das« Christliche schlechthin betonen. In diesem Kontext wurde der Begriff der »Ökumene« zu einem beliebten Mode- und Zauberwort der letzten 20 Jahre, dem nicht selten eine Alibifunktion zukam. Denn eine Ökumene, die sich zeitweise zu einem reinen »Ökumenismus« in beiden Lagern entwickelte, ist verdächtig, nicht nur, weil sie den »Überlebensstrategien« der beiden Kirchen untergeordnet scheint, sondern auch, weil sie die mannigfaltigen politischen, kulturellen und gesellschaftlichen Hypotheken des Konfessionalismus in Deutschland ignoriert.

Für die zukünftige Ausbildung einer politischen Kultur kann die faktische Aufspaltung der Deutschen in zwei Konfessionen nicht bedeutungslos sein; zumal wenn man bedenkt, daß sich die konfessionelle Aufspaltung Deutschlands nicht getrennt von der politischen, sozialen, wirtschaftlichen und kulturellen Entwicklung vollzogen hat. Die gegenseitige Beeinflussung und Wechselbeziehung von Konfession und Kultur in der Bundesrepublik sollte daher nach wie vor auch in bezug auf die zukünftige Politik nicht unterschätzt werden. Im Aufeinandertreffen des stark durch Aufklärung, Liberalismus und Moderne geprägten Protestantismus und des eher konservativ-antiliberalistischen Katholizismus steckt, dies hat die deutsche Geschichte gezeigt[75], ein politisch brisantes Konfliktpotential.

HORST HERRMANN

Wie die Kirche mit unserem Geld überlebt

Kirchenfürsten leben nach byzantinischem Hofzeremoniell. Sie genießen ihre frühen Privilegien noch heute. Oder streichen sie nicht noch immer Geld aus staatlichen Mitteln ein? Oder tragen sie keine Festgewänder mehr, kein Lila und Purpur, keine Schleppen und Ringe, keine Mitren und Goldkreuze? Gibt es keine Hochwürden, keine Exzellenzen und Eminenzen, keine »Heiligen Väter« mehr? Ein Blick in den kirchenfürstlichen Alltag (oder eine Durchsicht der geltenden Kirchenverträge) sagt mehr über die konkrete Kirche als jedes Evangelium, das keiner Kirche bedarf.

Oberhirten wollten immer alles haben, was andere schon hatten, und sie wollten es noch sicherer haben. Alle Dogmen, alle Rechtssätze, alle Morallehren ihres Herrschaftsbereichs verfolgen diesen Zweck. So »überlebt« die Organisation. Da Papst und Bischöfe es zu ihrem obersten Ziel machten, die eigene Existenz nur ja nicht zu gefährden, schafften sie es auch – Methoden hin oder her –, mit jeder Form der »Welt«, also mit allen gesellschaftlichen und staatlichen Formationen auszukommen. Ein Beispiel für viele gibt das Verhältnis von Staat und Kirche in Deutschland ab: Vor 1918 hat es ein »Ineinander« von Kirche und Staat gegeben, in der Weimarer Republik ein »Nebeneinander«, von 1933 bis 1945 ein sogenanntes »Gegeneinander« – und jetzt gibt es eben ein »Miteinander«. Merkwürdig konsequent, daß die Kirchenfürsten in jedem einzelnen dieser Fälle finanziell profitierten. Offensichtlich dreht keine noch so prostitutive Argumentation den Bischöfen irgendeinen staatlichen Geldhahn zu.

Die Trennung von Kirche und Staat, die das Bonner Grundgesetz von der Weimarer Verfassung übernahm, ist faktisch ausgehöhlt. Wer die tatsächliche Lage bedenkt, kommt nicht auf die Idee, die Trennung sei vorgeschrieben oder gar verwirklicht. Und ob sich an dieser »Normallage« so schnell etwas ändern läßt? Die gesamte umfangreiche staatskirchenrechtliche Literatur ist laut dem Verwaltungsrichter G. Czermak zu 95 Prozent »von zumindest kirchennahen Juristen beherrscht mit entsprechenden Auswirkungen auf die Rechtsprechung«. Folgerichtig gelten gegensätzliche Positionen als abwegig und kaum zitierfähig. Und es gibt gegenwärtig »kein größeres Rechtsgebiet, in dem sich Literatur und Rechtspraxis von Text und Geist der grundlegenden Normen noch weiter entfernt haben als im sogenannten Staatskirchenrecht«. Keine anderen Juristen haben diese Korruption zu verantworten als jene, die für die »Katholisierung des Rechts« (Verfassungsrichter Helmut Simon) stehen.

Da gibt es erheblichen politischen Nachholbedarf. Aber wer sieht diesen schon? Inzwischen leben die Kirchen fröhlich weiter von unserem Geld. Sie haben nicht das geringste Interesse, daß sich etwas ändert. Es ist allgemein bekannt, wie schwer es den meisten Menschen fällt, vom Üblichen abzuweichen, Tabus zu brechen, »die Kirche und unser Geld« zu hinterfragen. Die Existenz einer psychischen Hemmschwelle vor dem Tabubruch wird von Kirchen und Politik bewußt ins gemeinsame Kalkül einbezogen. Kleriker leben wie die Maden im Speck. Wovon sie leben und wie gut sie leben, zeigen folgende Abschnitte.

Warum überhaupt noch Kirchensteuer zahlen?

Wird das Thema »Kirche und Geld« diskutiert, geht es meist um die Kirchensteuer. Die kennt jeder, ob er nun zahlt oder nicht (wünschenswert wäre ein ähnlich hoher Bekanntheitsgrad in den Fällen der stillschweigenden Subventionierung der Kirchen durch Bund, Länder, Kommunen). Der Begriff »Kirchensteuer« entlarvt das ganze System, für das er steht. Die Kirchensteuer ist eine Zwangsabgabe, die von allen Kirchenangehörigen erhoben wird, ohne daß diese einen konkreten Rechtsanspruch auf Gegenleistung hätten.

Ein von der eigenen Verfassung (Artikel 3, 3 GG) zur Gleichbehandlung aller verpflichteter Staat garantiert nicht nur den Vereinsbeitrag bestimmter Religionsgemeinschaften. Er treibt, ohne verfassungsrechtlich verpflichtet zu sein, deren Mitgliedsbeiträge sogar mit Hilfe seiner Behörden ein (Staatsinkasso). Keine andere Interessenvertretung genießt eine auch nur annähernd ähnliche Bevorzugung.

Voraussetzung für die Kirchensteuerpflicht ist die Mitgliedschaft in einer steuererhebenden Kirche; der Austritt daraus beendet diese Steuerpflicht. Die Intensität der persönlichen Bindung an die Kirche spielt nicht die geringste Rolle. Was zählt, ist die formelle Zugehörigkeit. Sie wird durch die (Säuglings-)Taufe begründet. Der formelle Kirchenaustritt – auch aus Gründen der Steuerersparnis – ist noch immer mit dem Kirchenbann bedroht und das Verhältnis zu Gott ans willige Zahlen einer Steuer gebunden. Die europäischen

Nachbarn hören es mit Staunen: Vieles ist unglaublich, aber wahr in der Kirche der Deutschen. Denn bevor es dem Bundesverfassungsgericht gelang, die Kirchen in ihre Schranken zu verweisen, scheuten diese sich nicht einmal, selbst bei sogenannten juristischen Personen (Firmen, Aktiengesellschaften) Kirchensteuern einzuziehen. Freiwillig war keine Beutekirche bereit, von (ungetauften) Firmen keine Kirchensteuer zu fordern oder einen Mohammedaner für seine christliche Frau nicht mitzahlen zu lassen.

Sondertarife für Millionäre, Datenschutz für niemanden?

Kirchensteuerschulden werden in Prozentsätzen der zugrundeliegenden Steuerschuld berechnet (meist nach Maßgabe der Einkommen- und Lohnsteuer). Der Prozentsatz liegt gegenwärtig bei acht bis neun Prozent. Bis zur Währungsreform lag er bei drei bis vier Prozent. Spitzenverdiener können regelmäßig Sondertarife aushandeln. Dem Großindustriellen Krupp wurde schon vor Jahrzehnten eine Sonderregelung eingeräumt, und andere Prominente wie die Spitzen der Familie Hoesch bildeten einmal instinktsicher einen kirchlichen Wirtschaftsbeirat, der mitbestimmen wollte, wie die Steuergelder seiner Mitglieder verwendet wurden. Kleinere Leute haben nicht soviel Glück bei der Kirche. Sie müssen in jedem Fall voll bezahlen. Stundungs- und Erlaßanträge sind Sache der Kirche, da diese – nicht der Staat – Steuergläubigerin ist. Sie entscheidet von Fall zu Fall, ob und wie sie die Steuerschuld eintreibt oder erläßt. Die Hauptlast des Inkassos hat der Staat auf die Arbeitgeber abgewälzt, die bei ihren Arbeitnehmern die fälligen Kirchensteuerbeträge entschädigungsfrei einbehalten müssen. Dieses Verfahren setzt voraus, daß die Konfessionszugehörigkeit auf den Lohnsteuerkarten eingetragen ist. Dieser Bekenntniszwang im Lohnsteuerwesen ist verfassungsrechtlich bedenklich.

Schon lange ist klar, daß nicht die angeblich höheren Verwaltungskosten der Grund für das oberhirtliche Festhalten am Staatsinkasso sind. Bei dem heute erreichten Standard der Großrechenanlagen dürfte eher das Gegenteil zutreffen. Die Erfahrungen in den Schweizer Kantonen Basel-Stadt und Basel-Land zeigen, daß eine Abbuchung der Kirchensteuer vom Gehaltskonto wesentlich stärker ins Auge springt als ein unscheinbar wirkender Abzug vom Bruttolohn, der zwischen den sonstigen Steuern und den Sozialabgaben fast verschwindet. Wird demgegenüber direkt vom Konto abgebucht, nimmt die Austrittsneigung stark zu, zumal dann auch der Arbeitgeber nichts mehr von einem Kirchenaustritt mitbekommt. Austritte aber sind das letzte, was auf Geld erpichte Hirten sich erlauben können. Daher belassen sie es in Deutschland beim bisherigen Inkassomißbrauch. Und die ehemalige DDR muß mitziehen, weil ihr in einem Akt bischöflicher Piraterie das bundesdeutsche Verfahren übergestülpt worden ist. Man darf gespannt sein, ob eine Verfassungsklage von Betroffenen Erfolg hat: Immerhin sind Kirchensteuergesetze Ländersache, und bislang ist noch nichts aus den fünf neuen Bundesländern bekannt, was auf eine solche Gesetzgebung schließen ließe.

Die Bindung an die Steuerpolitik bringt es mit sich, daß Steuersenkungen wie -erhöhungen sich auf die Kirchensteuer auswirken. Die Kirche ist dadurch abhängig von der staatlichen Lohn- und Steuerpolitik wie vom Wirtschaftswachstum. Frei ist sie deswegen nicht, aber wohlhabend. Im gegenwärtigen Steuersystem zahlt ohnedies nur eine Minderheit der Kirchenangehörigen Kirchensteuer. BundesbürgerInnen ohne Einkommen und solche, die über nur geringe Einkünfte verfügen, sind von der Steuerpflicht ebenso befreit wie die BezieherInnen hoher Sozialrenten. Es stimmt also nicht, daß alle Kirchenmitglieder zum Unterhalt der Kirchenbediensteten beitragen – und daß die bundesdeutschen Hirten von den Besserverdienenden unabhängig sind.

Nehmen die Bischöfe Jahr für Jahr mehr oder weniger Geld ein?

Das gewohnte kirchliche Gejammer über Steuerausfälle ist nicht begründet: Der Anstieg der Kirchensteuer hat nach einer Auskunft des Bundesfinanzministers vom 1.10.1990 auf eine Anfrage der Grünen im Bundestag seit 1970 jährlich im Durchschnitt sieben Prozent betragen. Dieser Anstieg übertrifft sowohl die durchschnittliche Inflationsrate als auch den Lohnkostenanstieg. Daß die Durchschnittseinkommen von bundesdeutschen Arbeitnehmern zwischen 1970 und 1990 um durchschnittlich 3,2 Prozent pro Jahr stiegen, ist die eine Seite der Wirklichkeit. Daß die durchschnittliche Jahreswachstumsrate der Kirchensteuereinnahmen in diesem Zeitraum 5,9 Prozent betrug, die andere. Erhielten die Kirchen vor 1945 noch durchschnittlich zwei bis drei Mark pro Kopf ihrer Mitglieder, waren es 1963 schon 45 Mark. Im Jahr 1986 zahlte jedes Mitglied einer evangelischen Landeskirche durchschnittlich 231 DM Kirchensteuer.

Die Steigerung des Kirchensteueraufkommens zwischen 1984

und 1985 betrug 14,46 Prozent, zwischen 1985 und 1986 5,69 Prozent. 1963 nahmen die beiden Großkirchen noch 2,4 Milliarden DM ein; 1980 waren es schon 9,33 Milliarden DM – und 1990 werden es mindestens 14 Milliarden DM gewesen sein. Die Diözese Rottenburg-Stuttgart frohlockt über das »unerwartete Mehr« und rechnet für 1991 hoch: Eine Steigerung der Kirchensteuereinnahmen von nochmals 6,5 Prozent gilt als sicher, auch wenn sich »Schwächetendenzen z. B. in der US-Konjunktur und Golf-Krise« negativ auswirken könnten.

Es will schon etwas heißen, wenn ein durchschnittlich verdienender Kirchensteuerzahler in seinem Arbeitsleben zwischen 30.000 und 60.000 DM berappt, d. h. nahezu ein volles Jahr seines Lebens nur für die Kirche arbeitet. Ob der Service, den diese ihm dafür leistet, nicht weit überbezahlt ist? Nicht einmal besondere Leistungen wie Trauung oder Begräbnis gelten durch die zigtausend DM Kirchensteuer eines Lebens als abgegolten. Das sollte zu denken geben.

Deutsche lassen sich diese Steuer gefallen. Nicht wenige fühlen ihr soziales Gewissen durch das Staatsinkasso entlastet: Wer automatisch zahlt, hat seinen Beitrag zur Linderung der Not in nah und fern bereits geleistet und ist weiterer guter Taten enthoben. Andere klagen hin und wieder, vor allem wenn es Weihnachtsgeld (und die entsprechend hohen Abschläge für die Kirchensteuer) gibt, aber sie zahlen weiter. Von Theologen ist nichts Gegenteiliges zu hören; sie wissen, wem sie ihren Brotberuf verdanken. Es ist in diesen Kreisen auch weitaus ungefährlicher, sich um Nebenthemen der »Glaubenswissenschaft« zu bemühen. Daß – nach Franz von Assisi und Theresia von Avila – die eigentliche Reform der Kirche nicht beim Dogma, nicht bei Liturgie und Moral einsetzt, sondern ausschließlich beim Geld, ist längst vergessen.

Wieviel bezahlen Nicht-Schafe für die Hirten?

Niemand, der demokratisch zu denken gewohnt ist, wendet etwas ein, wenn Herden sich teure Hirten leisten. Wer meint, er könne ohne kirchenfürstliche Betreuung nicht durchs Leben kommen, soll zahlen. Daß ein bundesdeutscher Arbeitnehmer durchschnittlich ein volles Jahr seines Berufslebens nur für irgendwelche Kirchenfürsten arbeitet und Kirchensteuern zahlt, macht der Herde offenbar nichts aus. Aber wesentlich anders verhält es sich, wenn auch Nicht-Schafe für Belange der Hirten mitzahlen, Kirchenfreie also für

Kirchenfürsten in die Tasche greifen müssen, ohne gefragt zu werden, ob sie es auch wollen. Bischöfe leben nicht von der Kirchensteuer allein. Sie erhalten erhebliche Gelder aus allgemeinen Steuermitteln. Das wissen nur wenige von denen, die mitfinanzieren. Alle Steuerpflichtigen, unabhängig davon, ob sie zum Kirchenfürstentum gehören oder nicht, ob sie katholisch oder mohammedanischen Glaubens sind, zahlen die Subventionen mit, die ihr Staat der Himmelslobby zukommen läßt. Kirchenfürsten sind nicht allen lieb, kommen aber alle teuer.

Allein Nordrhein-Westfalen entrichtet der Kirche aufgrund seiner »ererbten« Verpflichtungen jährlich die stattliche Summe von rund 350 Millionen DM (das Parlament dieses Bundeslandes muß sich mit einem Zehntel der Summe bescheiden). Darüber hinaus erläßt Nordrhein-Westfalen der Kirche Steuern, Gebühren und Abgaben in geschätzter Höhe von 150 Millionen DM pro Jahr. Diese halbe Milliarde stammt nicht aus Kirchensteuern, sondern aus normalen Steuermitteln. Sie wird von Christen wie Nichtchristen aufgebracht, von Kirchengebundenen wie Kirchenfreien. Ohne es zu wissen, hat jeder nordrhein-westfälische Steuerzahler 1987 mitfinanziert: 7,8 Millionen DM an »Dotationen für die Erzdiözesen und Diözesen« – der Unterhalt für die Bischöfe des Landes und deren Domherren; 25 Millionen DM für die Bezahlung von ungefähr 200 Dozenten der Theologie und für die entsprechenden Investitions- und Verbrauchsmittel; 292 Millionen DM für die Gehälter von Religionslehrern an den Schulen des Landes – Arbeitsmittel und Raumkosten nicht mitgerechnet. 1987 kassierte allein die katholische Kirche zusätzlich 2,3 Milliarden DM an Kirchensteuern in Nordrhein-Westfalen.

Der Subventionsbericht der Bundesregierung nannte 1980 insgesamt 31,7 Milliarden DM jährlich, die an die Kirchen gingen. »Staatsleistungen« beruhen auf Gesetzen, Verträgen und besonderen Rechtstiteln, die den Großkirchen das Recht auf spezielle Subventionen einräumen. Dieses Recht ist in manchen Fällen über 150 Jahre alt. Auch wird seine Ablösung und damit das Ende der Staatsleistungen bereits in der Weimarer Verfassung (Artikel 138 I) gefordert. Aber die Bundesrepublik hat entgegen dem Verfassungsgebot noch immer keine Anstalten gemacht, die Uralt-Verpflichtungen abzulösen. Neuere Staatskirchenverträge wie das niedersächsische Konkordat von 1965 schleppen die Zahlpflicht nach wie vor mit sich herum. Als hätten demokratisch gewählte Parlamente und Regierungen nichts Volksfreundlicheres zu tun, als den Status quo für alle Zeiten fortzuschreiben. Als hätten neuzeitliche Volksvertreter eine Option darauf, die Sonderinteressen einer verschwindend kleinen (Kleriker-)Gruppe noch immer in denselben Formen zu bedienen, die vor 200 Jahren – unter völlig anderen politischen Bedingungen – als Recht galten.

Seit 1919 wurden keine ernsthaften Anstrengungen unternommen, das Verfassungsgebot einzulösen. Das herrschende Interesse geht in die entgegengesetzte Richtung: Statt von Ablösung zu sprechen, wird eine »Garantie« der Staatsleistungen gefordert, die künftige Änderungen unmöglich machen soll. Die in diesem Geist geschlossenen Kirchenverträge garantieren die bisherigen Leistungen in Form von Geldrenten; von Ablösung sprechen sie nicht. Die Kirche lebt auf Rentenbasis, und sie lebt ganz gut. Die Staatsleistungen laufen so lange weiter, wie niemand ihren Stopp fordert und durchsetzt. Das bedeutet, unser Staat läßt noch immer eine in und für Großkirchen organisierte religiöse Betätigung ausnahmslos von allen Steuerpflichtigen finanzieren. Die Kirche wird sich hüten, eine derart sichere Einnahmequelle auch nur diskutieren zu lassen.

Ließ sich die Kirche auf Rentenbasis enteignen?

Warum müssen die Bundesländer solche Leistungen erbringen? Wer hat ihnen diese gesetzlichen und vertraglichen Verpflichtungen eingebrockt? Sie haben die Folgen der »Säkularisation« zu tragen, jener Enteignung von Kirchengut aus dem Jahr 1803, für die immer noch »Entschädigung« an die Kirche zu zahlen ist. Die Kirche hatte einmal den größten Grundbesitz in deutschen Landen. Wie sie zu der unheimlich großen Menge Land kam, ist eine andere Frage. Noch immer liegen darüber keine verläßlichen Angaben vor. Die Geschichtswissenschaft hüllt sich in Schweigen, und die Theologen tun gut daran, nicht allzuviel zu wissen.

Der Klerus besaß im 13. Jahrhundert fast ein Viertel allen Grund und Bodens in Deutschland. Selbst die Reformation hat an diesen Tatsachen nicht viel geändert. Zwar wurden im Dreißigjährigen Krieg ehemals bischöfliche und klösterliche Besitzungen zuhauf säkularisiert, d. h. in weltlichen Besitz übergeführt. Doch blieb genug. Gefahr drohte erst zu Beginn des 19. Jahrhunderts. Kaiser Franz II. mußte 1801 namens des sich auflösenden Reichs das Land links des Rheins an Frankreich abtreten. Die deutschen Reichsfürsten schrien Zeter und Mordio: Sie wollten für ihre linksrheinischen Verluste rechtsrheinisch entschädigt werden. Als Entschädigungs-

masse bot sich das Kirchengut an. Der »Reichsdeputationshaupt-
schluß« von Regensburg (22. Februar 1803) hat eine allgemeine Säkularisation der Reichskirchen festgelegt. Diese betraf ein Gebiet
von über 1700 Quadratmeilen mit mehr als drei Millionen Einwoh-
nern, die drei rheinischen Kurfürstentümer Köln, Trier und Mainz
sowie das Fürsterzbistum Salzburg, dazu 18 Reichsfürstenbistü-
mer, etwa 80 reichsunmittelbare Abteien und Stifte sowie über
200 Klöster. Die weltlichen Herrn konnten zufrieden sein: Bayern
hatte das Siebenfache seines Verlustes erhalten, Preußen das Fünf-
fache, Württemberg das Vierfache.

Aber die Kirche war unzufrieden, der Verlust rief nach Sühne.
Daher wurden die Fürsten dazu verpflichtet, künftig für die Aus-
stattung von Bischofskirchen und für die Zahlung von Pensionen
an die Geistlichkeit zu sorgen.

Im Lauf der folgenden Jahrzehnte wurden diese Verpflichtungen
in eigenen Kirchenverträgen konkretisiert; Zusagen, die bis heute
eingehalten werden müssen. Wer sich als deutscher Staat versteht,
zahlt. Das Kaiserreich hat gezahlt, die Weimarer Republik ebenso,
und die Bundesländer machen es nicht anders. Während die Kirche
keines ihrer vielen Opfer je entschädigte, läßt sie selbst sich über
Jahrhunderte hinweg entschädigen.

Wird diese Tatsache auch nur im entferntesten tangiert, kommt
sofort das klerikale Lamento auf. Im Dezember 1918 hatten die deutschen Bischöfe nichts Wichtigeres zu tun, als gegen den drohenden
Entzug der Staatsleistungen zu protestieren und mitten im Nach-
kriegselend Deutschlands von ihrer eigenen »Beraubung« zu sprechen. Pfarrer predigen gern Verzicht und Opfer. Ihre Kirche geht
nicht mit gutem Beispiel voran. Sie klammert sich an die überholten
Staatsleistungen wie an eine gesicherte Rente. Ihre Wortführer
haben es geschafft, sich als »Opfer« darzustellen. Und alle zahlen,
ungefragt, noch weitere Entschädigung an den Klerus. Die Bundesrepublik ist Gesamtschuldnerin der Kirche geblieben. Zum Trost:
Für früher geschehene Enteignungen von Kirchengut, wie sie etwa
Karl Martell (gestorben 741) durchführte, brauchen wir nicht auch
noch zu zahlen. Die Formel von der »Folgehaftung« der Deutschen
greift, höchst inkonsequent, in diesem Fall nicht.

Warum Kerzen und Meßwein für Militärgottesdienste bezahlen?

Grundsätzlich: Die Armee ist nicht unglücklich über ihre Pfarrer. Denn bei der sogenannten Militärseelsorge geht es darum, »ein getröstetes Gewissen für das legitime Tun des Soldaten im Kriege zu geben«, wie ein Informationsblatt der Hardthöhe meldet. Getröstete Gewissen bezahlen ganz gern. Wird ihr Tun gerechtfertigt, sollen die Tröster nicht darben. Es kann guten Gewissens davon ausgegangen werden, daß jährlich um die 45 Millionen DM an Löhnen und Gehältern allein an das kirchliche Bodenpersonal gehen. In diesen Grundbezügen sind nicht enthalten: Trennungsgelder, Umzugskosten, Vergütungen für Dienstreisen. Die beiden Militärbischöfe – einer katholisch, einer evangelisch – kassieren eigene Sonderzulagen. Ihre Gehälter liegen bei 180.000 DM pro Jahr. Versteckte Zahlungen, wie die Erstattung von Telefongebühren, die Bereitstellung von Kraft- und Schmierstoffen, die Bezahlung von dienstlich verbrauchter Energie (Strom, Gas, Öl), kommen hinzu. Erwerb und Haltung von Dienstfahrzeugen für Militärpfarrer kosteten 1988 über 900.000 DM. Der für alle Rekruten verbindliche (und damit verfassungswidrige), von Militärpfarrern erteilte »Lebenskundliche Unterricht« machte 890.000 DM erforderlich. Für die Teilnahme von Soldaten an religiösen Sonderübungen wie Exerzitien war fast eine Million DM vorgesehen. Die Anschaffung seelsorgerischer Schriften und der Druck militärgeistlicher Verlautbarungen kosteten die Bundesrepublik über 400.000 DM. Eine ähnlich hohe Summe haben 1988 die Gebet- und Gesangbücher von Soldaten verschlungen. Dazu kamen 167.000 DM für Kultgeräte und Kultkleidung. Das Bundesverteidigungsministerium zahlt demnach nicht nur für Panzer und Raketen, sondern auch für Altarkerzen und Meßweine. Alle Kirchenfreien zahlen mit. Dabei dürfte der weltanschaulich neutrale Staat nach seiner eigenen Verfassung eine Militärseelsorge nur zulassen, nicht aber »einrichten«, geschweige denn voll finanzieren.

Daß vorerst in der Bundesrepublik alles weiterlaufen wird wie gehabt, beweisen die am 1. Januar 1990 in Kraft getretenen »Päpstlichen Statuten für den Jurisdiktionsbereich des Katholischen Militärbischofs für die Bundeswehr«. Sie garantieren den Bischöfen und Pfarrern, die sich der Seelsorge an den Soldaten widmen, Geld, Diensträume und Kirchen – alles auf Staatskosten. Johannes Paul II. hat nicht ohne Grund den Militärdienst als »würdig, schön und

edel« bezeichnet – und den Dienst an der Waffe als »sehr positiv«,
zumal der Friede endgültig erst im Reiche Gottes zu erlangen sei.
Damit steht er voll in der Tradition seines Amtes.
Doch nicht alle sehen es ebenso. Die Einführung der Militärseelsorge in den fünf neuen Bundesländern stößt auf evangelischer
Seite auf erhebliche Schwierigkeiten. Aus Kreisen evangelischer Pastoren ist zu hören, daß keine Neigung besteht, die überwundene
sozialistische Weltanschauungsarmee durch eine neue, klerikal getröstete ersetzen zu lassen.

Sollen Kirchenfreie den Kölner Dom mitbezahlen?

Kirchen kann ein Mensch für Denkmäler aus überholten Zeiten halten, aus Zeiten, die am besten nicht mehr wiederkommen, als
»Grabmäler Gottes»«, um mit Nietzsche zu sprechen. Doch diese
Meinung bewahrt nicht davor, für den Erhalt vieler Kirchen-Mu-
seen mitbezahlen zu müssen. Die Bürger der Bundesrepublik berappen über die Denkmalpflege Jahr für Jahr Millionen zum Erhalt
und zur Renovierung von Kirchen, die nicht besonders effektiv ge-
nutzt werden. Der bayerische Landeshaushalt 1986 führte folgende
Titelgruppen auf: zur Unterhaltung der kircheneigenen kirchlichen
Gebäude 19,5 Millionen DM; zur Ablösung von Bauverpflichtungen
des Staates zwei Millionen; zur Instandhaltung der bayerischen
Dome 3,8 Millionen; zur Bauverpflichtung an einzelnen kirchlichen
Gebäuden 19,5 Millionen DM. Der Etat für 1987 ging von insgesamt
fast 59 Millionen DM für kirchliche Gebäude aus. Zuschüsse von
Kreisen und Kommunen waren in dieser Summe noch nicht ent-
halten.

Nordrhein-Westfalen zahlt durchschnittlich fast ein Drittel der
Landesmittel für Denkmalpflege für kirchliche Gebäude. Seit 1980
wurden allein in diesem Bundesland 190 Millionen DM an Steuergeldern für Kirchen investiert. Bayerns Aufwendungen haben sich
zwischen 1980 und 1988 fast verdoppelt. Der Freistaat hat insgesamt
für über 1300 kirchliche Gebäude mit staatlicher Baulast und staats-
eigene Kirchengebäude aufzukommen. Der kirchliche Eigenanteil
liegt etwa bei 25 Prozent der staatlichen Aufwendungen. Unter diesen Umständen leuchtet es ein, daß von einem förmlichen Boom in
Sachen Kirchenrenovierung gesprochen werden kann. Gemeinden
entrichten bis zu 100 Prozent der Kosten für Kirchtürme, Innen-
und Außenrenovierungen, Turmuhren, elektrische Läutwerke. Die
Pfarrer halten die Hand auf, und die Kommunalpolitiker drängen:

Keine Gemeinde will sich lumpen lassen, wenn die Nachbargemeinde bereits »renoviert« hat. Für die Innenrenovierung des Regensburger Doms zahlte Bayern 3,8 Millionen DM, bei einer Eigenleistung der Diözese von 766.000 DM. Das bedeutet, daß die reiche Kirche selbst nur ein Fünftel, die öffentliche Hand vier Fünftel der Renovierung einer Bischofskirche übernimmt. Ähnlich wird es in anderen Fällen sein: Die Renovierung des Doms zu Fulda soll Gesamtkosten von 52 Millionen DM verursachen. Wieviel will der betroffene Oberhirt, im Nebenberuf Militärbischof der Bundeswehr, beisteuern? Wieviel müssen die unbeteiligten Kirchenfreien auf dem Umweg über ihre Steuerzahlungen berappen? In Frankfurt ist schon klar, was auf sie zukommt: Die Restaurierung des Kaiserdoms wird etwa 28,5 Millionen DM kosten; die katholische Kirche möchte davon gerade 3 Millionen DM tragen. Das sind nicht einmal lächerliche 11 Prozent.

Das Verhältnis zwischen kirchlicher Eigenleistung und staatlicher Bezuschussung ist nach einem bewährten Prinzip geregelt: Immer übernehmen nichtkirchliche Stellen den Löwenanteil der Kosten, während die Kirche ihren Eigenanteil so gering wie möglich hält. Die Himmelslobby hat ihre Erfolge auch auf diesem Gebiet, zumindest solange die Steuerzahler keinen Widerstand gegen diese Plünderung öffentlicher Kassen leisten.

Bezahlen Konfessionslose für Priesterschüler, Atheisten für Theologen?

Bayern gibt durchschnittlich fast zwei Millionen DM aus, um »das Einkommen der Leiter und Erzieher an bischöflichen Priester- und Knabenseminaren zu ergänzen«. Hinzu kommen jährlich 320.000 DM als Unterhaltsbeitrag für solche Seminare. Für Neubauten im Bereich des Augsburger Priesterseminars wurden 1985 und 1986 je 2,5 Millionen DM aufgebracht; das Münchener Priesterseminar kostete die Steuerzahler (auch die kirchenfreien) zwischen 1982 und 1983 über zwei Millionen DM. Nordrhein-Westfalen war die Ausbildung von Priesterschülern und Theologen 1987 etwa 25 Millionen DM wert.

Daß den theologischen Fakultäten an bayrischen Universitäten (ohne Eichstätt) 1985 nicht weniger als 166 Professoren und 166 Stellen für wissenschaftliches Personal zur Verfügung gestellt wurden (Personalkosten 30,377 Millionen DM), kann nur mit einer effizienten Lobby erklärt werden. Noch immer sind z. B. Gewerkschaften nicht annähernd erfolgreich. Ihnen steht kein Weltanschauungs-Professor zur Verfügung, der an einer eigenen »Gewerkschaftsfakultät« einer staatlichen Universität besoldet würde. Noch immer – wie lange noch? – läßt es sich auch ohne Volk klerikal leben.

Die von den (alten) Bundesländern zu tragenden Kosten für die Priester- und Theologenausbildung an Universitäten und Kirchenhochschulen werden gegenwärtig auf eine volle Milliarde DM pro Jahr geschätzt; eine horrende Summe. Noch makabrer wird diese Zahl, wenn man bedenkt, daß sie in etwa der Summe entspricht, die die Kirchen aus eigenen Mitteln für das öffentliche Sozialwesen ausgeben. Also: Hier eine Milliarde vom Staat für den Klerikernachwuchs, da dieselbe Summe von der Kirche für die Caritas.

Tut die Kirche nicht viel Gutes mit dem vielen Geld?

Die von Oberhirten häufig beschworene Selbstlosigkeit läßt sehr zu wünschen übrig: Den mit Abstand größten Einzelposten der Kirchensteuer schluckt – entgegen anders lautenden öffentlichen Meinungen – das Bodenpersonal selbst. Wer die Zahlen der »Seelsorger« und derer, die sich – etwa am bischöflichen Hof – dafür halten, kennt, wird sich nicht wundern, wieviel Geld der oberhirtliche Aufwand schluckt. Im Jahr 1972 gingen im Bistum Essen noch 48 Prozent der Kirchensteuer diesen Hirten-Weg; 1981 mußten es schon 82 Prozent sein. Der Haushaltsplan 1981 des Essener Oberhirten rechnete mit knapp 300 Millionen DM an Einnahmen, darunter 236,2 Millionen DM Kirchensteuer. Er wies vier Prozent der Ausgaben für Verkündigung, Gottesdienste und pastorale Dienste aus, für Caritas und soziale Dienste acht Prozent und für Bildung, Schule und Wissenschaft 13 Prozent. Gesamtkirchliche Aufgaben, Mission, Entwicklungshilfe und Ausgaben für die sogenannte Diaspora, wurden mit acht Prozent beziffert; 49 Prozent der Haushaltsmittel gingen an die Pfarreien und das dort tätige Personal. Das bedeutet im Klartext, daß Hirten sich vor allem selbst bedienen und kirchenfürstliche Caritas wesentlich fremdfinanzierte Caritas ist oder gar keine.

Die Herren finanzieren aus öffentlichen Mitteln wie aus Kirchensteuereinnahmen ihren eigenen Dienst. Ob die bedienten »Laien« einen solchen Dienst überhaupt wünschen oder ob sie ihn auf diese Weise finanziert sehen wollen, wird nicht gefragt. Noch steht die öffentliche Debatte über diese Vorgänge aus; noch dürfen die einen Schafe bleiben und andere, die Kirchenfreien, den »Dienst« im Kirchenfürstentum – unter anderem ihre eigene Missionierung – mitbezahlen. Ein vergleichbar hohes Gehalt wie die Oberhirten bezieht nur etwa 0,5 Prozent der jeweiligen Landesbeamten. Die weitaus überwiegende Mehrzahl der Beamten (von Arbeitern und Angestellten nicht zu reden) liegt weit darunter: Postbeamte, Polizeibeamte, Finanzbeamte erreichen in der Regel nicht die Hälfte dieser Bezüge. Nun wirkt zwar die Steuerklasse wegen des Zölibats der Hirten etwas nachteilig, doch werden solche Nachteile durch die freie Dienstwohnung (einschließlich anteiliger Energiekosten, Telefongebühren, Dienstwagen u. ä.) leicht ausgeglichen. Hinzu kommt, daß sich Bischöfe und Prälaten auf den häufigen Dienstreisen regelmäßig in Pfarrhäusern, Klöstern, Akademien und sonstigen geistlichen Anstalten verköstigen lassen. Der eigene Monatsetat leidet daher nicht übermäßig. So ist garantiert, daß die eine oder andere überzählige Mark dem Privatvermögen zugeführt werden kann. Daß Bischöfe hin und wieder auch caritativ tätig sind, läßt sich angesichts solcher Privatgehälter ebenso unschwer nachvollziehen.

Noch ein Wort zur Kirche als Arbeitgeberin, zumal auch dieses heikle Thema von den Berufstheologen übergangen wird. In der Bundesrepublik stehen etwa 900 000 Menschen im Kirchendienst. Doch was geschieht mit und an diesen Arbeitsplätzen? Nicht ohne Grund kritisieren Gewerkschaften die unter demokratischen Gesichtspunkten unhaltbaren Zustände in kirchlichen Einrichtungen. Zwar sind Oberhirten sofort bereit, überall dort soziale Aufgaben an sich zu ziehen, wo Ansprüche gegenüber Staat oder Sozialversicherungsträgern und Krankenkassen geltend gemacht werden können. Doch weigern sie sich strikt, die Arbeitsbedingungen ihrer MitarbeiterInnen tariflich ebenso festzulegen und abzusichern, wie das den Regeln eines demokratischen, sozialen Rechtsstaats entspricht. Bischöfe schränken die – in Verfassung und Gesetz verbrieften – Rechte ihrer Bediensteten ein. Aus vorgeblich »dogmatischen« Gründen. Es zeigt sich ein Prinzip kirchlicher Arbeitsmarktstrategie: Zum einen sind Bischöfe nicht von dieser Welt, zum andern beanspruchen sie alle Privilegien dieser Welt. Also decken sie sich, was ihre Institution und alle ihre Einrichtungen und Besitztümer betrifft, unter den Mantel einer öffentlich-rechtlichen Körperschaft. Zum anderen fordern sie Ausnahmen von den für alle geltenden Gesetzen unter Berufung auf ihren unvergleichlich »höheren Zweck«. In beiden Fällen bringt dieses doppelmoralische Verhalten erhebliche finanzielle Vorteile.

Menschen im Geltungsbereich des Grundgesetzes, die in kirchlichen Einrichtungen beschäftigt sind, tun gut daran, sich auch in ihrem Privatleben an die Grundsätze der Kirchenfürsten zu halten. Scheidungen und Wiederverheiratungen, Abtreibungen, Geburten unehelicher Kinder oder auch nur Stellungnahmen gegen die jeweils gültige oberhirtliche Anschauung (wie die zum § 218 StGB) gelten als unvereinbar mit eben diesen Prinzipien – und führen zum Verlust eines Arbeitsplatzes, der zu 90 Prozent aus Steuermitteln bezahlt wird. Prozesse vor Arbeitsgerichten haben den Betroffenen deutlich gemacht, was es heißt, in einem Land zu leben, das kirchenfürstliche und damit undemokratische Räume zuläßt. Daß Oberhirten hierzulande ihre Angelegenheiten selbständig regeln, gilt als Freibrief für arbeitsrechtlich skandalöse Zustände. Bedienstete, die Oberhirten zu Arbeitgebern haben, bleiben ArbeitnehmerInnen minderen Rechts.

Was hat sich denn in der Kirche angehäuft?

Geld statt Geist. Manche wollen dies gar nicht gern hören. Doch die Fakten sprechen augenfällig für die Richtigkeit dieses klerikalen Leitsatzes. Es ist ja nicht so, als hätte die Kirche die Armut gepachtet. Nicht einmal erfunden hat sie diese. Wer sich aufmerksam umschaut, sieht an allen Ecken und Enden, was sich in den Jahrhunderten des Raffens hat anhäufen lassen. Er begreift, weshalb die Propheten des Verzichts, die im Lauf der Kirchengeschichte aufgetreten sind, kein Gehör fanden. Wo Geld ist, wo der Wille zum Geld ist, sammelt sich weiteres Geld. Unaufhaltsam. Die Fensterreden über Opfer und Verzicht, die sich die Besitzenden Sonntag für Sonntag in ihren Predigten abringen, sind weder ernst gemeint noch ernst zu nehmen. Klerikaler Grund- und Aktienbesitz sprechen die wahre Sprache. Es gehört nicht viel guter Wille dazu, sie auch zu hören.

Die wahre Sprache des Geldes? Nach dem Ende der Hitler-Diktatur präsentierte sich die Catholica – vertreten durch ihre Bischöfe – als jene Institution, die fast als einzige moralisch integer und ohne größere Schuld aus dem Bankrott hervorgegangen sei. Westdeutschland fing wieder an zu beten. Mitten im materiellen und ideellen Chaos der frühen Jahre gelang es den Kirchenfürsten, sich ohne Anerkenntnis eigener Schuld einer aufgewühlten bis verwirrten Öffentlichkeit als Wahrer ewiger (und damit unzerstörbarer) Werte anzudienen. Flugs reparierten die Wechsler ihre Tische, stellten sie wieder auf und machten ihre Geschäfte, als sei nichts gewesen. Papst Pius XII. erwies sich als Schrittmacher. Auch seine Geisteswende 1945 grenzte ans Wunderbare. Wieder einmal hatte der Pontifex alles von Anfang an gewußt; von neuem begann er, seine wegweisenden Reden zu halten, wenn auch mittlerweile in die andere Richtung. Über die Ermordung von Millionen Juden verlor er ebensowenig ein Wort wie über den Anteil seiner Person und seiner Kirche an der Legitimation und Festigung des Nationalsozialismus. Die Richtung, die der oberste Wendehals wies, wurde wegbestimmend für die katholische Zukunft: Ganze klerikale Literaturen – so der Historiker Hans Kühner – sind seit 1945 bemüht,»jede Andeutung von Mitschuld und Mitverantwortung weit von sich zu weisen und jeder sachlichen Dokumentation ... Wert, Gewicht und zum Teil wirklich christliches Bemühen um Erkenntnis abzusprechen und als Kirchenfeindschaft auszulegen, was der Wahrheitsfindung dient«. Nicht ohne Wirkung auf gläubige Gemüter: Noch im Juni 1986 hat Bundeskanzler Kohl bedauert,»daß einem der Vorgänger des jetzigen Papstes durch einen Schriftsteller deutscher Zunge Unrecht widerfahren« sei. Die Rede war von Rolf Hochhuth und dessen»Stellvertreter«-Trauerspiel um den großen Schweiger Pius XII. Vom Unrecht, das Menschen durch Päpste widerfahren ist, sagte kein Bundeskanzler im Namen des deutschen Volkes auch nur ein Sterbenswörtchen.

Günstig für die Oberhirten war die Nachkriegszeit nicht nur in ideeller Hinsicht. Günstig war sie auch, was die pekuniäre Seite des Unternehmens betraf. Einer Kirche, die sich als siegreich Gerettete präsentierte und den ausgehungerten Hirnen und Herzen zeitlose Wahrheiten predigte, krümmte keiner der neuen Beter ein Haar. Kriegsschuld hatten andere zu tragen. Die Frage nach Reparationsleistungen stellte sich dieser Kirche nicht. Von einer Institution, die sich als schuldfrei definiert hatte, Derartiges zu verlangen, wäre als Skandal empfunden worden. Eine Retterin erntet Dank.

Was heute vergessen wird: Die Kirche hatte bereits in den ersten Jahren nach dem Zweiten Weltkrieg wieder einen respektablen Kredit (Glaubwürdigkeit) und erhebliche geldwerte Vorsprünge – genau wie nach dem Ersten Weltkrieg, als der Klerus die Inflation vermöge seines ausländischen Kapitals in Deutschland derart nutzte, daß er hier zwischen 1919 und 1930 monatlich durchschnittlich zwölf bis dreizehn Klöster gründen konnte. Der sogenannte Neuanfang und der Neuaufbau nach 1945 waren Leistungen des

Wiederaufbaus: Die ererbten Strukturen und Besitzverhältnisse wurden im vollen Wortsinn restituiert, wiederaufgebaut. Die Kirche konnte mit der Garantie des Status quo gut bis sehr gut leben. Ihr Vorsprung hat es ihr erleichtert, Monopole auszubauen und die Prozesse der Konzentration wirtschaftlicher Macht zu nutzen. Das garantierte ideelle und materielle Vermögen war eine Quelle zusätzlichen Einkommens, und dieses wiederum eine Quelle zur Bildung neuen Vermögens. Kein Wunder, daß sich in der Hand der Kirche eine immer größer werdende ökonomische und politische Macht konzentrierte. Nein, kein Wunder, keine hilfreiche Hand Gottes, sondern das Resultat wirtschaftlicher Prozesse, wie sie – unter dem Schutz eines weltanschaulich neutralen Staates – zugunsten der Besitzkirche erfolgen.

»Wer hat, dem wird noch dazugegeben werden« (Mt 13,12). Eines der seltenen Worte aus der Heiligen Schrift, die sich auf klerikale Praktiken anwenden lassen.

Es war den Kirchen nicht nur geglückt, ihre früheren Liegenschaften und Ländereien aus dem Chaos zu retten. Sie konnten auch für den beim Wiederaufbau abgetretenen Grund und Boden meist größere Ersatzländer erwerben. Verringert hat sich ihr Besitz an landwirtschaftlich genutzten (und verpachteten) Böden, an Wald und bebauten Grundstücken nicht, auch wenn – aus Gründen der Wirtschaftlichkeit – immer wieder umgeschichtet wurde. Der gesamte Besitz der katholischen Kirche in der Bundesrepublik an landwirtschaftlicher Nutzfläche wurde 1967 auf 3,5 Milliarden Quadratmeter geschätzt – eine Fläche etwa elfmal so groß wie die der Stadt München. Von diesen 3,5 Milliarden Quadratmetern waren 1967 ungefähr 77,5 Prozent verpachtet – und brachten mindestens 45 bis 50 Millionen DM an jährlicher Pacht ein.

Die Kirchen sind mit den Renditen ihrer Ländereien ebensowenig unzufrieden wie mit den Erfolgen ihrer unternehmerischen Aktivitäten. In aller Stille wird einiges eingefahren. Öffentlich sprechen Kleriker davon, daß die – zu wesentlichen Teilen aus dem Mittelalter stammenden und recht zweifelhaften – Besitztümer an Wald, Weinberg und Wiese keine hohen Erträge abwerfen. Warum aber geben die Kirchen solche als unrentabel bezeichneten Grundstücke nicht einfach auf? Sie werden als »Tauschpfänder« benötigt, wenn die Kirche an »geeigneter Stelle Bauplätze für Heime und Kindergärten sucht«, heißt eine offiziöse Auskunft. Gegen dieses Argument haben es jene Bauern schwer, die das kirchliche Gebaren erregt, das notwendige Flurbereinigungen unmöglich macht. Wer möchte schon daran mitschuldig sein, daß keine Kindergärten mehr gebaut werden können, weil er gerade dem Pfarrer ein Gründstück abgekauft hat?

Die katholische Kirche – in Bayern trotz der Säkularisation noch immer größte nichtstaatliche Grundbesitzerin – kauft bis heute immer wieder über verschiedene Stiftungen den Besitz verschuldeter Bauern auf.

Soll niemand mehr die Kirche »beschenken«?

Klerikale Empfehlungen haben ihre Methode und ihre Tradition. Der Theologe Salvian hatte bereits im 5. Jahrhundert wohlhabenden Eltern empfohlen,»ihr Vermögen lieber der Kirche als ›Opfergabe‹ zu hinterlassen als den eigenen Nachkommen, weil es besser sei, die Kinder litten in dieser Welt, als daß die Eltern in der nächsten verdammt würden«. Im Jahr 321 wurde die Kirche allgemein zur Annahme von Erbschaften berechtigt. Dies trug ihr so viel ein, daß kaum zwei Generationen später der christliche Staat Gesetze erlassen mußte »gegen eine Ausbeutung frommer Gläubigkeit, besonders der Frauen, durch den Klerus«.

Gleichwohl wuchs der kirchliche Besitz ins Riesenhafte, da die Schenkungen epidemische Ausmaße annahmen: Die Kirche besaß zeitweilig ein Drittel Europas.

Wer ein Stück Land an die Kirche verschenkt, damit diese ein Altersheim darauf errichtet, kann glauben, er habe auf Erden Gutes getan. Aber wem hat er es getan? Den anderen, den Beschenkten, oder sich selbst? Gerade im »Glauben« liegt dann viel Gewalt beschlossen, wenn auch nur der geringste materielle oder ideelle Nutzen mit im Spiel ist. Oder läßt sich bei solchen Schenkungen etwa ganz ausschließen, daß der Schenkende sich »da drüben« besser versorgt glaubt, als wenn er nicht geschenkt hätte? Ein religiöser Mensch, sagt Nietzsche, denkt nur an sich. Und ist es von vornherein undenkbar und jeder menschlichen Erfahrung fremd, daß sich diejenigen, die eine solche Schenkung anregen, des Mediums »Glauben« bedienen, um an Geld und Gut anderer zu kommen? Ganz uneigennützig sind weder die Schenkenden noch die Beschenkten. Die einen glauben, für den Himmel Schätze erworben zu haben. Die anderen wissen, daß sie schon hier auf Erden Schätze erlangt haben. Von denjenigen, welchen die Schenkung dienen soll, ist bei solchen Geschäften meist nur am Rand die Rede. Das ist konsequent: Sie, die Armen, sind austauschbar. Der Schenkende ist verstorben, die Kirche hat das Grundstück, und die Armen sind darauf angewiesen, daß sie eswenigstens nutzen dürfen. Gehören wird es ihnen in keinem Fall. Immer sind sie in der Rolle derer, die das Almosen aus dem Eigentum (der Kirche) empfangen. Es ist nicht unwichtig, sich solche Grundregeln einzuprägen. Sie sind immer und überall gültig, wo es um Schenkungen an die Kirche geht.

Wo geschenkt und vererbt wird, häuft sich Geld. Schon 1940 wurde das Rohvermögen der Klöster in Deutschland auf über 608 Millionen Reichsmark beziffert. Und der Gemeinschaftsbesitz von Klöstern in der Bundesrepublik wird inzwischen vorsichtig auf drei Milliarden DM geschätzt. Es ist offenbar gelungen, das Armutsgelübde, das für den einzelnen Mönch und die einzelne Nonne gilt, im Hinblick auf die »Gemeinschaft« von Nonnen und Mönchen zu umgehen.

Die Anteile der Kirche an Wirtschaftsunternehmen der Bundesrepublik werden als »unbedeutend« eingestuft. Diese Harmlosigkeit vortäuschende Bezeichnung wird gestützt durch Hinweise auf die eine oder andere Brauerei von regionaler Bedeutung, die der Kirche gehört. Doch sagen solche Hinweise mehr, als sie selbst wollen. Daß es in Passau eine diözesane Brauerei, in Bayern ein Dutzend Klosterbrauereien, an Rhein und Mosel kirchliche Weingüter gibt, daß Klosterliköre ebenso gern produziert wie getrunken werden, daß Wallfahrer-Tropfen ihre Gewinne abwerfen, daß man ein paar kircheneigene Hotels und Restaurants unterhält, malt ein idyllisches Bild von der Gesamtlage. Kaum jemand verdenkt es dem Klerus, wenn er sich auf diese Weise ein bescheidenes Zubrot verdient – oder sich für seinen Dienst an den Armen der Republik rüstet. Doch kann nicht übersehen werden, daß diese paar Brosamen vom Tisch einer sehr reichen Institution fallen, die anderweitig unverhältnismäßig mehr Geld gemacht hat und macht, durch Industriebeteiligungen nämlich und Wertpapierbesitz in Milliardenhöhe. Über diese stillen Teilhaberschaften spricht man unter geistlichen Herren nicht. Auch sind Kleriker als Mitglieder oder Vorsitzende von Aufsichtsräten so gut wie nie imGespräch.

Hirten nennen ungern die Summen, die aus frommen Stiftungen und Spenden stammen. Ein einziges bundesdeutsches Bistum rechnet jedoch pro Jahr allein mit einem Spendenaufkommen von 33 Millionen DM. Ein evangelischer Präses stellt fest, daß noch immer testamentarische Millionen fließen, die rheinischen Schwerindustriellen jedoch nicht mehr wie früher hohe Stiftungen aussetzen. Wer weiß? Der Lehrsatz, daß man Trinkern, Spielern und Pfarrern kein Geld schenken soll, weil dies das Problem nur verlängert, ist noch nicht allgemein anerkannt.

Gibt es realistische Alternativen zur Kirchensteuer?

Immer wieder tauchen Vorschläge auf, die eine Änderung des Status quo anstreben. Keiner war bisher erfolgreich. Das liegt nicht allein an dem unheilbar guten Gewissen der Kleriker. Es hat auch mit Angst zu tun, die jede Veränderung bei den von ihr Betroffenen erzeugt. Die Kleriker, die zu wesentlichen Teilen von der Kirchensteuer leben, bekommen Angst um ihre Existenz, und die sogenannten einfachen Christen bekommen gezielt Angst gemacht: Wird verändert, wird alles schlimmer. Jedes Experiment auf diesem heiklen Gebiet kann nur schiefgehen. Würden alle jedoch ehrlich und vollständig informiert, sähe alles anders aus.

Anregungen für eine Wende gibt es genug. Die Interessierten brauchen sich nur umzusehen, wie das Problem in den anderen Wohnungen des gemeinsamen europäischen Hauses staatskirchenrechtlich geregelt ist. Beispiel Kirchensteuer: 1972 habe ich eine Alternative zum gewohnten System der Kirchenfinanzierung vorgelegt. Dieses »Herrmann-Modell«, das eine Solidarabgabe aller Bürgerinnen und Bürger für Gemeinschaftsaufgaben anregte, wurde in Deutschland schnell unter den Teppich gekehrt. Andere Länder zeigten weniger Berührungsängste. Seit ein paar Jahren ist es in Europa zweimal (in modifizierter Form) eingeführt. Der Vatikan hat sich bereits 1979 in einem Vertrag mit Spanien auf ein Modell festlegen lassen (oder es selbst gewählt, um keine noch größeren Einbußen zu erleiden), das in der Bundesrepublik noch nicht einmal 1991 als diskutable Lösung der eigenen Probleme gilt. Die Steuerpflichtigen in Spanien konnten in ihrer Erklärung ankreuzen – entweder »zur wirtschaftlichen Erhaltung der katholischen Kirche beizutragen« oder »andere Ziele von sozialem Interesse« mit ihrem Beitrag von etwas über einem halben Prozent des Steuerbetrages mitzufinanzieren. 37 Prozent der Spanierinnen und Spanier haben sich dabei für die Zahlung ihrer Solidarabgabe an die Kirche entschieden. Das entspricht etwa der Zahl der regelmäßigen sonntäglichen Kirchenbesucher.

Das Konkordat zwischen dem Heiligen Stuhl und der Republik Italien vom 18. Februar 1984, welches die 1929 mit Mussolini geschlossenen Lateranverträge revidieren sollte, ging einen ähnlichen

Weg. Zwar ist es noch immer durchsetzt mit typisch klerikalen Ansprüchen, gegen die viele Italienerinnen und Italiener seither protestieren. Doch auch dies Konkordat – und seine Zusätze – sind auf finanziellem Terrain weitaus moderner als die veralteten Verträge, an die sich die Bundesrepublik noch immer halten muß, weil sich offenbar niemand findet, der hier durchgreifend ändern will. In Italien ist dies geschehen. Die Steuerpflichtigen können persönlich darüber bestimmen, wer Steuergelder erhalten soll. Die Gelder derjenigen, die nicht optiert haben, werden aufgeteilt, wie es der prozentualen Gesamtentscheidung all derer entspricht, die sich festgelegt haben. Wer nicht optiert, wendet wenigstens einen Teil seines Steuergeldes der Kirche zu. Wie wäre es mit einer ähnlichen Solidarabgabe bei uns? Mancher Steuerpflichtige ergriffe doch die Chance und investierte sein Geld lieber in Projekte des Umweltschutzes als in die Besoldung des Küsters an einer Bischofskirche, wäre das bereits möglich. Geld für bedrohte Bäume statt für den Druck von bischöflichen Verordnungsblättern? Solidarabgaben für die Reinhaltung des Grundwassers statt für Militärmeßweine? Ein Land wie die Bundesrepublik, wo die Religion in der Rangliste der Bedürfnisse auf einen der untersten Plätze abgerutscht und zum Überflüssigsten in der Überflußgesellschaft degeneriert ist, leistet sich noch immer die teuerste Kirche der Welt.

Nur: Darüber spricht man nicht. Das Thema eignet sich offenbar nicht für die Kirchenkritik. Die beschäftigt sich mit angeblich wichtigeren Themen – und lebt von unser aller Geld. Unverdrossen gebe ich dennoch meine Erfahrung weiter, bis sie die aller geworden ist: Es ist nach wie vor wesentlich leichter, sich von einem Bischof oder Theologieprofessor das Mysterium der Unbefleckten Empfängnis deuten zu lassen, als das Geheimnis kirchlicher Finanzen zu lüften. Eine aussagekräftige gesamtkirchliche Statistik fehlt, aus der die einzelnen Arten von Einnahmen und Ausgaben zu entnehmen wären. Andere wären froh, wenn sie es auch nur annäherungsweise so leicht hätten wie die bischöflichen Finanzmanager. Während jeder Aktiengesellschaft die jährliche Hauptversammlung droht und jeder Rundfunkanstalt der Rechnungshof im Nacken sitzt, dürfen oberhirtliche Finanziers schalten und walten, wie sie wollen. Offenbar ist es sehr leicht, geistlich motivierte Projekte in Geld umzusetzen, aber ungeheuer schwierig, sie in Mark und Pfennig vor aller Öffentlichkeit auszubreiten.

Diese Schwierigkeit resultiert zum einen aus der Angst vor einem »Laizismus«, der typisch kirchenfürstlich bestimmte Aktivitäten nachrechnen und abblocken, zumindest andere Akzente setzen würde. Auch bestünde die Gefahr, daß noch mehr Schafe ihre Zahlungen einstellten, sagte man ihnen offen, was genau sie mitfinanzieren sollen. Oberhirten haben auch Angst, durch eine Offenlegung der Finanzen entstehe der Eindruck, »das Heil«, die Gewissenssphäre, der Glaubensbereich würden einfach (finanz-)amtlich verwaltet. Daß Kirchenfürsten seit eh und je etwas, und nicht wenig, mit Amtlichkeit und Behörden zu tun haben, störte diese Argumentation allerdings noch nie. Störend wirkt in diesem Zusammenhang eher die Tatsache, daß Kirchenfürsten ihre Hilfshirten nach der Beamtenbesoldung bezahlen, sich selbst aus öffentlichen Steuermitteln finanzieren lassen, sich am Begriff »Kirchen-Steuer« nicht aufhalten, Banken gründen und diese spezifische Geschäfte machen lassen.

Anmerkungen

Uta Ranke-Heinemann: Zur Moraltheologie des 20. Jahrhunderts

[1] Lexikon für Theologie und Kirche, 1962, Bd. 7, S. 613.

[2] Ebenda, S. 618.

[3] Zitiert bei Karlheinz Deschner, Das Kreuz mit der Kirche. Eine Sexualgeschichte des Christentums, 1974, ²1987, S. 325 f.

[4] Franz Adam Göpfert, Moraltheologie, Bd. II, 1906, S. 346.

[5] Bernhard Häring, Das Gesetz Christi, Bd. III, ⁸1967, S. 301.

[6] Ebenda, S. 317.

[7] Göpfert, Moraltheologie, Bd. II, S. 346.

[8] Ebenda, S. 365.

[9] Fritz Tillmann, Die katholische Sittenlehre, Bd. IV, 2, ²1940, S. 117.

[10] Ebenda, S. 122.

[11] H. Jone, Katholische Moraltheologie, 1930, S. 189.

[12] Göpfert, Moraltheologie, Bd. II, S. 366.

[13] Ebenda, S. 368.

[14] Göpfert, Moraltheologie, 1900, Bd. II, S. 336.

[15] Göpfert, Moraltheologie, 1906, Bd. II, S. 376.

[16] Häring, S. 315.

[17] Ebenda, S. 312.

[18] Göpfert, Moraltheologie, Bd. II, S. 372.

[19] Ebenda, S. 273 f.

[20] Häring, Das Gesetz Christi, Bd. III, S. 377 f.

[21] Hans Müller, Katholische Kirche und Nationalsozialismus, Dokumente 1930–1935, 1963, S. 117.

[22] Ebenda, S. 146 und S. 156.

[23] Friedrich Herr, Gottes erste Liebe. Die Juden im Spannungsfeld der Geschichte, 1981, S. 409.

[24] Tillmann, Die katholische Sittenlehre, IV/2, S. 119 f.

[25] Wilhelm Berning, Katholische Kirche und Deutsches Volkstum, In: Das Neue Reich, 7/1934, S. 9.

[26] Ebenda, S. 14 f.

[27] Tillmann, Die katholische Soziallehre, IV/2, S. 415.

[28] Ebenda, S. 419.

[29] Nachlaß Faulhaber, Nr. 8203.

[30] Häring, Das Gesetz Christi, Bd. III, S. 342 f.

[31] Karl Rahner, Schriften zur Theologie, 1978, Bd. 13, S. 991.

[32] H. J. Müller, Ehe ohne Trauschein, In: Theologie der Gegenwart, 4/1983, S. 259.

[33] Vgl. Martin Luther, Epiphaniaspredigt; vgl. G. H. Joyce, Die christliche Ehe, 1934, S. 114 f.

[34] Joyce, Die christliche Ehe, S. 115.

[35] Ebenda, S. 86.

[36] Theodor Hendrik van de Velde, Die vollkommene Ehe, 1967, S. 46.

[37] Ebenda, S. 269.

[38] Hieronymus Noldin, De sexto praecepto et usu matrimonii, 1911, S. 9.
[39] Van de Velde, Die vollkommene Ehe, S. 222.
[40] Häring, Das Gesetz Christi, Bd. III, S. 363.
[41] Ebenda, S. 371.
[42] Ebenda, S. 371 f.

Georg Denzler: »Abnormitäten«

[1] Heinrich Denzinger/Adolf Schönmetzer, Enchiridon symbolorum, definitionum et declarationum de rebus fidei et morum, Freiburg [36]1976, S. 226, Nr. 688.
[2] Jean-Louis Flandrin, Späte Heirat und Sexualleben, in: Claudia Honegger (Hrsg.), Schrift und Materie der Geschichte. Vorschläge zur systematischen Aneignung historischer Prozesse, Frankfurt 1977, S. 286.
[3] Ebenda, S. 286.
[4] Das zweibändige Opus erschien noch im Jahr 1951 in 17. Auflage.
[5] Eduard Génicot, Institutiones theologiae morals, Bd. II, Löwen/Brüssel 1931, S. 496–501.
[6] Decisiones Sanctae Sedis de usu et abusu matrimonii, Rom [2]1944, S. 130.
[7] Michael Chinigo (Hrsg.), Der Papst sagt. Lehren Pius' XII., Frankfurt 1955, S. 97.
[8] Herder-Korrespondenz 30 (1976) 84 f.
[9] Sigmund Freud, Studienausgabe, Bd. IX, Frankfurt 1975, S. 13–32.
[10] Patrologiae cursus completus. Series graeca, Bd. 42, S. 805.
[11] Conciliorum oecumenicorum decreta, S. 5.
[12] Patrologiae cursus completus. Series graeca, Bd. 58, S. 600.
[13] Deutsche Thomas-Ausgabe, Bd. 18, S. 183.
[14] Abaelard. Die Leidensgeschichte und der Briefwechsel mit Heloisa, Heidelberg [4]1979, S. 31.
[15] Peter Browe, Zur Geschichte der Entmannung. Eine religions- und rechtsgeschichtliche Studie, Breslau 1936, S. 106, Anm. 8.
[16] Vgl. Gerhard Müller, Hat Papst Clemens XIV. die Kastration von Sängerknaben verboten?, in: Zeitschrift für Kirchengeschichte 68 (1957) 129–131.
[17] Bernhard Häring, Das Gesetz Christi, München 1966, Bd. III, S. 259.
[18] Peter Browe, Zur Geschichte der Entmannung, S. 101 f.
[19] Bernhard Stasiewski, Akten deutscher Bischöfe über die Lage der Kirche 1933–1945, Bd. I, Mainz 1968, S. 393.
[20] Josef Mayer, Gesetzliche Unfruchtbarmachung Geisteskranker, Freiburg 1927, S. 111.
[21] Augustinus. Bekenntnisse, Frankfurt 1987, S. 120–122.
[22] Conciliorum oecumenicorum decreta, S. 193.
[23] Jean-Louis Flandrin, Späte Heirat, In: ders., Familien. Soziologie – Ökonomie – Sexualität, Frankfurt 1976, S. 278.
[24] Karl Hefele, Der hl. Bernhardin von Siena und die franziskanische Wanderpredigt in Italien während des XV. Jahrhunderts, Freiburg 1912, S. 40.
[25] Ernst Piper, Savonarola. Umtriebe eines Politikers und Puritaners im Florenz der Medici, Berlin 1979, S. 68.
[26] Johann Baptist Hirscher, Christliche Moral als Lehre von der Verwirklichung des göttlichen Reiches in der Menschheit, Bd. III, Tübingen 1835, S. 541.

27 Bernhard Häring, Das Gesetz Christi, Bd. III, S. 311.

28 Herder-Korrespondenz 30 (1976) 84.

29 Verlautbarungen des Apostolischen Stuhls, Nr. 51, Bonn 1984, S. 39.

30 Emanzipation (1976) 5.

31 imprimatur 12 (1979) 155–160.

32 Herder-Korrespondenz 4 (1987) 26.

33 Publik-Forum, 17. April 1981.

34 Wunibald Müller, Priester als Seelsorger für Homosexuelle, Düsseldorf 1979, S. 124. Vgl. ders., Homosexualität – eine Herausforderung für Theologie und Seelsorge, Mainz 1986.

35 Hans Georg Wiedemann, Schwul und dennoch Christ? Homosexuell liebende Menschen in der katholischen Kirche, in: Siegfried Rudolf Dunde (Hrsg.), Katholisch und rebellisch. Ein Wegweiser durch die andere Kirche, Reinbek 1984, S. 164.

36 Wunibald Müller, Priester als Seelsorger für Homosexuelle, S. 114.

37 Adolf Köberle, Partner im Zeugnis der Bibel, Kassel 1979, S. 19.

38 Herbert Haag/Katharina Elliger,»Stört nicht die Liebe«. Die Diskriminierung der Sexualität. Ein Verrat an der Bibel, Olten 1986, S. 95.

39 D. S. Baily, Mann und Frau im christlichen Denken, Stuttgart 1963, S. 144.

40 Ebenda, S. 144 f.

41 Anette Kuhn (Hrsg.), Frauen im Mittelalter, Bd. I, Düsseldorf 1983, S. 318.

42 Ebenda, S. 324 f.

43 Frankfurter Allgemeine Zeitung, 15. März 1986.

Ruth Ahl: *Frauenbewegung – Feminismus – Feministische Theologie: Wie hängt das zusammen?*

1 Feminismus (von lat. femina, die Frau): Richtung der Frauenbewegung, die, ausgehend von den Bedürfnissen der Frauen, eine Veränderung der gesellschaftlichen Rollenverteilung, Normsetzung, Sprachmuster, letztlich eine Überwindung der patriarchalischen Kultur anstrebt.

2 Im »Frauenlexikon« [hrsg. v. Anneliese Lissner, Rita Süssmuth u. Karin Walter, Freiburg 1988; Anm. d. Hrsg.] ist unter den Stichworten »Frauenbewegung«, »Frauenforschung«, »Frauengeschichte« detailliert darüber nachzulesen und einschlägige Literatur angeführt.

3 Suffragette: (englische) Frauenrechtlerin, die für die politisch-gesellschaftliche Gleichberechtigung der Frau eintritt; wurde (und wird gelegentlich noch) als Schimpf- und Spottwort gebraucht.

Lucie Stapenhorst: *Als Frau in der katholischen Männerkirche*

1 Senta Trömmel-Plötz, Frauensprache – Sprache der Veränderung, Frankfurt 1982, S. 162.

2 Haig Bosmajian, The Language of Oppression, Washington 1974, S. 5.

3 Marielouise Janssen-Jurreit, Sexismus. Über die Abtreibung der Frauenfrage, Frankfurt 1979, S. 29.

⁴ Ebenda, S. 131.

⁵ Martin Luther King, Schöpferischer Widerstand, Gütersloh 1980, S. 50, 51 und 60.

⁶ Ebenda.

⁷ Erich Neumann, Die große Mutter. Eine Phänomenologie der weiblichen Gestaltungen des Unbewußten, Olten 1974, Hier: Vorspann »Zur Psychologie des Weiblichen«.

Adolf Holl: Madonna – Die Wiederkehr der verdrängten Weiblichkeit

¹ Ich folge der »ersten offiziellen Darstellung« des Kanonikus Ortavio Musumeci, Die Muttergottes von Syrakus hat geweint, Wiesbaden 1955.

² Carl Gustav Jung, Zur Psychologie östlicher und westlicher Religion, Zürich 1963, S. 495.

³ L. Gonzaga da Fonseca, Maria spricht zur Welt, Innsbruck 1953.

⁴ Vgl. dazu René Laurentin/Ljudevit Rupčič, Das Geschehen von Medjugorje, Graz 1985.

⁵ René Laurentin/Henri Joyeux, Medizinische Untersuchungen in Medjugorje, Graz 1986.

⁶ Hans Peter Duerr (Hrsg.), Der Wissenschaftler und das Irrationale, Frankfurt 1981.

⁷ Marina Warner, Maria. Geburt, Triumph, Niedergang, Rückkehr eines Mythos, München 1982, S. 15.

⁸ Zit. nach Johannes Thiele, Madonna mia. Maria und die Männer, Stuttgart 1990, S. 54.

Alfons M. di Nola: Der Teufel in unserer Zeit

¹ Civiltà cattolica, Serie VIII, vol. IV, S. 490 ff.

² Ebenda, Serie VIII, vol. IV, S. 79 ff.

³ Ebenda, Serie VIII, vol. XI, S. 92.

⁴ Ebenda, Serie IX, vol. I, S. 96.

⁵ Charles Baudelaire, »Die Litaneien des Satans«, in: Die Blumen des Bösen. Ausgewählte Werke, München 1925, S. 261.

⁶ Arturo Graf, Il diavolo, Mailand 1889, Neuaufl. hrsg. von C. Petrone, Rom 1980, S. 247 ff.

⁷ L'Osservatore Romano, 30.6./1.7.1972.

⁸ Eine gute Zusammenarbeit dieser Interventionen findet sich in G. Franzoni, Il diavolo mio fratello, Soveria manelli, 1986, S. 7 ff.

⁹ Kardinal Alfredo Ottaviani war damals Vorsitzender des Heiligen Offiziums und damit ein Vorgänger Kardinal Ratzingers, des jetzigen Sekretärs der Glaubenskongregation. [Anm. d. Hrsg.]

¹⁰ Gemeint ist das jüdische Ehepaar Ethel und Julius Rosenberg, das Anfang der 50er Jahre von US-Behörden beschuldigt wurde, gemeinschaftlich Atomgeheimnisse an sich gebracht und an die Sowjetunion weitergegeben zu haben. Am 19. Juni 1953 werden die Rosenbergs nach einem Prozeß, in dem sie immer wieder ihre Unschuld beteuert haben und der von großem öffentlichen Interesse – insbesondere von reaktionärer Seite – begleitet war, hingerichtet. [Anm. d. Hrsg.]

[11] A. M. di Nola, In chiesta sul diavolo, Bari 1979.

[12] Anonimo, Il diavolo, Brescia 1969, S. 22.

[13] In: Bozze 85, Sept.-Okt. 1985, S. 67 ff.

[14] Aus einer Rede des Pastors Jimmy Swaggart.

[15] Der Brief des Paulus an die Römer, I, 26—27,32.

Kenneth L. Woodward: Heiligkeit und Sexualität

[1] Seit 1588 wurden nur ungefähr sechs Kardinäle kanonisiert.

[2] Tertullian, De cultu feminarum, zitiert in: Karlheinz Deschner, Das Kreuz mit der Kirche. Eine Sexualgeschichte des Christentums, Düsseldorf u. Wien ⁶1982, S. 209.

[3] Peter Brown, The Body and Society: Men, Women, and Sexual Renunciation in Early Christianity, New York 1988

[4] Aurelius Augustinus, Der Gottesstaat, Bd. II, XIV, 16, Kempten u. München 1914, S. 337.

[5] Eine neuere Wiedergabe der Alexius-Legende findet sich in: John J. Wright, The Saints Always Belong to the Present, San Francisco 1985, S. 43—54.

[6] Richard Kieckhefer, George D. Bond (Hrsg.), Sainthood: Its Manifestations in World Religions, Berkeley 1988, S. 33 f.

[7] Peter Hebblethwaite, Pope John Paul Canonizing Saints at Record Pace, in: National Catholic Reporter v. 22.5.1987, S. 7.

[8] Beim Verfahren zur Selig- bzw. Heiligsprechung eines Kandidaten (CAUSA) sind seit 1983 von Seiten der Kongregation für Heiligsprechungsprozesse die folgenden Personen tätig:

– Ein RELATOR, der die Positio erstellt.
Bei der Positio handelt es sich um das Dokument, das alle Einzelheiten enthalten soll, die notwendig sind, um den Konsultoren und den Prälaten der Kongregation ein Urteil über die Eignung des Kandidaten zur Selig- beziehungsweise Heiligsprechung zu ermöglichen. Dazu gehört unter anderem eine Biographie, in der das Leben, die Tugenden oder das Martyrium des Kandidaten ebenso aufrichtig dargestellt sein müssen wie sämtliche eventuell vorliegenden Hinweise auf seine Unwürdigkeit.

– Ein POSTULATOR, der das Verfahren im Sinne des Kandidaten lenkt, anstehende Rechnungen bezahlt und entscheidet, welche göttlichen Gnadenerweise eine Chance haben, als Wunder anerkannt zu werden. Anders als der Relator, der nach Abschluß der Position seiner Verantwortlichkeiten ledig ist, steht der Postulator seinem Schutzbefohlenen auch liturgisch bis zur letzten Zeremonie zur Seite.

– Die KONSULTOREN, die als beratende Fachleute angesehen werden können. Bei ihnen handelt es sich in den meisten Fällen um Historiker, Theologen und Mediziner, die die Positio vom historischen und theologischen Standpunkt aus zu bewerten haben und die die darin aufgeführten Wunder medizinisch zu beurteilen haben. Erhält eine Positio die Zustimmung der Konsultoren, wird sie an das Dikasterium, einem vom Papst ernannten Gremium aus Kardinälen und Bischöfen, weitergereicht. Stimmen auch diese zu, wird der Fall dem Papst zur endgültigen Entscheidung vorgelegt. [Anm. d. Hrsg.].

[9] Predigt in der Messe zur Seligsprechung von M. Callo, P. Morosini und A. Mesina am 4.10.1987; s. Der Apostolische Stuhl. Ansprachen, Predigten und Botschaften des Papstes, Erklärungen der Kongregationen, hrsg. vom Sekretariat der Deutschen Bischofskonferenz in Zusammenarbeit mit der Redaktion des deutschsprachigen L'Osservatore Romano, Köln 1987, S. 1627−1632.

[10] Ebenda.

[11] Ebenda.

[12] Ebenda.

[13] Ebenda.

[14] Ebenda.

[15] Vgl. Predigt bei der Heiligsprechung der 16 Märtyrer von Nagasaki am 18.10.1987; s. Der Apostolische Stuhl 1987, a.a.O., S. 1645−1650.

[16] Predigt in der Messe zur Heiligsprechung des neapolitanischen Arztes G. Moscati vom 25.10.1987; s. Der Apostolische Stuhl 1987, a.a.O., S. 1654−1658.

[17] Therese Martin, Geschichte einer Seele. Die hl. Therese von Lisieux erzählt aus ihrem Leben, Johannesbund Verlag, 1980.

[18] Joyce R. Emert, Louis Martin: Father of a Saint, Staten Island, N. Y., 1983, S. 44.

[19] Ebenda S. 180.

[20] Ebenda S. 17 f.

[21] Maria gilt von Anbeginn an als Heilige, wohingegen ihr Gatte Joseph immer wieder Zeiten durchmachte, in denen er gänzlicher Mißachtung anheimfiel oder als Hahnrei durch den Kakao gezogen wurde. Vgl. Stephen Wilson (Hrsg.), Saints and Their Cults: Studies in Religious Sociology, Folklore and History, Cambridge 1985.

[22] Louis ist auf Seite 181, Azélie auf Seite 195 aufgelistet. Index ac Status Causarum, Vatikanstadt 1988.

[23] Emert, Louis Martin, Father of a Saint, a.a.O., S. 20.

[24] Therese wollte ursprünglich Missionarin in Übersee werden, doch galt sie als zu krankheitsanfällig. Ihr Status als Schutzpatronin der Missionare basiert auf ihrem Briefwechsel mit zwei Missionspriestern, den sie vom Kloster aus führte.

[25] Monica Furlong, Thérèse of Lisieux, New York 1987, S. 5.

Eugen Drewermann: Kleriker − Psychogramm eines Ideals

[1] Der Vorwurf ist so alt wie Mt 23,28. Vgl. zur Stelle E. Schweizer, Das Evangelium nach Matthäus, Göttingen (NTD 2), 1986, S. 283−284.

[2] Zu dem Thema Geld und Macht vgl. N. Lo Bello, Vatikan im Zwielicht. Die unheiligen Geschäfte des Kirchenstaates, München 1986, S. 216−276; über das »Sodom und Gomorrha« in der Kirche machte sich vor 150 Jahren schon O. von Corvin, Der illustrierte Pfaffenspiegel. Historische Denkmale des christlichen Fanatismus in der römisch-katholischen Kirche (1845), München 1971, S. 123−171, lustig. Vorwürfe dieser Art unterstellen eine Frivolität, die seit dem Konzil von Trient mit Macht unterdrückt wurde. Zu den Veränderungen der katholischen Sexualmoral seit der Mitte des 16. Jh. vgl. U. Ranke-Heinemann, Eunuchen für das Himmelreich, Hamburg 1988, S. 250−265. Zur »Zölibatsmoral« vgl. Karlheinz Deschner, Das Kreuz mit der Kirche, München 1989, S. 186−211.

[3] Vgl. W. Bühlmann, Von der Kirche träumen. Ein Stück Apostelgeschichte im 20. Jahrhundert, Wien; Köln 1986, S. 224−231, vgl. CIC, Can. 284.

[4] Zur Stelle vgl. E. Drewermann, Das Markusevangelium, Olten 1987–88, Bd. II, S. 316–329.

[5] Zu dem, was W. Nigg, Große Heilige, Zürich 1986, S. 74, »eine große Umbiegung der Bestrebungen des Franziskus« und das Ergebnis der »kurialistischen Beeinflussung« nannte, vgl. Ch. Lea, Die Geschichte der Inquisition im Mittelalter, Nördlingen 1985, S. 389–473.

[6] Vgl. C. G. Fava/A. Vigano, Federico Fellini. Seine Filme – sein Leben, München 1989, S. 57 f.

[7] Zu dem entgegengesetzten Verhalten der Natur sowie zu dem »Ringen um Reize« auch in der menschlichen Kleidung vgl. D. Morris, Der Menschen-Zoo, Zürich 1969, S. 287–293; ders., Körpersignale, München 1986, S. 161–173 (Die Brust); S. 173–180 (Der Rücken); S. 182–188 (Der Bauch); S. 189–196 (Die Hüften); S. 197–208 (Das Gesäß); S. 221–236 (Die Beine). Erst wenn man die Signalwirkung jedes Teils des menschlichen Körpers vor Augen hat, versteht man den Sinn der Kleiderordnung, deren Hauptzweck darin besteht, den menschlichen Körper (vor allem den Körper der Frau) total zu verhüllen.

[8] Siehe E. Drewermann, Kleriker – Psychogramm eines Ideals, Olten 1989, S. 558 f.

[9] Nicht anders, als Jesus es in Mk 12,38–39 anprangert; vgl. zur Stelle E. Drewermann, Das Markusevangelium, a.a.O., S. 316–329.

[10] Vgl. Aristoteles, Nikomachische Ethik, Stuttgart 1969, IV 8, S. 105:»Und schließlich gehört zu den Merkmalen des Hochsinnigen auch noch folgendes: seine Bewegungen sind gemessen, seine Stimmlage ist tief und seine Sprechlage ausgeglichen, denn nur wer weniges ganz ernst nimmt, gerät nicht leicht in Hast.« Auch liebt der »Hochsinnige« es nicht, »wenn Gespräche eine persönliche Wendung nehmen; er spricht nicht über sich und nicht über andere« (S. 204).

[11] Man darf nicht außer acht lassen, daß die Annahme der Prälatenwürde dem Vatikan jeweils etliche tausend Mark von seiten des Empfängers einbringt – päpstliche Ehren sind teuer. Vgl. zur Kleidung der Kleriker S. Kierkegaard, Der Augenblick. Aufsätze und Schriften des letzten Streits zwischen 1854–1855, Düsseldorf/ Köln 1959, Werke XIV, S. 211–214; Werkausgabe in 2 Bdn., Düsseldorf/Köln 1971, Bd. II, S. 417–421.

[12] Vgl. S. Freud, Massenpsychologie und Ich-Analyse (1921); London 1946, Ges. Werke, Bd. XIII, S. 71–161, hier S. 101–108.

[13] Vgl. W. Krickeberg, Altmexikanische Kulturen, Berlin 1975, S. 103–105.

[14] Zur Wandlung der Kirche des 4. Jh. in der Frage des Kriegsdienstes vgl. Karlheinz Deschner, Abermals krähte der Hahn. Eine Demaskierung des Christentums von den Evangelisten bis zu den Faschisten, Hamburg 1972, S. 377–379, S. 504–523; vgl. E. Drewermann, Der Krieg und das Christentum. Von der Ohnmacht und Notwendigkeit des Religiösen, Regensburg ²1984, S. 177–215.

[15] So erläuterte Pius XII. in der Apostolischen Ermahnung *Menti nostrae* vom 23. Sept. 1950, in: Sacerdotis imago, S. 133–191, hier S. 149, die Gleichgesinntheit mit Christus verlange von den Priestern, »daß sie in gewissem Sinne sich selbst zur Opfergabe machen, ... sich selbst verleugnen, gern und freiwillig sich der Buße unterziehen ..., daß wir alle mit Christus den mystischen Tod am Kreuz auf uns nehmen ...«.

[16] Vgl. Theresia Martin, Geschichte einer Seele, Trier 1953, S. 194–207, hier S. 198, wo der Opfergeist der Heiligen gegenüber dem langen Winter und dem feuchten Klima gerühmt wird. Theresia selbst sagte, sie habe unter der Kälte »bis zum Ster-

ben ... gelitten«, aber sie hielt auf ihrem ärmlichen Strohsack aus, auf dem Kran-
kenlager fühlte sie sich vom Teufel umgeben (S.

201); all dies aber, versicherte der
ungenannte karmelitische Herausgeber, ward gefolgt vom »Verzücken der Hingabe, des Vertrauens und der Liebe«.

[17] Selbst W. Nigg, Große Heilige, a.a.O., S. 485–525, hier S. 509, sieht in Theresia
eine zweite Veronika, die in dem Schweißtuch ihrer Seele das Bild Christi in sich
aufnahm. »Man steht oft sprachlos vor dieser unersättlichen Willigkeit, alles Leiden auf sich zu nehmen, das sich bei ihr unbegreiflicherweise bis zur Freude stei-
gerte.« *Neurotischerweise* wäre besser als »unbegreiflicherweise«. Auch I. F. Gör-
res, Das verborgene Antlitz, 1944, bedürfte psychoanalytisch dringend einer Re-
vision; vgl. dies., Die »Kleine« Therese. Das Senfkorn von Lisieux, Freiburg/Basel/
Wien 1964, S. 270 ff.

[18] T. Campanelle, Sonnenstaat, in: K. J. Heinisch (Hrsg.), Der utopische Staat,
S. 111–169.

[19] Vgl. F. M. Dostojewski, Schuld und Sühne. Roman in sechs Teilen und einem
Epilog, III 5, München o. J., S. 278.

[20] Vgl. S. Freud, Die Verdrängung (1915), Ges. Werke, X, London 1946, S. 247–261,
hier S. 257, zur Wiederkehr des Verdrängten.

[21] Zu dem ersten Generalkapitel der *Dominikaner* in Bologna (1210) vgl. L. von Matt/
M. H. Vicaire, Dominikus, Würzburg o. J., S. 205–208; zur Kulturgeschichte der
Mode vgl. D. Morris, Der Menschen-Zoo, a.a.O., S. 281–310.

[22] Es ist eben diese Künstlichkeit der Tracht, die den psychischen Sinn dieser Details
enthüllt; rein praktisch gesehen ist eine derartige Bekleidung eher hinderlich, wo
nicht geradewegs sinnwidrig – was z. B. macht eine Krankenschwester mit ihrem
Schleier im Operationssaal?

[23] Vgl. zur Stelle E. Schweizer, Das Evangelium nach Matthäus, a.a.O., S. 87.

[24] Vgl. zur Stelle ebenda, S. 90. Zum Stundengebet der Kirche vgl. K. Rahner, Thesen über das Gebet »im Namen der Kirche«, in: Schriften zur Theologie, Zürich/
Köln 1965, Bd. V, S. 471–495, der (S. 486) sehr richtig erklärte, die »objektive Le-
gitimität« des kirchlichen Gebetes sei »als ganze auf den subjektiven Akt des
wahrhaft (innerlich) aus der Gnade Gottes Betenden hingeordnet und erreicht
nur in einem solchen Gebet in Geist und Wahrheit ihr eigentliches Ziel«. Doch wie
weit ist diese theologische »Hinordnung« von der psychischen Wirklichkeit entfernt!

[25] Zu dem altägyptischen Kulthymnus in dem Typus des Tageszeitenliedes auf den
Sonnengott vgl. J. Assmann, Ägyptische Hymnen und Gebete, Zürich/München
1975, S. 47–54. Zur Theologie der Gebetszeiten vgl. J. F. Tschudy; F. Renner, Der
heilige Benedikt und das benediktinische Mönchtum, St. Ottilien 1979, S. 94–105.

[26] Vgl. J. Assmann, Ägyptische Hymnen und Gebete, a.a.O., S. 131–158 (Sonnenhymnen aus Totenbüchern); S. 159–187 (Sonnenhymnen aus Privatgräbern); es
handelt sich um Gebete beim Sonnenaufgang, zur Tagesmitte und zum Sonnen-
untergang. – L. Hoheisel (Hrsg.), Die geistliche Wegweisung (das Directorium
spirituale) der Benediktiner aus dem Jahre 1985, Abtei Gerleve, S. 271, für die Beu-
roner Benediktiner meint, daß die Psalmen »auch Sehnsucht, Klage, Bitte und
Vertrauen« ausdrücken; das ist wahr; doch nicht wahr ist es, daß eben deshalb
»die *Nöte* der Menschen unserer Zeit« »in jedem Psalm« leicht wiedererkannt werden könnten.

[27] G. Orwell, 1984, Frankfurt/M./Wien/Berlin 1976, S. 62 f.

28 G. Bernanos, Tagebuch eines Landpfarrers, Köln [11]1966, S. 247.

29 Zur Frage des »Lieblingsjüngers« vgl. R. Schnackenburg, Das Johannesevangelium, 3 Teile, Freiburg/Basel/Wien 1972–1975, Teil III, S. 449–464.

30 Allerdings darf man weder bei der Gestalt des »Lieblingsjüngers« noch in der Darstellung von Maria und Martha auf historisch korrekte Informationen hoffen;
R. Bultmann, Das Evangelium des Johannes, Göttingen [17]1962, S. 302, Anm. 1,
sieht in Joh 11,2 zu Recht eine Glosse der kirchlichen Reaktion, die durch An-
knüpfung an Mk 14,3–9 »die in der Tradition gegebenen Daten zu einer dem
Leser bekannten Welt« in Beziehung zu setzen sucht.

31 Zur Stelle vgl. E. Drewermann, Das Markusevangelium, a.a.O., Bd. I,
S. 376–389.

32 L. Hoheisel (Hrsg.), Die geistliche Wegweisung (das Directorium spirituale) der
Benediktiner aus dem Jahre 1985, Abtei Gerleve, Nr. 6, S. 265, hält unter dem
Stichwort »Der Liebe zu Christus nichts vorziehen« an, Christus in allen Men-
schen in »adventlicher Dynamik« zu begegnen.

Klaus Steigleder: Das Opus Dei – eine Innenansicht

1 Aus diesem Grund scheint es mir unzutreffend, zu sagen, die beiden Abteilungen bildeten »zwei verschiedene Vereinigungen, die nur in der Person des Generalpräsidenten miteinander verbunden sind«, wie dies von dem Mitglied der Vereinigung Andrew Byrne, Die gewöhnliche Arbeit heiligen. Wesen und Geist des
Opus Dei, Köln 1975, S. 11, behauptet wird.

2 Gespräche mit Msgr. Josemaria Escrivá de Balaguer, Köln [3]1981, S. 145; es stellt
sich jedoch die Frage, inwieweit bei solchen getrennten Veranstaltungen nicht
u. a. auch intendiert ist, die Möglichkeit zu einer gemeinsamen kritischen Reflexion und Auseinandersetzung mit dem Dargebotenen einzuschränken.

3 Von span. miembro numerario – eingeschriebenes, ordentliches Mitglied.

4 Von span. miembro supernumerario – außerplanmäßiges, beigezähltes Mitglied.

5 Byrne, Die gewöhnliche Arbeit heiligen, a.a.O., S. 15.

6 Salvador Bernal, Msgr. Josemaria Escrivá de Balaguer. Aufzeichnungen über den
Gründer des Opus Dei, Köln 1978, S. 136.

7 Vgl. ebenda, S. 104 f.

8 »El Cielo está empenado en que se realice.« Dies berichtet das ehemalige Opus-
Dei-Mitglied Maria Angustias Moreno, El Opus Dei. Anexo a una historia, Barce-
lona 1976, S. 62; zit. bei José M. Castillo, Die »Nachfolge Christ« und »Der Weg«.
Zum Thema »unterscheidendes Erkennen«: Concilium 14 (1978), S. 585–590, hier
S. 588.

9 Vgl. ebenda.

10 »Lo quierre Dios, y basta«; ebenda.

11 »Habéis de parsarlo todo por mi cabeza y por mi corazón«, Moreno, El Opus Dei,
a.a.O., S. 61; zit. bei Castillo, Die »Nachfolge Christ« und »Der Weg«, a.a.O.,
S. 588.

12 Vgl. Bernal, Msgr. Josemaria Escrivá de Balaguer, a.a.O., S. 212 f.

13 Der am 12.5.1981 in Rom eröffnet wurde.

14 Vgl. Ueli Haldimann, Opus Dei agiert weiter mit fragwürdigen Methoden, Tages-
Anzeiger (Zürich) v. 11.1.1980, S. 17.

[15] Vgl. Karl Doemens, Das Opus Dei und besorgte Eltern, Leserbrief in der Frankfurter Allgemeinen Zeitung v. 13.2.1981, S. 8.

[16] Vgl. Josemaria Escrivá de Balaguer, Der Weg, Köln [10]1982, Abschnitt Nr. 155.

[17] Vgl. ebenda, Abschnitt Nr. 756.

[18] Vgl. Castillo, Die »Nachfolge Christ« und »Der Weg«, a.a.O., S. 588.

[19] Ebenda, S. 589.

[20] Vgl. H. U. von Balthasar, Internationale Katholische Kirchenzeitung, 10 (1981), S. 241 und S. 243.

[21] Vgl. de Balaguer, Der Weg, a.a.O., Abschnitt Nr. 617.

[22] Diethmar Mieth, Die Bedeutung der menschlichen Lebenserfahrung – Plädoyer für eine Theorie des ethischen Modells, in: ders., Moral und Erfahrung. Beiträge zur theologisch-ethischen Hermeneutik, Freiburg i. Ue./Freiburg i. Br. 1977, S. 111–134, hier S. 115.

[23] Ebenda, S. 113/114.

[24] Vgl. das »Der Widerspruch der Guten« überschriebene Kapitel in: Bernal, Msgr. Josemaria Escrivá de Balaguer, a.a.O., S. 257–272.

[25] Vgl. de Balaguer, Der Weg, a.a.O., Abschnitt Nr. 924.

[26] Ebenda, Abschnitt Nr. 688.

Thomas M. Gauly: *Katholiken zwischen Wende und Revolution*

[1] David Seeber, »Eine Wende wäre überfällig«, in: Herder-Korrespondenz (HK) 6 (1980), S. 269–272, hier S. 272.

[2] Vgl. Wort der deutschen Bischöfe zur Bundestagswahl 1980, hrsg. v. Sekretariat der deutschen Bischofskonferenz, Bonn 1980.

[3] »Herausgefordert nach innen und nach außen. Die Erklärung des Zentralkomitees der dt. Katholiken (ZdK) aus Anlaß der Bundestagswahl 1980«, in: HK 7 (1980), S. 348–351.

[4] Vgl. David Seeber, »Eine Wende wäre überfällig«, ebenda.

[5] »Herausgefordert nach innen und nach außen. Die Erklärung des ZdK aus Anlaß der Bundestagswahl 1980«, in: HK 7 (1980), S. 348–351.

[6] Ebenda, S. 349.

[7] Ebenda, S. 351.

[8] Wort der deutschen Bischöfe zur Bundestagswahl 1980, hrsg. v. Sekretariat der Deutschen Bischofskonferenz, Bonn 1980.

[9] Ebenda.

[10] Vgl. »Hirtenbrief als deutsches Wahlkampfthema. Kritik an den Empfehlungen der katholischen Bischöfe«, in: Neue Zürcher Zeitung v. 19.9.1980.

[11] Ebenda, S. 2.

[12] Vgl. Erklärung des Vorsitzenden der Deutschen Bischofskonferenz, Josef Kardinal Höffner, zur Diskussion um das Wort der deutschen Bischöfe zur Bundestagswahl 1980, in: Pressedienst des Sekretariates der Deutschen Bischofskonferenz, 16/80 v. 18.9.1980.

[13] Vgl. die Stellungnahme von Egon Bahr zur Erklärung Höffners, in: Sozialdemokraten Service, 674/80 v. 18.9.1980.

[14] Mitteilung für die Presse, in: Sozialdemokraten Service, 654/80 v. 12.8.1980.

[15] E.-W. Böckenförde/F. Böckle/B. Stoeckle/H. F. Zacher, »Der ›Wahlhirtenbrief‹

1980. Eine Anfrage an die deutschen Bischöfe«, in: HK 11 (1980), S. 570−573, hier S. 573.

[16] Theodor Eschenburg, »Bombe der Bischöfe. Hirtenbriefe vor Wahlen: rechtlich zulässig, politisch taktlos, taktisch unklug«, in: Die Zeit v. 19.9.1980.

[17] Vgl. Hans-Joachim Veen, »Bewährung als Volkspartei«, S. 59.

[18] Vgl. ebenda.

[19] Thomas Mechtler, »Nur halber Verlierer? Die Unionsparteien vor und nach der Bundestagswahl«, in: HK 11 (1980), S. 546−550, hier S. 549 f.

[20] So der Chefredakteur der Kath. Nachrichten-Agentur, Konrad Kraemer, in: KNA, Informationsdienst v. 7.10.1980.

[21] Vgl. Wort der deutschen Bischöfe zur Bundestagswahl 1983, hrsg. v. Sekretariat der Deutschen Bischofskonferenz, Bonn 1983.

[22] Vogel und Geißler begrüßen Bischofswort zur Solidarität, in: dpa 158 v. 5.2.1983.

[23] W. Dirks, »Wird die Wende zur Epoche?«, in: Frankfurter Hefte 4 (1983), S. 2 ff.

[24] Vgl. den Bericht zur Vollversammlung von David Seeber, »ZdK: Besinnungspause?«, in: HK 6 (1983), S. 245−248.

[25] Vgl. Hans-Joachim Veen, »Bewährung als Volkspartei«, S. 59.

[26] Vgl. David Seeber, »ZdK: Besinnungspause?«, in: HK 6 (1983), S. 247 f.

[27] Vgl. ebenda, S. 247.

[28] Vgl. Regierungserklärung des Bundeskanzlers vor dem Deutschen Bundestag v. 5. Mai 1983, in: Bulletin des Presse- und Informationsamtes der Bundesregierung Nr. 43, S. 397−412.

[29] David A. Seeber, »Dürftige Auskunft über Politik. Die zweite Regierungserklärung der christlich-liberalen Koalition«, in: HK 6 (1983), S. 249−253, hier S. 252.

[30] Ebenda.

[31] Vgl. die Kommentare und Berichte in den Kirchenzeitungen der Bistümer Fulda, Köln, Bamberg, Mainz und Limburg im Mai/Juni 1983.

[32] Vgl. David Seeber, »Mehr Kontinuität als Wende«, in: HK 4 (1983), S. 158−162.

[33] Vgl. u. a. die Ergebnisse des internationalen Symposions »Standort und Zukunft der Werteforschung« der Hochschule für Verwaltungswissenschaften Speyer im Herbst 1989. Vgl. hierzu »Forschung zum Wertewandel erkennt Zunahme ›sorgloser Materialisten‹«, in: Pressedienst der Hochschule für Verwaltungswissenschaften Speyer, Nr. 7/1989 v. 28.9.1989.

[34] Vgl. Walter Jaide, Systeme und Bewegungen. Zum historisch-politischen Bewußtsein der Jugend, in: Bundesrepublik Deutschland. Geschichte, Bewußtsein, S. 173.

[35] Vgl. für den Bereich der Sexualmoral den offenen Brief an den Vorsitzenden der Deutschen Bischofskonferenz: Peter Hünermann, »Droht eine dritte Modernismuskrise?«, in: HK 3 (1989), S. 130−135.

[36] Hierzu interessant: Friedhelm Hengsbach, »Verdirbt politische Pluralität den Katholizismus? Anmerkungen zu einem wenig diskutierten Thema«, in: HK 7 (1988), S. 335−340.

[37] Vgl. Medard Kehl, »Kirchenerfahrungen. Zur gegenwärtigen Polarisierung in der Kirche«, in: Stimmen der Zeit 7 (1990), S. 435−446, hier S. 442 ff.

[38] Vgl. Franz Böckle, »Die Sorgen des Papstes. Rom und die Kirche in der westlichen Welt: Wie groß ist die Einigkeit in Moralvorstellungen?«, in: Rheinischer Merkur Nr. 11, 11.3.1988.

[39] Vgl. Verlautbarungen des Apostolischen Stuhls, Nr. 98.

[40] Ebenda, S. 11.
[41] Ebenda, S. 19.
[42] Ebenda, S. 16.
[43] Ebenda, S. 8.
[44] Ebenda.
[45] Zitiert nach Franz Böckle, »Humanae vitae als Prüfstein des Wahren Glaubens. Zur kirchengeschichtlichen Dimension moraltheologischer Fragen«, in: Stimmen der Zeit 1 (1990), S. 3.
[46] Medard Kehl, »Kirchenerfahrungen. Zur gegenwärtigen Polarisierung in der Kirche«, in: Stimmen der Zeit 7 (1990), S. 441.
[47] Vgl. hierzu David Seeber, »Kirchendilemma«, in: HK 7 (1990), S. 307 ff.
[48] Vgl. u. a. »Schweiz: Der Fall Haas und die Folgen«, in: HK 7 (1990), S. 311–314.
[49] So der Salzburger Kommunikationswissenschaftler Michael Schmollke. Zitiert nach: »Kirche und Medien: Glaubwürdigkeit Revitalisieren«, in: Kath. Nachrichten-Agentur – ID Nr. 28/12.7.1990, S. 5.
[50] Vgl. hierzu Norbert Trippen, »Gesellschaftliche und politische Auswirkungen der Modernismuskrise in Deutschland«, in: Katholische und philosophische Strömungen in Deutschland, hrsg. von Albrecht Langner, S. 59 ff.
[51] Vgl. zu den ersten Reaktionen im Westen: Heinhard Steiger, »Wir sind das Volk. Verfassungsrechtliche Überlegungen zur Selbstbestimmung und Einheit der deutschen Nation«, in: Frankfurter Allgemeine Zeitung v. 6.1.1990 (Bilder und Zeiten). Aus kirchlicher Sicht: Klaus Nientiedt, »Bundesrepublik/DDR: Die Kirchen auf dem Weg zur Einheit«, in: HK 4 (1990), S. 157–159.
[52] Vgl. »Der allzu plötzliche Wandel. Die Kirchen in der DDR stellen sich den neuen Realitäten«, in: Evangelische Monatszeitschrift 4 (1990), S. 202–204.
[53] Vgl. die Porträts und Interviews mit den drei Moderatoren in: Vom runden Tisch zum Parlament, hrsg. von Helmut Herles und Ewald Rose, S. 317–338.
[54] Vgl. die Thesen des Erfurter Propstes Heino Falcke, »Zukunft der kleinen Herde. Die Einwanderung der Kirche in die nachsozialistische Gesellschaft«, in: Evangelische Kommentare 3 (1990), S. 163–166.
[55] Ebenda, S. 163.
[56] Vgl. hierzu u. a. Heino Falcke, ebenda, S. 164. Interessant hierzu der Katholiken-Aufruf zur Volkskammerwahl vom 18. März, in: »In dieser Situation … tragen wir große Verantwortung«, gedruckt in HK 4 (1990), S. 176–178.
[57] Vgl. allgemein: Kirchen und Gesellschaft in beiden deutschen Staaten, hrsg. von Gisela Helwig und Detlef Urban, Köln 1987 (Edition Deutschland Archiv).
[58] Vgl. aus evangelischer Sicht Hartmut Löwe, »Einheit oder besondere Gemeinschaft? Auf dem Weg zu einer neuen Evangelischen Kirche«, in: Evangelische Monatszeitschrift 5 (1990), S. 268–270.
[59] Heino Falcke, »Zukunft der kleinen Herde. Die Einwanderung der Kirche in die nachsozialistische Gesellschaft«, in: Evangelische Kommentare 3 (1990), S. 163.
[60] Vgl. »Der allzu plötzliche Wandel. Die Kirchen in der DDR stellen sich den neuen Realitäten«, in: Evangelische Monatszeitschrift 4 (1990), S. 202 f.
[61] Vgl. »Die beiden christlichen Kirchen zur deutschen Not« v. 26.7.1945; Dom- und Diözesanarchiv Mainz.
[62] Vgl. Hermann Glaser, Kulturgeschichte der Bundesrepublik Deutschland. Zwischen Grundgesetz und Großer Koalition 1949–1967, Wien/München 1986–1989, Bd. II, S. 300.

[63] Vgl. Heinz Hürten, Kurze Geschichte des deutschen Katholizismus 1800–1960, Mainz 1986, S. 243 ff. Ängste lösten sicherlich auch die Versuche einiger Bischöfe aus, die Actio Catholica in Westdeutschland zu etablieren.

[64] Vgl. Tagebuch Heinrich Krone v. 17.4.1961.

[65] Sowohl das Tagebuch Krones als auch die Bestände Adenauers und anderer CDU-Politiker geben hierüber beredt Auskunft.

[66] Vgl. Thomas Ellwein, Klerikalismus in der deutschen Politik, München 1955.

[67] Vgl. Gerhard Schmidtchen, Protestanten und Katholiken. Soziologische Analyse konfessioneller Kultur, Bonn/München 1979.

[68] Gerhard Schmidtchen,»Religiöse Legitimation in politischem Verhalten. Wandlungen und Motive im Wahlverhalten der Katholiken«, in: Anton Rauscher (Hrsg.), Kirche – Politik – Parteien, Köln 1974, S. 57.

[69] Vgl. Elisabeth Noelle-Neumann/Renate Köcher, Die verletzte Nation. Über den Versuch der Deutschen, ihren Charakter zu ändern, Stuttgart 1987, S. 164 ff.

[70] Renate Köcher, in: Elisabeth Noelle-Neumann/Renate Köcher, Die verletzte Nation, Stuttgart 1987, S. 165.

[71] Nicht zuletzt haben Gerhard Schmidtchen (a.a.O.) und Traute Nellessen-Schumacher auf den engen Zusammenhang zwischen kirchlicher und konfessioneller Gebundenheit und sozialen Aufstiegs- und Integrationschancen hingewiesen. Vgl. Traute Nellessen-Schumacher, Sozialprofil der deutschen Katholiken. Eine konfessionsstatistische Analyse, Mainz 1978.

[72] Auf die Tradierung der Sozialmilieus verweist u. a. Urs Altermatt, Katholizismus und Moderne, Köln/Zürich 1990.

[73] Renate Köcher in: Elisabeth Noelle-Neumann/Renate Köcher, Die verletzte Nation, S. 173.

[74] Vgl. ebenda.

[75] Interessant hierzu Rudolf Lill,»Großdeutsch und Kleindeutsch im Spannungsfeld der Konfessionen«. In: Probleme des Konfessionalismus, hrsg. Anton Rauscher, München 1984, S. 49–70.

Quellenverzeichnis

Ruth Ahl: Frauenbewegung – Feminismus – Feministische Theologie: Wie hängt das zusammen? In: dies., Eure Töchter werden Prophetinnen sein ... Kleine Einführung in die Feministische Theologie, Freiburg im Breisgau 1990, S. 22–29. Mit freundlicher Genehmigung des Herder Verlags, Freiburg im Breisgau.

Nino Lo Bello: Der Vatikan und die Juden. In: ders., Vatikan im Zwielicht. Die unheiligen Geschäfte des Kirchenstaates, München 1990, S. 49–70. Übersetzung aus dem Englischen von Heinrich Jelinek. Rechte beim Wilhelm Heyne Verlag, München.

Georg Denzler: »Abnormitäten«. In: ders., Die verbotene Lust. 2000 Jahre christliche Sexualmoral, München 1991, S. 181–211. Mit freundlicher Genehmigung des Piper Verlags, München.

Karlheinz Deschner: Écrasez l'infâme oder Über die Notwendigkeit, aus der Kirche auszutreten. In: ders., Opus Diaboli. Fünfzehn unversöhnliche Essays über die Arbeit im Weinberg des Herrn. Reinbek 1990, S. 115–129. Mit freundlicher Genehmigung des Rowohlt Verlags, Reinbek.

Eugen Drewermann: Kleriker – Psychogramm eines Ideals. In: ders., Kleriker – Psychogramm eines Ideals, Olten 1990, S. 169–180 und S. 187–192. Mit freundlicher Genehmigung des Walter Verlags, Olten.

Siegfried Rudolf Dunde: Wenn Bewegungen von unten scheitern ... In: ders. (Hrsg.), Katholisch und rebellisch. Ein Wegweiser durch die andere Kirche, Rowohlt Verlag, Reinbek 1984, S. 258–269. Mit freundlicher Genehmigung des Autors.

Thomas M. Gauly: Katholiken zwischen Wende und Revolution. In: ders., Katholiken. Machtanspruch und Machtverlust, Bonn 1991, S. 287–313. Mit freundlicher Genehmigung des Bouvier Verlags, Bonn.

Horst Herrmann: Wie die Kirche mit unserem Geld überlebt. Mit freundlicher Genehmigung des Autors.

Adolf Holl: Madonnina – Die Wiederkehr der verdrängten Weiblichkeit. In: ders., Im Keller des Heiligtums. Geschlecht und Gewalt in der Religion, Stuttgart 1991, S. 191–213. Mit freundlicher Genehmigung des Kreuz Verlags, Stuttgart.

Hans Küng: Kardinal Ratzinger, Papst Wojtyla und die Angst vor der Freiheit. In: Katholische Kirche – wohin? Wider den Verrat am Konzil. Hrsg. v. Norbert Greinacher und Hans Küng. München 1986, S. 389–407. Mit freundlicher Genehmigung des Piper Verlags, München.

Alfonso M. di Nola: Der Teufel in unserer Zeit. In: ders., Der Teufel: Wesen, Wirkung, Geschichte, München 1990, S. 415–435. Übersetzung aus dem Italienischen von Dagmar Türck-Wagner. Mit freundlicher Genehmigung des Diederichs Verlags, München.

Uta Ranke-Heinemann: Zur Moraltheologie des 20. Jahrhunderts und *Johannes Paul II. und der Verkehr aus Lust.* In: dies., Eunuchen für das Himmelreich. Katholische Kirche und Sexualität, Hamburg 1989, S. 339–363 und S. 287–296. Mit freundlicher Genehmigung des Hoffmann und Campe Verlags, Hamburg.

Peter de Rosa: Der stille Holocaust. In: ders., Gottes erste Diener. Die dunkle Seite des Papsttums, München 1991, S. 448–479. Übersetzung aus dem Englischen von Mara Huber. Mit freundlicher Genehmigung des Knaur Verlags, München.

Lucie Stapenhorst: Als Frau in der katholischen Männerkirche. In: dies., Entschuldige, Paulus, jetzt rede ich! Frauenprotest gegen die Männerkirche, Olten 1990, S. 10−21. Mit freundlicher Genehmigung des Walter Verlags, Olten.

Klaus Steigleder: Das Opus Dei − eine Innenansicht. In: ders., Das Opus Dei − eine Innenansicht, Zürich 1991, S. 13−29 und S. 270−281. Mit freundlicher Genehmigung des Benzinger Verlags, Zürich.

Kenneth L. Woodward: Heiligkeit und Sexualität. In: ders., Die Helfer Gottes. Wie die katholische Kirche ihre Heiligen macht. München 1991, S. 422−442. Übersetzung aus dem Amerikanischen von Gabriele Conrad, Till R. Lohmeyer und Christl Rost. Mit freundlicher Genehmigung des Bertelsmann Verlags, München.

Autorenbiographien

RUTH AHL, *1927 in München, nach dem Abitur Missio-Ausbildung; anschließend Mitarbeit in der kirchlichen Frauenbildungsarbeit; 1964−1969 theologisches Fernstudium; 1974−1986 leitende Redakteurin von »Frau und Mutter«; danach freie Publizistin mit Veröffentlichungen im theologischen Bereich, vornehmlich zur Feministischen Theologie; Ruth Ahl lebt in Bonn.

NINO LO BELLO, *1921 in New York; Sohn italienischer Immigranten; Politik- und Soziologiestudium an der New York University; sechs Jahre Soziologieprofessor an der Universität von Kansas; acht Jahre Italienkorrespondent des New Yorker Herald Tribune in Rom; seither weltweit als Auslandskorrespondent für amerikanische und kanadische Zeitungen sowie als Autor tätig; lebt heute in Wien.

GEORG DENZLER, *1930 in Bamberg; Studium der katholischen Theologie; 1955 Priesterweihe; 1962 Promotion; 1967 Habilitation an der Universität München im Fach Kirchengeschichte; 1967−1971 Dozent in Freising, München und Tübingen; seit 1971 Inhaber des Lehrstuhls für Kirchengeschichte an der Universität Bamberg; 1973 Heirat.

KARLHEINZ DESCHNER, *1924 in Bamberg; Studium der Jurisprudenz, Philosophie, Geschichte und Literaturwissenschaft; 1952 Promotion zum Dr. phil.; Deschner veröffentlichte Romane, Essays, Aphorismen und literaturkritische Schriften, machte sich jedoch vor allem mit religions- und kirchenkritischen Schriften einen Namen; seit 1970 arbeitet er an der großangelegten »Kriminalgeschichte des Christentums«, von der bisher drei Bände erschienen sind; Karlheinz Deschner lebt in Haßfurt am Main.

EUGEN DREWERMANN, *1940; Studium der Philosophie, Theologie und Psychoanalyse in Münster, Paderborn und Göttingen; Promotion zum Dr. theol.; Priesterweihe; Eugen Drewermann lebt in Paderborn, ist dort als Psychotherapeut tätig und hat einen Lehrauftrag als Privatdozent für Systematische Theologie an der Katholischen Philosophisch-Theologischen Hochschule Paderborn; Drewermann veröffentlichte zahlreiche Bücher zu theologischen und psychologischen Themen.

SIEGFRIED RUDOLF DUNDE, *1953; Studium der Theologie, Psychologie und Soziologie; Tätigkeit als Lehrer und Schulpsychologe; engagiert in der Erwachsenenbildung; Lehraufträge an der Universität Bonn; verschiedene Veröffentlichungen zu religionspsychologischen und theologischen Themen.

THOMAS M. GAULY, *1960 in Bad Neustadt/Saale; Studium der Politischen Wissenschaften, katholischen Theologie und Geschichte in Mainz und Bonn; 1990 Promotion zum Dr. phil.

HORST HERRMANN, *1940 in Schruns; 1959–1964 Studium der katholischen Theologie und der Rechtswissenschaften; 1975 Dekan der kath.-theol. Fakultät; Promotion zum Dr. theol.; 1971 Ernennung zum ordentlichen Professor für katholisches Kirchenrecht an der Universität Münster; seit 1981 lehrt er an derselben Universität Soziologie; Horst Herrmann ist Verfasser vieler Publikationen zu kirchenpolitisch und gesellschaftlich brisanten Themen. Veröffentlichung u. a.»Die Kirche und unser Geld«, Daten, Tatsachen, Hintergründe (Hamburg 1990).

ADOLF HOLL, *1930; Studium der katholischen Theologie und Philosophie; Doktorate in beiden Fächern; von 1953 bis 1972 Kaplan, Religionslehrer und Universitätsdozent für Religionswissenschaft; 1973 Entzug der kirchlichen Lehrbefugnis; 1976 Suspension als Priester; Holl lebt seitdem als Publizist und freier Schriftsteller in Wien; zahlreiche Veröffentlichungen zu kirchenpolitischen Themen.

HANS KÜNG, *1928 in Sursee (Luzern); Studium der katholischen Theologie an der Gregoriana in Rom und an der Pariser Sorbonne; 1954 Priesterweihe; 1960 Professor für dogmatische und ökumenische Theologie an der Universität Tübingen (seit 1980 fakultätsunabhängiger Professor); seit 1964 Direktor des dortigen Instituts für ökumenische Forschung; Küng wurde von Johannes XXIII. als Konzilstheologe nach Rom berufen; er veröffentlichte zahlreiche, zum Teil kontrovers diskutierte Bücher zum Themengebiet Theologie und Kirche.

ALFONSO M. DI NOLA, *1926 in Neapel; Studium der Religionswissenschaft; intensive Forschungsarbeiten auf dem Gebiet der italienischen Volkskunde und der Religionswissenschaft; Veröffentlichungen mehrerer Bücher zu diesen Themen; Publikationen in italienischen Zeitungen und Zeitschriften; Herausgeber einer religionswissenschaftlichen Enzyklopädie.

UTA RANKE-HEINEMANN, *1927 in Essen; Studium der evangelischen Theologie in Bonn, Basel, Oxford und Montpellier; 1953 Konversion zum Katholizismus; 1954 Promotion und 1969 – als erste Frau der Welt – Habilitation in katholischer Theologie; seit 1970 Professorin für Neues Testament und Alte Kirchengeschichte in Neuss und Essen; Verlust der theologischen Lehrbefugnis, weil sie die Jungferngeburt Mariens ausschließlich theologisch und nicht biologisch deutet; seit 1987 Inhaberin des Lehrstuhls für Religionsgeschichte an der Universität Essen; die radikale Pazifistin engagiert sich sehr stark in der Friedensbewegung.

PETER DE ROSA, *1932 in London; Studium am Priesterseminar des St. Edmund's College in Westminster; 1956 Priesterweihe; Dozent für Philosophie an der Gregoriana, der päpstlichen Universität in Rom; Professor für Metaphysik und Ethik an der Universität von Westminster; Dekan für Theologie am Corpus Christi College in London; 1970 Aufgabe des Priesteramtes; Redakteur beim BBC in London; seit 1978 hauptberuflicher Autor; lebt mit seiner Frau und seinen beiden Söhnen in Irland.

LUCIE STAPENHORST, *1932 in Bad Iburg; nach dem Abitur Anwaltslehre und als Auslandskorrespondentin tätig; Ausbildung zur Religionspädagogin durch ein theologisches Fernstudium an der Domschule Würzburg; 1980–1987 Religionslehrerin in Norden; 1987 Kirchenaustritt; seither zahlreiche Publikationen und Vorträge zu Feministischer Theologie und Fragen der Frauenpolitik.

KLAUS STEIGLEDER, *1959 in Köln; Steigleder trat als 16jähriger Schüler in das Opus Dei ein und gehörte dieser Organisation fünf Jahre an; nach seinem Austritt studierte er katholische Theologie an der Universität Tübingen.

KENNETH L. WOODWARD, Studium der Kirchengeschichte; Tätigkeit für das Nachrichtenmagazin »Newsweek«; Woodward ist praktizierender Katholik.